《中国阅读通史》编委会

主　编　　王余光
副主编　　徐　雁　刘洪权　熊　静

| | |
|---|---|
| 理论卷 | 王余光　汪　琴 |
| 先秦秦汉卷 | 先秦编／徐林祥　张立兵 |
| | 秦汉编／张　积 |
| 魏晋南北朝卷 | 何官峰 |
| 隋唐五代两宋卷 | 黄镇伟 |
| 辽西夏金元卷 | 王　龙 |
| 明代卷 | 王　龙 |
| 清代卷（上） | 何官峰 |
| 清代卷（下） | 王美英 |
| 民国卷 | 许　欢 |
| 图录卷 | 熊　静　黄镇伟　赵　晓　刘刈青 |

国家出版基金项目
NATIONAL PUBLICATION FOUNDATION

# 中国阅读通史

王余光 主编

## 先秦秦汉卷

先秦编 徐林祥 张立兵 著
秦汉编 张积 著

时代出版传媒股份有限公司
安徽教育出版社

### 图书在版编目（CIP）数据

中国阅读通史. 先秦秦汉卷 / 王余光主编；徐林祥，张立兵，张积著. —合肥：安徽教育出版社，2017.12
ISBN 978-7-5336-8633-8

Ⅰ.①中… Ⅱ.①王…②徐…③张…④张… Ⅲ.①阅读—文化史—中国—先秦时代②阅读—文化史—中国—秦汉时代 Ⅳ.①G252—092

中国版本图书馆CIP数据核字（2017）第292445号

**中国阅读通史·先秦秦汉卷**
ZHONGGUO YUEDU TONGSHI·XIANQIN-QIN-HAN JUAN

出 版 人：郑　可
质量总监：武常春
策划编辑：刘洪权
责任编辑：王玉凝　邰　旻
装帧设计：袁　泉
技术编辑：陈善军

出版发行：时代出版传媒股份有限公司　安徽教育出版社
地　　址：合肥市经开区繁华大道西路398号　邮编：230601
网　　址：http://www.ahep.com.cn
营销电话：(0551)63683012,63683013
排　　版：安徽时代华印出版服务有限责任公司
印　　刷：安徽新华印刷股份有限公司

开　本：710×1010　1/16
印　张：25
字　数：370千字
版　次：2017年12月第1版　2017年12月第1次印刷
定　价：169.00元

（如发现印装质量问题，影响阅读，请与本社营销部联系调换）

# 目 录

## 先秦编

导言 ·········································································· 3

### 第一章　从文字到书籍 ······································· 6
　　第一节　汉字与书籍的出现 ·························· 7
　　第二节　文本的形成与发展 ·························· 18
　　第三节　先秦的读物 ········································ 46

### 第二章　从学在官府到学在民间 ···················· 86
　　第一节　夏、商、西周时期的文化教育 ········ 86
　　第二节　春秋战国时期的文化教育 ·············· 96

### 第三章　先秦的读者 ········································ 112
　　第一节　夏、商、西周时期阅读群体的产生 ········ 112
　　第二节　春秋战国时期阅读群体的空前壮大 ······· 118
　　第三节　先秦读者的阅读心理 ····················· 127

## 第四章　汉文阅读学的诞生 …………………………………… 134
  第一节　汉文阅读学的早期特征 …………………………… 134
  第二节　先秦阅读思想 ……………………………………… 149

## 主要参考书目 …………………………………………………… 190


# 秦汉编

## 导言 ……………………………………………………………… 195

## 第一章　阅读活动的社会与政治环境 ………………………… 203
  第一节　秦朝：法家独秀与文化专制 ……………………… 204
  第二节　西汉：从百家殊方到独尊儒术 …………………… 217
  第三节　东汉："偃武修文"与今古学并隆 ……………… 237

## 第二章　知识载体的变迁 ……………………………………… 248
  第一节　文字的演变 ………………………………………… 249
  第二节　文字与知识载体的多样化 ………………………… 254
  第三节　与简帛有关的几个概念 …………………………… 264

## 第三章　汉朝的知识体系与阅读选择 ………………………… 273
  第一节　汉朝知识体系的形成 ……………………………… 273
  第二节　汉朝知识体系对受众的阅读影响 ………………… 277
  第三节　受众阅读选择的特点 ……………………………… 280

## 第四章　阅读条件的优化 ·················· 291
　第一节　著述:阅读的源泉 ·················· 291
　第二节　藏书:阅读资源的储备 ·················· 305
　第三节　校书:阅读文本的保证 ·················· 315
　第四节　注释:阅读障碍的排除 ·················· 325
　第五节　翻译:阅读桥梁的构建 ·················· 335

## 第五章　教育与阅读 ·················· 343
　第一节　官学教育与阅读 ·················· 344
　第二节　私学教育与阅读 ·················· 367
　第三节　教育影响阅读的表现 ·················· 373

**主要参考书目** ·················· 376

**索引** ·················· 379

# 先秦编

# 导　言

　　中国阅读史始于文字的诞生。在文字产生之前,中国先民以实物、图画记事。《周易·系辞》云:"上古结绳而治,后世圣人易之以书契。"① "书"是用笔写在竹帛上的文字,"契"是用刀刻在木石或甲骨上的文字。由结绳到书契,这是文字发展的史实,也是进行阅读活动的前提。随着汉字的出现,中华民族开始了书面阅读的历史。

　　我国古代有仓颉造字的传说。相传仓颉是黄帝的史官。《荀子·解蔽》记载:"好书者众矣,而仓颉独传者壹也。"② 古代参与造字的人可能很多,却只有仓颉造字的故事流传后世。许慎《说文解字·序》载:"仓颉之初作书,盖依类象形,故谓之文;其后形声相益,即谓之字。文者,物象之本;字者,言孳乳而浸多也。"③ 许慎将"文"与"字"分开而言,并以"说文解字"命名其书,从造字的角度揭示了汉字由象形、指事、会意到形声的发展过程。有学者认为,山东大汶口出土的距今约4000年的陶器上的文字,"和后来的商周铜器铭文、甲骨卜辞,以及陶器、玉器、石器等上的文字是一脉相承的,是我国文字的远祖","它们

---

① 李学勤:《周易正义》,北京:北京大学出版社,1999年,302页。
② 《荀子》,见《二十二子》,上海:上海古籍出版社,1986年,341页。
③ 许慎:《说文解字》,北京:中华书局,1963年,341页。

已经是经过统一整理的文字,整齐而合规范,有些像后来秦朝所定的小篆、唐朝所定的楷书",距今3000多年的殷商甲骨文"已具有一定结构规律,是相当发达的文字了"。①

　　汇编成册的读物在夏、商时期已经出现。《左传·昭公十二年》记载,楚国左史倚相"能读'三坟''五典''八索''九丘'"②。孔安国《尚书·序》记载:"伏羲、神农、黄帝之书,谓之'三坟',言大道也。少昊、颛顼、高辛、唐、虞之书,谓之'五典',言常道也。至于夏、商、周之书,虽设教不伦,雅诰奥义,其归一揆。是故历代宝之,以为大训。八卦之说,谓之'八索',求其义也。九州之志,谓之'九丘'。丘,聚也。言九州所有,土地所生,风气所宜,皆聚此书也。"③又《礼记·礼运》记载:"孔子曰:'我欲观夏道,是故之杞,而不足征也,吾得《夏时》焉。我欲观殷道,是故之宋,而不足征也,吾得《坤乾》焉。《坤乾》之义,《夏时》之等,吾以是观之。'"④《夏时》是夏代告朔之书,《坤乾》是商代卜筮之书。这是说孔子由杞国得到夏代的《夏时》得以观夏道,由宋国得到商代的《坤乾》得以观殷道。楚左史倚相所读"三坟""五典"是否为三皇五帝之时所作,现在已不得而知,但可以肯定的是,在倚相、孔子所处的春秋时期,人们还可以读到一些夏、商时期的重要文献。

　　先秦史通常指中华民族自远古人类产生至公元前221年秦王朝建立的历史。《礼记·礼运》把夏禹以前的社会说成是"大同"社会,是没有私有制的"天下为公"的时代,而把夏禹以后的社会称为"小康"社会,是有了私有制的"天下为家"的时代。先秦有文字可考的朝代,主要是商、周两代,大致相当于奴隶社会(包括夏初由原始社会向奴隶社会过渡时期至春秋战国由奴隶社会向封建社会过渡时期)阶

---

① 濮之珍:《中国语言学史》,上海:上海古籍出版社,2002年,30页。
② 李学勤:《春秋左传正义》,北京:北京大学出版社,1999年,1306页。
③ 李学勤:《尚书正义》,北京:北京大学出版社,1999年,4—7页。
④ 李学勤:《礼记正义》,北京:北京大学出版社,1999年,664页。

段。先秦时期是中国阅读史壮丽的开端。

本编以先秦时期的阅读客体、阅读环境、阅读主体和阅读理论为研究对象,以中国阅读活动的发生和先秦诸子的阅读思想为研究重点。在具体论述时,本编以西周与东周为界将夏、商、周三代分为夏、商、西周和春秋战国两个时期。夏、商、西周时期,甲骨文、金文都是记录历史的工具,由"史"来掌握,读物类似今天的档案;学在官府,阅读不是广泛的社会现象;阅读人群限于少数贵族。春秋战国时期,随着文化下移,百家争鸣,竹简与帛书也成了表达思想的工具,历史散文、诸子散文与诗歌遍及各诸侯国,在民间进一步传播;私学兴起,稷下学宫等阅读场所开始出现,形成了较好的阅读环境;士阶层兴起,造就了较广泛的阅读群体。因此,虽然夏、商、西周时期产生了汉字符号,有了阅读主体的阅读活动,但直到春秋战国时期,阅读活动才逐渐成为一种广泛的社会行为,并在此基础上逐步形成了儒、墨、道、法等学派关于阅读的理论。

# 第一章　从文字到书籍

阅读是指从书面语言和其他书面符号中获得意义的社会行为、实践活动和心理过程。阅读是人类认识世界特有的一种社会实践活动,在这个过程中,读物是读者认识指向的对象,同时对读者及其阅读起着规范、制约的作用,所以读物(或称阅读客体、阅读对象)是构成阅读行为和过程的先决条件。我们研究阅读的历史也应该从研究读物的历史开始。

读物一般只限于书面或文字的材料。在使用过程中,读物一词的内涵却是丰富的。"阅读"在我国古代有推究事物意义的含义。《左传·襄公九年》载:"商人阅其祸败之衅,必始于火。"[1]"阅"是推究事物的意义。《诗·鄘风·墙有茨》载:"中冓之言,不可读也。"[2]《毛传》载:"读,抽也。"[3]"抽"也是推究事物的意义。从这个意义上来说,阅读的对象不只是书面材料,还包括上面所引例子中的征兆、言语等对象。加拿大作家阿尔维托·曼古埃尔在其《阅读史》中对阅读对象的界定更加宽泛,他所谓"阅读",是指对生活中未有的经验的一种体

---

[1] 李学勤:《春秋左传正义》,北京:北京大学出版社,1999年,869页。
[2] 李学勤:《毛诗正义》,北京:北京大学出版社,1999年,182页。
[3] 李学勤:《毛诗正义》,北京:北京大学出版社,1999年,182页。

认,甚至包括"情人在晚上盲目地在被窝底下阅读爱人的身体",他认为的各种"阅读"和书本阅读的共同处在于"辨读与翻译符号的技巧"。① 本书所讨论的"阅读"是狭义的阅读,所讨论的"读物"仅限于汉文书面材料。本章从阅读客体的产生和发展来观照阅读史的发生。

## 第一节　汉字与书籍的出现

汉字是世界上产生时间最早的文字之一,汉字的产生标志着汉文阅读的产生。文字的产生,是人类进入文明状态的标志之一。西方古代文字如古埃及圣书字、楔形文字、古希伯来文、死海古卷文字等虽然起源很早,但没能继续流传,成为死文字。汉字是世界上唯一在三四千年以后还能被现代人读懂的文字,它有一个相对完整的历史,并仍在不断发展延续。汉字是记录汉语言的符号,也是汉文阅读史研究的基本元素。本节先对汉字产生和发展的轨迹做一说明。

在文字产生之前,上古以结绳记事。郑玄注《周易·系辞》载:"事大大其绳,事小小其绳。"②用各种各样的绳结代表已经发生的事件,这些绳结可以看作文字的先导。

### 一、图画文字与彩陶符号

关于文字的产生,我国有仓颉造字的传说,但文字不可能由某个个人实现从无到有的创造,仓颉可能只是一位杰出的文字整理者。

---

① 阿尔维托·曼古埃尔:《阅读史》,吴昌杰译,北京:商务印书馆,2002年,4页。
② 李学勤:《周易正义》,北京:北京大学出版社,1999年,302页。

汉字的源头可以追溯到图画文字。我国很早就出现了以简练的图形表达具体事物的文字画。1924年，甘肃辛店有一批公元前3000年左右的陶器出土，这批陶器上边刻画的人、兽、鸟、虫等简练的图形，是已发现的我国最早的文字画。古代文字画从两个方面不断发展演变，这两个方面是新字的创造、字形的简化。人们熟悉了文字画的意思后，文字画的形体就逐渐简化，甚至抽象为概念式图案或符号，以其象征意义被一定的群体接受，从而发展为以后的象形文字。

彩陶符号可以说是汉字的直接源头。1954年，考古学家在陕西西安附近的半坡村和姜寨发掘出了一批原始氏族遗留的彩色陶器。经考证，这批彩陶属于新石器时代中期的仰韶文化器物，距今约6000年。考古学家在100多件彩陶上共发现50多种刻画符号，而且符号的刻法、形状、部位都很相似。后来在陕西及甘肃等地又相继有大量刻有符号的彩陶出土。这些都说明在仰韶文化半坡类型的部落里，人们普遍使用这些符号。许多考古学家认为半坡、姜寨出土的陶器上的符号是中国文字之源。

1959年和1986年，考古学家从山东莒县、诸城一带发掘出一批陶器，他们发现有些陶器上刻有象形符号。这批陶器属于新石器时代晚期距今约4000年的大汶口文化器物。大汶口陶器符号是原始文字由产生而日趋发展时期的文字，可称为"陶文"。大汶口文化时期正值我国历史上的夏代，所以对于这些文字出现的时期，我们可以将其定为夏代。

陶文同后世的甲骨文、金文的形状和结构接近，有些符号考古学家已可识读，如李学勤在《古文字学初阶》中识别出"斤""戍"等字。这说明早期的人可以借助陶文来获得对某件特定事物的体认，我们所谓狭义阅读也在这个时候正式产生了。

## 二、甲骨文

19世纪末,河南安阳一些农民发现了甲骨碎片,他们认为这些是龙骨,于是将其卖到药店。后来王懿荣、刘鹗等发现上面有一种古文字,甲骨从而成为收藏家搜罗的对象。目前中国共有十余万片甲骨出土。甲骨是易碎的材料,今天所存的大多是碎片,完整的很少。甲骨上所载的文字,自一个至一百个不等,以一二十个为多。甲骨文就是刻在那些龟甲或兽骨上的文字。龟甲和兽骨是占卜的工具,所以甲骨文可能源于记录卜辞的符号。经考证,已发掘出的甲骨文主要记载了公元前14世纪盘庚迁都安阳(前1378)到公元前11世纪帝辛自焚而亡(前1046)期间,殷商王朝后期的档案内容。已发现的甲骨文单字约有4500个,现在能识别的约有1500个。目前著录甲骨文的专著已有不少,其中有代表性的有刘鹗编的《铁云藏龟》,罗振玉编的《殷墟书契》《殷墟书契菁华》《铁云藏龟之余》《殷墟书契后编》《殷墟书契续编》,郭沫若编的《卜辞通纂》《殷契粹编》,董作宾编的《殷墟文字甲编》《殷墟文字乙编》,胡厚宣编的《战后宁沪新获甲骨集》《战后南北所见甲骨录》《战后京津新获甲骨集》《甲骨续存》,以及中国社会科学院历史研究所先秦史研究室编的《甲骨文合集》等。

甲骨文是成熟的文字体系,其符号化程度很高,是经过长期发展的文字。在文字构造上,甲骨文已经运用了象形、会意、形声等比较进步的造字方法。其许多字都有较为固定的形体,如"日""月""人""大""目""草"等,后来的小篆就继承了其形体。

从内容看,甲骨文大致可分为两类:卜辞和记事刻辞。非占卜的记事刻辞较少,有些记事刻辞乃是卜辞的一部分。甲骨文内容涉及最普遍的是祭祀、田猎、疾病、风雨、吉凶,和其他关于神灵、自然现象,以及与人事有关的记录。

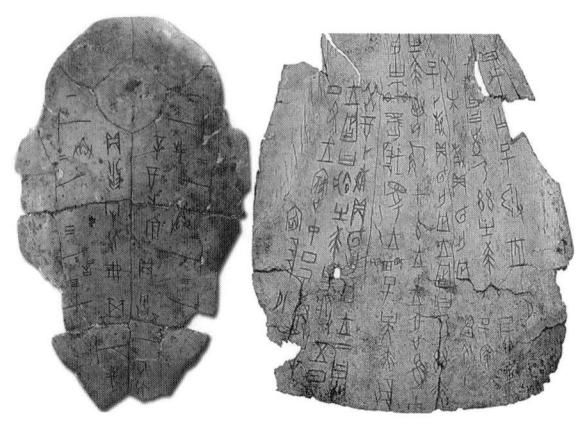

甲骨文

甲骨文时期的阅读，主要以了解占卜、祭祀等活动为目的。文字不仅是人与人之间沟通的工具，更是人与鬼神之间沟通的媒介，而且后者的分量远胜过前者。殷代将文字记录用在各种不同的场合，作为人鬼之间沟通的桥梁。祭祀时，用文字昭告鬼神来享受奉献；祈祷时，也用文字来表达愿望；占卜时，卜者将卜问的事情刻在龟甲、牛骨上，并将应验之事续刻在卜问之事后。

甲骨文不仅是成篇的读物，而且有的可能已经编成册了。《尚书·多士》中有"惟殷先人，有典有册"[1]的说法，说明有可能商代时就已将龟板串连成册。甲骨文在当时主要记录占卜内容，是为了事后的稽查考核而刻画的，就其实质而言，更类似于档案中的文字，而非用来传播信息和知识的书籍中的文字。

## 三、金文

商周青铜器铭文是殷商和西周帝王、贵族镂刻在青铜器皿上的

---

[1] 李学勤：《尚书正义》，北京：北京大学出版社，1999年，426页。

文字，又称金文。这些文字大多是在铸造青铜器时用模子浇铸出来的，也有少数是在器具铸成后镂刻上去的。我国发明青铜器铸造工艺的时间极早。相传大禹曾铸九鼎，以象征统治九州的国家权力。商周的帝王出于政治的需要铸造了许多大鼎。帝王们为了祭祀祖先、炫耀政绩、教化后昆，命人将文字镂刻在盘盂上。战国初年，墨子说先王把天意"书于竹帛，镂之金石，琢之盘盂"①，传给后世子孙，反映了工艺与书体互为依存的原始史实。现已出土的大量殷代青铜器，有的制作相当精美，有的刻有铭文。目前出土的周代青铜器的数量更多。商周青铜器至迟从北宋即陆续出土，并见于著录。当时研究金文与石刻的学问合称为金石学，南宋初赵明诚所著《金石录》就是这方面的代表作。稍后，薛尚功专门搜集青铜器铭文，著《历代钟鼎彝器款识》，这样钟鼎彝器才独立分离出来。到清朝嘉庆、道光年间，金文的搜集、研究更趋活跃，出现了许多名家。中华人民共和国成立后，出土的青铜器越来越多，有铭文并已发表的有近千件。历代出土青铜器约有 15000 件，其中约有 10000 件刻有铭文。青铜器铭文对古文献是重要的补充。今人研究金文的代表性专著有容庚的《商周彝器通考》《金文编》《金文续编》，郭沫若的《两周金文辞大系》《殷周青铜器铭文研究》，罗振玉的《三代吉金文存》等。

金文的发展大致可分为殷商、西周、春秋战国、秦汉四个时期。殷商青铜器铭文篇幅大都比较简短，多不超过 50 字，字体多与甲骨文相近，多呈圆形，铭文用词也多类似甲骨文。铭文多为氏族名、人名、接受祭祀的祖先的名号，以及器物制造人的名号等。《礼记·祭统》所载的"夫鼎有铭，铭者自名也"②，一定程度上解释了铭文创作的由来。

---

① 《墨子》，见《二十二子》，上海：上海古籍出版社，1986 年，246 页。
② 李学勤：《礼记正义》，北京：北京大学出版社，1999 年，1362 页。

西周是青铜器铭文的全盛时代。西周铭文字体端正,铭文内容有所扩展,而且文法用词多与今日所见周代典籍相同。西周时期铭文的内容,多为征战、盟约,以及周王和贵族的功绩、讼断、赏赐等,是那个时代人们认为有意义的事件,今人从中可以看到当时社会上层某些政治生活的片段。在西周铜器上,百字以上篇幅的铭文颇为习见,200字以上的也不乏其例,如西周康王时的大盂鼎内铸有铭文19行,共291字。

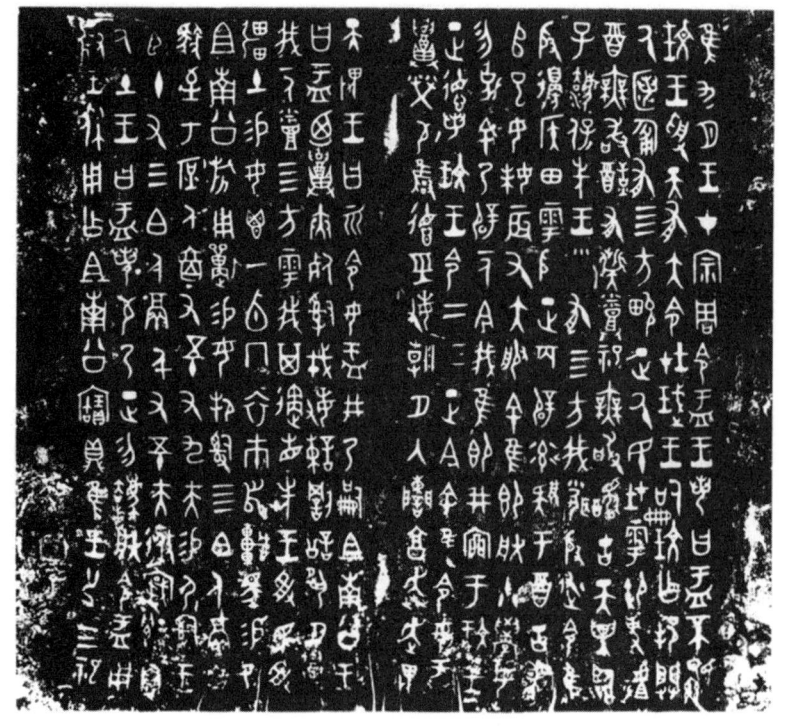

《大盂鼎铭》拓片

春秋时期亦有长篇铭文,如宋代发现的齐灵公大臣叔弓所制作的一件大镈,其铭文有493字。但春秋时期长篇铭文的数量要比西周时期的少得多。从已发现铜器的铭文内容看,西周铜器大多数为周王朝贵族、臣僚所铸,春秋铜器几乎都属于诸侯国。春秋时期,诸侯国的金文,在开始的时候大体上都沿袭西周晚期金文的写法,到了中晚期,已有明显的时代特征和地域色彩,后人据此将之划分为东方之齐鲁、中原之晋、南方诸国、关中之秦四种类型。与前代相比,就铭文内容而言,春秋中晚期金文中诸侯和士大夫的典章、社交等成分增加,西周时反映廷议、策论等内容减少。在一部分春秋中晚期的金文里,出现了明显的美术化倾向。例如有些东方和南方国家的部分金文,字形特别狭长,笔画往往做宛曲之态。从西周后期到战国早期,青铜器铭文中习见的内容并无很大变化,主要是器主叙述铸器缘由,以及希望子孙保有器物之类的话。从战国中期开始,传统形式的青铜器铭文显著减少,"物勒工名"式的铭文则大量出现。这类铭文,字数一般不多,所记的主要是铸器年份、主管铸器的官吏和铸器工人的名字,等等。兵器铭文在这类铭文里占有相当大的比重。旧式的长篇铭文在战国中期以后仍未绝迹,例如20世纪70年代在河北平山发现的公元前4世纪末期中山王墓所出土的铁足铜器上有长达469字的铭文。春秋以前,青铜器铭文绝大部分是铸在器物上的,战国中期以后则往往是在器物制成后用刀刻出来的。战国时代的秦国金文,多见于兵器、权量、虎符等器物上。其中最有名的是秦孝公十八年(前344)所制作的商鞅量的铭文。战国时期和秦朝建立后的秦金文,有很多是用刀刻的,并且往往刻得很草率。

战国以前(含战国)的青铜鼎,是贵族统治阶级极为珍视的礼器,只在举行盛大典礼、祭礼时才使用,被称为"重器",象征着统治权力。春秋战国时期,周室衰微,王权旁落,诸侯国纷纷铸鼎,举凡重要文件需永远保存或重大事件需永志不忘的,都铭刻在鼎等青铜器物上。秦始皇统一天下,下令收缴金属制器,青铜礼器的制造基本停止。

西周金文为人们提供了西周社会历史知识,补充了过去的史书记载,今人可以把它们视作原始书的一个类型。春秋战国时期金文的字体,较西周时期的更加美观齐整,笔画稍短而多变化,常带有韵脚,花纹精细,文字较长。春秋时代的郑国、晋国都将法律条文铸在鼎上,称"刑鼎""刑书"。

### 四、石刻文字

在石头上刻字本是原始人类的一种风气,在石刻文字之前就有岩画的出现。古人把文字刻在石头上,公开让人阅读,起到传播的作用,这可以视为原始书的一个类型。墨子书中有"镂之金石"的话,可见在战国时代,在石上刻字正像在青铜器上刻字一样,是相当流行的。现存最早的石刻要算陕西陈仓(今陕西宝鸡陈仓)出土的石鼓,上有刻字700多个,因自然风化,现存300余字。其大致内容为田猎、捕鱼的四言诗,字体属于籀文,据学者考证,为先秦时期的物品。较著名的石刻文字还有公元前4世纪末期秦国的《诅楚文》,包括《告巫咸文》(326字)《告大沈厥湫文》(318字)《告亚驼文》(325字)三篇。

石刻文字和甲骨、青铜器上的文字一样,是研究历史的材料。古人将文字刻于石上是为了宣传,石刻文字供人阅读,已接近于正式的书籍。

战国时期还有以玉片和石片为载体的书。我国古代文献《素问》有"著之玉版,藏之藏府,每旦读之,名曰玉机"①的记载。20世纪60年代在山西侯马东周晋国遗址出土的《侯马盟书》,就是由5000多块玉片或石片组成的。这些玉片、石片上写有朱红色或黑色的毛笔字,笔锋清丽,其书法犀利简率,提按有致,舒展而有韵律,字体接近春秋晚期的青铜器铭文。其内容分作五类:①宗盟类,要求与盟人效忠盟主,一致讨伐敌对势力,是主盟人团结宗族内部的盟誓;②委质类,与盟人表示同逃亡的旧主断绝关系,并制止其重返晋国;③纳室类,与

---

① 《黄帝内经》,见《二十二子》,上海:上海古籍出版社,1986年,898页。

盟人表示盟誓后不再扩充奴隶、土地和财产;④诅咒类,对某些罪行加以诅咒;⑤卜筮类,为盟誓卜牲时龟卜及筮占文辞的记载,不属于正式盟书。《侯马盟书》对研究中国古代盟誓制度、古文字及晋国历史有重要意义。

秦汉以来,石刻文字盛行,逐渐取代了青铜器铭文。像石鼓那样的圆柱形刻石,称碣;磨制平滑的刻字的长方形石板,称碑。统治阶级为记载历史大事、纪念逝去人物,歌功颂德,不再在青铜器上铸字,而是在碑碣上刻字。碑碣刻字字数多,内容丰富,公开供人阅读,可以达到宣扬人、事和思想的目的。

## 五、简策与帛书

书是文字的载体。东汉许慎《说文解字》载:"著于竹帛者谓之书。"①竹简和帛书是两种早期的书籍形式。许慎认为记载了文字的竹简和帛书都是书,那么上述记载了文字的甲骨、铜鼎、刻石也可以看作原始的书,可分别称为"甲骨书""青铜书""石书"。但正式的书籍还有另一项功能,即作为传播知识的工具。《管子·宙合》载:"是故圣人著之简策,传以告后进。"②"甲骨书""青铜书"和"石书"在传播知识方面显然不够便利,还不能称为正式的书。

我国最早的正式的书籍是春秋战国时期开始推行的分别以竹木、丝织品为书写材料的简策和帛书。

1. 简策

以供人阅读为目的,上面写有文字的经过整治刮削的竹片,称为简;写有文字的木板,称为札或牍。它们总称简牍。关于简的整治与

---

① 许慎:《说文解字》,北京:中华书局,1963年,314页。
② 《管子》,见《二十二子》,上海:上海古籍出版社,1986年,105页。

制作，汉代王充在《论衡·量知篇》中说："截竹为筒，破以为牒，加笔墨之迹，乃成文字。""断木为椠，析之为板，力加刮削，乃成奏牍。"①汉代刘向在《别录》中说："新竹有汁，善朽蠹，凡作简者，皆于火上炙干之……以火炙简令汗去其青，易书复不蠹，谓之杀青，亦曰汗简。"②这就是说，竹经过截切、烘干等工序后，便可用来写字。

一根简可容纳二三十个用毛笔墨书的字。这比在甲骨上刻字或在青铜器上铸字简便。写一篇文章，需要用很多根简。为便于阅读，必须把这些简按书写顺序编缀在一起。被编缀起来的群简称为策，也可写作象形字——册。

一块木板叫作"板"，写了字的木板叫作"牍"。如果是一尺见方的牍，就叫作"方"。《仪礼·聘礼》说："百名以上书于策，不及百名书于方。"③可见，不到100字的短文能写在牍上，而长的文章就需用策了。

简策使用的时期很长。《尚书》载："惟殷先人，有典有册，殷革夏命。"④甲骨文和青铜器铭文里都有"册"字，这说明至迟在公元前1300年简策就出现了，并且被后世之人沿用着。它最盛行的时间是从春秋初年到东汉末年（前8世纪—2世纪），自东汉以后逐渐被纸所代替，到公元4世纪才绝迹。春秋时期的六经——《诗》《书》《礼》《易》《乐》《春秋》就写在简策上。孔子读《易经》，致使"韦编三绝"，这里的"韦"就是穿竹简的皮条。但简策也有缺陷，那就是太笨重，不便翻阅和携带。秦始皇操持朝政，每天要看简策文书100多斤。而且一旦编简的细绳断了，简就会脱落无序，后来人们把残缺不全的书称为"断简残篇"。先秦时期简牍的发现和发掘已有多次，比较重要的有1951

---

① 王充：《论衡》，上海：上海人民出版社，1974年，194页。
② 刘蓉：《中国古代书籍制度》，载《华夏文明》，1996年，第4期。
③ 《仪礼注疏》，见阮元校刻《十三经注疏》，北京：中华书局，1980年，1072页。
④ 李学勤：《尚书正义》，北京：北京大学出版社，1999年，426页。

年至 1954 年在长沙一带发掘的"长沙楚简"152 枚,1957 年出土的"信阳楚简"117 枚,1956 年至 1973 年发掘的"江陵楚简"54 枚,1978 年在湖北随县发掘的"曾侯乙墓竹简"200 余枚,1975 年在湖北云梦睡虎地 11 号墓出土的"睡虎地秦简"1155 枚(另有残片 80 枚)等。

简策对中国书籍文化影响深远。简策同甲骨、青铜器、碑碣等比较起来,适于书写,便于制作,价廉易得,为古代文人学者著书立说提供了客观条件,也为书籍的流传、买卖提供了有利条件。

2. 帛书

帛书就是写在丝织品上的书。中国人自古养蚕制丝,帛也有缣、素等名,所以古人也称帛书为缣书或素书。在帛上面写字,很早就已开始。古代文献记载,春秋时期已有帛书流传。《晏子春秋》是战国时的著述,其中提道:"景公谓晏子曰:'著之于帛,申之以策。'"①齐景公与晏子是公元前五六世纪的人。据此推测,在春秋时期,人们已经用帛作为书写材料。古代文献常常将竹、帛并称,例如《墨子》记有"书于竹帛,镂之金石"②。可知在战国时代帛书与策书是并用的。

帛书比简策有更多的优越之处。帛质地轻薄柔软,易书写,易绘画,易携带,易收藏,易舒卷,能随文字的长短裁截,便于阅读。帛书有卷和轴,轴是卷的轴心,以轴为中心将帛书从左到右卷起来,这成为与简策制度并存的另一种书籍制度——卷轴制度。卷轴从左到右卷起,则帛书成捆,系以书绳,成为一卷,这是书的计量单位"卷"的由来。

1942 年,有人从长沙子弹库战国楚墓中盗掘出一幅帛书,该帛书在 1944 年曾被整理并刊出,名为《晚周缯书考证》。1973 年,考古人员从长沙马王堆西汉墓中发掘了一批帛书。帛书的质地为生丝织成

---

① 《晏子春秋》,见《二十二子》,上海:上海古籍出版社,1986 年,581 页。
② 《墨子》,见《二十二子》,上海:上海古籍出版社,1986 年,246 页。

的细绢。按高度分，这批帛书有整幅(约48厘米)和半幅(约24厘米)两种。出土时半幅的帛书卷在2～3厘米宽的竹木条上，其余的折叠成长方形，放在一只漆奁盒内。有的用朱砂画有7～8毫米宽的直行格，多为墨书。这批帛书共20余种，大约12万字，内容以哲学、历史著作为主，多为失传2000多年的古书，就是有传本传世的，也与今本有所不同。如《老子》甲、乙两种传本与现存各种文本相比，书中的次序不同，均为《德经》在前，《道经》在后，文字也有出入，还有四篇佚文是今本《老子》书中所没有的。还有据考连司马迁也未得见的《战国纵横家书》，该书可用于订正《史记》之误。《战国策》内容比今本多出10000多字，《易经》比今本多出4000余字。此外，还有阴阳书、天文书、历书、五行书、杂占书，等等。这些古书已经陆续整理、校订出版了。

帛虽然书写起来比简策方便，但是价格高昂，产量也不会很高，不是所有需要书籍的人都能置备得起的，所以简策仍然是这一时期主要的书籍，帛书的传播和阅读范围只限于贵族阶层。

文字和书籍是阅读内容的载体，也是阅读的媒介，随着文字和书籍形式的不断发展，汉文阅读逐步发展起来了。

## 第二节 文本的形成与发展

阅读的实际对象不是书籍，而是文本，书籍只是文本的外在形式和载体。在探讨过文字与书籍发展的问题后，我们再来探讨先秦时文本的形成和发展这一问题。从形成的时段上看，文本历经从韵文到散文的发展，而先秦时期各种文体的勃兴促成了先秦时文本繁荣的局面。

## 一、韵文的产生与发展

韵文是最早出现的文学形式,可以溯源到上古的歌谣、俚谚。在文字尚未发明的远古时代,原始时期的主要文学形式——原始诗歌、原始神话就已经产生。原始时期,歌、乐、舞常常是结合在一起的。关于原始歌舞的情况,今人从先秦和两汉古籍的一些片段记载中,可以约略推知。如今文《尚书·舜典》载帝舜时曾命夔典乐,夔曰:"於!予击石拊石,百兽率舞。"①它记录的大概是原始时期的歌舞场景:一群原始人敲打着石磬,而另一群原始人裹戴兽皮,载歌载舞。《吕氏春秋·古乐》篇记载:

> 昔葛天氏之乐,三人操牛尾,投足以歌八阕:一曰《载民》,二曰《玄鸟》,三曰《遂草木》,四曰《奋五谷》,五曰《敬天常》,六曰《达帝功》,七曰《依地德》,八曰《总禽兽之极》。②

这种乐舞富于原始意味,先民为得到理想的收成(《遂草木》《奋五谷》《总禽兽之极》),常举行一种宗教仪式,通过与原始宗教信仰相结合的歌舞对图腾(《玄鸟》)和祖先(《载民》)进行膜拜和祭祀,其中渗透着浓重的巫术色彩和强烈的灵物崇拜观念。

诗歌是最早出现的韵文。一般认为它是原始人类在从事集体劳动时,依照着劳动动作的节奏,因袭着劳动呼声的疾徐而创作的。如《淮南子·道应训》载:"今夫举大木者,前呼'邪许',后亦应之,此举

---

① 李学勤:《尚书正义》,北京:北京大学出版社,1999年,79页。
② 《吕氏春秋》,见《二十二子》,上海:上海古籍出版社,1986年,643页。

重劝力之歌也。"①此前《吕氏春秋》也有过类似的记载。鲁迅在《且介亭杂文·门外文谈》中曾论述，最早的诗歌创作是在集体劳动中根据劳动的需要产生的。劳动的呼声一旦被语言替代或与一定的语词、语言相结合，一种语词精练并具有节奏性、音乐性的语言艺术就正式产生了。②

　　韵文的语言历经由短句到长句的发展过程。我国最原始的诗歌大都是二言形式，这源自当时劳动节奏的单调短促和先民思维和语言的简单贫乏。汉代赵晔的《吴越春秋》所载的《弹歌》，据说是黄帝时代的歌谣，从思想和形式上看，它比较接近原始形态。《弹歌》内容如下：

　　　　断竹，续竹，飞土，逐宍！③

　　这是一首原始猎歌，反映先民们砍竹、接竹，制造狩猎工具，追捕猎物（"宍"同"肉"）的整个过程。它采用二字一句的形式，虽然简短，但浑朴、自然，有很强的概括力，将整个狩猎过程写得非常生动，是一支优秀的原始民谣。

　　另外，《周易》中也保存了一些二言体的原始歌谣。例如，《屯·六二》载：

　　　　屯如，邅如，乘马，班如；匪寇，婚媾。④

　　这是一些上古抢婚的风俗。歌谣仅 12 个字，但写得曲折、形象，

---

① 顾迁译注：《淮南子》，北京：中华书局，2009 年，192 页。
② 褚斌杰：《中国古代文体概论》，北京：北京大学出版社，1990 年，38 页。
③ 赵晔：《吴越春秋》，南京：江苏古籍出版社，1999 年，149 页。
④ 李学勤：《周易正义》，北京：北京大学出版社，1999 年，35 页。

音韵也很和谐。再如,《中孚·六三》载:

  得敌。或鼓,或罢,或泣,或歌。①

  本爻辞的内容为战争归来后战士们的不同表现,寥寥十字,就勾勒出一个动人的场景,而且音节顿挫,富有感染力。
  二言体的诗歌主要产生于原始时期,因为没有文字记载而靠口口相传,所以现在能看到的很少。等到有文字可供记载时,由于社会和语言的发展,四言体已经发展成诗歌的主要语言形式了。
  随着社会的发展,语言也在不断发展变化,如语法结构的复杂多样,词汇量的增多,特别是双音节词的大量出现,使得原有的二言体已经不能满足表达内容的需要,于是诗歌在形式上开始有所突破而向前发展。二言体之后占主导地位的是四言体,这就是我国诗歌史上的《诗经》时代。但从现有历史资料上看,四言体诗的确立也不是一下完成的,它经历了一个过渡阶段,也就是说,它曾有一个演化过程。对于诗歌从二言体到四言体的发展,我们从《周易》所保存的短歌中还可以看到某些痕迹。如《周易》卦、爻辞中虽然有完全二言体的短歌,但某些歌谣逐渐有所突破。例如,《离·九四》载:

  突如,其来如,焚如,死如,弃如。②

《归妹·上六》载:

---

① 李学勤:《周易正义》,北京:北京大学出版社,1999年,243页。
② 李学勤:《周易正义》,北京:北京大学出版社,1999年,137页。

> 女承筐，无实；士刲羊，无血。①

从形式上看，前一首主要是二言诗句，但第二句突破为三言。后一首中二言、三言各半。卦、爻辞中还出现了四言、五言诗句。例如，《中孚·九二》载：

> 鸣鹤在阴，其子和之。我有好爵，吾与尔靡之。②

根据这些诗例，我们可以推测，因为二言体表情达意的局限，所以在二言体以后诗歌经历了一个不断扩充诗句容量的时期。有人认为，在二言体之后，诗歌经历过三言体的时代。现存的韵文中有不少三言句。例如，《老子》二十八章载：

> 知其雄，守其雌，为天下谿。为天下谿，常德不离，复归于婴儿。
> 知其白，守其黑，为天下式。为天下式，常德不忒，复归于无极。
> 知其荣，守其辱，为天下谷。为天下谷，常德乃足，复归于朴。③

《荀子·成相》中也有类似的句式：

> 请成相，世之殃，愚暗愚暗堕贤良。人主无贤，如瞽无相何怅怅。
> 请布基，慎圣人，愚而自专事不治。主忌苟胜，群臣莫谏

---

① 李学勤：《周易正义》，北京：北京大学出版社，1999年，223页。
② 李学勤：《周易正义》，北京：北京大学出版社，1999年，243页。
③ 《老子》，见《二十二子》，上海：上海古籍出版社，1986年，3页。

必逢灾。①

这种韵文应该采用了当时的民间歌谣形式。西汉前期的楚声歌曲也有与之相近的形式。例如,《汉书·外戚列传》所记刘邦姬戚夫人舂歌曰:

> 子为王,母为虏,终日舂薄暮,常与死为伍,相离三千里,当谁使告汝。②

《礼记·曲礼》载:"邻有丧,舂不相。"郑玄注:"相,送杵声。"③今人据此可知"舂歌"与"成相"是同一性质的劳动歌谣。

三言体往往是杂言韵文中的一种句式,先秦时期的诗歌通篇用三言体的很罕见,所以很多学者不承认三言诗的说法。

韵文体制的变革不能完全脱离旧的基础,把二言诗的两句重叠起来成为四句,则是最简便的方式。四言体是上古书面语共用的一种句式,《尚书》和《周颂》的早期篇章里,诗与文之间尚无明确的分界。四言句式的定型和四言诗歌的发展成熟有很大关系。四言诗集中保存在《诗经》中。四言体比二言体有了很大进步。它延长了句式,扩充了句子的容量,使大量双音词、联绵词得以入诗,这对更充分地反映生活、表达思想感情有很大作用。同时,比起二言诗,四言诗韵与韵之间的间隔长了,而且也为句法结构、语言修辞开拓了新天地。而随着四言的诗化和《诗经》地位的确立,四言体作为一种成熟的句式,一直被后来的许多韵文文体吸收、采用。

---

① 《荀子》,见《二十二子》,上海:上海古籍出版社,1986年,349页。
② 《汉书》卷九十七《外戚列传》,见《二十五史》,上海:上海古籍出版社,1986年,729页。
③ 李学勤:《礼记正义》,北京:北京大学出版社,1999年,78页。

## 二、从韵文到散文的演变

韵文早于散文产生。清代阮元的《文言说》对这一点有很精辟的议论,他说:"叙事《说文》:'直言曰言,论难曰语。'《左传》曰:'言之无文,行之不远。'此何也?古人以简策传事者少,以口舌传事者多;以目治事者少,以口耳治事者多。故同为一言,转相告语,必有愆误,是必寡其词、协其音以文其言,使人易于记诵,无能增改,且无方言俗语杂于其间,始能达意,始能行远。"①当时尚无文字,人们只能靠头脑记忆和口耳相传来交流生产经验和生活感受。于是,歌谣、俚谚一类韵文应运而生。《高士传》所记帝尧之辞"日出而作,日入而息。凿井而饮,耕田而食",《路史》所载舜之歌"八风回回,凤凰喈喈",均是韵文。今流传下来的文本虽然仅为残句,但语句精练,且较整饬,类似歌谣,很可能是通过口耳相传的方式流传下来的。然而也有学者认为这两首诗未必可靠。②

韵文最初的功能是便于记诵,后来则演变为抒情的文学样式。以诗为例,闻一多在《歌与诗》一文中,从训诂的角度入手做了很好的解释,后人多以他对"志"的内涵分析为研究起点,他说:

> 志与诗原来是一个字。志有三个意义:一记忆,二记录,三怀抱。这三个意义正代表诗的发展途径上三个主要阶段。③

第一个阶段是"记忆"。"志"的本义是停在心上,停在心上也可

---

① 阮元:《揅经室集》,北京:中华书局,1993年,606页。
② 蒋伯潜、蒋祖怡:《骈文与散文》,上海:上海书店出版社,1997年,3页。
③ 闻一多:《闻一多全集》(1),北京:生活·读书·新知三联书店,1982年,185页。

以说是藏在心里,所以《荀子·解蔽》载"志也者,臧也"①,《诗序》疏载"蕴藏在心,谓之为志"②。藏在心即记忆,所以"志"又训记。"诗"字训志,最初正是就记诵而言的。诗的产生本来在文字之前,当时专凭头脑记忆以口耳相传。诗的韵以及整齐的句法,都是为了便于记诵。文字产生之后,人们就用文字记载代替头脑记忆,所以记忆之"记"又孳乳为记载之"记"。记忆谓之"志",记载也谓之"志"。《左传》《国语》中就有大量这样的例子。由于韵文的产生早于散文,因此最初的记载(志)都是韵文(诗),诗字训志。

  第二个阶段是"记录"或"记载"。在这个时候,"诗"就是"史"。孟子说:"王者之迹熄而《诗》亡,《诗》亡然后《春秋》作。"③《春秋》何以能代《诗》而兴?因为诗也是一种《春秋》。社会进一步发展,散文产生。有韵文史,也有散文史。韵文史称为"诗",散文史称为"志"。这样"诗"与"志"的用途开始分离。

  第三个阶段是"怀抱"。诗的本质是记事,歌的本质是抒情,所以《诗经》可以说是记事与抒情的融合。在这个时候,把"诗"训为"志"就出现了新的意义,那就是"怀抱""志向"。闻一多的这段论述将"志"纵的语义序列释为"记忆""记录""怀抱"三项,这一结论得到学界的普遍认可。闻一多"诗言志"的观念在歌与诗合流后才产生。这使得一些学者以为"记忆""记录"仅是《诗经》及"诗言志"产生之前的"志"的内涵,而"诗言志"的"志"的内涵只有"怀抱"。事实上,闻一多以为《诗经》中的诗所言之"志"仍有记录的意义,他说:

    《三百篇》时代的诗,依上文的分析,是志(情)事并重的,所

---

① 《荀子》,见《二十二子》,上海:上海古籍出版社,1986年,340页。
② 李学勤:《毛诗正义》,北京:北京大学出版社,1999年,6页。
③ 李学勤:《孟子注疏》,北京:北京大学出版社,1999年,226页。

以定义必须是"于记事中言志"或"记事以言志"方才算得完整。看《庄子·天下篇》"《诗》以道志，《书》以道事"及《荀子·儒效篇》"《诗》言是其志也，《书》言是其事也"，都把事完全排出诗外，可知他们所谓志确是与"事"脱节了的志。①

闻一多所说的脱离了记事的"志"是庄子和荀子所说的志。而上古在文字产生以前以韵语和乐语记事，这便是古歌谣，类似者如《荷马史诗》等，其记事功能是很强的。闻一多认为《诗经》中诗记事与言怀抱之志并重。

以诗歌为主的韵文最初用于记事，其韵语形式即是为了便于记诵，便于在口耳相传中保持信息的准确，这应该是文字产生之前韵文的主要功能。而一旦文字产生，有了书面语，句子便可以不那么整饬，也不用押韵，显然不受句子字数和押韵限制的语言形式更有利于充分表达思想和准确记事。诗歌逐渐剥离了其一开始的记事功能，转而成为抒情的主要形式。而记事的功能则主要由散文来承担。

直到先秦末年，韵文的形式还被广泛采用，而且和以前的韵文形式有明显的因承关系。韵文的形式还经常保留在诸子散文中，比如《老子》基本用韵文写成，《荀子》中不少篇章采用韵文写成，等等。此处不妨以秦国文书《为吏之道》为例。1975年，考古人员在湖北云梦睡虎地秦代墓中发掘了大批竹简，其中有10种古籍，大约写于秦昭襄王后期至秦始皇帝三十年（前217）。古籍中有一种政治教材——《为吏之道》。该书后半部附有如下八首韵文：

  凡治事，敢为固，遏私图，画局陈棋以为籍。宵人慑心，不敢徒语恐见恶。

---

① 闻一多：《闻一多全集》(1)，北京：生活·读书·新知三联书店，1982年，191页。

凡戾人,表以身,民将望表以戾真。表若不正,民心将移乃难亲。

操邦柄,慎度量,来者有稽莫敢忘。贤鄙既乂(治),禄位有续孰瞽(乱)上?

邦之急,在体级,掇(辍)民之欲政乃立。上无间隙,下虽善欲独何急?

审民能,以任吏,非以官禄使助治。不任其人,及官之瞽(乱)岂可悔?

申之义,以击畸(邪),欲令之具下勿议。彼邦之倾,下恒行巧而威故移。

将发令,索其政,毋发可异使烦请。令数究环,百姓摇贰乃难请。

听有方,辨短长,囷造之士久不阳。①

从形式上看,《为吏之道》显然采用民谣形式书写,和《荀子·成相》有相承关系。《为吏之道》的前半部分大多以四言为主,而且有韵,如:

施而喜之,敬而起之,惠以聚之,宽以治之,有严不治。与民有期,安骀而步,毋使民惧。疾而毋谡,简而毋鄙,当务而治,不有可茝。劳有成既,事有几时。治则敬自赖之,施而息之,犊而牧之,听其有失,从而则之;因而征之,将而兴之;虽有高山,鼓而乘之。民之既教,上亦毋骄。孰道毋治,发政乱昭。安而行之,使民望之。道易车利,精而勿致。兴之必疾,夜以接日。观民之作,罔服必固。地修城固,民心乃守。百事既成,民心既宁,既毋

---

① 褚斌杰、谭家健:《先秦文学史》,北京:人民文学出版社,1998年,507—508页。

后忧,从政之经。①

这种句式与《老子》《孙子兵法》《管子·版法》,以及《韩非子》中的《扬权》《主道》等相似,应是当时韵文的主要句式。

## 三、散文的形成与发展

散文是适于实用的文学形式,一般认为散文产生于文字出现之后。至迟在殷商社会中期,我国已有初步定型的文字和用文字记载的书面文献。殷墟出土的甲骨卜辞,商代和周初的青铜器铭文,《周易》中的卦、爻辞,《尚书》中的殷周文告等,可以说是我国散文的萌芽。

甲骨卜辞是我国记事文的萌芽和原始形态。《周易》中的卦、爻辞比甲骨卜辞更趋完整,语句简洁洗练,其中有生动的描写,有对生活经验以及哲理的表达,是我国古代散文萌芽发展过程中的一种重要形式。

甲骨卜辞原是商代和西周帝王、贵族占卜时简短的记录,刻写在龟甲、兽骨或人骨上。帝王需要预知在当晚或十日内可能发生的祸福事件时,通常便以甲骨来祈求祖先或神灵之助。占卜完毕,贞人或祭师便将疑问、解答乃至占卜后的征验之辞,记载在龟甲、兽骨或人骨上。现存的甲骨文,大都是这种殷人祭祀和占卜的记录。卜辞的内容多为预测祸福、判断吉凶,也有反映气象历法、记录农业生产和田猎、记载政治和军事活动、表现日常生活的卜辞,它们反映出商周时代社会生活的一些痕迹。

大多数甲骨卜辞文本残缺,字迹难辨,也有一些甲骨卜辞较为完整可读,如:

---

① 褚斌杰、谭家健:《先秦文学史》,北京:人民文学出版社,1998年,509页。

癸卯卜，今日雨。其自西来雨？其自东来雨？其自北来雨？其自南来雨？

这段卜辞记载的是关于天象的占卜情况，内容是经癸卯日占卜可知，今日有雨，但雨来自何方还需进一步占卜。就文本形式看，它和《周易》爻辞中的某些歌谣颇为相似。

卜辞通常有一定的格式。时人通常用零散的数字记录卜兆的次序，一般用二三字的短句，记在因占卜时烧灼而产生的卜纹或者正文旁，来说明卜兆的吉凶。卜辞中最主要的部分是有关预兆的叙述，通常由几组不同形式的简单句子组成。一篇完整的卜辞可分为这样几部分：序辞，包括占卜的时间和贞人的名字；命辞，包括问题和期限；占辞，通常包括王对卜兆的解释；验辞，记验事实与预卜的结果是否相符。这里举武丁时的一篇篇幅较长的卜辞为例：

癸巳卜，㱿，贞：(序辞)
"旬亡咎？"(命辞)
王占曰："(有)(祟)，其来有艰。"(占辞)
气(迄)至五日丁酉，允(有)来艰自西，沚□(本书中无法识别的字用□代替)告曰：土方征于我东啚，(灾)二邑；工方亦侵我西啚田。(验辞)①(本节卜辞的释文主要

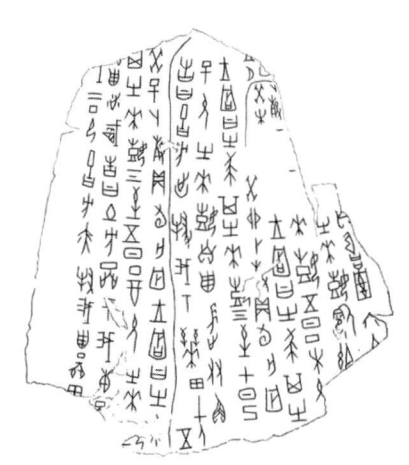

武丁卜辞

---

① 郭沫若：《卜辞通纂》，北京：科学出版社，1978年，438页。

依据郭沫若的隶定,个别字采用学者新的隶定)

卜辞的意思是说癸巳这天,一个名为壳的贞人进行此次占卜。命辞说:"旬(指下一旬)没有灾祸?"王(在贞卜以后)观察卜兆,说:"有灾祸。会有险恶的事情发生。"到五天以后的丁酉日,果然有险恶的事情在西边出现了。沚的首领□来报告说:"土方征于我东部的边境之地,菵伐了两个边邑。工方也侵扰了我西部边境的田地。"这条卜辞,时、地、人、事齐全,叙述较为详细,略具叙事要素。这类卜辞,可看作是先秦叙事散文的萌芽。

甲骨文中也有少数是记事的。有的记事刻辞为卜辞的一部分,也有很少的记事刻辞是单独记录史实的,这一般见于骨文。如有一片残骨上记载战争史实,说征伐西方的方国,获俘570人,车2轮,盾180个,衣甲15副,箭若干支。残文有55字,分5行,现存的只有原物的三分之一,所以估计原文有150字以上。①

有的卜辞记事简短集中,只需简略几句,一二十字,就概括出一幕重大历史事件。例如胡厚宣《战后南北所见甲骨录》所记:

乙未(卜),贞:立事(于)南,右从(我),中从舆,左从曾。②

这里记录了商王武丁亲率大军参加对南方的一场战争,商军与"我""舆""曾"三个方国的部队配合作战。该卜辞文字极其简括,仅十余字,却从宏观角度记录了帝王的亲征及军力的配置,交代了主力部队与协助部队:商军右师由"我"国协助,中军由"舆"国协助,左师由"曾"国协助。全文采用粗线条、广概括手法,围绕武丁这次重要的

---

① 董作宾:《中国文字的起源》,载《大陆杂志》,1952年第10期,349页。
② 褚斌杰、谭家健:《先秦文学史》,北京:人民文学出版社,1998年,157页。

军事活动，叙写比较完整有力。优秀的记事性卜辞多表现出这类特征。①

甲骨文篇幅一般较短，但也有少数篇幅较长，如根据罗振玉《殷墟书契菁华》所录，一片兽骨的正反两面刻有一篇卜辞，其文字数量达到98个。由于文字的记录必须有书写工具和书写材料，文字在实际应用上不得不力求简短，因此散文发展的最初阶段，其篇幅也受到制约。

《周易》中的卦、爻辞也保存了一些早期的散文。现存《周易》中的卦、爻辞是一种专为卜筮之用的繇辞。其性质同过去的神签相类似，大概是巫卜之流所编造的为宗教占卜活动服务的书。卦、爻辞的时代不能确定，它们吸收了丰富的生活经验，似乎是经过一段长期的发展过程才完成的。其中不止一次提到"帝乙归妹"和"高宗伐鬼方"的事，显然这是殷商的历史。卦、爻辞中所谈到的各种各样的刑罚异常残酷，甚至还有杀人祭祀的迹象，则更与殷商时代奴隶主对待奴隶的情况相符合。当然也有不少卦、爻辞的内容反映了时代较晚的思想意识，如《蛊》的"上九""不事王侯，高尚其事"，等等。有些卦、爻辞，尤其是爻辞，在叙述吉凶的事项时，其文字不但显露当时的社会背景，而且颇为形象生动，但卦、爻辞的篇幅也普遍较短。

物质条件的改善促进了散文的发展。金文为散文篇幅的扩充增加了一定的可能性。铭文产生的商代早期，只有个别传世青铜器上有铭文。此时青铜器上所铸铭文的文字数量不多，一般为一字、两字，四字、五字是少见的。发展到商末，单篇铭文的字数还没有超过50，数十字的也仅有几例，所以这一时期被称为铭文的"简铭期"。商代青铜器铭文的内容也较简单，一般不含重要意义。铸铭的目的主要是标记器主的族氏，器物的名称、用途、使用的地点等，一般都铸在

---

① 褚斌杰、谭家健：《先秦文学史》，北京：人民文学出版社，1998年，165页。

器物不显著的部位。如"戈""天""子渔"是标记铸器的氏族或铸器人,"父乙""母丙"是表明器为祭祀父乙或母丙而作,"寝小室盂"则是标识器的存放地点和使用场所。但更多的内容是礼器制作者的族氏以及被祭祖先在宗庙里的称号。例如"(子)父乙","子"是铸器者族氏,"父乙"是被祭者(其父)的庙号。铭文都铸在如爵、斝的鋬阴,尊、觚的外底,鼎的内壁,簋、卣的腹底等隐蔽之处。商代晚期,较长的记事性铭文开始出现,目前发现的共有十几篇。

西周是青铜器铭文大发展的时期。周人利用大量铸有长篇铭文的青铜礼器来颂扬祖德,刻记功烈,陈述周王赐命,传遗子孙后代。西周的青铜器铭文篇幅加长,长篇书史铭文增加,所以这个时期被称为铭文的"长铭期"。百字以上的青铜器铭文颇为多见,200字以上的也不乏其例。西周前期的《大盂鼎铭》有291字,《小盂鼎铭》有400字左右(但多残泐不可辨识)。中期的《曶鼎铭》也有400字左右。后期的《大克鼎铭》有290字,《散氏盘(亦称夨人盘)铭》有350字,《毛公鼎铭》有498字(铭文中"甶"字作为有重文之字计算)。如果不算由几个编钟合成的铭文,则《毛公鼎铭》是已发现的商周青铜器铭文中篇幅最长的一篇。

西周青铜器铭文内容丰富,有关于奴隶制度、土地制度、宗族制度、分封制度、军事制度、官制、周人与周围各族的关系以及其他重要问题的大量史料。一些重大的历史事件,如武王克商、成王东征、昭王南征等,西周青铜器铭文对其也都有反映。还出现了一些比较特殊的记事铭文,其中有记诉讼胜利的铭文,如《曶鼎铭》(后两段)等,还有记土地交易和勘定田界的铭文,如《五祀卫鼎铭》《格伯簋铭》《散氏盘铭》等。这些青铜器上的铭文属于当时的官方语言,风格多庄重典正,文句古拙板滞,缺乏感情与文采。这些铭文大部分是散体,少数有韵,文字艰涩古奥,又多缺蚀,几乎与甲骨卜辞同样难懂。

也有某些青铜器铭文叙述完整的事件,写人的行为言论,已具有一定的文学性。其记述的篇制与内容，都比甲骨卜辞更为周详。例如《令鼎铭》记录了王射箭与驾车等场面。王自己驾车回去，令和奋两人跑在马前面，王说如果二人先到家，他就送给他们奴隶十户。结果王回去后，发布了赏赐的命令。这篇铭文记载颂扬了王的美好恩德，虽是写实，却有一定的文学色彩，记事有过程、有行动、有对话，显得有趣。再如《训匜铭》描述了王室掌六牲的牧人受审判的一场狱断，记录了事件的场面和人物言论，人物有周王、司寇伯扬父、牧牛和五位证人，铭文大部分为对话，司寇伯扬父的严峻、被告牧牛的畏怯，人物神态和语气依稀可辨，场面和人物也如在眼前。该篇铭文呈现出记事的复杂化趋向。

商代铭文主要用散语，周代铭文有不少韵语，如西周后期的《虢季子白盘铭》。

《虢季子白盘铭》

该铭文说：

> 唯十又二年，正月初吉丁亥，虢季子白作宝盘。丕显子白，壮武于戎功，经维四方。搏伐猃狁，于洛之阳。折首五百，执讯五十，是以先行。桓桓子白，献馘于王。王孔嘉子白义，王格周庙，宣榭爰飨。王曰："白父，孔显有光！"王赐乘马，是用佐王。赐用弓，彤矢其央。赐用钺，用征蛮方。子子孙孙（按：金文中"子"和"孙"下的二个短横表示重文），万年无疆。

该铭文大意是，周宣王十二年（前 816）正月丁亥日，虢季子白制作宝盘。名声显赫的子白，勇武威猛，征伐敌族，保卫四方。子白率军在洛水北面攻击猃狁军队，将敌军 500 人斩首，并俘获 50 人进行审讯，所以先行报功。勇武的子白，呈献战俘的左耳向周宣王请功，周宣王用盛大的礼仪接待子白。然后子白来到王室讲习武事的宣榭，接受犒赏。周宣王说："子白啊，你名声显赫，功劳荣耀。"周宣王赐给子白坐骑，让他忠心辅佐周政务，又赐给子白强弓，中间还有红色的箭，还赐给子白斧钺，让他用来征讨外族，以此保佑周王臣民子子孙孙长久幸福，万寿无疆。铭文前半段记事，后半段记言。该铭文中的叙事部分直陈其事，很少修饰，颂扬求福之语又往往是一些套语，其风格与《诗·小雅·六月》等篇有相近之处。总的看来，该铭文旨在直录，缺少修饰，典重有余，鲜活不足，作者唯求雅正地显示王权的庄严，还不可能考虑到铭文本身的文采。

出土于陕西岐山的《毛公鼎铭》有 498 字。这篇铭文从篇幅到文体都类似《尚书》中的篇章，可以说是一篇完整的散文。全文如下：

> 王若曰："父厝，丕显文武，皇天弘厌厥德，配我有周，膺受大

命。率怀不廷方,罔不闬于文武耿光。唯天将集厥命,亦唯先正襄乂厥辟,劳勤大命,肆皇天亡斁,临保我有周,丕巩先王配命。愍天疾畏,司余小子弗及,邦将害吉?𩛥𩛥四方,大从不静,乌呼!惧余小子,溷湛于艰,永巩先王。"

王曰:"父厝,(今)余唯肇经先王命,命汝乂我邦我家内外,憃于小大政,定朕位。虩许上下若否于四方,死毋童余一人在位,弘唯乃智。余非庸又昏,汝毋敢妄宁。虔夙夕惠我一人,雍我邦小大猷,毋折,缄告余先王若德,用印邵皇天。绸缪大命,康能四国,欲我弗作先王忧。"

王曰:"父厝,于之庶出入事于外,敷命敷政,艺小大楚赋。无唯正昏,弘其唯王智,乃唯是丧我国。历自今出入敷命于外,厥非先告父厝,父厝舍命:毋有敢惷命于外!"

王曰:"父厝,今余唯绸先王命,命汝亟一方,宏我邦我家。汝推于政,勿雍累庶民。赋毋敢龚橐,橐乃侮鳏寡。善效乃友正,毋敢汹于酒。汝毋敢坠,在乃服,缪夙夕敬念王畏不赐。汝毋弗帅用先王作明型,俗汝弗以乃辟陷于艰。"

王曰:"父厝已曰:'及兹卿事僚,太史僚,于父即尹。'命汝籍司公族,与三有司,小子,师氏、虎臣,与朕执事,以乃族敢敌王身,取费三十锊。赐汝秬鬯一卣,祼圭,瓒宝,朱黻,恩黄,玉环,玉瑹,金车,賁綪较,朱靶靳,虎幕,纁里,右轭,画𫐉,画辀,金镛,错衡,金踵,金钖,敕𩨳,金簟弼,鱼葡,马四匹,攸勒,金膺,金膺,朱旂二铃。赐汝兹赠,用岁用征。"毛公厝对扬天子皇休,用作尊鼎,子子孙孙永宝用。①

---

① 叶正渤、李永延:《商周青铜器铭文简论》,徐州:中国矿业大学出版社,1998年,214—215页。

本铭文是一篇西周真实史料,记述了周宣王(前827—前782)登上王位之后,很想将国家治理好,所以请他的叔父毛公来管理政府内外的大小政务,并勉励毛公勤公无私,而且任用毛公的族人,让他们担任禁卫军,捍卫王室。全文可分五段:宣王追述周代文武二王开国时政治清平的盛况,对比铸鼎时时局不靖;策命毛公治理邦家内外;给予毛公以宣示王命的专权;告诫并鼓励毛公以善从政;赏赐毛公车、兵、命服。毛公为感谢和称颂周天子的美德,礼颂周王的厚赐,铸鼎以记其功,传示子孙承宝。这是一篇典型的西周策命铭文,但不拘泥于传统的策命铭文体例,显然出自当时史官之手。全铭文辞精妙而完整,古奥艰深,是西周散文的代表作。《毛公鼎铭》尤以书法著称。其书法奇逸飞动,气象浑穆,笔意圆劲茂隽,结体方长,较《散氏盘铭》书法稍端整。

　　我国早期的散文主要保存在历史文献和史传文学中。我国史官建置甚早。依周制,王朝及诸侯各国均设有史官,有大史、小史、左史、右史等职,大致继承殷商旧制而有所损益。据文献载,古者"左史记事,右史记事;事为《春秋》,言为《尚书》"①。

　　《尚书》即上古之书,是我国最早的散文集。《尚书》是商周记言史料的汇编,包括《虞书》《夏书》《商书》《周书》四部分。《尚书》中的《商书》是殷商史官所记的誓、命、训、诰。其中可靠的有《盘庚》《高宗肜日》《西伯戡黎》等篇。据周初文献,殷先人有册有典,上述诸篇就是包括在这些典册之内而被保存下来的。《虞书·尧典》等记载的尧、舜、禹等人的传说,是后人的追述,而不是当时人的记录。《商书·盘庚》是可靠的殷代作品,也是中国记言文之祖,语言古朴艰涩,有一定的感情色彩和形象性。该文记载了殷王盘庚迁都前后对世族百官、百姓和庶民的讲话。盘庚要迁都于殷,由于臣民反对迁徙,因

---

① 《汉书》卷三十《艺文志》,见《二十五史》,上海:上海古籍出版社,1986年,528页。

此他一再说服臣民,把旧都比作"颠木",把新都比作颠木新生的"由蘖"。他劝告群臣服从王命,要"若网在纲,有条而不紊;若农服田力穑,乃亦有秋"①。他责备群臣以"浮言"鼓动群众,好比"火之燎于原,不可向迩"。他又告诫人民要听他的话,好比乘船,若不好好渡过去,就会有溺水的危险。这些从现实生活经验出发的譬喻都显得非常生动。

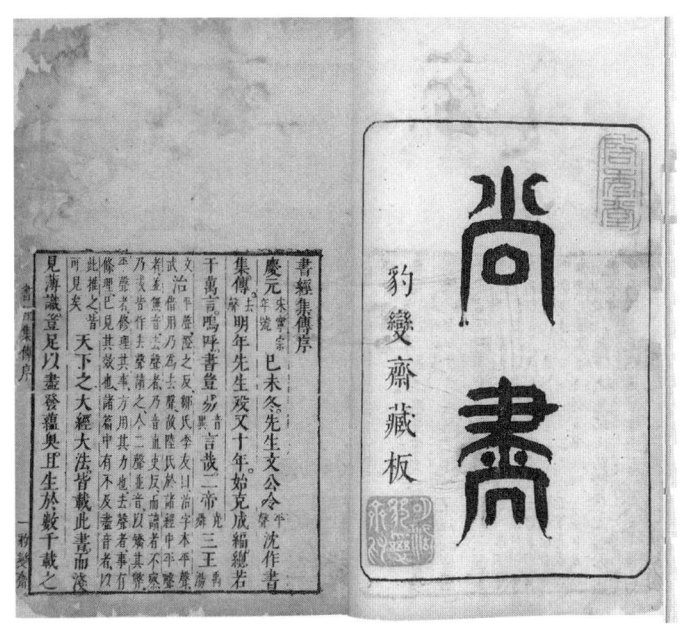

《尚书》

《周书》主要由诰与誓两种文体写成,记周公言论最多。其中,《洛诰》《无逸》《立政》是告诫成王之言,《大诰》是对诸侯的训令,《多士》《多方》是对殷民的训诫,《康诰》教训康叔如何治理殷民,《君奭》是周公与召公的谈话。周公的这些谈话和训令,反映了周公的心态、周人的政治思想和周初的社会关系。《周书》的《金縢》和《顾命》以记

---

① 李学勤:《尚书正义》,北京:北京大学出版社,1999年,229页。

事为主。《金縢》写武王克商后患病,周公向先王祷告,愿代武王死,武王病愈。后成王嗣位,周公摄政,武王之弟管叔等散布流言诽谤周公,并煽动殷遗民叛乱。周公率兵平定叛乱,成王心中对周公仍有疑忌,周公避居。于是"天大雷电以风,禾尽偃,大木斯拔,邦人大恐,王与大夫尽弁,以启《金縢》之书,乃得周公所自为功代武王之说"①。成王大为感动,亲自迎接周公回朝。这些情节曲折而具传奇色彩。《顾命》写成王之死、康王之立,事件的过程和宏大的场面铺叙得很清楚。周初统治者汲取前朝亡国教训,颇有敬天保民思想,他们一再提醒自己要以殷为鉴。《无逸》就是从此出发的,也是这种思想的集中表现。它告诫成王要念稼穑的艰难,不可贪图逸乐,要效法文王勤劳节俭,"怀保小民""无淫于观、于逸、于游、于田""无若殷王受之迷乱酗于酒德"。这对当时的统治者来说是一种新认识,也是一种比较进步的政治观点。《无逸》叙述得颇有条理,有层次,从记叙文的结构上看,它有显著进步。《秦誓》是春秋时秦穆公的悔过之词。他因不听蹇叔之言,"劳师以袭远",结果为晋所败,三帅被俘,"匹马只轮无反者"。他愧悔之余,恍然于"番番良士""仡仡勇夫"和"截截善谝言"这三种人的区别和取舍,流露了真实的情感;通篇始终用对比描写手法,是散文创作的进一步发展。

  《尚书》文字古奥典雅,语言技巧超过了甲骨卜辞和青铜器铭文,而且这些文诰都单独成篇,有完整的结构,对先秦历史叙事散文的成熟有直接的影响。

  春秋时期经过孔子编定的《春秋》,记事系统开始具有自觉的记事意识和写作义例。《春秋》是鲁国的编年史。现今流传的《春秋》是经过孔子修订的。孔子为维护周王朝奴隶制统治,主张尊王攘夷,正名定分,企图巩固王朝最高奴隶主政权,使"大一统"局面恢复

---

① 李学勤:《尚书正义》,北京:北京大学出版社,1999年,338页。

安定。孔子这种政治主张,通过《春秋》的谨严文字表现了出来。《春秋》记事,语言过于简单,类似后世新闻标题,只是片断记录。其中亦有记得简练明白的,例如,鲁僖公十六年(前 644)书曰:"春,王正月,戊申,朔,陨石于宋,五;是月,六鹢退飞,过宋都。"①寥寥二十余字,叙述错落有致,与《尚书》大不相同。

《左传》是先秦散文的"叙事之最",标志着中国叙事散文的成熟。《左传》是一部列国编年体史书,就其基本性质来说是历史著作,但同时也是一部优秀的史传文学著作。它虽然不像后世小说那样有意识地塑造形象,也没有像本纪、列传那样用专门篇章来集中刻画人物,但在真实记述历史事实的基础上,注意描写的形象性,并进行了一定程度的艺术加工,具有相当的文学价值。它的特点是把人物融合在事件之中,在记事中写人物,随着不同时间内所发生的许多不同事件,以不同方式,分别地、陆续地揭示人物性格的各个方面,到最后形成一个完整的艺术形象。《左传》以《春秋》的记事为纲,把《春秋》中的简短记事内容发展为完整的叙事散文。《左传》发展了《春秋》笔法,不再以事件的简略排比或个别字的褒贬来体现作者的思想倾向,而主要通过对事件过程的生动叙述、人物言行举止的展开描写,来体现其道德评价。《左传》还创立了一种新的叙事形式,即在叙事中或叙事结束后直接引入议论,以"君子曰"等来对事件或人物做出道德伦理评价,更鲜明地表现出作者的立场和情感,增强了叙事的感情色彩。作为编年史,《左传》主要按时间顺序交代事件发生、发展和结束的全过程。但倒叙与预叙手法的运用,也是其叙事的重要特色。倒叙就是在叙事过程中回顾事件的起因,或交代与事件有关的背景等。《左传》中还有插叙和补叙,其性质和作用与倒叙类似。《左传》叙事,往往很注重完整地叙述事件的过程和因

---

① 李学勤:《春秋左传正义》,北京:北京大学出版社,1999 年,385 页。

果关系。其叙事最突出的成就在于描写战争。它记录了大大小小几百次战争,对城濮之战、崤之战、邲之战、鄢陵之战等大战的描述历来被人们交口称赞,各类小战役也写得别具特色,精彩生动。《左传》叙事还颇具戏剧性。大量生动的戏剧性情节,使这部作品充满故事性。书中广泛描写了各种人物,其中许多人物写得个性鲜明。有些描写还展现了人物性格的丰富性和复杂性,表现了人物性格的变化。其叙事中人物的行动、对话成为表现人物的主要手段,而很少对人物进行外貌、心理等主观静态描写。通过人物在重大历史事件中的言行,人物性格得以展现,形象塑造得以完成。《左传》对后世记事散文的发展具有深远的影响。

《国语》《战国策》也是先秦优秀的历史散文著作,其中的体例、思想、写作艺术等对后世史传文学的创作有直接启发。

### 四、先秦各种文体的产生与发展

#### 1. 文体的产生

先秦时期是我国古代文学产生和发展的初期。从我国文体发展史来看,先秦时期也是我国种类众多的各式文体萌芽的重要时期。我国文学发达,文体繁富,样式众多,而后世的许多文体一般在先秦时期即已滥觞和孕育。故古代文体论者,往往有"文出五经"的说法。章学诚《文史通义·诗教》载:"后世之文,其体皆备于战国。"①虽然把后世各类文体的起源归本于"五经"的说法不免牵强,但说后世许多文体在先秦时期就已产生或萌芽,是符合事实的。后世许多新兴文体的产生和发展,受先秦文学影响,是不可否认的事实。

文体发源于原始社会早期。赵逵夫很好地阐释了文体产生

---

① 章学诚:《文史通义》,北京:中华书局,1984年,60页。

的原因：

> 文章不同形式、不同体裁的形成是很早的。文字产生以前已有祭祀,有氏族、部落的会议,氏族、部落的首领常常发布命令,或就某些事情作训诰,于是祷辞和训诰、命令等语言形式便产生了。与此同时,神话故事、传说、歌谣,作为早期自然科学知识结晶和社会礼俗成规的谚语也都产生了。这些言辞因为使用场合与使用对象的不同,从形式到语言风格上都会有所不同,这便形成了不同的"文体",只是,因为它们不是用文字固定下来的,还不能算是文章。其形式也只能说是约定俗成的表述方式,还不能说是"文体"。它们除歌、谣、谚以及韵文形式的祭祷之辞(如传为伊耆氏的《蜡辞》),可能由长期的口耳相传,至文字产生之后被著之竹帛,其他的便湮没或慢慢变形,甚至加进了后代的东西(属于后一种情况的如《尚书·尧典》)。虽然由口头语言到最早的书面语,其间被删除的必然很多,但后来的所谓"文章"便是从这里产生的。随着人们创造的文字数目的增多、文字对语言的记录功能的增强,各种文章便产生了,各种文体也随之产生了。[①]

各种早期文体由于使用场合和使用功能的不同而得以区分,同时,早期文体的产生与各类原始仪式之间的关系也密不可分。下面以先秦时期产生较早的赞文体为例来说明这一点。

赞文体起源于上古仪式活动中用来辅助行礼的赞词。赞是一种礼仪行为,《说文解字·兓部》载有"兓,进也","兓"表示双人前引而

---

[①] 赵逵夫:《先秦文体分类与古代文章分类学》,见孙以昭等编《中国古代散文研究》,合肥:安徽大学出版社,2001年,4页。

进,从"贝"则表示执贽礼谒见。赞的本义为"引进执贝为礼"。"赞"字首先引申为"赞者",即引进或辅助他人行礼之人。赞者在上古的多种仪式场合中不可或缺。在重大的仪式中,"赞礼"成为一套有严格等级秩序的礼仪程式。《周礼注疏》卷三郑玄引郑众注曰:"大祭祀,大宰赞玉币,司徒奉牛牲,宗伯视涤濯、莅玉鬯、省牲镬、奉玉盎,司马羞鱼牲、奉马牲,司寇奉明水火;大丧,大宰赞赠玉、含玉,司徒帅六乡之众庶属其六绋,宗伯为上相,司马平士大夫,司寇前王,此所谓官联。"①在上古王朝中,赞者被设置为一种固定的职官。《尚书正义·咸有一德》(孔颖达正义)云:"礼有赞者,皆以言告人。"②赞者在仪式中大声唱诵赞词,来辅助或引导礼仪的完成。《尚书正义·顾命》(孔颖达正义)言,王受册命之时,"酌福酒以授王,上宗赞王曰:'飨福酒。'"③然后,"祝酌同以授太保,宗人赞太保曰:'飨福酒。'"从中可以看出,一些赞词是比较固定的。这些赞词内容逐渐扩充,在言辞上则向文辞规整、音韵和谐方面发展,这就形成了文体赞。赞最初为仪式中口头唱诵之词,这也使得赞的早期作品留存很少。文献中可考的最早的赞是伏胜《尚书大传》记载的虞舜时乐正的赞,"舜为宾客而禹为主人。乐正道赞曰:'尚考太室之义,唐为虞宾,至今衍于四海;成禹之变,垂于万世之后。'于时,卿云聚,俊乂集,百工相和而歌《卿云》"。郑玄曰:"舜既使禹摄天子之事,于祭祀避之宾客之位。"④从这首赞的内容和文献记载的当时的情形,我们可以知道两点:第一,这首古赞是对禹的赞美之词;第二,这首赞是上古礼乐仪式中由祭祀主持人——乐正唱诵的。他充当类似今天司仪的身份,唱诵了这首赞,来引导礼乐仪式的顺畅进行。严可均校辑《全上古三代秦汉

---

① 《周礼注疏》,见阮元校刻《十三经注疏》,北京:中华书局,1980年,653页。
② 李学勤:《尚书正义》,北京:北京大学出版社,1999年,220页。
③ 李学勤:《尚书正义》,北京:北京大学出版社,1999年,513—514页。
④ 伏胜:《尚书大传(附序录辨伪)》,北京:中华书局,1985年,27—28页。

三国六朝文》所收的东汉初郑众的《婚礼谒文赞》,是今存文集所收最早的赞,也较好地保留了赞的早期面貌。郑众所作的赞原本共有30首,如今包括残文只存11首。举例如下:

> 九子之墨,藏于松烟。本性长生,子孙图边。
> 舍利为兽,廉而能谦。礼义乃食,口无讥怨。
> 女贞之树,柯叶冬生。寒凉守节,险不能倾。①

结合赞文前的《约文》和《偈文》,可以看出如下几点。首先,这些赞是供婚礼仪式使用的。《仪礼·士婚礼》记载上古婚俗要送聘礼,后汉时发展为郑樵《通志》所言的"聘礼三十物",所送礼物含有丰富的象征意义,如合欢、鸳鸯、凤凰等象征夫妇恩爱和谐等,郑众所作的赞就附于各种聘礼之后,上举三首赞分别附于九子墨、舍利兽、女贞树三种礼物后。其次,这些赞很可能供礼宾在仪式过程中大声唱诵。今天我国西北地区农村还保留了举行婚礼时财礼由司仪唱赞后收纳的传统,这可供我们印证赞的源头。有学者论述过这一现象:"旧时农村行婚娶礼,司仪唱诵赞词,抑扬宛转,即赞之余绪。"②最后,赞由赞人而发展到赞物,这与颂、箴、铭、赋等文体在汉代皆产生咏物作品是一致的。这些赞完成了由口头到书面的转换,而且文学色彩浓厚,是成熟的文学作品。由杜佑《通典》卷五十八所辑此赞前的《约文》可知赞文书于木简上,随礼物一起送给女方。赞文形式上为四言句,多隔句押韵。赞文的手法吸收《诗经·鸱鸮》的全诗取喻和屈原《橘颂》借橘自道才德的表现方式,虽然赞物之德操,但其实是在喻人。如赞"舍利兽"则取其"廉而能谦"、知礼守节

---

① 严可均校辑:《全上古三代秦汉三国六朝文》,北京:中华书局,1958年,592页。
② 万光治:《汉赋通论》,成都:巴蜀书社,1989年,86页。

的品质,其本质为以物"比德",提出新人应遵循的品德要求。

赞文体与诗歌一样,都经历了由口传到书面传播的发展历程,而且最初都源于某种仪式,有某种实用功能。从文本上看,这两种文体最初语言简易、篇幅短小,发展到最后,它们都成为成熟的文学作品样式。

通过对先秦韵文的考察,对于先秦韵文文体的产生和发展,我们有以下几点认识。第一,促成先秦韵文文体产生的因素是多元的。先秦时韵文文体的产生多与宗教、礼制仪式场合的"言说"行为有关,不同的言说方式塑造了不同的文体特征。第二,先秦韵文文体在文体形式和内容质素上互相影响,共同发展,其中诗、赋等主流韵文对非主流韵文的影响是主要的。先秦非主流韵文从纵向发展来看,呈现由重实用性到重文学性、审美性的发展趋势,这与先秦文学观念的逐渐自觉基本是同步的。第三,传播方式对韵文文体形式具有决定作用。先秦非主流韵文和主流韵文都经历了由口传到文字传播的转变,由于其传播的方式、媒介、类型、环境和时效的不同而形成各种韵文文体形态的差异。诗、赋等韵文,经过由口传到文字记录流传的转换,获得尊崇与仿效,成为主流文体。在这一过程中,言语类的传播方式创造韵文体裁,而文字类的传播方式则确定其规范和权威。

2.各种文体的分化与发展

上古文体本无严格意义上的文体特征的不同,上面所说的赞与颂,其文体非常接近。赞与颂之所以得以区分,主要是因为其功能和实用性不同,以及使用场合和对象不同。赞与颂的起源相近,它们俱起源于仪式活动,但颂最初专用于宗庙祭祀等仪式,而赞广泛用于各种礼仪场合,其中婚礼中的赞沿用至今;颂的对象最初为神灵或先王,而赞的对象一般为仪式中的行礼者或受礼者;颂最初的功能主要为颂先人功勋、强调等级、祈福等,而赞最初的功能为仪式导引,后用来赞美德行。①

古人有明确的文体意识可以追溯到先秦时期。《诗经》是诗歌总集，《尚书》是散文集，这种将诗与文汇编成不同集子的做法，表明收编者已经具有明确的文体分类意识。

西周时已有文体分类。《尚书》中的文体名称有典、谟、训、诰、誓、命等，孔颖达《尚书正义》又从《尚书》中新归纳出贡、歌、征、范四种文体，按后世文体分类讲，它们大都属于公牍文类中的下行公文。《诗经》作为最早的诗歌总集，实际反映出当时的文体分类思想。《诗经》是这一时期韵文的典范，其成熟的四言句式也为其他韵文文体建立了模式。颂、赞、箴、铭等文体在这一时期逐渐从"初无定体"发展为以四言韵文为主体。

春秋战国时期，散文勃兴。许多历史散文中保存了大量当时流行和使用着的各类文体。如宋代陈骙列举了《左传》中的命、誓、盟、祷、谏、让、书、对八类文体，其实还可以补充一些，诗、歌、谣、诵这些文学体裁不算，鲁哀公《孔子诔》属于诔体，《虞人之箴》、正考父《鼎铭》属于箴铭体，吕相《绝秦书》属檄移体，叔孙豹论"三不朽"，属于论辩体，王子朝告诸侯书属于诏令体。见于《左氏春秋》的文体有十多种。明人吴讷《文章辨体》在论及"谕告""论谏""书""序""铭""谥"各文体时，明人徐师曾《文体明辨》在论述"命""盟""书记""论""序""文""杂著""箴""铭""祝文"各文体时，均多录先秦文章为例。诗歌也在战国末期产生了崭新的诗体——楚辞体，这也成为韵文发展的新营养，其后赋、颂、赞、箴、铭等文体都有模仿楚辞体的。

文本的不断出现给先秦时期的阅读提供了丰富的阅读对象，同时也使人们形成阅读不同文体时独特的阅读经验。比如韵文重口耳相传，虽然有了书面上的流通，但人们在阅读它时，也自然而然地经

---

① 张立兵：《赞的源流初探》，载《文学遗产》，2008 年第 5 期，139 页。

常采用朗读的方式。

## 第三节 先秦的读物

先秦时期的书籍并非以后人所见到的面貌流传。先秦时期书籍的流传多靠简帛的传抄或口授,有时由于抄写材料的局限,传抄者根据自己的需要或爱好而摘录某书中的部分篇章加以保存。古人著书时,一开始仅题写篇名,而并没有题写书名。他们写好的文章多数以单篇流传于世,没有形成集子,而且往往是随作随行(流传)的,他们的学生得到以后才各自为它起个书名。余嘉锡说:"古书书名,本非作者所自题。后人既为之编次成书,知其为某家之学,则题其氏若名以为识别;无名氏者,乃约书中之意以为之名。所传之本多寡不一,编次者亦不一,则其书名不能尽同。刘向校书之时,乃斟酌义例以题其书。"[1]从秦到西汉时期,许多先秦以单篇形式流传的文献被诸家学派的弟子整理成册。

西汉以来有不少著述对先秦以来的书籍做了分类整理,从中我们可以管窥先秦时书籍的概貌。西汉河平三年(前26)八月,刘向奉成帝诏"校中秘书",开展了中国历史上有深远意义的一项大规模典籍整理工作。刘向校书所涉及的典籍极为广泛,全面汇集先秦西汉诸子"九流十家",几乎涵盖当时所见典籍的各个品类。刘向作《别录》20卷,著录书籍603家,计13219卷,分为6大部类、38种,每类之前有类序,每部之后有部序,叙录内容包括书目篇名、校勘经过、著者

---

[1] 余嘉锡:《目录学发微(外一种:古书通例)》,长沙:岳麓书社,2010年,192页。

生平思想、书名含义、著书原委、书的性质、评论思想、史实、是非、剖析学术源流和书的价值。部序之前、类目之后皆有统计,全书最后还有总计。刘向对典籍的整理工作使中国古籍进入了定本流传的时期。其子刘歆据《别录》删繁就简,编成《七略》7卷。《别录》和《七略》在唐末散佚,但其概貌,基本上保存在《汉书·艺文志》里。班固的《汉书·艺文志》根据《七略》改编而成,它删除《七略》中的辑略,保留了其中的内容,把辑略中的总序列于六略之前,大序列于六略之后,小序列于38种之后。在分类方面,《汉书·艺文志》保留了《七略》中六略38种的分类体系;在著录书籍方面,《汉书·艺文志》基本上保留了《七略》内容原貌,增加了《七略》完成后刘向、扬雄、杜林三家所写的著作。凡著录上的删补,分类上的合并、改移,班固均在自注中注明"出""入""省"若干家、若干篇,以示更改之处。《汉书·艺文志》分六艺、诸子、诗赋、兵书、数术、方技六略,共收书38种,596家,13269卷。

先秦的书籍历代以来,亡佚甚众,现存的约有60种,目录如下[①]。

经传类(11种):《诗经》《尚书》《仪礼》《礼记》《大戴礼记》《周礼》《周易》(含《易传》)《春秋》《左传》《公羊传》《穀梁传》。

小学类(2种):《尔雅》《史籀篇》。

史书类(6种):《逸周书》《国语》《战国策》《穆天子传》《竹书纪年》《世本》。

子书类(26种):《论语》《曾子》《子思子》《孝经》《孟子》《荀子》《墨子》《老子》《庄子》《文子》《列子》《鹖冠子》《慎子》《中子》《商君书》《韩非子》《邓析子》《尹文子》《公孙龙子》《鬼谷子》《尸子》《吕氏春秋》《燕丹子》《鬻子》《管子》《晏子春秋》。

诗赋类(1种):《楚辞》。

---

① 李零:《简帛古书与学术源流》,北京:生活·读书·新知三联书店,2004年,18—30页。

兵书类(5种):《司马法》《六韬》《孙子》《吴子》《尉缭子》。

数术类(4种):《甘石星经》《连山》《归藏》《山海经》。

方技类(5种)《黄帝内经太素》《黄帝内经素问》《黄帝内经灵枢》《黄帝八十一难经》《黄帝甲乙经》。

各种书籍在先秦的流传情况比较复杂,有的书籍结集较晚,如《公羊传》和《穀梁传》在先秦都为口授,到汉代才结集成书,所以这些书籍在先秦的阅读情况是比较复杂的。本节以文献中记载的先秦典籍和目前可见的先秦书籍为主,来梳理一下先秦时期的读物。

## 一、西周以前的读物

我国原始社会经历过"声教讫于四海"的阶段,宗教活动的仪式(礼)和原始音乐歌舞(乐)是当时教育的主要内容与形式。夏代批判地继承了原始氏族社会的"礼"与"乐",使其发展成为阶级社会教育的内容。夏、商、西周时期的教育在内容上有礼、乐、射、御、书、数"六艺"。"六艺"教育在夏、商、西周经历了产生、发展到完备的过程。又由于各代社会具有不尽相同的特点,因此实施"六艺"教育也就各有侧重。西周在夏代尚武、商代敬神的基础上,向文武兼备的方向迈进了一大步,使"六艺"教育臻于完善。

史书记载,夏代已立宗庙,祀社稷,行郊天之祭。礼,在夏代远比虞舜时期隆重。前文所记夏之飨礼,反映了礼以及礼的教育所发生的本质变化。乐,在夏代也比之前发达。例如,当时创作的《大夏》之乐,传至西周,被列为"六乐"之一,为国学必修课程。

"六艺"中礼、乐之教可能有过教材。《吕氏春秋·古乐》记载商代"汤乃命伊尹作为《大护》,歌《晨露》,修《九招》《六列》"[1],《大护》

---

[1] 陆玖译注:《吕氏春秋》,北京:中华书局,2010年,153页。

《九招》《六列》可能便是载之于书籍的。

《国语·楚语(上)》记载了申叔时谈教育王室公子时所开列的教材，文曰：

> 教之《春秋》而为之耸善而抑恶焉，以戒劝其心；教之《世》而为之昭明德而废幽昏焉，以休惧其动；教之《诗》而为之导广显德，以耀明其志；教之《礼》，使知上下之则；教之《乐》，以疏其秽而镇其浮；教之《令》，使访物官；教之《语》，使明其德，而知先王之务用明德于民也；教之《故志》，使知废兴者而戒惧焉；教之《训典》，使知族类，行比义焉。①

这里提到了九种古籍——《春秋》《世》《诗》《礼》《乐》《令》《语》《故志》《训典》，并谈到各种教材的作用：《春秋》，其作用在奖善抑恶，"戒劝其心"；《世》(贵族宗谱)，说明有德者世显，昏乱者世废，以为鉴戒；《诗》，培养道德情感和意志；《礼》，"使知上下之则"；《乐》，除去邪念和浮躁情绪；《令》，了解百官职责和施政原则；《语》(贵族言论的记录)，说明先王如何发扬德治，使民心归附；《故志》(旧史)，使王室公子知道国家的兴废，心存戒惧；《训典》(《尚书》的主要内容)，使王室公子知族类亲疏，以区别对待。这九种科目的内容包括政治、伦理、历史和文艺等方面，就文化修养来说，比传统的"六艺"更为丰富。申叔时是楚庄王(？—前591)时的人，其生辰早于孔子半个多世纪。孔子整理的"六经"早在楚庄王时就已经有了这些书名，这些书也屡见于先秦其他文献。

---

① 《国语》下册，上海：上海古籍出版社，1988年，528页。

## 二、先秦时的"六经"

早在西周时期,已有著作流传下来。春秋战国时期,随着宗法统治秩序的崩溃,社会生产力的大发展,诸子百家争鸣,学术思想空前活跃,涌现了一批不朽的著作。

"六经"是其中的杰出代表。"六经"是指成书于西周至春秋时期的《诗》《书》《礼》《乐》《易》《春秋》六部著作。"六经"在汉代以后也称"六艺"。贾谊说:"《诗》《书》《易》《春秋》《礼》《乐》六者之术,以为大义,谓之六艺。"①这与《周礼》中所说的西周"六艺"相比,礼乐是共有成分,由此也可见礼乐在儒学发展史中的重要地位。西周"六艺"都是具体的实用技能或行为方式,而"六经"则均为书籍文献,即使是《礼》《乐》,在这里也指特定的经书。但《乐》不见于世,或说乐本无经,或说乐有经,但早已佚失。总之,先儒虽然泛言"六经",但流传于后世者只有"五经"。关于"五经"的产生,古代学者主要有两种看法。一种以汉代以后的今文经学为代表,认为"五经"全部出自孔子之手;另一种以汉代以后的古文经学为代表,认为"五经"古已有之,孔子只是"述而不作"而已。这两种观点均有片面性。从"五经"的内容来看,其中的资料一般出现于孔子之前。如《诗》采集殷周的诗歌,《书》收录上古以来的历史文献,《礼》记载的多是西周以前的礼仪制度和习俗,《易》源于古代的卜筮,《春秋》原是鲁国的编年史,均非孔子所创作。"五经"本无统一的思想和内容体系,实际上都只能算是文献资料,是任何人都可以引用的。《左传》中各类人物引《诗》《书》和《易》占卦的记载比比皆是,先秦诸子著作也常常引用《诗》《书》之文以明事立论,由此足见这些经籍最初并非为某一学派的专著。这或

---

① 贾谊:《新书》,见《二十二子》,上海:上海古籍出版社,1986年,755页。

许就是"六经皆史"论断的根据之一。在孔子时代,"五经"尚未定型。孔子对"六经"做过整理,这是学术史上公认的。

这些较为古老的文献,在春秋后期已有所散失,篇章不一,经孔子多方收集和编次整理,并向弟子传授,才得以流传下来。孔子以"六经"为教材,显然是经过选择的。"六经"经过孔子及其弟子的不断阐释,成为儒家经典,在先后2000多年的意识形态领域占统治地位。

1.《周易》

《周易》本称《易》,作为儒家经典后,又称为《易经》。《易经》作为占筮的依据,在春秋时期已经十分流行。据《左传》和《国语》的记载,时人以《周易》占问吉凶,讲论《周易》之事,涉及周、陈、晋、鲁、齐、秦、郑、卫等国,足证春秋时代《周易》流传之广泛,而且说明时人已经把《周易》奉为典籍。《周易》是一部占筮书,全书由六十四卦组成,每卦中有卦画、标题、卦辞、爻辞四个部分。卦画的基本符号是"—"与"— —",叫作爻。"—"是阳爻,"— —"是阴爻。这两个基本符号排列组合,形成八卦:"☰"乾,表示天;"☷"坤,表示地;"☳"震,表示雷;"☴"巽,表示风;"☵"坎,表示水;"☲"离,表示火;"☶"艮,表示山;"☱"兑,表示泽。八卦又两组一个,错综组合,构成六十四卦,如上面的八卦在六十四卦中又两两相重:乾为"䷀",坤为"䷁",震为"䷲",巽为"䷸",坎为"䷜",离为"䷝",艮为"䷳",兑为"䷹"。六十四卦中每一卦都有六爻,共三百八十四爻。每卦的卦画后,都有标题,作为卦名。其后有简单的卦辞说明题义。每卦之中的六爻,分别都有爻辞。如第一卦"乾"(䷀),由六个其数为"九"的阳爻组成,每一爻都有爻辞,从卦画最下面一爻开始,六爻分别如下:"初九:潜龙,勿用。九二:见龙再田,利见大人。九三:君子终日乾乾,夕惕若,厉无咎。九四:或跃在渊,无咎。九五:飞龙在天,利见大人。上九:亢龙有悔。用九：见群龙无首，吉。"乾卦各爻以龙从深渊到天上为喻，讲事物从发生到繁荣的过程，但"九五"爻辞为"飞龙在天"，"上九"爻辞为"亢龙有悔"，是以第五爻为龙飞的极限，认为超过此极限，就要走下坡路，即向反面转化，这也是"物极则反"的道理。此卦总体精神如其《象》辞所说："天行健，君子以自强不息。"①《象》辞说乾卦卦象为天，而人应该取法天道的运行，刚健有力，自强不息，奋发有为，积极进取。

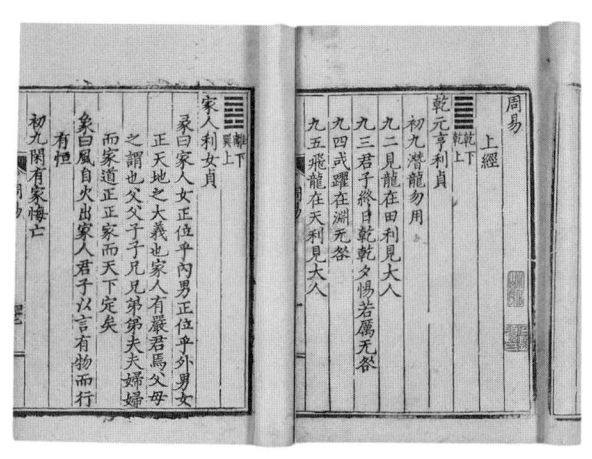

《周易》

《周易》带有浓厚的神秘主义色彩，但反映了西周时代的思维水平和认识能力，总结了当时人们分析、预测自然和社会矛盾运动的方法，成为中国哲学的重要源头之一。其内容涉及当时社会活动的情况，诸如祭祀、战争、生产、商旅、婚姻、水旱、灾害等，是研究这一时期历史的重要文献。此外，《周易》还具有一定的科学价值，对中国古代的天文学、历法、数学、医学都有一定的影响，甚至对近代西方创立微积分和二进位制数学也都有所启发。《周易》虽为儒家的经书，但其影响并不限于儒家领域。其他系统的哲学，也不同程度地从《周易》

---

① 李学勤：《周易正义》，北京：北京大学出版社，1999年，10页。

的研究中吸取对自己有用的东西。如魏晋玄学和道教哲学同易学的发展有密切的联系。就儒家系统的哲学来说,"四书"所讲的内容、使用的术语和范畴,偏重于政治、道德问题,对自然观和宇宙观的论述比较贫乏。战国时期,《周易》通过人们的解说和发挥,又形成了《易传》,也称《易大传》。《易传》是对《易经》的解释、说明、补充和发挥,共有10篇,在汉代又被称为《十翼》(翼是辅佐、阐明的意思),包括《彖》(上、下)《象》(上、下)《系辞》(上、下)《文言》《说卦》《序卦》《杂卦》。《周易》为中华文化的思想体系提供了一个基本框架。这个体系的要素包括五个方面:刚健有为、中和思想、神道设教、崇德利用、天人谐调。其中天人谐调思想主要解决人与自然关系的问题;崇德利用思想主要解决人类自身关系(精神生活和物质生活的关系)的问题;神道设教思想主要解决人与鬼神关系(人道教化同宗教活动的关系)的问题;中和思想主要解决人与人的关系问题,包括民族关系问题,君臣、父子、夫妇、兄弟、朋友等人伦关系问题;刚健有为思想则是处理各种关系问题的人生总原则。这五个方面,以刚健有为思想为纲,形成了中华文化的基本思想体系。而这个体系的基本框架,就是《易传》提出来的。

2.《尚书》

《尚书》是我国现存的典籍中最早的一部历史文献。它包括夏、商、周的最高统治者在政治、军事、思想文化等活动中形成的一些讲话记录、文告,以及少数几篇根据流传资料整理加工编定的文章。其中一部分是春秋时人根据远古材料加工编写的虞、夏历史记录。《尚书》原称《书》,作为儒家经典后,又称为《书经》。《尚书》相传由孔子编撰而成,大概经过孔子整理、删订之后才有了一个确定的本子,书中有些写成于战国时的文章,可能是当时人增补进去的。

《尚书》在汉代形成两种版本。一种版本是伏生(一作伏胜)所传,仅28篇(若将《康王之诰》从《顾命》中析出,则该书有29篇),被称为《今文尚书》。伏生所传《尚书》28篇篇名是《尧典》《皋陶谟》(此2篇为《虞书》)《禹贡》《甘誓》(此2篇为《夏书》)《汤誓》《盘庚》《高宗肜日》《西伯戡黎》《微子》(此5篇为《商书》)《牧誓》《洪范》《金縢》《泰誓》《康诰》《酒诰》《梓材》《召诰》《洛诰》《多士》《无逸》《君奭》《多方》《立政》《顾命》《费誓》《吕刑》《文侯之命》《秦誓》(此19篇为《周书》)。伏生就以这28篇传授门徒,而后其门徒逐渐形成三派:由欧阳和伯始,传至欧阳高建立的欧阳氏学;由夏侯胜建立的大夏侯氏学;由夏侯建建立的小夏侯氏学。他们传习伏生所传28篇,后来又加了汉武帝时发现的汉人所编造的《泰誓》篇,成为29篇。这些篇章是用秦汉通行的隶书写的,遂称今文本,以别于从孔子壁中发现的用古籀文字写的古文本。另一种版本被称为《古文尚书》,是用六国的大篆、籀文书写的。西晋永嘉之乱后,《今文尚书》和《古文尚书》都散佚不传。晋元帝时,豫章内史梅赜向朝廷献上一本《尚书》,此书比伏生所传版本多25篇,又从伏生所传28篇中分出5篇为33篇,并序共59篇。其中《虞书》共5篇,《夏书》共4篇,《商书》共17篇,《周书》共33篇。孔颖达的《尚书正义》说:"以伏生本二十八篇,《盘庚》出二篇,加《舜典》《益稷》《康王之诰》,凡五篇,为三十三篇,加所增二十五篇,为五十八,加《序》一篇,为五十九篇。"[①]孔氏所述前5篇,《今文尚书》中也有载。郑玄的《尚书注》已经从《盘庚》中析出2篇,从《顾命》中析出《康王之诰》,而梅赜则将《舜典》自《尧典》析出,《益稷》自《皋陶谟》析出。与旧传的今古文本均不同的是梅赜新增了25篇。新增的25篇中有《泰誓》,且此《泰誓》与旧传《泰誓》不同。郑玄的注本中《泰誓》只有1篇,而梅赜则从中析出3篇。自伏生开始,《书序》都是单出一卷,而梅赜则将《书序》分散,移到每一篇的篇首。清初阎若璩撰《古文尚书疏证》一书,专辨梅赜所献之《古文尚书》及《孔安国尚书传》皆

---

① 李学勤:《尚书正义》,北京:北京大学出版社,1999年,16页。

伪造,基本上成为定论,后来学者将之称为"伪古文"和"伪孔传"。

《尚书》具有很高的史料价值。司马迁的《史记》堪称信史,奠定了我国古史框架,其古史部分完全是根据《尚书》的《虞书》《夏书》诸篇写成的。例如《史记》第一篇《五帝本纪》主要是抄录《尧典》(包括《舜典》)和《皋陶谟》(包括《益稷》)而写成的,第二篇《夏本纪》则全文抄录了《禹贡》《甘誓》两篇,第三篇《殷本纪》据《尚书·商书》写成,第四篇《周本纪》亦据《尚书·周书》写成。由此可看出《尚书》对奠定我国古史框架的重要性。

《尚书》是孔子传授门徒的教材之一,《尧典》《皋陶谟》等篇是经过孔子编辑的。顾颉刚认为,《尧典》《皋陶谟》二篇是儒家政治理想的史事化,作者把古代不同时期、不同民族、不同传说中的祖先或神话人物,集中安排到一个朝廷里,使他们成为君臣、兄弟、姻戚,他们都是儒家的理想政治人物。《尚书》中收集的十余篇商周的誓辞、诰命,以及统治集团成员的大量言论,真实地反映了当时的政治、宗教和伦理道德意识,特别是行德政以保天命的思想更是儒家政治学说的重要出发点。儒家所推崇的"古圣王之行",大多来源于《尚书》的记载,例如尧舜的明德行道、择贤禅让,汤武的吊民伐罪、创建大业,周公的辅弼幼主、定国安邦等,都是为后世儒家所津津乐道的。而桀、纣的昏暴乱政终致夏、商灭亡,殷武丁和周宣王的拨乱反正以求"中兴",也从不同的角度为治国之道提供了历史借鉴。由此可见,《尚书》不仅反映了儒家理想社会(特别是西周时期)的政治、思想和社会生活状况,而且反映了这一时期的政治制度、重要事件,以及天文、地理等情况,是研究中国远古史极为珍贵的材料。不仅如此,该书中所体现的原始民主、天人感应、明德保民、大一统、五行等思想观念,对后世都有较为深远的影响。

3.《诗经》

《诗经》是我国最早的一部诗歌总集,先秦时称《诗》,或习称"诗三百",后来作为儒家经典,又称《诗经》。该书收录自西周初年至春秋中叶(前11世纪—前6世纪)的诗歌,现存305篇(若只算篇名,则有311篇。《诗·小雅》中另有《南陔》《白华》《华黍》《由庚》《崇丘》《由仪》6篇仅有篇名,而无文辞。宋朱熹于《诗集传》中称此六诗为"笙诗"),分为风、雅、颂三类:国风160篇(周南11篇、召南14篇、邶风19篇、鄘风10篇、卫风10篇、王风10篇、郑风21篇、齐风11篇、魏风7篇、唐风12篇、秦风10篇、陈风10篇、桧风4篇、曹风4篇、豳风7篇),雅105篇(大雅31篇、小雅74篇),颂诗40篇(周颂31篇、鲁颂4篇、商颂5篇)。《风》诗多数是民间歌谣。《雅》诗都是西周王朝直接统治地区的诗歌,多数为朝廷官吏的作品。《颂》诗大体是西周和鲁国、宋国(一些学者如王国维等认为"商颂"作于春秋时期的宋国,实为"宋颂",笔者同意这种看法。也有很多学者主张"商颂"作于商代晚期)的统治者用于祭祀或其他重大典礼的乐歌。

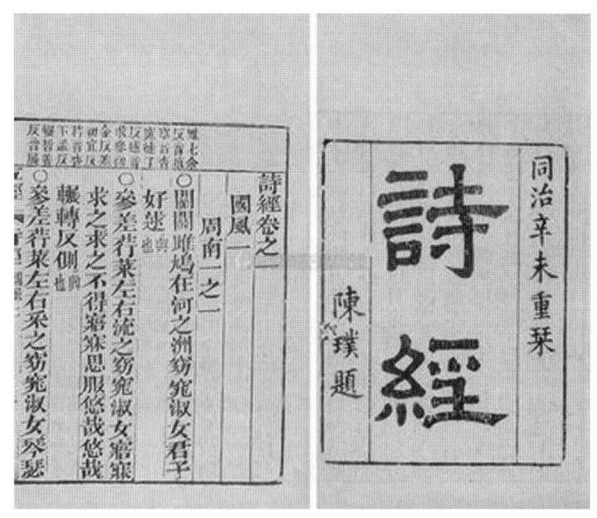

《诗经》

《诗经》作为文学作品,无疑是我国古典文学辉煌的开端。同时,它的广阔而丰富的内容,又使它成为我国古文化和古文明的载体,是我们了解我国古代社会和民族古老的物质文明和精神文明的重要典籍。从创作者来说,它包括了当时社会不同身份、不同经历以及不同性别的作者的作品;从体裁上说,它包括了抒情、叙事、讽喻、颂赞等各种文学样式。而它的内容更是多种多样,有的写政治、农事、狩猎、行役、战争、宴饮、祭事、歌舞,有的写爱情、婚姻、民俗,而且形象极为生动,美妙动人。它就像当时社会的一部形象化的历史书,一座精金美玉杂收并储的五光十色的宝库,丰富多彩。闻一多曾在《文学的历史动向》中说:"'三百篇'的时代,确乎是一个伟大的时代,我们的文化大体上是从这一刚开端的时代就定型了。文化定型了,文学也定型了,从此以后二千年间,诗——抒情诗,始终是我国文学的正统类型。赋、词、曲是诗的支流,一部分散文,如赠序、碑志等,是诗的副产品,而小说和戏曲又往往以各自不同的方式夹杂些诗。诗不仅支配了整个文学领域,还影响了造型艺术,它同化了绘画,又装饰了建筑(如楹联、春帖等)和许多工艺美术品。"[1]这主要谈的是《诗经》在我国文学和艺术方面所起的巨大历史作用。在周代,诗的用途很广,除了在典礼、娱乐和讽谏中使用以外,它还经常用在外交场合,用来"赋诗言志",即作为表达情意、美化辞令的工具。《周礼·春官》中又有"大师教六诗"(按《周礼》书中所指即风、赋、比、兴、雅、颂,故"教六诗"即可以理解为全面讲授《诗经》的意思。另外,《毛诗序》又称"六诗"为"六义":"故诗有六义焉:一曰风、二曰赋、三曰比、四曰兴、五曰雅、六曰颂"),"以乐语教国子"[2]的说法,这是说,乐官太师在当时还有用诗歌("乐语"即诗)教国子(贵族子弟)的任务。《诗》也可能正是乐官太师为了教授国子而选定的课本。《诗经》具有丰富的思想内容和迷人的艺术魅力。其现实主义精神,开创了我国诗歌创作的传统;其赋、

---

[1] 闻一多:《闻一多全集》(1),北京:读书·生活·新知三联书店,1982年,202页。
[2] 《周礼注疏》,见阮元校刻《十三经注疏》,北京:中华书局,1980年,787页。

比、兴的艺术手法,为历代诗人所学习和借鉴。《诗经》强烈影响着中国文学艺术的发展。它也是一部有史料价值的古代文献,某些诗歌记录了商周民族起源的传说、商周之际的重大历史事件和周民族早期活动的历史;对当时的赋税、殉葬,各阶层人士的喜怒哀乐,以及天文、灾异、农耕等,都有所反映。

4.《仪礼》

《仪礼》亦称《礼》或《士礼》,作为儒家经典,也称为《礼经》。《仪礼》是儒家传习最早的一部书,前人以为是周公姬旦所作,这不可信。也有人主张《仪礼》为孔子所撰。《史记·孔子世家》说:"孔子之时,周室微而礼乐废。……故书传、礼记自孔氏。"①《礼记·杂记下》也说:"恤由之丧,哀公使孺悲之孔子,学士丧礼,《士丧礼》于是乎书。"②学者一般认为孔子把周代残留的《礼》采缀成书,编成《仪礼》。显然,《仪礼》成书于东周时代。

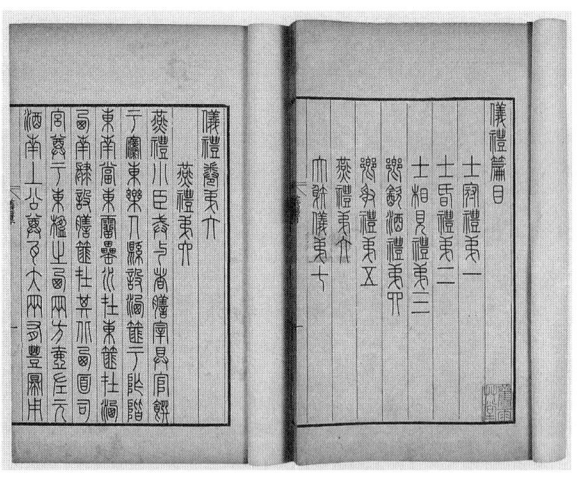

《仪礼》

---

① 《史记》卷四十七《孔子世家》,见《二十五史》,上海:上海古籍出版社,1986年,227页。
② 李学勤:《礼记正义》,北京:北京大学出版社,1999年,1222页。

现存《仪礼》全书17篇（篇次是郑玄采用刘向《别录》所定的次序）：《士冠礼》第一，叙贵族子弟在20岁所举行的加冠典礼；《士昏礼》第二，叙贵族结婚的礼仪；《士相见礼》第三，叙贵族之间相见、送礼或回拜的礼节；《乡饮酒礼》第四，叙乡里定期举行的以敬老为主题的酒会仪式；《乡射礼》第五，叙乡里定期举行的射箭比赛的礼仪；《燕礼》第六，叙诸侯与大臣们举行酒会的礼节；《大射仪》第七，叙国君主持射箭比赛的具体礼仪；《聘礼》第八，叙大臣出国的礼节；《公食大夫礼》第九，叙国君以宴会招待来访外国大臣的礼仪；《觐礼》第十，叙诸侯朝见天子的礼节；《丧服》第十一，叙人们对死去的亲友，根据亲疏远近而在丧服和服期上有种种差别的制度；《士丧礼》第十二，《既夕礼》第十三，这两篇叙贵族从死到葬的礼仪；《士虞礼》第十四，叙贵族埋葬父母后，回家所举行的安魂礼；《特牲馈食礼》第十五，叙贵族定期在家庙中祭祀祖祢的礼节；《少牢馈食礼》第十六，《有司彻》第十七，这两篇叙述大夫一级的贵族在家庙中祭祀祖祢的礼节。郑玄的《三礼目录》记载，西汉礼家戴德、戴圣传本的篇次都跟刘向所定的篇次不同。有些学者认为，比较起来，戴德传本的篇次更为合理，他所传17篇的顺序如下：《士冠礼》第一，《婚礼》第二，《士相见礼》第三，《士丧礼》第四，《既夕礼》第五，《士虞礼》第六，《特牲馈食礼》第七，《少牢馈食礼》第八，《有司彻》第九，《乡饮酒礼》第十，《乡射礼》第十一，《燕礼》第十二，《大射仪》第十三，《聘礼》第十四，《公食大夫礼》第十五，《觐礼》第十六，《丧服》第十七。

《仪礼》的内容涉及上古贵族生活的各个方面，宋人王应麟依照《周礼·春官·大宗伯》对礼的分类法，将17篇分为4类：《特牲馈食礼》《少牢馈食礼》《有司彻》3篇记祭祀鬼神、祈求福佑之礼，属吉礼；《丧服》《士丧礼》《既夕礼》《士虞礼》4篇记丧葬之礼，属凶礼；《士相见礼》《聘礼》《觐礼》3篇记宾主相见之礼，属宾礼；《士冠礼》《士昏礼》《乡饮酒礼》《乡射礼》《燕礼》《大射仪》《公食大夫礼》7篇记冠婚、宾射、燕飨之礼，属嘉礼。《仪礼》所记的各种礼仪，是中华古礼的正宗和源头，因而为历代统治者所重视。古代一些最重要的礼典，如唐代的《开元六典》等，均以《仪礼》为主要依据进行编撰。《仪礼》不仅反映了周代贵族冠婚丧祭、饮射朝聘的生活，而且还保留了一些远古礼俗的外壳。有些形式就是从氏族制时期传袭下来的礼俗。例如，冠礼就是由远古氏族制时期的成丁礼变化而来的。再如，乡饮酒礼起源于氏族聚落的会食制度，这种礼节主旨在于尊长和敬老。所以，我们通过《仪礼》不仅能了解周与各诸侯国贵族生活的一些侧面，还可以窥探远古的史影。《仪礼》所记的仪节制度，对后世的影响是十分深远的。冠婚丧祭各种礼节一般都为后世所承袭，只是细节略有增减而已；乡饮酒礼一直到清朝道光年间才因经费问题而被废止。《仪礼》中的《丧服》篇成为从魏晋迄清末"准五服以制罪"原则的立法根据，直接影响社会生活。

5.《春秋》

《春秋》是孔子根据鲁国的旧史并参考春秋各国史书编成的，记述了从鲁隐公元年（前722）到鲁哀公十四年（前481）共242年的历史。《春秋》中的文字非常简练，事件的记载很简略。《春秋》原文18000多字，现存版本16000多字，对242年间诸侯攻伐、盟会、篡弑及祭祀、灾异、礼俗等，都有记载，反映了春秋时期的政治、军事等活动，以及一些自然现象。它所记鲁国12代的世次年代完全正确，所载日食与西方学者所记录的相比较，互相符合的有30多次，足证《春秋》并非古人凭空虚撰，可以定为信史。《春秋》一书的史料价值很高，但不完备，它在长期的流传过程中，有不少文字脱落之处，王安石曾讥讽《春秋》是"断烂朝报"[1]。从《春秋》的文字和体例来看，它大约仍承袭鲁史旧文，未必做了多大改动。但孔子修《春秋》，采用编年体，在

---

[1] 《宋史》，北京：中华书局，1977年，10550页。

材料的取舍和写法上都有一定的标准或准则,体现了孔子对历史的看法。后人常说的"春秋笔法""微言大义""以一字为褒贬"等皆出于孔子对《春秋》的记述手法。《春秋》记事不记言,却能以事明理,在事实的陈述中含褒善贬恶之义。《荀子·儒效》云:"《春秋》言是其微也。"杨倞注:"微,谓儒之微旨,一字为褒贬,微其文,隐其义之类是也。"①《孟子·滕文公下》载:"孔子成《春秋》而乱臣贼子惧。"②孟子说孔子作《春秋》,以行天子之事,即通过陈述历史事件以褒善贬恶,在礼崩乐坏之际以此代替天子的赏罚,所以义也就是法,《春秋》之道即王道。

《春秋》的出现,对后世政治、思想、学术都有极深远的影响,这些影响不是来自其历史价值,而是源自其政治理想。对后人来说,这本书已不仅是一部史学著作,它的意义被推演到政治、法律和道德伦理的范围。董仲舒、司马迁等人认为,《春秋》明辨人事经纪,判别是非、善恶,宣扬王道,是政治、百官之大法,人伦、礼义之大宗,有国者,为人臣者,为人君父者,都不可不知《春秋》。述往事,思来者。孔子借用"以事系日,以日系月,以月系时,以时系年"③的方法记载史事,通过对史事的记载来存传统,评时事,憧憬"大道既行,天下为公"④的大同太平之世。这是孔子寄寓于《春秋》的政治理想。《春秋》所记载的是一个激烈动荡、变革的时代的历史,有着丰富的可供后世借鉴的经验教训。《春秋》兼有政治、道德方面的实用价值和学术研究的广泛意趣,历来为儒家所看重。《春秋》兼记天变和人事,是汉儒"视前世已行之事,以观天人相与之际"⑤的得力工具。

---

① 《荀子》,见《二十二子》,上海:上海古籍出版社,1986年,302页。
② 李学勤:《孟子注疏》,北京:北京大学出版社,1999年,178页。
③ 李学勤:《春秋左传正义》,北京:北京大学出版社,1999年,3页。
④ 李学勤:《礼记正义》,北京:北京大学出版社,1999年,658页。
⑤ 《汉书》卷五十六《董仲舒传》,见《二十五史》,上海:上海古籍出版社,1986年,598页。

## 三、先秦"六经"之外的著作

先秦"六经"之外的著作可以分为诸子著作、军事著作、历史著作和文学著作、自然科学著作几类。

1.诸子著作

诸子著作的内容丰富,有的谈论政治,探索哲理,有的包含寓言、隐语、神话、故事,文笔优美,隽永有味。代表作有下列各书。

(1)《论语》

《论语》是一部以记载孔子言行为主,并且兼记孔子某些弟子言行的书。因其以记言为主,故谓之"语"。"论"是论纂、论辑的意思。《论语》全名的含义,就是经过编纂的语录。《论语》约成书于战国初,由孔子弟子或再传弟子编辑而成。《汉书·艺文志》称:"《论语》者,孔子应答弟子时人及弟子相与言而接闻于夫子之语也。当时弟子各有所记,夫子既卒,门人相与辑而论纂,故谓之《论语》。"[①]《论语》中孔子的语录原被分散地一条一条记述下来,经过一个不断收集编纂的过程,集腋成裘。孔子去世时,孔子的门人对其语录进行了汇编。《论语》没有严格的编纂体例,每一条就是一章,集章为篇,章与章之间、篇与篇之间并无严密联系,只是大致以类相从,并且有重复的章节出现。《论语》今传本共20篇,其编次为《学而》《为政》《八佾》《里仁》《公冶长》《雍也》《述而》《泰伯》《子罕》《乡党》《先进》《颜渊》《子路》《宪问》《卫灵公》《季氏》《阳货》《微子》《子张》《尧曰》）。

《论语》主要记载孔子的言论,反映了孔子的思想体系。孔子思想体系的核心是"仁",主要表现为伦理形态。孔子思想的诸方面多与"仁"有关。孔子"仁"的思想,既以宗法等级的人际关系为基本内

---

① 《汉书》卷三十《艺文志》,见《二十五史》,上海:上海古籍出版社,1986年,528页。

容,又包含了原始人道、泛爱的成分。《论语》还比较集中地体现了孔子的教育思想、政治主张和伦理道德观点,反映了孔子的为人和品格,是研究孔子及其思想的可靠材料。《论语》是一部语录之作,其中单人语录占三分之二以上,其余为对话体,记录了春秋时代中原地区的生动口语,是汉语史研究的可靠资料。该书不仅对古代汉语产生深远影响,而且其不少语汇和句式还保留在现代汉语中。其语言简洁精练,含义深刻,有许多言论至今仍被世人视为至理。《论语》中所记孔子循循善诱的教诲之言,或简单应答,点到即止,或启发论辩,侃侃而谈,富于变化,娓娓动人。《论语》又善于通过神情语态的描写,展示人物形象。孔子的形象在《论语》中非常鲜活。《论语》还成功地刻画了一些孔门弟子的形象,如率直鲁莽的子路、温雅贤良的颜回、聪颖善辩的子贡等,都个性鲜明,跃然纸上。

由于孔子在中国文化思想界的崇高地位,《论语》一问世就受到人们的普遍重视。汉代以来,它是读书人的必读书,特别是经过宋代朱熹的注解,被列入"四书"之后,成为科举考试最重要的教科书,宋元明清的官员、读书人无不受其影响。

(2)《老子》

《老子》又称《道德经》,相传为春秋末期老子所作。关于老子其人,学术界意见颇有分歧。一说老子即太史儋,或老莱子。一说老子即老聃,姓李,名耳,字伯阳。老子做过周朝管理藏书的官,孔子向他问过礼。老子目睹周室衰败,乃归隐,于途中过函谷关,应函谷关关令尹喜所请著《老子》。关于这部书的产生时间,学者一般认为是战国时期,其中有一些老聃本人的思想,但更多地表现了战国时期的特征。此书分上、下篇,共81章,5000多字。后人称上篇为《道经》,下篇为《德经》,合称《道德经》。1973年长沙马王堆三号汉墓出土帛书《老子》,《德经》在《道经》之前。

关于《老子》一书的性质,有人说它是"兵书",也有人说它是讲

"南面之术",即有关政治统治理论的书。这恰恰表明该书是一部哲学著作,能被应用于各个方面。《老子》的主要思想表现在本体论上,书中最高的哲学范畴是"道","道"是世界万物的总根源,整个宇宙都是从"道"中演化出来的。老子说,道无形无象,看不见摸不着,是和具体物根本不同的东西。他认为,具体物是有对立的,有美就有丑,有善就有恶,"长短相形,高下相倾",而道是无对立的,它"混而为一"。万物都有生有灭,"夫物芸芸,各归其根",因而是"不常",而道是"常",是永恒存在的。他夸大了道的常住性和具体事物的暂时性,并由此出发,反对人们争胜斗强,有所追求。老子在认识论上提出"有无相生"的辩证思想,认识到对立面之间的相互依存和转化。"正复为奇""善复为妖""祸兮福之所倚,福兮祸之所伏",只有得道才能使人长生久世。另外,《老子》还主张"绝圣弃智"与"绝学无忧",取消知识与工技,回复到原始的状态,倒退到"小国寡民"、老死不相往来的社会环境中去,并提倡愚民政策,强调无为而治,反对战争。《老子》在中国文化思想界有深远的影响,它作为道家学说的开创之作,为道家学说奠定了基本的理论框架。《老子》从文体上看属于语录体韵文,语言精练,内涵丰富,结构严谨,思想性极强;多排比、对偶之句,很有韵味;用词凝练,音节铿锵,理虽玄远,文实多姿。其修辞比况,多为后世文士所取法。

(3)《墨子》

《墨子》是墨家学派的著作总汇,一般认为该书是由墨子的弟子及其后学记录、整理、编纂而成的。墨子为春秋战国之际宋国(班固说墨子为宋国大夫,有人认为墨子为鲁国人)的思想家、政治家,创立墨家学派,墨家学说在当时与儒家学说并称为"显学"。墨家学派的主张主要有"兼爱""非攻""尚贤""节葬""节用"等,在某种程度上反映了下层人民的愿望和要求。

《墨子》内容的大部分是墨子弟子或再传弟子记述的墨子言行。《汉书·艺文志》著录《墨子》71篇,现存53篇,佚失18篇,其中8篇只有篇目而无原文。其中《尚贤》《尚同》《兼爱》《非攻》《节用》《节葬》《天志》《明鬼》《非乐》《非命》等代表了墨子的主要思想。《耕柱》《贵义》《公孟》《鲁问》《公输》等记述墨子和他的弟子的活动和言论。《经》《经说》《大取》《小取》等,后人统称为《墨经》,为后期墨家著作,在认识论、逻辑学、自然科学等方面多有贡献。《备城门》《备高监》《备梯》《备水》《备突》《备穴》《备蛾傅》《迎敌祠》《旗帜》《号令》《杂守》等,记录墨子有关战争防御和制造器械方法等战术措施的言论。《亲士》《修身》《所染》《法仪》《七患》《辞过》《三辩》等,掺杂有儒家和道家的思想,有人认为系后人所作。

《墨子》一书的思想非常丰富,其政治思想、伦理思想、哲学思想、逻辑思想和军事思想都比较突出,尤其是它的逻辑思想,使得该书成为先秦逻辑思想史的奠基之作。《墨子》主张任人唯贤的用人原则,反对任人唯亲;主张"兼相爱,交相利";主张把知识分为"闻知""说知""亲知"三类,"闻知"是传授的知识,"说知"是推理的知识,"亲知"是实践经验的知识。为此,墨子在认识论方面提出了著名的"三表法":"有本之者,有原之者,有用之者。于何本之?上本之于古者圣王之事。于何原之?下原察百姓耳目之实。于何用之?废以为刑政,观其中国家百姓人民之利。此所谓言有三表也。"①墨子还反对儒家鼓吹的"天命论",提倡"尚力"。在"名""实"关系上,墨家认为"名"必须服从"实",没有"实"做基础,"名"就是虚假的。但是墨子又相信"天志",他认为天有意志,天能赏善罚恶,爱人憎人。《墨子》的逻辑思想主要是后期墨家的思想。在《墨经》中,后期墨家提出了"辩""类""故"等一套完备的逻辑概念。《小取》篇论述了辩论的作用,即辩论是要分析是非的区别,审查治乱的规律,弄清同异的所在,考察

---

① 《墨子》,见《二十二子》,上海:上海古籍出版社,1986年,236页。

名实的道理,判别利害,解答疑问。《墨子》还阐述了辩论的几种方式,对推理的研究也甚为精细。后期墨学建立了相当严谨完整的逻辑理论,在中国逻辑思想发展史上起了开创作用,具有较高的学术地位。《墨子》在军事思想方面主张"兼爱""非攻",反对侵略战争,所以它的军事理论主要是积极的防御战术理论。《墨子》一书所蕴含的思想极其丰富,在中国思想发展史上具有重要的学术地位。

(4)《管子》

《管子》托名管仲所作。管仲,名夷吾,字仲,春秋时颍上(在今安徽境内)人,是春秋时著名的政治家。管仲相齐时,通货积财,富国强兵,改革行政,编练军队,使齐国强盛起来。他帮助齐桓公以"尊王攘夷"为号召,九合诸侯,一匡天下,最终使齐桓公成为春秋第一位霸主。西汉末年,刘向编定《管子》时共86篇,后佚失10篇,今存76篇,这就是目前流传的《管子》。全书分为8类:《经言》9篇,《外言》8篇,《内言》7篇,《短语》17篇,《区言》5篇,《杂篇》10篇,《管子解》4篇,《管子轻重》16篇。其中《牧民》《山高》《乘马》诸篇被《韩非子》、贾谊《新书》和《史记》所引,学界认为是管仲遗说,反映了管子思想。对于《立政》《幼宫》《枢言》《大匡》《中匡》《小匡》《水地》等篇,学界认为它们是记述管仲言行的著述。《心术》(上、下)《白心》(上、下)《内业》等篇另成体系,应是管仲学派、齐法家对管仲思想的发挥和发展,学界也有人认为是宋钘、尹文的著作。

管仲是春秋时期的政治家,《管子》实系后人采拾管仲言论和行事而著,又附以他书,内容庞杂。罗根泽在《管子探源》中认为,《管子》书中有道家、法家、儒家、阴阳家、兵家、医家、政治思想家、理财学家等战国到秦汉时期的各家著作。刘歆《七略》著录《管子》于"法家"一类,《汉书·艺文志》著录其在"道家"一类。张岱年认为法家思想为《管子》的主导思想。管仲学派的哲学思想有两个基本范畴——天道与人情。《管子》在论述"王天下"时指出,君主必须遵循天道并得人心,战争一旦爆发,军队只要同心协力,就能战必胜、守必固。天道与人情也是管仲学派基本哲学原则,他们由此提出了一系列具有朴素唯物主义和辩证法特点的哲学思想。《管子》的社会经济政治思想,突出体现在它的"作内政而寄军令"的社会编制思想上,这一思想是管仲辅助齐桓公创立霸业时首先提出来的,其基本精神就是寓兵于农。管仲学派设想出一种不同于儒法两家的统治方术,即把中央集权与宗法制有机结合起来的封建体制,这就是"礼法并用的统治术"。《管子》一书中的这种政治理想只是一种幻想而已,但是管仲学派作为刚兴起的政治体制的设计者,确实颇费一番苦心,提出了一种不同于儒法两家的政治体制的图式。虽然这种图式在战国时期是不能实现的,但这种礼法并用的主张被汉以后的统治者采纳。《管子》的政治及经济思想,体现在它的争取民心和注重耕战的主张上。《管子》一书在经济思想方面,还体现出宏观经济管理理论的轻重论。轻重论是管仲首创的,后来的管商学派又丰富和发展了这一宏观经济管理理论。他们主张国家积极干预社会经济,把握左右经济形势的主动权。《管子》是我们研究先秦哲学、政治和经济思想的一部重要书籍。

(5)《商君书》

《商君书》,又名《商子》,是战国时期商鞅一派法家著作的汇编。商鞅,公孙氏,名鞅,他是卫国国君的后裔,所以称卫鞅或者公孙鞅,后来因为他在秦国变法有功,被封在商,所以后人一般都称他商鞅。商鞅年轻时就喜欢法律之学,对李悝和吴起等人在魏国的变法情况很熟悉。公元前361年,秦孝公即位,广求贤才,商鞅于是来到秦国,开始在秦国变法,史称"商鞅变法"。孝公死后,商鞅被贵族诬害,车裂而死。《汉书·艺文志》称《商君书》有29篇,今传本为5卷26篇,分别为《更法》《垦令》《农战》《去强》《说民》《算地》《开塞》《壹言》《错法》《战法》《立本》《兵守》《靳令》《修权》《徕民》《刑约》《赏刑》《画策》

《境内》《弱民》《御盗》《外内》《君臣》《禁使》《慎法》《定分》。其中《刑约》和《御盗》2篇亡佚,实存24篇。

《商君书》保留了商鞅的遗著,记录了商鞅的言行,大概是战国末年商鞅学派的后人编成的。《商君书》虽然文字不多,但内容庞杂,其中涉及经济、政治、军事、法治等诸多重大问题,主要记载商鞅的变法理论和具体措施,如革新变法、重农重战、重刑少赏、重本抑末、反对儒术等,反映了法家的政治思想。《商君书》的文体多样,运用议论体的有《农战》《开塞》《画策》等十余篇,或先综合后分析,或先分析后综合,兼用归纳演绎,首尾呼应,有时也运用比喻、排比、对比、借代等修辞手法。《徕民》篇运用了"齐人有东郭敞者"的寓言,以增强说理的效果和形象性。运用说明体的有《垦令》《靳令》《境内》等篇,它们的内容是对秦政令的诠释。运用辩难体的有《更法》,它通过人物对话相互辩驳来阐述中心论点。《商君书》语言风格冷峻廉悍,朴实无华,体现了法家不事文饰、务求明白实用的特点。

(6)《孟子》

《孟子》是儒家经典著作之一。《孟子》一书由孟子及其弟子万章、公孙丑等著成。一说《孟子》是孟子弟子和再传弟子的记录,司马迁《史记》称孟子:"所如者不合,退而与万章之徒序《诗》《书》,述仲尼之意,作《孟子》七篇。"①今天我们所见的《孟子》有7篇,每篇分为上下,一共260章。但《汉书·艺文志》著录"孟子十一篇",比现存的《孟子》多出4篇。赵岐在为《孟子》作注时,对11篇进行了鉴别,认为7篇为真,其余4篇为伪。东汉以后,这几篇便相继亡佚了。今本《孟子》7篇,篇次为《梁惠王》《公孙丑》《滕文公》《离娄》《万章》《告子》《尽心》。

孟子是战国时邹人,一生致力于发展孔子的学术思想与政治主

---

① 《史记》卷七十四《孟子荀卿列传》,见《二十五史》,上海:上海古籍出版社,1986年,265页。

张,在封建时代被统治者封为"亚圣",主要思想记录在《孟子》一书里。《孟子》记录了孟子的治国思想、政治观点(仁政;王霸之辩;民本;格君心之非;民为贵,社稷次之,君为轻)和政治行动,大约在战国中期成书,属儒家经典著作。孟子学说的出发点为性善论,主张德治。仁政是孟子政治思想的核心,也是他花费半生辛劳孜孜以求但最终未能实现的理想。孟子的许多观点,诸如性善论、道德修养论、教育学说等都是围绕着仁政展开的。因此,仁政学说是孟子思想体系中最重要的范畴。但仁政并不是孟子凭空幻想出来的东西,从思想渊源看,仁政是孟子对孔子仁学思想的继承与发展。作为儒家学说的传人,孟子不仅把孔子仁学思想的精髓融入自己的思想体系,还把它发展成为封建政权服务的政治纲领。仁政包括政治、经济、文化、教育等各方面的内容。在政治上,孟子反对兼并战争,提出贵王贱霸、与民同乐说和民贵君轻论,主张君主以民为本,实行王道;在经济上,孟子主张减轻赋税和制民之产;在人性论和道德观上,孟子主张人性善,仁、义、礼、智为人所固有;在义利观上,孟子提倡重义轻利;在天道观上,孟子主张天为主宰。孟子还要求封建统治者尊贤使能、兴办学校、加强教育等。

《孟子》也是先秦散文的代表作,文章气势雄伟宏大,感情强烈真挚,并且善用譬喻,为后人所推重。在汉代,《孟子》有一定影响,但在《汉书·艺文志》中仅列于"诸子略"中"儒家"一类。宋代,朱熹将《孟子》列入"四书",《孟子》由此升入经部,并成为科举考试的必读书之一。

(7)《庄子》

《庄子》是道家学派的主要著作之一,作者为庄子及其后学。《史记》记载,庄子名周,宋国蒙(今安徽蒙城,一说为今河南商丘)人,家贫但不愿做官,开启了清超避世之风。"其学无所不窥,然其要本归于老子之言。故其著书十余万言，大抵率寓言也。"①《庄子》今本33篇，计分内篇7，外篇15，杂篇11。《庄子》原有52篇，乃由战国中晚期逐步流传、杂糅、附益，至西汉大致成书，然而当时的流传版本在今已失传。目前所传33篇，是经过西晋郭象整理的，篇目章节与汉代亦有不同。其中内篇7篇，乃是郭象所定，一般认为是庄子所著，是庄子思想的核心，可构成完整的理论体系。这7篇为《逍遥游》《齐物论》《养生主》《人间世》《德充符》《大宗师》《应帝王》。外篇为《骈拇》《马蹄》《胠箧》《在宥》《天地》《天道》《天运》《刻意》《缮性》《秋水》《至乐》《达生》《山木》《田子方》《知北游》15篇。杂篇为《庚桑楚》《徐无鬼》《则阳》《外物》《寓言》《让王》《盗跖》《说剑》《渔父》《列御寇》《天下》11篇。外篇和杂篇发展则纵横百余年，掺杂黄老、庄子后学，形成复杂的体系。司马迁认为庄子思想"其要本归于老子之言"。然而就《庄子》书中寓言、义理及《天下》篇对老子思想的评述而言，庄子和老子思想构架有别，关怀亦不相同。《庄子》一书经过与"道家"思想体系的长期交融，后经汉代学者整理，方才编定。

庄子继承并发展了老子"道法自然"的观点，他在《大宗师》中说："夫道有情有信，无为无形；可传而不可受，可得而不可见；自本自根，未有天地，自古以固存；神鬼神帝，生天生地；在太极之先而不为高，在六极之下而不为深，先天地生而不为久，长于上古不老。"②庄子认为"道"是客观真实的存在。《庄子》书中的辩证法思想极为深刻，认为事物的变化在于自身运动。《天道》篇载有"天道运而无所积，故万物成"，指出天道的运动、王道的运动是时刻不停的。《秋水》篇说："物之生也，若骤若驰，无动而不变，无时而不移。"《庄子》深刻地认识到了天地、王道、人、物无时无刻不在变化中，认为一切事物都在发展

---

① 《史记》卷六十三《老庄申韩列传》，见《二十五史》，上海：上海古籍出版社，1986年，247页。
② 《庄子》，见《二十二子》，上海：上海古籍出版社，1986年，29页。

变化之中，一切事物都是相对的，可以转化的，其变化是由矛盾双方相互作用引起的。《庄子》主张"虚静恬淡，寂寞无为"，要求安时处顺，逍遥自在，顺应世俗，随遇而安。"无为"的思想贯彻于庄子整个人生哲学中，他认为人生在世"身若槁木""心若死灰"，所以无所谓喜、怒、哀、乐。《天地》篇要求人们做到"寿而不悦，夭而不悲，通达不以为荣，穷困不以为丑"。《庚桑楚》中又说："敬之而不喜，侮之而不怒者，唯同乎天和者为然。"总之，人们要像婴儿那样无知，忘掉自身，丢掉各种欲望，茫茫然彷徨于尘世之外，逍遥在无所事事之中。此外，《庄子》行文汪洋恣肆，想象丰富，在文学上也有极高的成就。《庄子》的文章结构，也很奇特，看起来并不严密，常常突兀而来，行所欲行，止所欲止，变化无端，有时似乎不相关，任意跳荡起落，其思想却能一线贯穿。《庄子》的句式也富于变化，或顺或倒，或长或短，加之词汇丰富，描写细致，又常常不规则地押韵，显得极有表现力、极有独创性。后代许多文豪在思想、文学风格、文章体制、写作技巧上都受到《庄子》的影响，如阮籍、陶渊明、李白、苏轼、辛弃疾、曹雪芹等。庄子后学继承和发挥庄子的思想，形成了庄子学派。魏晋玄学盛行后，玄学家们以"祖述老庄"立论，将《老子》《庄子》与《周易》合称"三玄"。唐代，《庄子》成为道教主要经典之一，政府诏封庄子为南华真人，《庄子》被尊称为《南华经》。

(8)《公孙龙子》

《公孙龙子》，又称《守白论》，公孙龙著。公孙龙为战国时哲学家，名家"离坚白"（离万物之同）派的代表人物，赵国人，以善辩著名。他的哲学理论以"白马非马"论著称，他常常与孔子后人孔穿及邹衍等人辩论。该书针对社会上名不副实的现象而作。《汉书·艺文志》著录该书中的14篇，并将其列为"名家"一类。《公孙龙子》现存6篇：《迹府》是后人收集公孙龙的言行事迹，为他写的传略；《白马论》专门论证"白马非马"这一观点，强调名应符实，而且涉及特殊与一般的关系问题,对我国古代辩证法理论有重要的贡献;《指物论》主要讨论存在与思维的关系,主张"物"是第一性的,"指"(概念)是第二性的,概念无不有其所对应的物,而并不是抽象空洞的虚构;《通变论》是关于事物变化道理的专论,主要讨论了"二无一",即两个不同的部分不能合为另一新的整体的见解;《坚白论》讨论"坚石"与"白石"不可混为一谈,"坚性"与"白色"不可同时而知的观点;《名实论》是全书的通论,考察基本范畴,表明辩论准则。该书着重探讨了概念的内涵和外延、事物的共性和个性,以及存在和思维的关系,这些内容构成了一个完整的学说体系。

(9)《荀子》

《荀子》亦称《孙卿子》,作者荀子,战国时赵国人,是儒家学派的代表人物之一。《荀子》全书现存32篇:《劝学》《修身》《不苟》《荣辱》《非相》《非十二子》《仲尼》《儒效》《王制》《富国》《王霸》《君道》《臣道》《致仕》《议兵》《强国》《天论》《正论》《礼论》《乐论》《解蔽》《正名》《性恶》《君子》《成相》《赋》《大略》《宥坐》《子道》《法行》《哀公》《尧问》。以上所述《大略》至《尧问》6篇,都是荀子学派的作品,内容比较庞杂,有些思想与荀子的思想不尽一致。

《荀子》在天道观上以天为自然之天,故人可制天命而用之。《荀子》彻底否定了天有意志的说法,把自然界的客观规律与人类社会的发展状况区分开来。荀子的伦理思想,主要反映在他在人性论和道德观上主张人性恶,他的"性恶论"思想集中体现在《荀子·性恶》篇中,他说:"人之性恶,其善者伪也。"[1]人性是恶的,但是人的恶性决不能任其发展,而必须采用教育手段来改变它,引导人们走向正道。在这个意义上,荀子指出后天教育的必要性——"性伪合"。荀子特别注重后天学习教育的作用,从而批判了孟子宣扬的"天赋道德论"。

---

[1] 《荀子》,见《二十二子》,上海:上海古籍出版社,1986年,346页。

荀子在政治上主张道德功利合一，为了加强封建统治，巩固地主阶级政权，荀子提出了"隆礼敬士""尚贤使能"的用人原则。在如何治理国家的问题上，荀子提出了"重法爱民""赏罚严明"的政治纲领。在经济思想方面，荀子一方面主张用赏罚严明的制度来鼓励人民发展生产，增加财富；另一方面又提出"强本抑末"的经济措施，主张发展农业生产，抑制商品流通，不断开拓新的财源，限制统治阶级的花费，以此达到国家富强、人民富足的目的。荀子还对思孟学派提出批判，对丰富儒家理论做出了贡献。《荀子》因主张"性恶论"而受后儒诟病，未能列入经书中。但该书在中国学术思想史上的地位不可忽视。《荀子》在文学史上也有一定地位，该书由《论语》《孟子》的语录体发展为有标题的论说文，标志着古代说理文的进一步成熟。《荀子》中的文章论题鲜明，结构严谨，说理透彻，有很强的逻辑性；语言丰富多彩，善于比喻，排比、对偶句很多，具有独特的风格，对后世说理文章有一定影响。《荀子》中的5篇短赋，开创了以赋为名的文学体裁。荀子采用当时的民歌形式写的《成相》篇，文字通俗易懂，运用说唱形式来表达自己的思想，对后世也有一定影响。

(10)《韩非子》

《韩非子》，韩非著，由后人所编。《韩非子》本名《韩子》，唐代后为与韩愈著作相区分而改名。韩非为战国末期法家学派代表人物，韩国人。《汉书·艺文志》著录"《韩子》五十五篇"，这55篇与今本《韩非子》55篇相同。《隋书》《旧唐书》《新唐书》《宋史》《四库全书总目提要》皆著录《韩子》20卷，这说明《韩非子》从先秦流传到现在，都没有佚失现象，这在先秦哲学典籍中是不多见的。有关《韩非子》各篇的真伪问题，学术界也曾有争论，有的认为书中多数篇不可信，有的认为书中只有少数篇不可信。如容肇祖从考察思想入手，断定只有《五蠹》《显学》《难势》《问辩》《诡使》《六反》《心度》《难一》8篇为韩非所作，18篇为别家之言，24篇不能断定。梁启雄从考察思想和文字入手,断定只有《十过》《用人》《安危》《功名》《忠孝》《大体》《守道》《观行》《制分》是伪作。刘汝霖认为《初见秦》《存韩》《难言》《有度》《十过》《饰邪》6篇是伪作。《韩非子》一书基本是韩非的作品,也不排除个别篇掺入了别人的东西,这在古书的流传过程中,是不可避免的现象。

《韩非子》一书强调中央集权,提出厉行赏罚,奖励耕战,以法为教,以吏为师。《韩非子》提出的"势""法""术"三位一体的君主专制理论,主要反映在《难势》《难三》《定法》《扬权》《有度》等篇中。势,指君王高高在上,君临一切的权势。这是国君统属群臣、号令百姓的力量所在,是君王之所以为君王的凭借。法,表现为各种法律条文,其中心任务是为公正、合理地施行赏罚确定一套严格的标准。术,指君主驾驭群臣的谋略和方法。君王不应事必躬亲,而应依靠臣下处理事务。这就需要有一套如何确定合适人选,如何察知官吏的劣行及如何铲除这些官吏等办法。韩非主张"不期修古,不法常可""世异则事异""事异则备变"①,这就是说,要根据今天的实际来制定政策。他的历史观,为当时地主阶级的改革提供了理论根据。韩非继承和总结了战国时期法家的思想和实践,提出了君主专制中央集权的理论。《韩非子》为中国君主专制制度奠定了基本模式,也为帝王的统治提供了行为准则,某些政治主张为秦始皇、李斯所采用。韩非的哲学思想,主要反映在《解老》《喻老》两篇中。韩非《解老》篇借解释道家《老子》一书,对《老子》哲学体系的核心"道"进行了唯物主义的改造,赋予"道"客观物质性内容。他说:"道者,万物之所然也,万理之所稽也。"②这里韩非第一次提出了"理"的概念范畴。他说"道"是万物的总规律,"理"是区别各种事物的特殊规律。"道"是"理"的依据,"理"

---

① 《韩非子》,见《二十二子》,上海:上海古籍出版社,1986年,1183页。
② 《韩非子》,见《二十二子》,上海:上海古籍出版社,1986年,1138页。

是"道"的体现。各种事物客观存在,都是由它们的特殊规律即"理"决定的,而各种事物的特殊规律即"理"又必然受总规律即"道"的支配。各种特殊规律即"理"的总和,构成了总规律——"道"。韩非对《老子》的"德"也有所改造。他说"德"是"道"的功效,两者的关系不能割裂。韩非对"道"和"德"的解释,涉及一般和特殊这对哲学概念,标志着人们的抽象思维水平又有了飞跃,人们对客观规律性的认识更加深刻。《韩非子》记载了大量脍炙人口的寓言故事,著名的有"自相矛盾""守株待兔""讳疾忌医""滥竽充数""老马识途""画鬼最易"等。这些生动的寓言故事,蕴含着深隽的哲理,是思想性和艺术性的完美结合,具有较高的文学价值。

(11)《吕氏春秋》

《吕氏春秋》,亦称《吕览》,吕不韦集门客所作,在公元前239年左右写成。吕不韦,战国末期商人和政治家,卫国人,后入秦任秦庄襄王相国。秦王政继位亲政后,吕不韦于公元前237年被免职,不久自杀。《史记》记载,吕不韦门下有宾客三千,"不韦乃使其客人人著所闻,集论以'八览''六论''十二纪',二十余万言,以为备天地万物古今之事,号曰《吕氏春秋》,布咸阳市门,悬千金其上,延诸侯游士宾客有能增损一字者予千金"①。"八览"为《有始》《孝行》《慎大》《先识》《审分》《审应》《离俗》《恃君》,"六论"为《开春》《慎行》《贵直》《不苟》《似顺》《士容》,"十二纪"为《孟春》《仲春》《季春》《孟夏》《仲夏》《季夏》《孟秋》《仲秋》《季秋》《孟冬》《仲冬》《季冬》。

《吕氏春秋》内容驳杂,有儒、道、墨、法、兵、农、纵横、阴阳等各家思想,所以《汉书·艺文志》等将其列入"杂家"一类。但《吕氏春秋》在组织上并非没有系统,在编著上并非没有理论,在内容上也并非没有体系。一般认为《吕氏春秋》以道家思想为主干,融合各家学说,如

---

① 《史记》卷八十五《吕不韦列传》,见《二十五史》,上海:上海古籍出版社,1986年,282页。

东汉高诱在《吕氏春秋·序》中指出:"此书所尚,以道德为标的,以无为为纲纪,以忠义为品式,以公方为检格。"①但近人陈奇猷则认为,此书虽然归于"杂家"一类,但其主导思想则是阴阳家的。

《吕氏春秋》的"十二纪"是全书的大旨所在,是全书的重要部分,分为《春纪》《夏纪》《秋纪》《冬纪》,每纪都是15篇,共60篇(加"序意",一作"廉孝",为61篇)。《春纪》主要讨论养生之道,《夏纪》主要论述教学道理及音乐理论,《秋纪》主要讨论军事问题,《冬纪》主要讨论人的品质问题。全书博采各家学说,保存了先秦诸家的许多资料,还有不少古史旧闻、古人遗语、古籍佚文等。该书尊崇道家,肯定老子顺应自然的思想,但舍弃了其中消极的成分。同时,该书融合儒、墨、法、兵等众家长处,形成了包括政治、经济、哲学、道德、军事各方面的理论体系。吕不韦著此书的目的在于综合百家之长,总结历史经验教训,为以后的秦国统治提供长久的治国方略。书中还提出了"法天地""传言必察"等思想,以及适情节欲、运动达郁的健身之道。同时,书中还保存了很多旧说传闻,它们在理论上和史料上都有很高的参考价值。另外,书中也有一些天人感应的思想。司马迁在《史记》里将《吕览》与《周易》《春秋》《离骚》等并列,表示了他对《吕氏春秋》的重视。东汉的高诱还为其作注,认为此书超过了诸子的成就。《汉书·艺文志》则将该书列入"杂家"一类,所以不再被儒家学者重视。

2. 军事著作

春秋战国是一个社会大变动的时代,诸侯争霸,战争不断。兵家是诸子百家中非常活跃的一家。孙武、孙膑等杰出的兵家代表总结战争经验,相继写出著名的军事学著作。

---

① 高诱注:《吕氏春秋》,上海:上海古籍出版社,1996年,6页。

(1)《孙子兵法》

《孙子兵法》又名《孙子》《吴孙子》《孙武兵法》《孙武兵书》,由春秋末期的孙武所著。孙武原为春秋末期齐国人,后来到吴国,献上兵法13篇,被吴王阖闾重用,拜为大将,和伍子胥共事,辅佐吴王,后来领兵攻破楚国都城郢。该书为我国现存最早的兵书,全书13篇,分为《计篇》《作战篇》《谋攻篇》《形篇》《势篇》《虚实篇》《军争篇》《九变篇》《行军篇》《地形篇》《九地篇》《火攻篇》《用间篇》。前4篇主要讲战略问题,后9篇主要讲战术问题。《计篇》讲的是庙算,即出兵前在庙堂上比较敌我的各种条件,估算战事胜负的可能性,并制订作战计划。这是全书的纲领。《作战篇》讲的主要是庙算后的战争动员。《谋攻篇》讲的是以智谋攻城,即不专用武力,而是采用各种手段使守敌投降。《形篇》《势篇》讲决定战争胜负的两种基本因素:"形"指具有客观、稳定、易见等性质的因素,如战斗力的强弱、战争的物质准备;"势"指主观、易变、带有偶然性的因素,如兵力的配置、士气的勇怯。《虚实篇》讲的是如何通过分散集结、包围迂回,造成预定会战地点上的我强敌劣,最后以多胜少。《军争篇》讲的是如何"以迂为直""以患为利",夺取会战的先机之利。《九变篇》讲的是将军根据不同情况采取不同的战略战术。《行军篇》讲的是如何在行军中宿营和观察敌情。《地形篇》讲的是六种不同的作战地形及相应的战术要求。《九地篇》讲的是依据"主客"形势和深入敌方的程度等划分的九种作战环境及相应的战术要求。《火攻篇》讲的是以火助攻。《用间篇》讲的是五种间谍的配合使用。《孙子兵法》语言叙述简洁,内容也很有哲理性,后来的很多将领用兵都受到了该书的影响。书中将战争胜败的决定因素列为道、天、地、将、法五点,即政治、天时、地利、将帅和法制,又提出判断胜败的七个标准:政治开明与否,将帅指挥高明与否,天时地利有利与否,法令能贯彻执行与否,军事实力强大与否,兵卒训练有素与否,赏罚严明与否。此外,孙子提出的一些作战方针,如

"知彼知己,百战不殆""攻其无备,出其不意"①等,都极有影响。以计谋取胜为孙子军事思想的核心,并为后世很多政治家、军事家所采用。

(2)《孙膑兵法》

《孙膑兵法》亦称《齐孙子》,战国中期孙膑及其弟子所撰。孙膑为战国中期军事家,齐国人,孙武后裔。孙膑在战国的兵家中以"贵势",即讲求机变而著称,是当时著名的军事家。该书在《汉书·艺文志》中著录为89篇,图4卷,后亡佚。1972年山东临沂银雀山一号汉墓有大量竹简出土,其中包括《孙子兵法》和《孙膑兵法》等一批兵书。出土的《孙膑兵法》有11000字以上,分为上下两编。可以肯定的是,《孙膑兵法》原文是上编15篇,即《禽庞涓》《见威王》《威王问》《陈忌问垒》《篡卒》《月战》《八阵》《地葆》《势备》《兵情》《行篡》《杀士》《延气》《官一》《强兵》。下编15篇如《十阵》《十问》和《略甲》等还不能确定是《孙膑兵法》原文。从发现的《孙膑兵法》来看,其多论阵势、论将略,祖述《孙子兵法》的思想并对其有所发展。虽然今本《孙膑兵法》远非《齐孙子》全貌,但它在继承《孙子》《吴子》等兵书的军事思想的基础上,总结战国中期及其以前的战争经验,提出了一些新的有价值的观点和原则。《孙膑兵法》一方面继承前人的重战、慎战、备战思想,强调战争胜负关系社稷安危;另一方面,针对战国中期七雄并立、诸侯割据、混战不已的现实,充分肯定了统一战争在历史上的进步作用。《孙膑兵法》发展了前人富国强兵的理论。对治军,不仅强调赏罚严明,而且提出要按"五教法"进行系统的教育训练,包括"处国之教"(政治教育)"行行之教"(队列训练)"处军之教"(行军训练)"处阵之教"(阵法训练)"利战之教"(战法训练),以全面提高军政素质,适应各种条件下作战的需要。《孙膑兵法》提出了以"道"(客观规律)制胜的命题。遵循这一思想,它提出一系列克敌制胜的原则,最重要的是

---

① 《孙子》,见《二十二子》,上海:上海古籍出版社,1986年,401页、414页。

坚决攻击敌人要害和虚弱之处,从而夺取主动,克敌制胜。

3.历史著作和文学著作

先秦时期,除了《春秋》《诗经》等经书外,还涌现出一批史学、文学名著。

(1)《左传》

《左传》,亦称《春秋左氏传》或《左氏春秋》,先秦时期的编年史。《左传》的作者,司马迁和班固都认为是左丘明。还有人认为左丘明是春秋时期的瞽史,他以口头传诵的方式传诵《春秋》,补充丰富了其中的内容,后来子夏的一传和再传弟子搜集部分资料,进行补充整理,剪裁润色,编写成了《左传》。

《左传》记事起自鲁隐公元年(前722),终于鲁哀公二十七年(前468),是我国现存的第一部叙事详细的编年体史书。《左传》详于记事,对春秋各国的政治、军事、外交等都有很好的记载,特别是军事,如各次大小战争,都写得很生动。此外,书中对当时的朝聘、盟会、天文、地理、氏族和少数民族等都有详略不同的记载。它不仅发展了《春秋》的编年体,还引录保存了当时流行的一部分应用文,给后世应用文写作的发展提供了借鉴。仅据宋人陈骙在《文则》中的列举,就有命、誓、盟、祷、谏、让、书、对八种应用文体,实际上远不止此,后人认为檄文也源于《左传》。《左传》善于描写人物,烘托场面,经纬史事,是我国历史文学的开山之作,成为后人学习和模仿的典范。《左传》在文学史上的地位亦极为重要。它不仅对史传文学有重要的影响,而且还对散文、小说以至于箴、铭、诔等有韵之文有深刻的影响。

(2)《国语》

《国语》是我国最早的一部国别史著作,记录了周朝王室和鲁国、齐国、晋国、郑国、楚国、吴国、越国等诸侯国的历史,记事年代上起周穆王十二年(前965)西征犬戎,下至周贞定王十六年(前453)智伯被灭,前后五百余年。内容涉及各国贵族间朝聘、宴飨、讽谏、辩说、应对之辞,以及部分历史事件与传说。司马迁认为《国语》的作者是左丘明,但现在不少学者则认为该书并非出自一人之手,乃战国初期人根据春秋时各国史官所记而纂辑成书。《国语》依次分《周语》《鲁语》《齐语》《晋语》《郑语》《楚语》《吴语》《越语》等,篇次是以"先王室而后列国,先诸夏而后蛮夷"的顺序排列的。《国语》以记载言论为主,但也有不少记事的成分。《国语》通过人物的言论、对话来反映若干历史事件,书中某些记载可补《左传》的不足。这部书不是系统完整的历史著作,除《周语》略为连贯外,其余各篇只是重点记载了个别事件。可能作者所掌握的原始材料就是零散的,他只是将这些材料汇编起来,所以对各国史事的记载详略多寡也不一样。《国语》也包含了许多政治经验的总结,其思想倾向略近于《左传》,只是不像《左传》那样鲜明突出。总体上说,《国语》文字质朴,远不如《左传》有文采,虽然其中也有比较精彩的部分。

(3)《战国策》

《战国策》是一部记载战国史事和策士议论、权谋的书,作者不详,据推测可能是各国的史官和策士。此书初无定名,有《国策》《国事》《短长》《事语》《长书》《修书》等众多名称。刘向整理该书时,认为它"以为战国时游士辅所用之国,为之策谋,宜为《战国策》"①,故定名。全书总共33篇,按国别记述,计有东周1篇,西周1篇,秦5篇,齐6篇,楚4篇,赵4篇,魏4篇,韩3篇,燕3篇,宋、卫合为1篇,中山1篇,记事年代大致上接《春秋》,下迄秦统一。《战国策》记载了各诸侯国的政治、军事、外交等情况,特别以策士的游说活动为中心。全书没有系统完整的体例,都是相互独立的单篇。该书经西汉刘向整理、东汉高诱作注流传到唐代已散佚不全,后经宋代曾巩的搜访,始成全帙。

---

① 何建章:《战国策注释》,北京:中华书局,1990年,1356页。

《战国策》与《左传》《国语》等有很大不同,在相当程度上背离了中国古代的正统思想,而且有许多记载作为史实来看是不可信的,不能算严肃的历史著作。还有一些后增的拟作,多是托喻之言、虚构之事,谈形势则扞格难通,言地理则东西不辨,《战国策》中的许多长篇说辞都属于这一类。司马迁说:"世言苏秦事多异,异时事有类之者皆附之苏秦。"①《战国策》对其他人的事迹的记载也有类似情形。从文学方面看,《战国策》富于文采,语言明快流畅,纵恣多变,委曲尽情。无论叙事还是说理,《战国策》都常常使用铺排和夸张的手法、绚丽多姿的辞藻,呈现酣畅淋漓的气势,常以感情打动人,如《苏秦始将连横》《庄辛说楚襄王》等篇。《战国策》描写人物的性格和活动,非常具体细致,生动活泼,如《齐策》写冯谖即为著例。《战国策》所记的策士说辞,常常引用生动的寓言故事,以文学手段帮助说理。这些寓言,形象鲜明,寓意深刻,又浅显易懂,独立地看,也是中国文学宝库中璀璨的明珠。诸如"鹬蚌相争,渔翁得利""画蛇添足""狐假虎威""亡羊补牢""南辕北辙"等,可谓家喻户晓。

(4)屈原的诗作

屈原的诗作保存在《楚辞》中。西汉末,刘向编《楚辞》,以楚国伟大诗人屈原的诗作为主,兼收他的学生宋玉、唐勒、景差等人的作品,以及汉代人的仿作。《汉书·艺文志》记载屈原赋25篇,无篇目。王逸《楚辞章句》收屈原赋25篇,分别为《离骚》《九歌》(为《东皇太一》《云中君》《湘君》《湘夫人》《大司命》《少司命》《东君》《河伯》《山鬼》《国殇》《礼魂》11篇)《天问》《九章》(为《惜诵》《涉江》《哀郢》《抽思》《怀沙》《思美人》《惜往日》《桔颂》《悲回风》9篇)《远游》《卜居》《渔父》。据《史记·屈原贾生列传》载,屈原赋还有《招魂》1篇。

"楚辞"由刘向编书得名。作为一种新的诗歌体裁,它是屈原在

---

① 《史记》卷六十九《苏秦列传》,见《二十五史》,上海:上海古籍出版社,1986年,259页。

楚国民间歌谣的基础上创制的,与《诗经》相比,篇幅较长,句式较长,而且有"书楚语,作楚声,纪楚地,名楚物"①的浓厚地方色彩。《离骚》为"楚辞"代表作,故"楚辞"亦称"骚体"。楚地巫风盛行,楚人祭祀时往往以巫觋扮演诸神,表演一些神话传说故事,这培育了楚人丰富的想象力,使作品带有想象丰富、文辞华美、风格绚丽的浪漫主义色彩,如《离骚》《九歌》等均是如此。楚辞语句参差,富有变化,常用语助词"兮""些"等,也是受到了当地方言和民歌的影响。《楚辞》在中国诗史上占有重要地位,与《诗经》并称为"风""骚"。"风""骚"是中国古典诗歌现实主义和浪漫主义两大流派的杰出代表。

4. 自然科学著作

春秋战国时期,生产力进一步发展,出现了一批天文、历算、地理、工业技术、医学等方面的著作。

(1)《甘石星经》

《甘石星经》是战国时期甘德与石申著作的合集。甘德,战国中期天文学家,齐国人,一说鲁国人或楚国人。石申,一作石申夫,与甘德大致同时代,天文学家,魏国人。他已知道月亮运动的速率是有变化的,并时常偏离到黄道以南或以北,还认识到日食、月食是天体间相互遮掩的现象。甘德和石申各自在其本国进行天文观测,并各有著作刊行于世。甘德的著作名为《天文星占》,石申的著作名为《天文》,都是8卷。汉朝时,这两部著作还是各自刊行的。后人把这两部著作合并,并定名为《甘石星经》。本书记录了800多颗恒星名字,其中120多颗恒星的位置已测定。《甘石星经》在宋代就失传了,唐代的《开元占经》中保存了此书的一些片段,南宋晁公武的《郡斋读书志》书目中保存了它的梗概。今本《甘石星经》收在《汉魏丛书》中,学者

---

① 北京大学中国文学史教研室选注:《先秦文学史参考资料》,北京:中华书局,1962年,552页。

们多认为系后人伪造之书。

(2)《山海经》

《山海经》,作者不详,是一部富于神话传说的最古老的地理书。全书共计 18 卷,包括《山经》5 卷,《海经》8 卷,《大荒经》4 卷,《海内经》1 卷。篇次为《南山经》《西山经》《北山经》《东山经》《中山经》(以上 5 卷又称《五藏山经》)《海外南经》《海外西经》《海外北经》《海外东经》《海内南经》《海内西经》《海内北经》《海内东经》《大荒东经》《大荒南经》《大荒西经》《大荒北经》《海内经》。《山海经》内容包罗万象,主要记述古代地理、动物、植物、矿产、神话、巫术、宗教等,也包括古史、医药、民俗、民族等方面的内容。除此之外,《山海经》还以流水账的方式记载了一些奇怪的事件,对这些事件人们至今仍然存在较大的争议。最有代表性的神话寓言故事包括夸父逐日、精卫填海、大禹治水、羿射九日等。《山海经》具体成书年代及作者已无从考证,普遍认为其并非成于一时,也不是一个作者写的。《五藏山经》详细地记述了山势、水系、物产、神祇及祭祀之法,其所述地域、地望以及山水的走向大多可考。此书的海经部分,几乎全是神话,有据图为文的痕迹,大约是以文字说明图像的,其中原始神话、原始宗教的材料尤多。许多散佚的中国古代传说,赖有《山海经》得以保存其大概。《山海经》中所记神话不仅数量最多,而且大多比较原始,情节比较完整的也有不少,这在先秦古籍乃至后世典籍中都是少有的。《山海经》在神话学、宗教学上具有重要研究价值,同时对古代历史、地理、物产、医药等方面也有重要的科学价值。

(3)《考工记》

《考工记》,春秋末年齐国人撰,著者姓名不详。全书共 7100 多字,两卷,包括两个部分。第一部分约与总目、总论相当,主要述说了"百工"的含义,及其在古代社会生活中的地位。第二部分分别述说了"百工"中各工种的职能及其实际的"理想化"了的工艺规范。书中说国有六职,即王公、士大夫、百工、商旅、农夫、妇功。百工系六职之一,它又包括了 6 类 30 个工种。该书不但反映了当时手工业的进一步分工和加工技术的发展高度,而且对其中一些技术环节进行了科学概括和总结。《考工记》将商周以来积累的冶金知识归纳为"金有六齐",这是已知的世界上最早的青铜合金配置法则,它揭示了青铜机械性能随锡含量变化的规律。西汉河间献王刘德因《周官》缺少《冬官》篇,以该书补入,刘歆时改《周官》名《周礼》,故此书亦称《周礼·考工记》。

(4)《内经》

《内经》全称《黄帝内经》,是我国现存最早的一部医学著作。关于该书的成书年代和作者等问题,学术界尚无一致意见。从现存的内容看,书中列出了不少古代医学著作,由此可知全书不是出自一人之手,也不是一个时代、一个地方的医学成就,而是相当长的历史时期内众多医学家集体智慧的结晶。《内经》包括《素问》《灵枢》两部分,各 81 篇,合计 162 篇。《素问》详于基础理论,《灵枢》重于针灸和经络。全书大多以黄帝与其臣子岐伯等讨论人体生理、病理、治疗等问题而相互答问的形式编纂。《内经》在以对话、问答的形式阐述病机、病理的同时,主张不治已病,而治未病,同时主张养生、摄生、益寿、延年。"素问"是黄帝向臣子询问人体生理、病理知识的意思,"灵枢"则是生命关键、要领的意思。《内经》一书在中国医学和哲学方面都有深远的影响。其中的基本精神包括整体观念、阴阳五行、藏象经络、病因病机、诊法治则、预防养生和运气学说,等等。它系统阐述了中国古代医学的理论体系,在中医文化的发展过程中起着极其重要的作用,被誉为"医学之宗"。从实际内容看,它是一部类似百科全书式的著作,同时又是一部古代重要的哲学著作。

(5)《难经》

《难经》相传为战国时期秦越人撰。秦越人,号扁鹊,战国时期渤海郡郑(今河北任丘北)人。《隋书·经籍志》著录《难经》为 2 卷,后世或分为3卷、5卷不等。对于该书,隋以前托名黄帝撰,唐以后则多题为秦越人撰,实际上作者不明。全书约成于东汉以前,一说在秦汉之际。该书采用"问难"的形式,设81问,以解疑释难,故名《难经》。书中经常引用"经言",据考是指《素问》《灵枢》二经,其中又以引用《灵枢》之言居多。该书的内容较《内经》更为贴合临床医疗,这表现在较少讨论人体发育、阴阳五行、天人相应等理论问题,而是致力于解决与临床诊察、治疗紧密相关的一些学术难点。《难经》全称为《黄帝八十一难经》,全书内容虽然以解释疑难为主,但也引用病例,分析病症。其中1至22难为论脉法,23至29难为论经络,30至47难为论脏腑,48至61难为论疾病,62至68难为论腧穴,69至81难为论针法。《难经》内容简洁,辨析精审,在阐述诊断和脉论方面贡献尤为突出,如论述十二经脉、奇经八脉、命门、三焦、脏腑气等问题,对《内经》有所丰富和发展;论述脉诊"独取寸口"的方法,一千多年来临床诊断一直沿用不衰,对中国古代医学理论和医学实践产生了深远影响。

本章我们从文字的发生发展、文本的形成和发展,以及先秦时读物的逐步繁荣等方面对先秦时期阅读对象的发生发展的脉络做了考察。先秦时期是汉文阅读的发生时期,人们的阅读最初并不是一种有理论指导的高层次的阅读行为。甲骨文时期,甲骨文主要用来记录占卜结果或王的祭祀等大事,能够识读甲骨文的只是巫史等少数阶层,这时的阅读还不是广泛的社会行为。随着文本内容的不断发展以及文本功能的转化,具有不同功能的各种文体产生了,阅读对象的内容不断延伸,阅读也就具有了更广泛、更重要的意义。当诸子百家的思想不再是少数人范围内的口耳相传,而是通过书籍的形式来传播的时候,当社会各方面的知识和思想都以文本的形式汇篇成册的时候,当整个社会的最优秀的文明成果都通过书面形式来加以整理总结的时候,阅读才具有无比重要的社会意义。

# 第二章 从学在官府到学在民间

阅读环境是阅读活动不可或缺的一个要素。阅读产生于社会，又服务于社会。同时，阅读作为人类社会最基本的文化活动，它的发展是与其文化母体所提供的时代背景息息相关的。阅读的硬文化背景突出表现在读物的生产技术和传播技术上。当先秦时期阅读对象的载体由甲骨、石头、竹简、木板发展到缣帛时，读物逐渐便于流通，这也大大推动了社会的阅读活动与文化传播。而一个时代的政治和文化政策，将以决定性的影响施加于阅读，成为阅读的大气候。本章从书籍的流传和文化教育政策方面来探讨阅读环境对先秦阅读活动的影响。

## 第一节 夏、商、西周时期的文化教育

一个时代的政治和文化政策对这个时代阅读活动的影响是决定性的。政治可以通过它自身的存在和运动直接干预阅读，也可以通过文化政策和科教体制间接干预阅读。同时，研究形态和性质不同

的政治环境对阅读产生的影响、探讨政治作用于阅读的一般机制,对寻求阅读发展的良好环境具有借鉴意义。人们通过对西周前的文化政策与学校教育制度的考察,可以发现此时期社会和政治环境对阅读活动产生的影响。

## 一、上古与夏、商、西周的学校教育

中华民族自古就有尊师重教的传统,早在先秦时期就有许多这方面的传说和史实。

1. 学校萌芽的传说

相传五帝时期就有了学校的萌芽。

(1)成均之学

《周礼》《礼记》都提到"成均"与"成均之法"。董仲舒在《春秋繁露》中认为成均为五帝时学校的名称,古代学者大多赞同此说。关于成均之学的内容,郑玄认为"均,调也。乐师主调其音",由"均"推论"成均"之学以乐教为主。他又说:"成均之法者,其遗礼可法者。"①成均的乐教传统,流传后世,为古代教育所借鉴,以至西周大司乐所掌仍为"成均之法",以乐教贵胄子弟。上古时期,音乐发达,史书对此记载颇多。原始社会乐器的陆续出土,提供了有力的物证。河姆渡遗址出土的陶埙和骨哨,是迄今发现最早的吹奏乐器,已有7000年左右的历史。在庙底沟遗址发现的陶钟,是迄今发现最早的敲击乐器。有音孔的陶埙和骨哨的出土,说明在这些乐器出现的时代已有若干音阶或调式。考古发现证明,我国五帝时代的原始音乐已具有一定水平,古籍关于远古音乐的传说,以及关于成均之学的记载,都不是毫无历史根据的。成均之学以乐教为主要内容,是很可能的。也有

---

① 李学勤:《周礼注疏》,北京:北京大学出版社,1999年,573页。

学者认为成均本义是人工形成的平坦宽阔的场地,即原始部落居住区的广场,一般用来供全体氏族成员聚会、娱乐以及举办宗教祭祀活动,虽然在此举行的社会化活动有助于氏族成员的文明开化,但成均并不是专门意义上的学校。① 笔者认为成均之学已经具有专门化的趋向,这表现在教育内容和师生可能为"脱产"人员两个方面。成均以乐教为主,这种教育内容不同于在生产和生活过程中进行的原始教育,而是游离于生产和生活过程之外的、具有一定独立形态的教育。在成均受教的学生,可能是脱离直接物质生产劳动的贵胄子弟。早在《诗经》产生以前,"诗"已经包含在"乐"中流传于世。随着礼乐教化的产生,一般意义上的"诗教"也已出现,其源头甚至可以追溯至传说中的尧舜时期。《尚书·舜典》记载帝舜命夔"典乐,教胄子":

帝曰:夔! 命汝典乐,教胄子:直而温,宽而栗,刚而无虐,简而无傲。诗言志,歌永言,声依永,律和声。八音克谐,无相夺伦,神人以和。②

乐在当时已是氏族显贵应具备的文化素养,为胄子必学之术,从舜命夔"典乐,教胄子"可知一二。在原始社会晚期,氏族及其联盟的上层显贵,都要主持宗教仪式和公众集会,在这些场合,乐是必不可少的。这是氏族显贵需要具备音乐修养的重要原因。成均是实施乐教的场所,已具有专门化的趋向,是我国古代学校的萌芽。

(2) 虞庠之学

庠为有虞氏之学,这是古代文献一致的看法。一般来说,古籍所记虞庠之学是指原始社会末期的"学校"。虞庠之学以孝的教育为主

---

① 郭齐家、乔卫平:《中国远古暨三代教育史》,北京:人民出版社,1994年,9页。
② 李学勤:《尚书正义》,北京:北京大学出版社,1999年,79页。

要教育内容。《孟子·滕文公上》曰:"庠者,养也。"①庠养何人呢?《说文解字》指出庠"从广羊声",即食羊者所居处。在原始社会,一般只有氏族长老才有资格享用羊,故庠原为氏族敬老、养老的地方。而原始社会,教育新生一代的任务通常由老人承担,庠后来便演变成为教育的场所,而敬老和孝的教育,也就成为虞庠的重要内容。在那个历史时期,孝的教育在"天下为公"向"家天下"转变过程中具有重要的政治意义,成为庠学的主要内容。虞庠分为两个等级,有上庠与下庠之别,反映了教育的等级性。在虞庠之中,可能安排了敬老、乞言、合语等教育项目,具有教育与咨询、学校教育与社会教化相结合的特征。②

(3)明堂

相传神农氏始做"明堂",是谓"大教之宫"。关于明堂的考证和争论,由来已久。近年对甘肃大地湾文化遗址的考古发现说明,氏族公社时期有"议事厅"一类的建筑,有人推论明堂是与之相当的设施,即氏族成员举行各种公共活动的场所,而在公共活动之中,包含着教育的内容。

从五帝时期的原始教育中,我们已隐约可见后世学校的影子。学校的出现,为社会产生稳定的阅读环境提供了必要的条件。

2.夏代的学校教育

从奴隶社会开始,教育成为一种专门培养人的社会活动,学校教育便成为教育活动的主要形式。这是夏、商、西周教育有别于远古教育之处,所以夏、商、西周才真正是我国教育的开创时期。

夏代创立了我国最早的学校,人们从而有了稳固的读书场所。夏代的学校教育在古籍上也有记载。《孟子·滕文公上》载:"设为庠

---

① 李学勤:《孟子注疏》,北京:北京大学出版社,1999年,136页。
② 毛礼锐、沈灌群:《中国教育通史》第一卷,济南:山东教育出版社,1985年,49页。

序学校以教之。庠者,养也。校者,教也。序者,射也。夏曰校,殷曰序,周曰庠,学则三代共之。皆所以明人伦也。"①《礼记·明堂位》载:"序,夏后氏之序也。"②据此可以认为,夏代就有序、校等学校机构。

序,据《孟子·滕文公上》,"序者,射也",意思是习射之所。从文字发展的源流可以看出,军事教育是夏代序的重要教育内容。夏代"为政尚武",武人专政,重戎、尚武是夏代教育的主要特点。

校,是夏代学校的又一名称。《说文解字》解释道:"从木,交声。"古代交声字多含有教的意思。孟子明确指出:"校者,教也。"《史记·儒林列传》记载公孙弘和太常博士臧平等,曾议及三代为学之道说:"乡里有教,夏曰校。"③这是说校为乡学。朱熹在《四书集注》中也指出庠、序、校皆为乡学。夏代校为乡学,大致不错。至于校的教育内容,孟子云:"明人伦。"朱熹在注中解释道:"校,以教民为义。"他又说:"伦,序也。父子有亲,君臣有义,夫妇有别,长幼有序,朋友有信。此人之大伦也。庠序学校,皆以明此而已。"④看来,夏代校是设于乡里,以教化为大务的场所,所教内容以伦常为主。夏代不仅有乡学,而且有国学。《礼记》的《王制》和《内则》又专门论述了国学的情况,认为国学分为两类,即"东序"和"西序"。汉代学者则认为"东序"为大学,"西序"为小学。

文献记载夏代已有文字,而且有成文的典册。先秦典籍《左传》《国语》等书经常引用《夏书》里的文句,如《左传·昭公十七年》记载:"故《夏书》曰:辰不集于房,瞽奏鼓,啬夫驰,庶人走。"⑤所以夏代学校应该已经有了文字教材,也有了基本读物。

---

① 李学勤:《孟子注疏》,北京:北京大学出版社,1999年,135—136页。
② 李学勤:《礼记正义》,北京:北京大学出版社,1999年,948页。
③ 《史记》卷一百二十一《儒林列传》,见《二十五史》,上海:上海古籍出版社,1986年,341页。
④ 朱熹:《四书集注》,长沙:岳麓书社,1985年,317页。
⑤ 李学勤:《春秋左传正义》,北京:北京大学出版社,1999年,1359页。

3. 商代的学校教育

商代是我国奴隶制的发展时期，由成汤立国到帝辛自焚而亡，经历了17世31王。商代与夏代不同，其历史活动已有较多的文物可证，故有"信史起于商"之说。

商代是我国确有文字记载的时代。商代除甲骨文，还有陶文、金文及石刻文等。商代甲骨文已充分体现汉字造字"六书"的基本方法，已经是成熟的文字体系。《尚书·多士》记载"惟殷先人，有册有典"①，这是可征信的。商代学校教育除文献记载外，已经有出土文物可考。比如甲骨卜辞中有"学"字，学者认为这充分证明商代确已存在学校这种专门机构。甲骨文中同时出现了"大学"和"庠"的名称，综合有关学校教育的各类卜辞，不难发现商代教育已出现了学制的萌芽。西周教育正是在商代教育的基础上，逐步形成了有一定系统性的学校制度。关于学校，商代还有"左学""右学"和"瞽宗"的记载。《礼记·王制》载："天子命之数，然后为学，小学在公宫南之左，大学在郊。"②"殷人养国老于右学，养庶老于左学。"③殷人尚右尚西，故将大学设在西郊，也称之为右学。《礼记·明堂位》载："瞽宗，殷学也。"④瞽宗即商代的大学，以乐教为重。殷人的甲骨卜辞，反映了商代尊神的主要文化特点。"尊神"也是商代教育的主要特点，因而商代的教师多由巫师担任，而受教育是奴隶主阶级的特权。

4. 西周的学校教育

作为奴隶制全盛时期主要标志的井田制、分封制、宗法制和礼制，在西周都得到充分的发展，并达到了完备的程度，奴隶制度的经济基础和上层建筑都日臻完善。在社会生产发展的基础上，西周创

---

① 李学勤：《尚书正义》，北京：北京大学出版社，1999年，426页。
② 李学勤：《礼记正义》，北京：北京大学出版社，1999年，370页。
③ 李学勤：《礼记正义》，北京：北京大学出版社，1999年，425页。
④ 李学勤：《礼记正义》，北京：北京大学出版社，1999年，948页。

造了灿烂的文化。《论语·八佾》载:"子曰:周监于二代,郁郁乎文哉!吾从周。"①在教育与文学方面,《尚书》和《诗经》中,保留了周代许多富有思想性与文学价值的散文和诗歌。在天文、历法、物候等自然科学方面,人们从保存在《礼记》中的《月令》可以看到西周朔政的制度化,同时这也开创了我国农家月令的先例。西周手工业种类繁多,号称"百工"。统治者实施了"工商食官"制度,创立了官营作坊的艺徒制,推动了手工技艺的传授。

西周学校制度已较为完备,历来讲西周的学制,都将其分为"国学"和"乡学"。"国学"指设在王城和诸侯国国都的学校,"乡学"指设在乡遂的学校。《礼记·学记》载:"古之教者,家有塾,党有庠,术有序,国有学。"②可见西周的学校制度是比较完备的。根据已经出土的青铜器铭文并参证古籍记载,可以肯定,西周在王城和诸侯国都是设有学校的,而且学校已明确分为小学与大学两级,教师由国家职官担任,称为官学。周王设立的大学称为辟雍,诸侯设立的大学称为泮宫,这种名称上的区别据说是为了体现奴隶主贵族的等级制。周代学校对一年的课程有大致的安排,所谓春夏学干戈(舞),秋冬学羽龠(乐),并兼之读书、学礼等。课程的难易程度也有所区别,例如大学以礼、乐、射、御为主,小学以书、数为主,兼习一般行为小节。周代还规定了儿童入学的年龄。《白虎通·辟雍》载:"八岁毁齿,始有识知,入学学书计。七八十五,阴阳备,故十五成童志明,入大学,学经籍。"③《大戴礼记·保傅》载:"古者年八岁而出就外舍,学小艺焉,履小节焉;束发而就大学,学大艺焉,履大节焉。"④

夏、商、西周学校的发展,使得这一历史时期的阅读场所和阅读

---

① 李学勤:《论语注疏》,北京:北京大学出版社,1999年,36页。
② 李学勤:《礼记正义》,北京:北京大学出版社,1999年,1052页。
③ 陈立:《白虎通疏证》,北京:中华书局,1994年,253页。
④ 戴德:《大戴礼记》,上海:商务印书馆,1937年,40页。

人群逐渐形成规模。

## 二、西周时期的学在官府及书籍的王室独占

1. 学在官府

夏、商、西周教育的一个重要特点是"学在官府",又称"学术官守",意思是教育的机构设于官府之中。章学诚在《校雠通义通解·原道》中认为中国学术源于官府,他说:

> 理大物博,不可殚也,圣人为之立官分守,而文字亦从而纪焉。有官斯有法,故法具于官;有法斯有书,故官守其书;有书斯有学,故师传其学;有学斯有业,故弟子习其业。官守学业皆出于一,而天下以同文为治,故私门无著述文字。①

在西周,学术、老师、官吏和文献都统一在官府,官吏就是师。"学在官府"的产生有着深刻的社会原因。在奴隶社会,奴隶主阶级不仅是社会物质生产资料的垄断者,而且是社会精神生产资料的垄断者,他们占有生产资料的具体方式最终决定学校教育的存在方式。这是"学在官府"产生的根本原因。氏族宗法制度也是"学在官府"产生的一个原因。奴隶社会的宗法制度体现的已经不是古代那种平等的血缘关系,而是在血缘关系掩盖下的不平等的阶级关系。为官者世世为官,为民者世世为民。又由于官守学业,为官之父兼而为师,传其所学;为官之子,则就其父学,习其业,谓畴人子弟。这种官学不分的现象,即是世卿世禄制在教育上的反映。"学在官府"的产生还与社会分工的状况直接有关。我国自原始社会末期就出现了脑力劳

---

① 章学诚:《校雠通义通解》,上海:上海古籍出版社,1987年,1—2页。

动与体力劳动的分离,进入奴隶社会之后,统治者都是"劳心"的脑力劳动者。随着社会的发展,脑力劳动者内部又出现了分工。学术既专为官有,教育亦非官莫属,所谓"庠""序"等学校教育都是为了教养贵胄子弟,庶民子弟没有入学资格。"学在官府"同时造成阅读仅限于学校范围内。

2.西周时期书籍为王室专有

书籍是作者与读者之间的桥梁,通过它,阅读活动才得以完成。书籍的传播形式和传播状况对整个社会的阅读活动有着重要影响。西周的典章文物都藏于王室,民间无书无器,学术专为官有,教育也由官方垄断,学在官府,官师合一。

(1)史官掌管书籍

"史"字从字形分析,从"又"从"中"。"又"为右手,"中"为本册之类。王国维《释史》说:"史字从又持中,义为持书之人。"①"史职专以藏书读书作书以为事。"②。

传说史官的产生很早,黄帝就有左史仓颉和右史沮诵,夏代有名史官终古,商代有向挚。从殷商的甲骨文来看,确有"贞人""大史""西史""小史"等史官的名称。殷人敬鬼神,重祭祀,朝廷设有专门祭祀和占卜的神官,称为巫。殷人几乎无事不占,无事不卜。巫也是当时主要的文化人士,他们不仅会降神,而且深通天文、历法、医药、政治、哲学、艺术。巫在甲骨上记录占卜的结果,是甲骨文的主要作者。史官源于巫,并继续保留巫掌管文字或文化记录的职责。

西周时史官掌管官书,有较高的政治地位。周代史官官位最高的是太史,掌六国之典,诏王命,负责撰文修史,兼及天文历法、祭祀和书籍的管理。太史以下设置三类史官:小史,掌管邦国之志,定世

---

① 王国维:《观堂集林》,北京:中华书局,1959年,267页。
② 王国维:《观堂集林》,北京:中华书局,1959年,169页。

系;内史,掌书王命;外史,掌书对外的命令,记载四方之事。史官又有左史、右史之分。左史记言,右史记事。这些史官记言书事,最后由太史来裁定,从而完成对历史的记录。

周代的学术统一于史官,私人没有著述文字。史官的职位是世袭的,他们出身贵族,从小受到较好的教育,博闻强识,习得天文、历法、算术、占卜、典制、文书、外交、使命等各种知识。史官负责著书,也负责管理和组织书籍流通,贵族子弟要想借书,必须经过史官的同意。

传说周文王和周公旦都是儒家文化的重要缔造者,他们著有儒家经典之一《周易》的卦、爻辞。孔颖达《周易正义卷首·第四论卦辞爻辞谁作》称,"验爻辞多是文王后事""卦辞文王,爻辞周公①"。周公著述丰富,周朝建立后,他摄理朝政,总结殷纣覆灭的教训,重视文治,礼刑并用,亲自制礼作乐。周王朝用文武治国,其方略都写在"方策"上,周公的著述也通过"方策"流传,这里的"方策"便可被视为书籍。

史官掌管的典籍是国家的重要文化财富。史官私自把书籍带到其他诸侯国,则对王朝是很大的损失。《吕氏春秋·先识》说夏太史令终古见桀迷惑,载其图法奔商②,可见当时史官所掌管的书籍具有极为重要的价值。

(2)盟府为藏书机构

西周王室保存盟约、图籍、档案的机构,称为盟府。诸侯国也有盟府,又称故府。掌管盟约等的官员,叫作司盟。《左传·僖公五年》载:"虢仲、虢叔,王季之穆也;为文王卿士,勋在王室,藏于盟府。"③周王室因为虢仲、虢叔有功于王室,所以将他们封为卿士,立下官书,保存在盟

---

① 李学勤:《周易正义》,北京:北京大学出版社,1999年,序9页。
② 《吕氏春秋》,见《二十二子》,上海:上海古籍出版社,1986年,681页。
③ 李学勤:《春秋左传正义》,北京:北京大学出版社,1999年,343页。

府里。西周时盟书颇多,如天子册封诸侯的盟书、天子与诸侯之盟、两王侯间的盟约以及诸侯会盟等,这些册封、盟约都作为档案保存在盟府里。《左传》载:"夫赏,国之典也,藏在盟府,不可废也。"①可见当时对档案保存的重视。

## 第二节 春秋战国时期的文化教育

早期书籍的占有方式决定了先秦时期的阅读群体仅限于教育者与受教育者。先秦时期的书籍由官方控制而逐步走向民间。同时,早期的学校制度也有从一个官学到私学演变的过程。这些都决定了阅读群体的不断壮大和阅读空间的不断拓展,阅读活动范围由少数贵族逐步向全社会扩展。

### 一、学术由周王室到诸侯国的下移

春秋战国时期经济下移、政治下移,其学术下移必然会出现,而学术下移又促进了经济和政治的下移。学术下移打破了官守学业的陈规,让学术变为私有的百家之学。

西周时,周王室是全国的文化和教育中心。宋国是商纣王庶兄微子的封邑,是殷文化的保留者。鲁国是周公的封邑。周公辅佐周成王有功,又是制礼作乐者,成王为了褒周公之德,给鲁君以天子礼乐,并特许郊祭文王,还给予鲁君一切车服礼器都可仿效天子的特

---

① 李学勤:《春秋左传正义》,北京:北京大学出版社,1999年,903页。

权。鲁国由此得以成为西周在东方的文化教育中心。

东周初期,王室衰微,王权逐渐下移至诸侯。诸侯虽然敢向周天子强索土地和人民,但尚不敢有强夺周室文化之心。最初王室贫弱,不能养活众官,一些有专门知识和技术的王官百工,相继流散到诸侯国,但这并未引起学术的下移。周室学术下移规模最大的两次,分别出现在春秋中期、末期,都是由王室内部的斗争引起的。第一次,在周惠王与周襄王时期,因先后发生王子颓及叔带争夺王位的内讧,世代掌管周史的太史司马氏离周去晋。第二次,周景王死,公元前519年,王子朝起兵争夺王位失败后,率召氏、毛氏、尹氏、南宫氏等旧贵族和百工,携带王室所藏文献典籍逃往楚国。大概老子这时正任周之守藏室之史。王子朝把周室的书籍抢劫一空。古代官吏"一日失职,则死及之"。老子又是楚人,很可能跟着他看守的典籍逃回楚国。这是东周文化规模最大的一次迁移。① 从此楚国文化基本代替了东周王室的文化,楚国与宋、鲁两国并列为三大文化和教育的中心。在这三国中,鲁国是保留周礼最多的国家。这次学术下移,不仅使王室失去了执学术牛耳的地位,而且学术下移至诸侯国,文化教育由一个中心变为多个中心。孔子在鲁国创立了儒家学派,墨子在宋国建立了墨家学派,在楚国则形成了以老子为代表的道家学派。

## 二、官学的没落与私学的发展

### 1. 春秋战国时期官学的衰落

公元前770年,犬戎族攻破西周王都,周幽王被杀死在骊山之下。周平王仓皇逃走,迁都洛邑,历史上称东迁以后的周王朝为东周。与此同时,文化教育突破了奴隶主贵族的垄断,进入了官学衰废、私学

---

① 毛礼锐、沈灌群:《中国教育通史》第一卷,济南:山东教育出版社,1985年,146页。

兴起的新时期。

奴隶主的官学在西周末年就已经形同虚设。《诗经》的《郑风·子衿》载：

> 青青子衿，悠悠我心。纵我不往，子宁不嗣音？青青子佩，悠悠我思。纵我不往，子宁不来？挑兮达兮，在城阙兮。一日不见，如三月兮！①

毛序云："《子衿》，刺学校废也，乱世则学校不修焉。"孔颖达疏曰："郑国衰乱不修校，学者分散，或去或留，故陈其留者恨责去者之辞，以刺学校之废也。经三章皆陈留者责去者之辞也。"②汉唐的经学家认为这首诗描绘的大致就是西周末年官学的景象，昔日的官学庄严神圣，而现在，学生无心读书，整日在外游荡嬉戏。这首诗本是爱情诗，朱熹认为它是"淫奔之诗"。汉唐的经学家解释诗歌时出现了历史化倾向，这固然牵强，但他们所提到的西周末年学校废弃的情况是符合历史实际的。

到了春秋时期，连虚设的官学也很少见到了。古史材料关于春秋时期官学的记载只有两条。一条是鲁僖公修泮宫的记载，见于《诗·鲁颂·泮水》毛序。毛序曰："颂僖公能修泮宫也。"朱熹《诗集传》曰："此饮于泮宫而颂祷之辞也。"③方玉润《诗经原始》曰："受俘泮宫也。"④《毛传》载："泮水，泮宫之水也。天子辟雍，诸侯泮宫。"⑤《释文》曰：

---

① 李学勤：《毛诗正义》，北京：北京大学出版社，1999年，314—315页。
② 李学勤：《毛诗正义》，北京：北京大学出版社，1999年，314页。
③ 朱熹：《诗集传》，北京：中华书局，2011年，319页。
④ 方玉润：《诗经原始》，北京：中华书局，1986年，633页。
⑤ 李学勤：《毛诗正义》，北京：北京大学出版社，1999年，1396页。

"泮宫,诸侯之学也。"①泮宫本是诸侯的官学,而鲁僖公整修泮宫并非为了文治,而是为了受俘,展示武功。南宋戴埴在《鼠璞》一书中已提出怀疑,认为鲁僖公时的泮宫不像学校。另一条是郑子产不毁乡校,见《左传·襄公三十一年》。郑国的"乡校"应该就是设在国都之内或近郊的官学。到公元前542年,"乡校"已成为人们"朝夕退而游焉"的场所。郑国大夫然明建议子产毁掉乡校,可见当时"乡校"作为官学,没有存在的价值了。

2. 战国时期私学的发展

春秋战国时期,出现了第二次社会分工,士阶层兴起。随着文化和教育的下移,私学兴起。私学的创立,是中国古代教育史上划时代的事件。教育从政治活动中分离出来,实现了学校教育独立化。私学是专设的教育场所,从政府机关中分离出来,以育士为专门职能。教师不是官吏,是专业化的教育工作者,以教书育人为职责。

"私学"包含两层意思,一指私家学派,二指私人教育团体。它产生于春秋时期。一般认为孔子是私学的开创者。孔子最早建立了私家学派,即影响最大的儒学,这是事实。但如果认为私人教育团体也由孔子首创,那就值得商榷了。至少还有其他与孔子同时的人也办起了私学。《荀子·非十二子》记载,有一个叫邓析的郑国人,他著了一本法律书,叫作《竹刑》,专门教人"学讼"。据说,他不效法先王,不认同儒家"礼义",而是站在与郑国执政者对立的立场上。他因此享有盛名,跟他"学讼"的人多得难以计数,弄得郑国大乱,统治者十分狼狈。最终郑国的统治者把邓析杀了。《论衡·讲瑞》记载,鲁国的少正卯和孔子同时在鲁国办起私学。他博学善辩,在社会上的影响很大,他办的私学把孔子的学生吸引了过去,以至孔子的私学中出现"三盈三虚"的情况。

---

① 李学勤:《毛诗正义》,北京:北京大学出版社,1999年,1396页。

私学的发展打破了"学在官府"的传统,使文化知识传播于民间。私学的自由讲学、自由传授促进了各学派的形成,揭开了春秋战国时期百家争鸣的序幕。战国时期各家各派都重视教育活动,他们都以学校为阵地,以讲学为手段,宣传自己的学说主张。在各家之中,儒、墨、道、法影响最大。其中儒、墨两家在战国初期即并称显学。

(1)儒家私学

孔子出生于鲁国。鲁国是春秋时期拥有典籍最多的诸侯国。鲁国典籍主要来源于西周王室的赏赐,加之鲁国历来注重保存文献,所以鲁国有着深厚的文化基础。鲁国丰富的古代文化典籍和重视文化教育的传统,在客观上给孔子提供了良好的学习条件。孔子自幼好学,尤其喜欢传统礼仪文化,稍长,便孜孜不倦地学习诗、书、礼、乐等方面的文献典籍。孔子年轻时便得到了鲁国贵族的赏识。《史记·孔子世家》记载,鲁大夫孟僖子,临终时留下遗嘱让自己的儿子师从孔子,孟僖子死后,其子孟懿子与南宫敬叔遵从父亲遗嘱,一起拜孔子为师。孔子此时35岁。就在这年,孔子得鲁君资助两马一车,带南宫敬叔前往周室问礼,拜见了当时任周王室史官的伟大思想家老子,接触到保存于周室的文化典籍,学问大进。孔子从周室回到鲁国后,前来向孔子拜师求学的人逐渐增多。孔子的一生大部分时间都在从事办学活动,被称为"中国第一位职业教师"。孔子弟子号称有三千人,其中有72位贤人,著名的有子贡、颜回、仲弓、冉求、子夏、曾参等。孔子的办学规模和取得的成绩在先秦时期是无与伦比的。

孔子主张"仁者爱人""泛爱众,而亲仁",将仁爱心广泛地推及人民群众。从"仁爱"的思想基础出发,孔子提出了"有教无类"的教育主张。孔子很注重从各方面提高弟子的修养,即注重全面培育受教育者的各种修养。《论语·述而》说:"子以四教:文、行、忠、信。"[①]"四

---

[①] 李学勤:《论语注疏》,北京:北京大学出版社,1999年,93页。

教"即四个方面的修养;"文",书本,指知识修养;"行",修行,指行为修养,包括行为品德和做事能力;"忠"指忠实,"信"指诚信,此二者指品德修养。孔子尤其重视品德修养和知识修养。在品德修养方面,孔子以"仁"和"君子"作为学生的奋斗目标,不仅在教学中反复讨论"仁"与"君子",还提出了一系列与其相关的具体概念,如孝、悌、忠、信、勤、义、勇、敬、诚、恕、温、良、恭、俭、让、谦、和、宽、敏、惠等。在知识修养方面,孔子主要教授弟子"六经","六经"比较系统地包罗了当时的各种传统文化知识。《礼记·经解》载:

> 其为人也,温柔敦厚,《诗》教也;疏通知远,《书》教也;广博易良,《乐》教也;洁静精微,《易》教也;恭俭庄敬,《礼》教也;属辞比事,《春秋》教也。①

在"六经"中,孔子更重视《礼》与《诗》。他认为"不学《礼》,无以立""不学《诗》,无以言"②,认为学《礼》对于立身处世、学《诗》对于交际应对,都是不可或缺的。孔子在办学实践中积累了许多教学方法,如学思互补、因材施教、举一反三等。孔子一生诲人不倦,平易近人,对学生一视同仁,平等相待,是中国教育史上的万世师表。

孔子死后,儒家出现了分化。《韩非子·显学》说:"自孔子之死也,有子张之儒,有子思之儒,有颜氏之儒,有孟氏之儒,有漆雕氏之儒,有仲良氏之儒,有孙氏之儒,有乐正氏之儒。"③韩非的说法未必准确,孔门弟子中的子游、子贡,还有自成一家的子夏,韩非均未提及,这至少证明,韩非所列举的情况在时间上是比较偏后的。总之,儒家

---

① 李学勤:《礼记正义》,北京:北京大学出版社,1999年,1368页。
② 李学勤:《论语注疏》,北京:北京大学出版社,1999年,230页。
③ 《韩非子》,见《二十二子》,上海:上海古籍出版社,1986年,1185页。

后学中以孟子为代表的"孟氏之儒"和以荀子为代表的"孙氏之儒"的教育影响最为显著。他们分别继承和发展了孔子的学说，各有特点。

孟子，据《史记》的记载是子思的再传弟子。据《孟子外书》的记述，孟子的学说是继孔子、曾子、子思而来的，这可从《孟子》书中找到佐证，也与《史记》的记载相吻合。《孟子》7篇，引曾子者9处，引子思者6处。孟子对曾子、子思极为推崇，思想上明显是一脉相承的。子思的《中庸》中讲"执两用中"，主旨在于修养人性。孟子对其思想进一步发挥，形成以"性善论"为基础的教育思想体系，所以在儒家之中有"思孟学派"。"孟氏之儒"主要是在邹鲁地区讲学，孟子也曾来往于齐、魏等国。这一派在政治和文化教育思想上相对比较保守。

荀子的师承关系不详，但《荀子》一书对诸子学说都有批判，只推崇孔子和子贡。荀子15岁就到齐国的国都临淄游学，曾在稷下学宫学习，有机会接触诸子百家的学说。战国后期，结束分裂割据、建立统一的国家的历史趋势逐步形成，学术思想上也产生了融汇诸子的需求。荀子学于稷下，后来又长期执教，他对各个学派做了全面综合的考察，成为诸子学说的集大成者。荀子对中国哲学有深远影响，他具有朴素唯物思想，提出天行有常，认为自然界是有规律的，但人可以发挥主观能动性去改造它，使其为人服务。荀子的思想偏向人事方面，重视社会秩序。孔子的中心思想为"仁"，孟子中心思想为"义"，荀子继二人后提出"礼""法"，重视人们在社会中的行为规范。荀子认为子贡与自己才是继承孔子思想的学者。荀子认为人性本恶，必须"化性起伪"，用圣王及礼法的教化使人格提升。荀子的思想虽然与孔子、孟子的思想都属于儒家的思想范畴，但有其独特之处，自成一说。孔子、孟子在修身与治国方面提出的实践规范和原则，虽然都是很具体的，但同时带有浓厚的理想主义成分。与孔子、孟子的思想相比，荀子的思想具有更多的现实主义倾向。他在重视礼义道德教育的同时，也强调了政法制度的惩罚作用。从这一点上看，荀子的思想和法家的思想有相似的地方,他的两个学生李斯和韩非后来都成了法家的代表人物。

(2)墨家私学

墨家是代表社会下层民众的一个学派,创始人为墨子。墨子,名翟,是宋微子后裔,相传原为宋国人,后长期住在鲁国。墨子曾学习儒术,因不满"礼"之烦琐,故另立新说,聚徒讲学,成为儒家的主要反对派。墨子和他的门徒穿草鞋、布衣,以自苦为极。他的大弟子禽滑厘跟他学习了三年,"手足胼胝,面目黧黑,役身给使,不敢问欲"①。墨子就以这种艰苦的精神教育门徒。墨子反对亏人以自利,提倡"兼相爱,交相利"②,主张有力气的极力帮助他人,有货财的尽量分济他人,有学问的积极教导他人,盼望建立一个饥者得食、寒者得衣、乱者得治、强不执弱、众不劫寡、富不侮贫、贵不傲贱、诈不欺愚的社会。这反映了劳动者要求自食其力、过安定生活的愿望,表达了对剥削制度的强烈不满,控诉了兼并战争给人民带来的苦难。墨家学派不仅是学术上独树一帜的派别,而且是一个组织严密的团体,纪律严明,相传"墨者之法曰杀人者死,伤人者刑"③。墨家以"巨子"为首领,徒众的进退出处,都听命于他,不得违反。墨翟是第一代巨子,据载,"墨子服役者百八十人,皆可使赴火蹈刃,死不旋踵"④。这种为实现学派宗旨而义无反顾的精神,是墨家学派显著的特点。墨家学派中从事谈辩者,称"墨辩";从事武侠者,称"墨侠"。有人认为墨家带有黑社会性质,这也许是它在汉代迅速消亡的重要原因之一。

墨家的教育目的在于培养"贤士"或"兼士",以担当治国利民的

---

① 《墨子》,见《二十二子》,上海:上海古籍出版社,1986年,274页。
② 《墨子》,见《二十二子》,上海:上海古籍出版社,1986年,244页。
③ 《吕氏春秋》,见《二十二子》,上海:上海古籍出版社,1986年,631页。
④ 《淮南子》,见《二十二子》,上海:上海古籍出版社,1986年,1303页。

职责。作为贤士或兼士,他们必须能够"厚乎德行,辩乎言谈,博乎道术"①。墨翟以"兼爱""非攻"为教,同时重视文史知识的掌握及逻辑思维能力的培养,还注重实用技术的传习。禽滑厘要学习战守之术,墨翟即教之以战略战术和各种兵器的使用。墨子反对战争,据说楚王曾计划攻宋,墨子前往劝说楚王,并在与公输般的模拟攻防中取得胜利,楚王只得退兵。

墨子死后,墨家学派发生了分化,出现了相里氏之墨、邓陵氏之墨、相夫氏之墨。墨家学派可分为前期和后期两类。前期墨家注重社会伦理,以兼爱为核心,反对儒家所强调的社会等级观念,以尚贤、尚同、节用、节葬作为治国方法,反对兼并战争,提出非攻的主张。后期墨家汇合成两支:一支注重认识论、逻辑学、几何学、几何光学、静力学等的研究,尤其在逻辑论方面做出了重大的贡献,形成了中国古代第一个比较完整的逻辑体系,对概念、判断和推理都做了较为详细的研究,是谓"墨家后学";另一支则转化为秦汉社会的游侠。战国以后,墨家衰微,在西汉之后基本消失。

(3)道家私学

老子是道家学派的创始人。"道"是老子哲学体系的核心概念,它先于万物而存在,是产生万物的神秘本源。道家以"道"来探究自然、社会、人生之间的关系。老子强调"无",主张废除现有的文化而回归纯朴的自然状态,因此政治上主张"无为而治",伦理上主张"绝仁弃义",这与儒墨之说形成明显对立。

战国时期,道家的思想有了进一步的发展。庄子继承并发挥了老子的思想,成为战国中期道家学派的主要代表。庄子在承认"道"是天地万物神秘本源的基础上,对"道"的非物质性做了更为夸张的描述,在他看来,"道"是"自本自根""无为无形"的,不受时间和空间

---

① 《墨子》,见《二十二子》,上海:上海古籍出版社,1986年,229页。

限制。从这种认识出发,他把万物都看作虚幻的"物化",从而提出"齐物论"的观点,消灭了事物的差异性;他用相对主义的认识论看待世界,试图达到物我两忘的精神境界,从而构成一种逃避现实的人生哲学。在庄子前或同时,杨朱有"全性葆真"之说,该学说同道家思想接近,有人称杨朱为道家别派者。

受道家影响,战国时期的一些名家和法家学者提倡"天道",把自然现象牵附到人事上,这被称为"黄老刑名之学"。黄老学派形成于战国时期,最初流行于齐国稷下学宫。它既讲道德,又主刑名;既尚无为,又崇法治;既以为"法令滋彰,盗贼多有"[①],又强调"道生法",要求统治者不受任何干扰,对一切均以法律为准绳。稷下黄老学派以宋钘、尹文、彭蒙、慎到、田骈、季真、环渊等为代表。据史籍载,一些著名的法家代表人物如申不害、慎到、韩非等大都"学本黄老"。

(4)法家私学

法家的创始者是战国前期的李悝、商鞅、慎到、申不害等。春秋以来,周礼逐步失去了原有的威信。齐国的管仲、晋国的郭偃、郑国的子产等颁布法令与刑书,改革田赋制度,成为战国时期法家学派的思想先驱。讲学于稷下学宫的齐国法家,继承并发展了管仲的思想,汲取了黄老之学,主张礼法并重,先德后刑,因道生法,形成了一套较为温和的法治理论。其代表作有《管子》中的相关著述及马王堆汉墓出土的帛书《黄帝四经》中的《经法》《十六经》《称》《道原》。而秦晋两国的法家则主张严刑峻法,反对礼义说教,专于法、术、势,奖励耕战,主张富国强兵,力并天下。他们是法家中激烈而彻底的一派,政绩显著。

法家私学活动比较集中于"三晋"(韩、赵、魏),与子夏的讲学关系十分密切。子夏是孔门弟子中的后辈,孔子死后,他到了魏国,在

---

① 《老子》,见《二十二子》,上海:上海古籍出版社,1986年,7页。

西河地方讲学，弟子有300余人。李克、吴起就是子夏的学生，魏文侯本人也奉子夏为师。被魏文侯尊为师的段干木也出于子夏之门。子夏的教育活动对前期法家起着孕育的作用。韩非讲儒家八派却未提到子夏，郭沫若《儒家八派的批判》解释说："八派中把子夏氏之儒除外了，这里有一个重要的关键。这是韩非承认法家出于子夏，也就是自己的宗师，故把他从儒家中剔除了。"①这从《韩非子》书中也可以找到证明。战国末期的韩非集秦晋法家思想之大成，将"法""术""势"三者糅合为一，又吸收道家思想，将法治理论系统化。他主张加强君主集权，剪除私门势力，"以法为教"，厉行赏罚，奖励耕战。法家学派的法治理论对春秋战国之际进行的封建化改革，以及建立中央集权专制的封建国家起到了重大的作用，并成为秦王朝的统治思想。

3. 稷下学宫

稷下学宫，又称稷下之学，是战国时期齐国君主设立的高等学府，基本与田齐政权相始终，历时大约150年。稷下学宫是战国后期文化教育中心、各家私学的汇集之地。稷下学宫由官方举办并提供教学活动经费，但由私家主持，实行"不任职而论国事"②"不治而议论"③的方针。凡是到齐国来游学的私学大师和聚集在大师周围的弟子，齐王都给他们提供活动经费，听任他们在稷下学宫自由讲学，并给学者礼遇，封不少著名学者为"上大夫"，并"受上大夫之禄"，即使他们拥有相应的爵位和俸养。如果私学师生想离开齐国，齐王挽留无效，则听其自由，不加限制。稷下学宫的讲学具有学术自由的特点，学术氛围浓厚。

稷下学宫在其兴盛时期，容纳了当时诸子百家中的几乎所有学

---

① 郭沫若：《十批判书》，北京：东方出版社，1996年，125页。
② 桓宽：《盐铁论》，上海：上海人民出版社，1974年，24页。
③ 《史记》卷四十六《田敬仲完世家》，见《二十五史》，上海：上海古籍出版社，1986年，224页。

派，如儒家、道家、法家、名家、兵家、农家、阴阳家等，会集了天下贤士一千人左右，其中著名的学者如孟子、淳于髡、邹衍、田骈、慎到、申不害、接子、季真、环渊、彭蒙、尹文、田巴、儿说、鲁仲连、荀子等。尤其是荀子，曾经三次担任学宫的"祭酒"（学宫之长）。凡到稷下学宫的文人学者，不论其学术派别、思想观点、政治倾向，以及国别、年龄、资历等如何，都可以自由发表自己的学术见解，从而使稷下学宫成为当时各学派荟萃的中心。这些学者互相争辩、诘难、借鉴，成为真正体现战国百家争鸣的典型。

稷下学宫的学术思想博大精深，包含了当时各家各派的思想。各家思想的交锋促进了不同学派著书立说。稷下学者留下的著作非常丰富，仅《汉书·艺文志》著录的就有《孙卿子》《公孙固》《田子》《捷（接）子》《邹子》《邹子始终》《邹奭子》《慎子》《宋子》《尹文子》等。这些书大多已失传或亡佚，如：《汉书·艺文志》"阴阳家"著录《邹子》49篇，《邹子终始》56篇；"小说家"著录《宋子》18篇；"名家"著录《尹文子》1篇。今存《尹文子》，一般认为系后人伪托。也有些书只剩残篇。如《慎子》一书，《汉书·艺文志》"法家"著录42篇，现仅存残本5篇。还有一些书，如《管子》《晏子春秋》等，其编辑过程都有稷下学者参与。尤其《管子》一书，被认为是以法家为主的稷下学者论著的汇编，堪称"稷下丛书"。另外，一些新出土的文献也与稷下学宫有密切的关系。如1993年湖北荆门郭店一号楚墓发掘出的郭店竹简，给我们留下了战国中前期稷下思孟学派的宝贵资料；1973年湖南长沙马王堆三号汉墓出土的帛书，是研究战国中后期稷下黄老学派的宝贵资料。稷下学派吸收、糅合各家思想，在中国思想史上构成了一个富有包容特点的、被公认为不可或缺的重要环节。孟子、庄子、屈原、荀子、韩非等中国古代第一流的思想家，都各自从稷下学派那里吸取了丰富的营养。

### 三、春秋战国时期的书籍流传

春秋以降,礼崩乐坏,王室衰微。周王朝的书籍开始由史官手里流散到民间,私学的出现使个人著书立说成为风气,书籍也出现了较大范围的流传。

1. 周王室的典籍向诸侯国流散

西周实行分封制,周天子在诸侯受命时要举行册封仪式,由天子颁布"册命",以授疆土,同时赐给诸侯书籍典册,并将执掌书籍典册的史官也一同赐予。这促使西周时的书籍从周王室向诸侯国流传。东周时期,周王室的书籍从史官的手里被慢慢解放出来,个人著书立说也开始兴起。私学的出现,使得书籍得以在较大的范围内流传。春秋开始,诸侯国的力量空前发展,原来集中在周王室的各种书籍逐渐流散到诸侯国。后因天下大乱,诸侯国保存的书籍又流散到民间。

周王室守藏书的官吏携书籍逃往诸侯国,成为当时书籍大范围、大规模流传的一个途径。公元前7世纪,周惠王到周襄王时,王室内部斗争激烈,掌管周王室典籍的史官司马氏,乘战乱带着大批典籍逃到了晋国,推动了晋国文化的发展。后来由于战乱,这批典籍又流散到卫、赵、秦等国。公元前6世纪,王子朝起兵夺取王位失败,率领宗族百工,带着大量书籍逃到楚国,促进了楚国等南方地区文化的发展。公元前4世纪,周太史儋带着书籍逃到秦国,并将书籍献给秦献公,从而推动了秦国文化的发展。

诸侯国之间也有书籍流散的情况。诸侯国中,鲁国和宋国的书籍是比较丰富的。《论语·微子》记载了鲁国的史官、乐官流散到其他诸侯国的情况:太师挚跑到齐国,亚饭干跑到楚国,三饭缭跑到蔡国,四饭缺跑到秦国,他们将自己掌管的书籍带到了其他诸侯国。对此现象,孔子曾感叹道:"天子失官,学在四夷。"①

另外,官方掌握的书籍在战国时也开始向民间流散。诸侯国的一些史官乘国家动乱,将官书变为私有。这些书后来又流散到民间。《春秋公羊解诂》说孔子就曾让子夏等14个弟子寻求周的史书,最后得到诸侯国的很多书籍。墨子也说自己见百国春秋。可见诸侯国大量的史书已从官方流到民间。

2. 私家著书立说

周公较早有个人著述,传说周公所作的书有《周礼》《仪礼》《尔雅》,还有《诗经》中的《七月》《鸱鸮》《常棣》《时迈》等篇章。春秋后期到战国时期,学术统于王室的局面被打破,私家著述不断涌现,个人著书立说逐渐成为社会风气。

春秋战国时期学派纷呈,重要的有儒家、墨家、道家、名家、法家、阴阳家、纵横家、农家、杂家、兵家等。各家学派为使自己的学说被诸侯采纳,到处游说,互相辩驳。同时为宣扬自家学说,各学派纷纷著书立说。据传老子的著作最早问世。管子、孔子等的学说也较早得到其门人的整理,结集成书。战国中叶后,诸子百家著书立说者更多,儒家有孟子、荀子,道家有尹文子、庄子、慎子,法家有商鞅、韩非,名家有公孙龙、惠施,阴阳家有邹衍、邹奭等。这些学者都有自己独到的学说,后来由各自门人将这些学说整理成书。

3. 私学兴起与书籍流传

书籍的著述、复制和流传同教育事业的发展密不可分。西周直到春秋初期书籍统于王室,周王室和诸侯国设有官学,受教育的主要是王室、诸侯的子弟和少数贵族子弟,而平民和奴隶则没有资格受教育。春秋中叶以后,周王室的官学日渐衰落,诸侯国的许多官学也停

---

① 李学勤:《春秋左传正义》,北京:北京大学出版社,1999年,1366页。

办了。诸子百家为了宣传自己的学说，开始招生授徒，于是私学兴起。孔子是创办私学的代表人物。孔子最早提出"有教无类"，招收的学生不分贵贱，只要能交得起学费，就可以接受孔子教诲。孔子整理了"六经"——《诗》《书》《礼》《乐》《易》《春秋》，作为教授学生的教材。私学可以招收贵族以外的弟子，突破了教育方面的等级限制，使知识得以向民间传播，书籍也得以更广泛地流传。

4. 书籍买卖的萌芽

战国时期已经出现了书籍买卖活动和佣书活动。《太平御览》卷六十九《学部一三·写书》载："张仪、苏秦二人同志，遂剪发以相活，或佣力写书。"①这里说张仪、苏秦年轻时期是患难与共的同学，为维持生活，曾受人雇佣，替人家抄写书籍而获取一定佣金。雇主付出一定的佣金获取书籍，可以算书籍买卖的萌芽。这里的雇主可能是某些养客的贵族，也很可能就是书商，而且众多的书籍不可能无偿地在民间流传。如孔子从学生那里收取的"束脩"很可能包含了学生听读或抄写教材的报酬。书籍可以自由买卖，为它的广泛传播提供了可能性。

总之，上古的文化教育政策主要体现在其学校制度方面。因为书籍为官方所有，书籍的学习在学校中进行，学校又同时是早期阅读的唯一场所，所以阅读并不是社会大众的普遍行为。夏、商、西周学校的发展，使这一时期的阅读场所和阅读人群逐渐形成规模。从甲骨文产生直到西周，书籍只是作为藏在盟府中备查的档案以及官学中少数贵族学习的对象，阅读并没有成为广泛的社会现象。随着春秋战国时期的文化下移、官学没落、私学兴起，以及新的社会阅读群体——士阶层的兴起，书籍在社会中得到传播，同时有较多的人通过

---

① 李昉等：《太平御览》，北京：中华书局，1966年，2780页。

私学接触到书籍,书籍也由早期的王室独占逐渐向全社会扩散,由官府机构不断流入民间,阅读开始成为社会现象。书籍的广泛流传为整个社会的阅读活动提供了必要条件,阅读逐步成为一种全社会参与的重要实践活动。

# 第三章 先秦的读者

读者是阅读活动的行为主体。读者作为社会历史文明发展的产物，需要一定的主客观条件才能产生。先秦时期读者群体的产生有明显的历史特征。本章以读者阶层产生的历史阶段为主线，对先秦时期的阅读群体进行初步的考察。

## 第一节 夏、商、西周时期阅读群体的产生

最初，阅读是社会极少数人的特权，这是由当时社会生产力水平低下所决定的。在西周生产力极不发达的时期，能够脱离体力劳动而从事精神生产的人非常有限。脑力劳动与体力劳动的分工是从事文化生产及阅读活动的先决条件。

### 一、脑力劳动与体力劳动的分工

人类历史上最重要的一次分工是脑力劳动和体力劳动的分工。

在原始社会末期,专职的巫师或巫医、教师等脑力劳动者出现了。他们靠自己的专门技术或知识,通过脑力劳动谋生,从而从体力劳动者中分离出来。这使得社会职业分裂为两大类别:管理者和被管理者。《孟子·滕文公上》说:"或劳心,或劳力。劳心者治人,劳力者治于人。治于人者食人,治人者食于人,天下之通义也。"①管理者和被管理者出现的原因最初可能不是私有制,而是社会分工的需要。最初的祭司也是氏族首领,后来祭司从氏族首领中分化出来,形成了最早的专职的祭司或巫师行业。

西周时期由于生产力的发展,社会上出现了更多、更加细密的分工,除了农业、手工业和商业外,还出现了专门的社会管理组织,包括行政组织和神祇组织。这些组织的人员都脱离了体力劳动,成为专门的脑力劳动者。以《周礼》为例,它谈到周王朝有天、地、春、夏、秋、冬六官系统。各系统有属员 60 人,共有 360 人。其中级别较高者从事社会管理,下层人员则从事具体事务。虽然《周礼》中所谈具体数字可能不够准确,但周朝有社会阶层的分工应该是可信的。从西周整个社会来看,社会的分工是自然形成的,个人没有选择职业的意识和自由,人们所从事的职业是世袭的,每个人都在为集体而工作。这一时期职业和阶级不具有对称性,不同等级的人可以从事相同的职业,只不过他们在职业内部的地位和分工有所不同,如经商者中既有贵族,也有平民和奴隶。

春秋以降,社会阶层和其所从事的职业之间的关系日益固化。《左传·襄公九年》载,晋知武子曰:"君子劳心,小人劳力,先王之制也。"②"君子"从事劳心勤礼之事,而"小人"从事稼穑农力之事。"君子"与"小人"的划分是社会的等级划分,也是社会分工所致。与这种

---

① 李学勤:《孟子注疏》,北京:北京大学出版社,1999 年,145 页。
② 李学勤:《春秋左传正义》,北京:北京大学出版社,1999 年,874 页。

社会阶层"两分法"的同时或稍后,出现了人口构成的"四分法"。管子较早提出这一观点,他根据人们职业的不同,把整个社会的人分为士、农、工、商四大集团,对四种职业提出了不同的要求。管子认为士、农、工、商"四民"应该分居,他要求四民职业世袭,使他们从小受到职业熏染。他对"士"的要求如下:"闲燕,则父与父言义,子与子言孝,其事君者言敬,长者言爱,幼者言弟。"①这里的"士"已具有知识分子的特征。

社会分工使社会中一部分人成为脑力劳动者,也让他们有机会成为先秦的阅读群体。

## 二、西周的社会阅读群体

春秋战国以前,学在官府,书籍藏于王室。从事阅读的人是特权阶级,他们分为两类:一类是有权力利用书籍、负责教育的师,另一类是王胄或贵族子弟。

从社会阶层来看,夏、商的阅读群体只限于贵族中的一部分。夏代社会的人口,大体上可分为三个阶级:贵族、平民和奴隶。贵族包括国王室成员及其近亲,以及负责宗教管理的人员和级别较高的官员。这个阶级在人口中占少数,可能不到总人口的百分之十。商代的阶级划分大体上与夏代相近,可分为贵族、平民和奴隶三个阶级。贵族包括甲骨文中提到的"王族""子族""多子族"及一些官吏。平民被称为"众",他们参加战争和生产,是社会的主体。贵族阶层在周代同样只占很小的比例。

1. 师是指导阅读的阅读者

西周以前的奴隶社会,"官"与"师"尚未分离,"学"与官府也在一

---

① 《管子》,见《二十二子》,上海:上海古籍出版社,1986年,121页。

起,这在甲骨文中得到深刻的体现。教师的"师"字,根据甲骨文的字形,表示引弓发矢,射中人足之意。这表明"师"字的初意与武事有关,反映了我国古代最初以武官兼师的史实。至西周,国学的师氏、保氏,仍是由王室的卫戍军官兼任的。在古代,不仅教师与武官未分离,而且国家事务中事神的"史事"(简称"史")与治世的"人事"(简称"事")也是未分离的。古时"史"与"事"原本一字,甲骨文"事"字的省文为"史"。

官师不分,是"学在官府"的主要表现形式。这种教育制度是从原始社会长老制度演变发展而来的。在原始社会末期,氏族酋长除负责宗教与本族内部事务外,还有训导、保护本族成员的责任,故有师长或师保之称。宫廷教育中的官师不分,首先表现为太师、太保、太傅是国之重臣,同时也是帝王之师、太学中之三老。商、周两代师保的称呼、出身略有不同,商称为尹保衡或阿衡,他们是从王的近身臣仆中提拔的,著名的有仲虺、伊尹、伊陟、臣扈、甘盘、傅说等人,他们大多是"格于皇天"的宗教人士。晚出《古文尚书》存有《仲虺之诰》《伊训》《太甲》《说命》等文,记载了商代著名师保对帝王的嘉言教诲。《礼记·王制》篇也有类似记载。《尚书·君奭》盛赞了殷代师保的教诲之功。《孟子·公孙丑下》载:"汤之于伊尹,学焉而后臣之。"①这些都说明商代的最高辅臣兼有教职。

至西周,太师、太保、太傅亦为国君的辅宰及天子之师。他们多由王族的长老或王的岳父担任,这是氏族社会长老制的明显遗迹。西周官制更完备,关于官师合一的记载也更详尽。例如,《大戴礼记·保傅》载:

> 昔者周成王幼,在襁褓之中,召公为太保,周公为太傅,太公

---

① 李学勤:《孟子注疏》,北京:北京大学出版社,1999年,105页。

为太师。保,保其身体;傅,傅之德义;师,道之教训。此三公之职也。于是为置三少,皆上大夫也。曰少保、少傅、少师,是与太子燕者也。①

此说与《周礼》的记载基本相同,足见西周国之三公也是学之三老(老师)。后来西周官制逐渐分化,师保便成为太子导师的专称,执政的辅宰之臣则别以卿士名之。职官的分化,也可说明最初的师保是官师合一的职事。从史籍中可以找到春秋时期晋、齐、鲁、楚等国设置师、保、傅的若干记载,其职责是教育太子,任职者多为有资望的国君近臣。三公负责太子和国君的教育。

西周国学和乡学与宫廷教育的情况基本相同,也是亦官亦师。国学由大司乐(大乐正)主持,他同时又是国家的礼官,负责宗教祭祀与国家典礼之事。大司乐下面设有教官乐师、师氏、保氏、大胥、小胥等职,任职者分别担任教学教育工作。这些职位中除师氏、保氏外,其余都为国家礼官之属。师氏、保氏则为司徒之属兼主王室的武备。各级乡学由大司徒负责,以下分别由乡师、乡大夫、州长、党正等行政长官兼管,在乡学供职施教的教师有父师与少师,他们是退休乡里的大夫或士。以上官职中保氏的职责是养国子以道,教"六艺""六仪"。"六艺"中的"书"直接与识字和阅读相关。

同时,在官师不分、"学在官府"的时期,劳动生产率还比较低下,所能提供给社会的剩余产品仍很有限。这种经济状况,必然影响文化教育的发展:一方面教学所需的书籍非常缺乏,教学所用之书有"典""籍""策""简""牍",都十分笨重、昂贵;另一方面教学所用的教具,古人称之为"器",即使是各级官府也不是都能具备国学所用之器物。据《周礼》所载,闾有祭器,党有射器,州有宾器,乡有吉凶礼乐所

---

① 王聘珍:《大戴礼记解诂》,北京:中华书局,1983年,49页。

用之器。国学成均所藏的器具，连乡学都不可能具备，更何况民间。这些器具都是礼、乐、舞、射诸科所需要的教具。官或者师有使用教具和教材的权力，同时也是文化的传播者，他们是西周时期重要的阅读群体。

2. 王子与贵族子弟是社会阅读的主体

西周学校和商代一样，也是专门为奴隶主贵族子弟设立的，根据《礼记·王制》所载，有资格进入大学接受教育的只有"王大子、王子、群后之大子、卿大夫、元士之嫡子"①。

关于入学的年龄，各书记载不一样。《白虎通·辟雍》载："八岁毁齿，始有识知，入学学书计。七八十五，阴阳备，故十五成童志明，入大学，学经籍。"②孔颖达疏《尚书正义》引《尚书大传》载："王子、公卿、大夫、元士之嫡子，十三入小学，二十入大学。"其又云："书传略说，余子十五入小学，十八入大学。"③《大戴礼记·保傅》载："古者年八岁而出就外舍，学小艺焉，履小节焉；束发而就大学，学大艺焉，履大节焉。"④

最初，西周贵族子弟受教育，主要是训练其军事方面的才能，同时学习政治、伦理、历史和文艺等方面的知识。当时的学校已有专门的教材，这也是西周时期的主要读物。

3. 西周的升学选士制度

西周强调大学入学者的身份是为了加强统治力量，促进宗族内部的团结，协调奴隶主阶级与庶民的关系，但同时保留了原始社会选贤与能的制度。学校教育中采取升学选士这种人才选拔制度，使得一小部分庶民得到了受教育的机会，极少数平民中的上层分子偶尔也能有机会与贵族子弟一起学习，得以接触到书籍，成为社会阅读群

---

① 李学勤：《礼记正义》，北京：北京大学出版社，1999年，404页。
② 陈立：《白虎通疏证》，北京：中华书局，1994年，253页。
③ 李学勤：《礼记正义》，北京：北京大学出版社，1999年，408页。
④ 戴德：《大戴礼记》，上海：商务印书馆，1937年，40页。

体的一部分。

升学选士制度见于《礼记·王制》,该书载:

> 命乡论秀士,升之司徒,曰选士。司徒论选士之秀者而升之学,曰俊士。升于司徒者不征于乡,升于学者不征于司徒,曰造士。①

西周设民政官员司徒一职,任职者负有六乡教化之责,故命乡大夫考察举荐乡里有德行的优秀人才,申报备选。而后司徒考定其中的优秀者,举荐其入学,使之学有所成。《汉书·食货志》中同样记载了西周逐级升学选士的制度。这都说明西周的升学选士制度是真实存在的。

西周时期,由于教育被政府垄断,书籍为王室专有,因此只有掌管书籍与文化的官吏,以及享有受教育权的贵族子弟和极少数被赋予受教育权的平民可以接触到书籍,他们构成了中国历史上最初的数量很有限的读者群。

## 第二节　春秋战国时期阅读群体的空前壮大

随着春秋战国时期书籍的流散和私学的兴起,以及新的社会阅读群体——士阶层的兴起,书籍在社会中得到传播,同时有较多的人通过私学接触到书籍,阅读开始成为普遍的社会现象。士阶层逐渐

---

① 李学勤:《礼记正义》,北京:北京大学出版社,1999年,403—404页。

成为先秦阅读群体最主要的部分。

## 一、春秋战国社会阶层的发展演变

西周时,平民阶层中的国人已经有机会接触到文化。国人,指士一级的自由民,他们有一部分为贵族的远系旁支,他们习礼、乐、射、御、书、数"六艺",平时务农,战时充当甲士,执干戈以卫社稷。国人有一定的政治权利,凡国危、立储和迁都等大事都要向国人征求意见。国人所占人口比例为30%～40%,属于贵族的底层。不过时间一长,国人与贵族的血缘关系越来越远,而与庶民越来越难以划清界限,所以归为平民阶层更为合适。平民阶层除国人外还有野人,或称为庶民,他们主要从事农业劳动,承担公田耕作和劳役的任务。这是西周社会中一个人数相当众多的阶层,所占人口比例约为50%。

春秋时期国人日益两极分化,一小部分上升为卿大夫,成为官僚地主;另一大部分地位下降至与庶人相近。春秋时,士仍属于"食田"这一层次。《国语·晋语》载(晋文公时):"公食贡,大夫食邑,士食田,庶人食力,工商食官,皂隶食职,官宰食加。"[1]随着国人与野人的界限逐渐消失,国人的专事征战权利也没有了,只有少部分人以传统的教育特长作为仕进的本钱,由血缘型武士向才干型文士转化,从而保持特殊身份,而多数人则被降为庶人。

春秋时期庶人的地位较西周时有相当大的变化,他们中的一些人可以上升为士。《国语·齐语》载:"令夫农……其秀民之能为士者,必足赖也。有司见而不以告,其罪五。"[2]到春秋后期,庶人已经可

---

[1] 《国语》下册,上海:上海古籍出版社,1988年,371页。
[2] 《国语》上册,上海:上海古籍出版社,1988年,228页。

以做官。《孟子·万章》载:"士与庶人在官者同禄,禄足以代其耕也。"①

社会阶层的逐渐分化和士阶层的出现和兴起,是私学兴起、文化下移的社会基础。

## 二、新的阅读群体——士阶层的崛起

春秋战国时期产生了较为固定的阅读群体,也就是所谓士阶层,他们是这一历史时期的主要读者群。

1. 士的起源

士,最初多为武士②,后来也有文士和能文能武之士。他们最初是从奴隶主贵族中游离出来的,后来还有一些庶人由于地位上升而成为士。

周平王迁都时,有些文化官吏流落到各地。《论语·微子》载:

太师挚适齐,亚饭干适楚,三饭缭适蔡,四饭缺适秦。鼓方叔入于河,播鼗武入于汉,少师阳、击磬襄入于海。③

这段文字叙述了原来在宫廷中管理礼乐的官员纷纷出走的情形。太乐师挚到齐国,二乐师干去了楚国,三乐师缭去了蔡国,四乐师缺去了秦国,打鼓的方叔到了黄河之滨,摇小鼓的武到了汉水附近,少师阳和击磬的襄移居海边。这些人失去世袭特权,流入社会以后,就成了历史上第一批靠出卖知识糊口的士,有的很可能就做了私

---

① 李学勤:《孟子注疏》,北京:北京大学出版社,1999年,272页。
② 顾颉刚:《史林杂识》,北京:中华书局,1963年,85—91页。
③ 李学勤:《论语注疏》,北京:北京大学出版社,1999年,253页。

学的教师。在诸侯国,当社会阶级关系发生大变化时,也有那么一些受过"六艺"教育的贵族没落下来,加入士的队伍。这种人最先出现在旧文化根基最深刻而封建制改革又进行得较早的邹、鲁等国。如《庄子·天下》所说:"其在于诗、书、礼、乐者,邹鲁之士缙绅先生多能明之。"①所谓"邹鲁之士缙绅先生"都深受诗、书、礼、乐的熏陶。之所以称他们"缙绅先生",是因为他们原来具有贵族的身份;称他们为"邹鲁之士",则表示他们已属于士阶层了。士阶层一经形成,来源就日趋复杂,除了由贵族没落下来的和平民身份的人以外,也有的来自新兴地主阶级,甚至获得解放的奴隶。齐桓公把国都划分为21个乡,其中"工商之乡"才6个,而"士乡"竟有15个之多。这里的"士"既有"军士",也包括讲学道艺的"士"。到了春秋末年,文士越来越多。随着社会的发展,士阶层又不断地分化,有的日趋保守,有的则勇于批判旧制度、旧文化。士阶层这种产生、发展和分化的过程,同时也是私学产生、发展和分化的过程。

2.春秋时期养士之风对阅读风气的促进

在社会阶级关系不断分化、形成的过程中,士阶层获得新的发展。以"亲亲"为基础的旧的贵族世袭制基本被推翻,"举贤"作为一个政治原则在地主阶级新政权中获得主导地位。执政者从巩固自己的政治权力的需要出发,争先"招贤纳士"。

士阶层兴起后,开始成为统治者竞相争取的对象。早在春秋时期就产生了养士之风,《国语·齐语》记载齐桓公养游士80人。战国时期,养士之风达到高潮。魏文侯礼贤下士,任李悝为相,以吴起和乐羊为将,使西门豹治邺,这是用士;尊卜子夏、田子方、段干木、禽滑厘等人为师友,这是养士。此后魏文侯伐郑、败秦,使得魏国成为战国初期最强的国家。这种用士养士的风气孕育着国立官学的萌芽。

---

① 《庄子》,见《二十二子》,上海:上海古籍出版社,1986年,84页。

稍后田齐创办稷下学宫,广揽天下名士,当时儒、道、法、阴阳各学派的代表人物,都带弟子来齐,聚徒众讲学于稷下。其他国君如秦穆公、魏文侯、齐威王、齐宣王、梁惠王、燕昭王都一度为士众所归。卿相如齐国的孟尝君(田文)、赵国的平原君(赵胜)、楚国的春申君(黄歇)、魏国的信陵君(魏无忌)以及秦相吕不韦等,所养士之数量都以千计。他们对士恭谨有礼,如信陵君结交隐士侯嬴,侯嬴当时的身份是大梁(魏都,今河南开封)夷门的一个看门者,时任魏相的信陵君却随车骑亲迎,并为他执辔。平原君有位食客跛脚,平原君的爱妾在楼上望见大笑,跛脚先生大为生气,要求离去,平原君杀了爱妾,亲自上门向跛脚先生道歉。他们这样做主要是出于迫切的政治需要。当时社会舆论已经用士的聚散来衡量一国政治的兴衰,对于这种情况,各国执政者是很敏感的。

春秋战国时的士为诸侯、卿大夫出谋划策,同时也承担写书、编书及抄书等工作。士阶层对当时书籍的写作、编定与传播做出了很大贡献。稷下学宫是士阶层汇集的一个场所,当时产生了许多专门的著作。战国末期秦相吕不韦在咸阳养食客3000人,汇合各派学说,编成有20万字的《吕氏春秋》,旨在为大一统的政治局面提供理论借鉴。

3. 士阶层的文化构成与阅读

在西周和春秋前期,文献中的"士"主要指下层贵族。西周时代礼不下庶人。《仪礼》记载先秦名物制度甚详,其《士冠礼》《士昏礼》《士相见礼》《士丧礼》《士虞礼》5篇,皆冠以"士"。作为贵族,士要具备当时贵族所必需的一些专门知识。士所学习的科目是所谓"六艺":礼、乐、射、御、书、数。士的训练以射、御为主,在早期有其军事目的。西周和春秋前期,车乘甲兵由城邦的国人组成,野人只能当徒兵,而士则是这支军事力量的骨干。士作为下层贵族,礼、乐训练也是士阶层治民必备之知识,文化素养则是士阶层的重要特征。士除了担任军事力量的骨干之外,还是城邦国家官吏的重要来源。《国语·周语》载内史过谈到西周的制度时说:"诸侯春秋受职于王以临其民,大夫、士日恪位著以做其官,庶人、工、商各守其业以共其上。"①可见士虽然在贵族等级上低于大夫,但和大夫一样可以担任官职,并且多数情况下是公卿大夫的属官或家宰。士作为基层官吏,除了做管理税收府库这类工作之外,还要承担执法任务。士阶层也有不做官的,这部分士在早期是社会下层的基本阶层之一。

在春秋战国这个中国古代社会的转型期,阶级和等级关系出现了巨大变化。到了战国时代,士阶层的身份更加复杂。范文澜曾将战国时代的士分为四类。一类为学士,诸如儒、墨、道、名、法、农等专门家,著书立说,议论政事,在文化上做出了巨大贡献。一类为策士,即所谓纵横家,长于政论,凭口舌辩辞游走于诸侯之间,猎取富贵。一类为方士或术士,可分两等:一等是天文、历算、地理、医药、农业、技艺等领域之专门家,在文化上亦做出相应之贡献;一等是以阴阳、卜筮、占梦、神仙、房中术等骗取衣食的游客。最下一类是食客,数量大,流品杂,鸡鸣狗盗之徒、任侠刺客、犯科奸人、屠夫、赌棍、市井无赖厕入其间。② 这几类士中除了那些没有掌握文化知识的武士、游侠和食客之外,其余的可称为新兴知识阶层。他们从先辈那里继承历史积淀的文化知识,同时创造出一些时代所需要的新的文化知识,所以士阶层要完成知识的传承和更新就需要广泛地学习各方面知识。而当时的学习方式除了师徒之间的讲授之外,进私学学习和通过阅读书籍来学习都是士阶层获得知识的重要途径。士阶层也就成了当时社会最需要阅读的人群。战国时兴文学、游侠之风,士逐渐分为两支:一支向武士方向演化,成为游侠;另一支则向文士方向发展,能为

---

① 《国语》上册,上海:上海古籍出版社,1988年,37页。
② 范文澜:《中国通史简编》(修订本)第一编,北京:人民出版社,1955年,178页。

诸侯出谋划策,成为当时知识阶层的中坚力量。

春秋战国时代士的射、御教育已经退居次要地位,而诗、书则成为与礼、乐并重的学习科目。《礼记·王制》载:"乐正崇四术,立四教,顺先王《诗》《书》《礼》《乐》以造士,春秋教以《礼》《乐》,冬夏教以《诗》《书》。"①与此同时,社会上还出现了一批天文、历算、地理、医药、农业、技艺等领域的专门家,他们也是新兴知识阶层的重要组成部分。周代对文士的要求主要是口才、写作、计算和谋略。春秋战国时期的文士在这些方面已达到了很高的水平。言辞之士以张仪、苏秦等纵横家为代表,他们能游说四方,左右王侯。军事将领同时也是文士,他们的军事指挥水平达到了很高的境界,形成了百家争鸣的一个重要派别——兵家。《孙子兵法》一书代表了兵家的水平。

战国时代,由于士阶层成分的变化及其知识结构的改善,出现了百家纷呈、百家争鸣的局面,并产生了一大批人文道术和科学技术的著作。在《周礼》和《管子》等书中,我们不仅可以看到政治制度和经济制度的设计,还可以看到许多有关科学技术方面的知识。《考工记》是古代手工业技术规范的总汇,甘德的《天文星占》与石申的《天文》记录了天文观测的珍贵资料,《禹贡》开创了我国古代地学分区域和分部门研究的范例,《墨经》反映了我国古代光学、力学和数学等方面的许多成就,《吕氏春秋》中《上农》《任地》《辩土》《审时》等篇总结了传统农业的重要生产经验。

这批著作是为教授弟子以及传播知识与思想而作的,各家的门人和弟子首先是这批著作的阅读者。同时,其他各家或者出于学习的目的,或者出于"争鸣"的需要,也要阅读这些著作。最后,阅读成了普遍的社会行为,这为先秦阅读学的发生和发展奠定了基础。

---

① 李学勤:《礼记正义》,北京:北京大学出版社,1999年,404页。

## 三、春秋战国的行业发展与阅读

春秋时期井田制逐渐遭到破坏,个体经济开始出现,纯粹的国家和宗族职业分工模式逐渐松动,人们有可能选择不同的职业,到不同的地方谋生。这个突破是从士人开始的。春秋时期的管仲曾跟随鲍叔牙学经商,孔子也说自己"少也贱,故多能鄙事"①,也就是说,孔子从事过多种职业,但轻视体力劳动,认为从事农业是没有出息的,他对弟子樊迟学稼很不满意。战国时期个体经济的主体地位已经确立,大部分人口从井田制中解放出来,成为一夫百亩的小农,他们也可能转向手工业和商业活动。这样原来的官营工商业发展成官、私工商业并存的局面。同时由于生产力的进步,职业多元化趋势出现。从战国时期总的情况来看,士农工商仍占职业的主流,但其内部分工更细,如士人分化为文士、侠士、文武官吏等,农业和工商业也有较细的职业划分,同时还出现了一批社会服务类职业。各行各业中都有一部分潜在的阅读者。

一部分职业需要专门的行业知识,从而产生了指导生产的书籍,如《夏小正》一书至迟在春秋时期已经产生,其主要内容是根据天象与物候定季节、月份,按夏历一年十二月的顺序分别记载每月的星象、气象、物候和相应进行的政事、农事。物候方面,该书对草本植物和木本植物的花开叶落的整个过程都进行了记录,并且注意到了鸟、兽、家禽和鱼类活动与季节的关系。该书还将物候与气象、农事并列,是我国最早的一部星象物候历。再如后来《吕氏春秋》中《上农》《任地》《辩土》《审时》等四篇反映了当时我国种植业的技术水平。管理或从事种植业的人中有一部分必须要对此进行专门阅读。

---

① 李学勤:《论语注疏》,北京:北京大学出版社,1999年,114页。

又如春秋末年出现的《考工记》，全书按木工、金工、皮工、设色工、刮摩工、抟埴工六类分叙，涉及运输和生产工具、兵器、乐器、容器、玉器、皮革，以及染色、建筑等项目。该书分别对车舆制造、兵器制作、宫室修筑、礼乐诸器的制造技术和工艺规范做了比较详细的记载。例如关于车舆制造，该书记述了一套比较完整的官府制车工艺规范，兼及车舆材料的选择及连接方法，车辕、车架的制作和车轮工艺的十项准则。这本书在当时的行业生产中具有实际指导意义。这些行业中的管理者同样必须阅读这本书。

从事卜筮业的人必须有专门的师承，而卜筮之书是他们的重要指导工具书。卜筮业产生较早，占卜的形式有很多种，包括星占、龟卜、式占、杂占、形法、望气等，它们共同的特征是根据一定事物的表象来预测吉凶。其中龟卜在商周时期最为普及。《周礼》记载，国家设有专门的官职来从事占卜活动。这说明占卜业当时只是少数人能掌握的技术，这些人必须能辨读和书写甲骨卜辞，并阅读甲骨书。而春秋以降，一般士人都能通于此道，这就为民间占卜职业的出现打下了基础。当时通行的占筮书称《易》，该书作为儒家经典后，又称为《易经》。全书由64卦组成，每卦中有卦画、标题、卦辞、爻辞四个部分。当时的人们广泛利用《易》来分析、预测自然和社会的矛盾运动，这部书成为从事卜筮业者及一般士人的必读书。

职业从医者也离不开医书的指导。春秋战国时期，医从巫中分离出来，正式成了专门治病救人的职业。该职业也逐渐形成了一套成熟的职业技术。传说神医扁鹊为鲁公扈、赵齐婴二人治病，更换两个活人的心脏，这虽然有夸张的成分，但至少显示当时已经出现外科手术或麻醉方法。当时产生了著名的医学著作，如《黄帝内经》，据考证，该书著成于战国后期的秦国。该书中列用了不少古代医学著作，是在相当长的历史时期内众多医学家集体智慧的结晶。《黄帝内经》系统阐述了医学的理论体系，为当时行医者所必读。

春秋时期，职业传承打破了世族的界限；战国时期，许多人跨越族姓，拜师学艺。当时除诸子兴办私学之外，农、工、商、歌舞、娱乐等行业的师傅也招收弟子。但这一时期的职业学习仍有一定的保守性，师徒之间多是口传心授，许多行业还没有文字教材供从业者学习，学习主要依靠学生的不断实践、观察和模仿，以及老师的指教。也有少数行业形成了专门的著作，这使得春秋战国时期读者的阅读面有所扩大。通过阅读人们成为从事脑力劳动的知识分子，成为手工业管理者，成为医者。阅读让人生道路有更多的选择，也让人生获得了更多相对的自由。

## 第三节 先秦读者的阅读心理

先秦百家争鸣的时期，同时也是阅读在整个社会中迅猛发展的时期。书籍在民间流传，各家著书立说，广招弟子，知识阶层在社会中成为一个独立的群体，这些共同促成了先秦文化繁荣的局面，也使阅读成为全社会的普遍现象。百家争鸣造就了各学派之间不同的价值观，也使得各学派形成不同的阅读心理。

### 一、先秦读者的阅读动机

先秦诸子作为先秦（主要是春秋战国时期）的阅读主体，表现出两种不同的价值取向：儒家主张通过读书成人明道，这是与修身、齐家、治国、平天下密切相关的；墨、道、法诸家主张虽不尽相同，但都表现出注重实利的倾向。

1. 读书明道

儒家是先秦时期的显学之一。后来的读书人多称儒生。儒家认为士人读书就是为了成为有道、明道之士，这一观念对后世影响深远。

孔子强调"士志于道"①，又说："笃信好学，守死善道。"②他认为士人学习和读书的目的即在明道。孔子要求学生除了要具有"忠""信"的品德外，还要养成坚定的道德信念、高尚的道德情感和坚强的道德意志。他认为，有了坚定的道德信念，就能够为崇高的道德目的而献身。有了崇高的道德情感，就会对好、坏行为相应地产生爱与憎的情感，"能好人，能恶人""好仁者，无以尚之"③。有了坚强的道德意志，就能够"志于道"④。先秦儒家士人所说的"道"包含"仁""爱"的观念，虽然其中有明显的等级色彩，但也表现出明显的为民意识。孔子讲"君君，臣臣，父父，子子"⑤，认为个人在宗法血缘的纽带上、在家与国中，都有着特定的位置，每个人都要扮演好自己的角色。个人对家庭、对社会都是义务重于权利，整体利益重于个体利益。个人的价值只能在整体社会中得以实现。儒家士人的道德行为取向包含了两个方面：就家庭而言，个体行为必须符合孝、悌、慈、友的要求；对国家而言，个体行为必须体现仁、义、礼、智、信、忠的要求。

孟子也认为士人应该以"道"为立身之本，他认为"道"是仁义忠信等道德价值，也是最高的人生价值追求。《孟子·尽心上》载："士穷不失义，达不离道。穷不失义，故士得己焉。达不离道，故民不失望焉。"⑥《孟子·告子上》载：

---

① 李学勤：《论语注疏》，北京：北京大学出版社，1999年，50页。
② 李学勤：《论语注疏》，北京：北京大学出版社，1999年，104页。
③ 李学勤：《论语注疏》，北京：北京大学出版社，1999年，48页。
④ 李学勤：《论语注疏》，北京：北京大学出版社，1999年，85页。
⑤ 李学勤：《论语注疏》，北京：北京大学出版社，1999年，163页。
⑥ 李学勤：《孟子注疏》，北京：北京大学出版社，1999年，355页。

> 有天爵者,有人爵者。仁义忠信,乐善不倦,此天爵也;公卿大夫,此人爵也。古之人修其天爵,而人爵从之;今之人修其天爵,以要人爵,既得人爵,而弃其天爵,则惑之甚者也,终亦必亡而已矣。①

孟子认为人的最高价值"天爵"是靠人自身修养得到的。他讲到天的时候,指的是道德的宇宙。"知天"即理解了这个道德的宇宙。一个人如果能知天,他就不仅是社会的公民,还是宇宙的公民,即孟子所说的"天民"。所谓"天爵",是在人的价值世界里才能够达到的境地。"人爵"则是人类世界里纯属世俗的概念。一个天民,正因为他是天民,所以他关心的只是天爵,而不是人爵。

儒家的读书人追求的并非纯粹的知识,而是闻道、传道与卫道。《荀子·劝学》载:"学恶乎始?恶乎终?曰:其数则始乎诵经,终乎读礼;其义则始乎为士,终乎为圣人。"②其终极目标为"学至乎礼而止矣。夫是之谓道德之极"③。求得"道德之极",乃为学之目的。故士之最高理想,是由士而仕,充当帝师王佐。读书人之理想,不是求知,而是明道,专在人之德行上下功夫。"大学之道,在明明德"④,一语道破玄机;上迄天子,下至庶人,"壹是皆以修身为本"⑤。修身即修道,身禀天地阴阳以生,是乃天命;"天命之谓性,率性之谓道,修道之谓教",故修身之道即为儒学之"道统",此乃"内圣"之道。虽然儒学强调"修"之功夫,但"修"并非目的,"内圣"还要走向"外王"。"内圣外王之道",乃传统士人追求之理想境界。

---

① 李学勤:《孟子注疏》,北京:北京大学出版社,1999年,315页。
② 《荀子》,见《二十二子》,上海:上海古籍出版社,1986年,288页。
③ 《荀子》,见《二十二子》,上海:上海古籍出版社,1986年,288页。
④ 李学勤:《礼记正义》,北京:北京大学出版社,1999年,1592页。
⑤ 李学勤:《礼记正义》,北京:北京大学出版社,1999年,1592页。

## 2.注重实利

"道"作为一种价值观念或意识形态,在西周曾经是包括士在内的贵族阶级为自己树立的政治和道德的准绳。孔子强调士要"志于道",其弟子门人未必都能做到。《论语·子张》载:"子夏曰:'仕而优则学,学而优则仕。'"①这句话本来是说人做官后如果还有余力,就去做学问;人如果在学习之余还有余力或者闲暇,就去做官。但该句通常被人望文生义地理解为"读书做官论"。在战国时代,尤其对那些朝秦暮楚的纵横家来说,读书确实是谋求官职和富贵的一种手段。传统读书人有着强烈的"修德明道"理念,但也具有浓重的"学而优则仕"观念。

至于其他学派或没有学派的知识分子,他们各有自己的价值取向和道德理念,或者谈不上"志于道",或者其心目中的"道"与儒家所理解的"道"并不一样。杨朱"为我",墨子"兼爱",法家则公然宣称明主"不道仁义"。这也说明"士志于道"不能用来概括新兴知识阶层的性格特征。先秦诸子的价值观念是多元化的,新兴知识阶层的性格特征也是多元化的。先秦很多士人读书的目的具有实用性,如有的"仰禄之士"热衷于以口舌猎取富贵。还有人将读书作为摆脱农业劳作之苦的手段,《吕氏春秋·博志》载:

> 甯越,中牟之鄙人也,苦耕稼之劳,谓其友曰:"何为而可以免此苦也?"其友曰:"莫如学。学三十岁则可以达矣。"甯越曰:"请以十五岁。人将休,吾将不敢休;人将卧,吾将不敢卧。"十五岁而周威公师之。②

---

① 李学勤:《论语注疏》,北京:北京大学出版社,1999年,259页。
② 《吕氏春秋》,见《二十二子》,上海:上海古籍出版社,1986年,719页。

《史记·苏秦列传》载,苏秦家贫,为兄嫂、妻子所耻笑,"乃闭室不出,出其书遍观之,曰:'夫士业已屈首受书,而不能以取尊荣,虽多亦奚以为!'于是得周书《阴符》,伏而读之。期年,以出揣摩,曰:'此可以说当世之君矣。'"①他取六国相印,荣归故里,昆弟亲友惶恐恭迎。甯越与苏秦求学求仕的事例,在春秋战国时代新兴的知识阶层中是非常有代表性的。《墨子·尚贤》载:"今也天下言士君子,皆欲富贵而恶贫贱。曰然。女何为而得富贵而辟贫贱?莫若为贤。"②谋取功名利禄是战国时一大部分士人读书的重要目的。

## 二、先秦读者的阅读意志

先秦时世人非常强调读书要有坚忍不拔的意志。先秦诸子读书非常用功,也非常专注,《吕氏春秋·博志》载:

> 孔、墨、甯越,皆布衣之士也,虑于天下,以为无若先王之术者,故日夜学之。有便于学者,无不为也;有不便于学者,无肯为也。盖闻孔丘、墨翟,昼日讽诵习业,夜亲见文王、周公旦而问焉。用志如此其精也,何事而不达?何为而不成?故曰精而熟之,鬼将告之。非鬼告之也,精而熟之也。③

这篇文章记载的孔丘、墨翟、甯越三人都是没有地位的读书人,他们同时是好学的典范。据说孔丘、墨翟白天背诵典籍、专习学业,专心致志,达到了精熟的地步,乃至后人传说他们晚上去拜见文王和

---

① 《史记》卷六十九《苏秦列传》,见《二十五史》,上海:上海古籍出版社,1986年,256页。
② 《墨子》,见《二十二子》,上海:上海古籍出版社,1986年,231页。
③ 《吕氏春秋》,见《二十二子》,上海:上海古籍出版社,1986年,719页。

周公,当面请教。

孔子认为学生要在白天抓紧时间读书,他看见他的学生宰予白天睡觉,就对宰予提出非常严厉的批评。《论语·公冶长》载:"宰予昼寝。子曰:'朽木不可雕也,粪土之墙不可圬也!于予与何诛?'"①他自己则有"韦编三绝"的读书事迹。《史记·孔子世家》载:"孔子晚而喜《易》,序《彖》《系》《象》《说卦》《文言》。读《易》,韦编三绝。曰:'假我数年,若是,我于《易》则彬彬矣。'"②孔子勤读《周易》,致使编缀的皮条多次断开。孔子主张"活到老,学到老"。《论语·述而》载:"子曰:'加我数年,五十以学《易》,可以无大过矣。'"③

战国时苏秦采用"锥刺股"的方法防止自己读书时打瞌睡。《战国策》记载,苏秦"读书欲睡,引锥自刺其股,血流至足"④。苏秦求仕于秦,不遇而归,被家人看不起,于是昼夜勤读《六韬》等兵法之书。每值更深夜静,昏昏欲睡,苏秦乃引锥自刺其股,醒来再读。这虽然有个人的功利目的在里面,但其苦读精神影响了后来历代读书人。

先秦的文化大师和学术巨子无不雅好读书,至今各地还留有一些先秦时期名人的读书史迹。如伏羲氏画卦台,位于甘肃天水渭南乡西,距该县北道镇约 50 千米处,相传是伏羲氏画八卦的地方;仓颉造字台,位于陕西西安西南 15 余千米处,为传说中轩辕黄帝的史官仓颉造字的地方;周文王演易台,位于河南汤阴县城北 4 千米处羑里城遗址,相传系商末西伯昌被商纣王囚禁于此后推演《周易》之处;老子著书处,位于河南灵宝东北函谷关,相传为老子著《道德经》处;孔子弦歌台,位于河南淮阳城外西南隅,相传为孔子在陈绝粮被困,仍讲

---

① 李学勤:《论语注疏》,北京:北京大学出版社,1999 年,59 页。
② 《史记》卷四十七《孔子世家》,见《二十五史》,上海:上海古籍出版社,1986 年,227 页。
③ 李学勤:《论语注疏》,北京:北京大学出版社,1999 年,91 页。
④ 刘向集录,范祥雍笺证,范邦瑾协校:《战国策笺证》,上海:上海古籍出版社,2006 年,142 页。

诵弦歌之处;屈原读书洞,位于湖北秭归县城东北 30 千米处乐平里(落脚坪)响鼓溪左岸,相传系屈原少年读书处。①

总之,西周以前,阅读还不是广泛的社会活动,那时的教育被政府垄断,书籍由王室专有,只有掌管书籍与文化的官吏、享有受教育权的贵族子弟,以及极少数被赋予受教育权的平民才可以接触到书籍,他们构成了中国历史上最初的人数很有限的读者群体。我国历史发展到春秋战国时期,私学发展、百家争鸣使阅读活动在整个社会中迅猛发展。当时书籍在民间流传,各家著书立说,广招弟子,形成固定的阅读群体,也就是所谓知识阶层,他们成为先秦阅读群体中最主要的部分。知识阶层在社会中成为一个独立的群体,促成了文化繁荣局面的形成,同时使阅读成为全社会的普遍现象。

---

① 王余光、徐雁主编:《中国读书大辞典》,南京:南京大学出版社,1993 年,35 页。

# 第四章　汉文阅读学的诞生

随着春秋战国时期教育逐步社会化,诸子百家的各类著作在民间流通,以及社会固定阅读群体——士阶层产生,阅读成为社会的重要文化现象。与此同时,随着人们对阅读经验的不断积累,为阅读服务的解释、训诂、校勘等专门学问逐步产生,特别是以孔子、孟子、荀子、庄子等思想家为代表的读者精英对先秦阅读理论进行了总结。这一切都标志着汉文阅读学的诞生。汉文阅读从此由人们的自发阅读阶段进入自觉的、有理论指导的阶段。

## 第一节　汉文阅读学的早期特征

早期的汉文阅读学表现为经典解释学。后人阅读、阐释先贤经典,导致注疏经典的经学出现。从学术上看,经学的出现就是阅读学的开始。一般认为,西方的阅读学是从古希腊法典、典籍释义和《圣经》释义开始的。中国的阅读学则始于先秦,成熟于汉代经学。早期的汉文阅读学就是释义学,时人认为阅读的要义是把握文本原有的意义。

## 一、基本的阅读工具:标点符号、校勘与训诂

### 1.先秦的标点符号

先秦时代的人们,在阅读书籍时已经有意识地采用符号助读或释读的阅读方式。标点符号是在书面语产生以后,人们为便于阅读书面语而发明的,是一种阅读工具。

汉语的标点符号早在甲骨文时代就萌芽了。在甲骨文中最早出现的标点符号是隔开语言层次的符号。这些符号以线号为基础,其变体有竖线号(如《卜辞通纂》①第 430 片)、横线号(如《卜辞通纂》第 259 片)、曲线号(如《卜辞通纂》第 437 片)、折线号(如《卜辞通纂》第 334 片)四种,它们的主要功能是分辞,把不同条的卜辞隔开。甲骨文中还有用留出空白的方法把不同条的卜辞隔开的例子。使用符号或留空来表达语言层次,说明早在殷商时人们对书面语分层次的表达就有了一定的认识。

金文中隔开语言层次的符号已经有所发展。金文中有时会在某段内容或某句最后一字的字边上标注钩识号"㇄"。此类符号与后来的标点符号的形状和位置接近,其使用是一个很重要的进步。金文中还有用二短横号或一短横号表示文字重读或指示合文的,这种符号可叫作重文号或合文号。

春秋后期的《侯马盟书》中使用了不少标点符号,有二短横号和不规则的点号两类。二短横号主要用于重文、合文,而点号大多为句读符号,表示句子的停顿,这又是对甲骨文、金文的很大发展。

另外,战国时期的《长沙子弹库楚帛书》中除使用了表示重文、合

---

① 郭沫若:《卜辞通纂》,北京:科学出版社,1983 年。

文的二短横号外,还使用了起分章作用的长方号,该符号独占一格。《睡虎地秦墓竹简》中还使用圆点号来分章、分节和句读,用钩识号作为句读符号,这里的圆点和钩识号具有点号的作用,已经很接近后世的标点符号。

可以看出,在书面语发展的过程中,人们逐渐有了分段和标出句读的意识。用各种符号将文献划分为篇、段与句子,也成了人们阅读文献与接受文献的最基本方法。

当代出土的大量战国竹简文书中,部分简书上有一些阅读标记。如上海博物馆馆藏《战国楚竹书·孔子诗论》中有多种墨标符号,有学者认为"这种墨标可能不会是出于书籍制作者(即抄写者)之手,它应是一个具体的阅读者所留下的阅读记录","阅读者以这种标识记录自己的阅读体会","无论是断句或断章的符号,还是阅读中所作的符号,都是在文本上以符号作标记,是对文本符号化处理,都具有助读功能,或体现了阅读者对文本的看法与体会,都可视为后来的文学评点活动中'点'的源头"。①

2. 先秦的校勘

自从有了文字,便有了文献与典籍,便要将其推广和传播,而在人们的传抄过程中难免会发生错误,年深日久更容易产生以讹传讹的状况,因此校勘因阅读的需要而产生了。

校勘在我国起源很早。《国语·鲁语》记载,鲁国大夫闵马父说:"昔正考父校商之名《颂》十二篇于周太师,以《那》为首。"②《诗经·商颂·那》小序,也有类似的记载。正考父是周宣王时宋国戴公的大夫,为孔子七世祖,生活在公元前9世纪末至公元前8世纪初。宋人

---

① 查屏球:《原始阅读方式与早期的文本释读符号》,载《云南大学学报》(社会科学版),2004年第1期,64—71页。
② 《国语》上册,上海:上海古籍出版社,1988年,216页。

是殷商人的后裔,他们保存了歌颂商代的诗篇。正考父因为这12篇《颂》语句文字错乱,所以到周天子管理音乐的太师处,用周王朝保存的《商颂》传本进行校正。可见至迟到此时我国便已有了校勘。

春秋末期,正考父的七世孙孔子是整理古籍的大学者。据说孔子对"六经"做了整理和编定,这离不开校勘的工作。《论语·子罕》载:"子曰:'吾自卫返鲁,然后乐正,《雅》《颂》各得其所。'"①可见孔子亲自整理过乐典。《孔子家语》记有孔子"删《诗》述《书》,定《礼》理《乐》,制作《春秋》,赞明《易》道"。《史记》中亦有孔子整理编定"六经"的记载。历代学者都尊孔子为校雠学的鼻祖。如清代段玉裁《经义杂记·序》载:"校书何放乎?放自孔子。"俞樾在《札迻·序》中写道:"校雠之法,出于孔子。"②

孔子的弟子卜商,字子夏,也留下了有名的校勘事例。《吕氏春秋·察传》载:

> 子夏之晋,过卫,有读史记者曰:"晋师三豕涉河。"子夏曰:"非也,是'己亥'也。夫'己'与'三'相近,'豕'与'亥'相似。"至于晋而问之,则曰"晋师己亥涉河"也。③

子夏凭经验指出卫国人读错的两个分别与原正确字字形相近的错别字,说明当时文字错讹影响阅读的现象已经引起学者们的注意。

先秦学者已经重视文献典籍中文字语句的错误,并开始早期的文字校勘。校勘是为了尽可能恢复文本的最初面貌,使读者阅读原始的文本,这对先秦阅读的发展起到了一定的推动作用。

---

① 李学勤:《论语注疏》,北京:北京大学出版社,1999年,118页。
② 倪其心:《校勘学大纲》,北京:北京大学出版社,2004年,7页。
③ 《吕氏春秋》,见《二十二子》,上海:上海古籍出版社,1986年,714页。

### 3. 先秦的训诂

训诂学也是随着文献典籍的传播，因阅读的需要应运而生的。语言本身是随着时代发展的，后人要理解前人语言的原义，离不开训诂。训诂的原意是用通行的语言来解释古字古义，后来训诂成为解释词语的泛称。训诂早在先秦时期就存在了。

先秦典籍中有大量的训诂材料。张舜徽云："大抵汉以前经传本文，即有训诂。如云'需，须也'，'师，众也'，'夬者，决也'，'兑者，说也'，见于《易》；'水曰润下，火曰炎上'，见于《书》；'止戈为武'，'皿虫为蛊'，见于《左传》；'春曰祠，夏曰礿'，见于《公羊》；'春曰田，夏曰苗'，见于《穀梁》；'约信曰誓，涖牲曰盟'，见于《礼记》。"①训诂学中所谓形训（依据字形说解字或词义）、音训（依据字音推求字或词义）、义训（用同义字或词来做注释）等训诂条例，以及一些基本术语在先秦典籍中都已具备。形训如《左传》中的"夫文，止戈为武"及"皿虫为蛊"等；音训如《论语·颜渊》中的"政者，正也"，《礼记·表记》中的"仁者，人也"和《礼记·中庸》中的"义者，宜也"等；义训如《周易·序卦》中的"解者，缓也"和《穀梁传·僖公十五年》中的"晦，冥也"等。再如《国语·周语下》中记载了叔向对《诗·周颂·昊天有成命》这首诗的解说：

> 且其诗说《昊天有成命》，《颂》之盛德也。其诗曰："昊天有成命，二后受之，成王不敢康。夙夜基命宥密，於，缉熙！亶厥心肆其靖之。"是道成王之德也。成王能明文昭，能定武烈者也。夫道成命者，而称昊天，翼其上也。二后受之，让于德也。成王不敢康，敬百姓也。夙夜，恭也；基，始也。命，信也。宥，宽也。密，宁也。缉，明也。熙，广也。亶，厚也。肆，固也。靖，和也。

---

① 张舜徽：《郑学丛著》，济南：齐鲁书社，1984年，81页。

其始也,翼上德让,而敬百姓。其中也,恭俭信宽,帅归于宁,其终也,广厚其心,以固和之。始于德让,中于信宽,终于固和,故曰成。单子俭敬让咨,以应成德。单若不兴,子孙必蕃,后世不忘。①

"夙夜,恭也;基,始也。命,信也。宥,宽也。密,宁也。缉,明也。熙,广也。亶,厚也。肆,固也。靖,和也。"这里除了包括该句表述的典型的解释词义的训诂,还包括解释句意和全篇大意的训诂。叔向先说此诗"是道成王之德也",点明诗的主题。他还解说了本诗的句意,并将全诗分为三段,各自说明段意。他的解说已具备传注体训诂的雏形。

随着语言的发展、书籍的传播和阅读的需要,到战国时,我国产生了一部真正意义上的专门训诂著作——《尔雅》。这部书可以说是当时人们阅读的工具书,它使人们了解经典时不再以师传口授为唯一方式。这可以说是阅读的社会化、广泛化造成的一种结果。

《尔雅》不是一般意义上的经书,而是经书训诂的汇编。郭璞《尔雅序》称:"夫尔雅者,所以通诂训之指归,叙诗人之兴咏,捴绝代之离词,辩同实而殊号者也。"②《尔雅》是一部古代经典的词语解释之书,它在释词上有三大任务:标准语释方言俗语,当代语释古语,常用语释难僻词语。《尔雅》不像一般供阅读的经书,而像古代的字书,是供查检的。它不属于历史或思想理论一类,而属于语言文字学一类。关于《尔雅》的作者与成书的年代,旧有三说:一说为周公所著,成书在西周;一说为孔子或其门徒所著,成书在东周;一说为汉儒所著。这三个说法,都不够准确。根据现代学者的考证,《尔雅》中的很多材

---

① 《国语》上册,上海:上海古籍出版社,1988年,116页。
② 《尔雅注疏》,见阮元校刻《十三经注疏》,北京:中华书局,1980年,2567页。

料，应在《毛诗故训传》之前就有了。《尔雅》与《毛诗故训传》有许多共同的材料，但《毛诗故训传》的解释显然比《尔雅》更精确，水平更高，而且《尔雅》所论的制度多为周制。这些都说明《尔雅》不是汉代的著作。说《尔雅》为周公、孔子所著，也不可信。因为《尔雅》所采的训诂，旁及《楚辞》《庄子》《穆天子传》《管子》《吕氏春秋》《国语》等，其中很多作品是周公、孔子之后的人所著的。《尔雅》不是一人一时之作，而是杂采几代多家的训诂材料汇编起来的。汇编也不是一次而成的，而是不断完善的。大约在公元前400年至公元前300年左右的战国时期，《尔雅》完成初次汇编，汉代传注发达后又经增补润色，才成为我们今天所见的样子。

据《汉书·艺文志》的著录，《尔雅》凡3卷20篇，现存的《尔雅》共有19篇，目次是《释诂》《释言》《释训》《释亲》《释宫》《释器》《释乐》《释天》《释地》《释丘》《释山》《释水》《释草》《释木》《释虫》《释鱼》《释鸟》《释兽》《释畜》。首3篇《释诂》《释言》《释训》所收为一般词语，将古书中同义词分别归并为各条，每条用一个通行词做解释。《释亲》是关于亲属的训诂，分为宗族、母党、妻党、婚姻四目。《释宫》是关于宫室的训诂。《释器》是关于器用的训诂。《释乐》是关于乐器的训诂。《释天》是关于天文的训诂，又分为四时、祥、灾、岁阳、岁阴、岁名、月阳、月名、风雨、星名、祭名、讲武、旌旗13类。《释地》是关于地理的训诂，包括九州、十薮、八陵、九府、五方、野、四极7类。《释丘》是关于丘的训诂，专讲自然形成的高地，分为丘与崖岸两类。《释山》是关于山的训诂。《释水》是关于水的训诂，包括水泉、水中、河曲、九河4类。《释草》是关于草本植物的训诂。《释木》是关于木本植物的训诂。《释虫》是关于虫类的训诂。《释鱼》是关于鱼类的训诂，其中包括爬行动物。《释鸟》是关于鸟类的训诂。《释兽》是关于兽类的训诂，分为寓属、鼠属、齸属、须属4类。《释畜》是关于家畜的训诂，分为马属、牛属、羊属、狗属、鸡属、六畜6类。总的来说，《释诂》《释言》《释训》3篇是解释古代一般词语的，从《释亲》至《释畜》这16篇是关于各种古代名物的解释。

有人说《尔雅》的19篇是按义类编排的。其实，它除了前3篇是释词义外，自《释亲》开始，都是依物类分篇。物类不等于义类，前者是客观事物的分类，后者是语言内涵的分类。如果说《尔雅》是一部辞典，则它的前半部是语言辞典，而后半部却是百科辞典。这19篇又可分为五大类：语言类、人文关系类、建筑器物类、天文地理类、植物动物类。从以上内容看，《尔雅》并没有较完整的义类，即没有对词语的意义进行完整的分类，而只是分出了物类，且《尔雅》的分类与归类也多有不合理之处。

## 二、多样化的解释体式

春秋战国时期，经过大量的阅读实践，人们总结出很多阅读经验，不少对阅读进行指导和总结的著作相继出现。相应地，在这一历史阶段出现了众多各具特色的解释体式。而这些解释体式，实际上是为了方便他人阅读而产生的。

早在孔子时期，就已产生了专门的解释体式。《史记·孔子世家》记孔子"追迹三代之礼，序《书传》"[1]。这里的"传"，就是一种解释体式。就传世文献资料与出土简帛资料来看，先秦时对经典解释的体式主要有以下几种[2]。

1. 单书总论体

这种体式以单书或单篇来揭示经典著作中的某书或某篇的总体精神、主要价值和基本读法。它既是阅读本书的指导思想，也是前人

---

[1] 《史记》卷四十七《孔子世家》，见《二十五史》，上海：上海古籍出版社，1986年，227页。
[2] 周光庆：《中国古典解释学导论》，北京：中华书局，2002年，159—161页。

阅读经验的总结，对于读者解读特定文化经典有重要的启示作用。如《礼记·冠义》是解释《仪礼·士冠礼》的专篇著作。《礼记·冠义》载："冠者，礼之始也，嘉事之重也，是故古者重冠。"①这本书很好地概括了《仪礼·士冠礼》的主要精神与价值，为读者解读《仪礼·士冠礼》提供了指导。

2.群书总论体

这种体式揭示一类或者一个学派的文化经典的总体精神、主要价值和基本读法。它相当于某类文化经典的提要，为读者解读某类文化经典提供了方法论。如《礼记·经解》专门解释儒家的"六经"。《礼记·经解》曰：

> 入其国，其教可知也。其为人也温柔敦厚，《诗》教也；疏通知远，《书》教也；广博易良，《乐》教也；洁静精微，《易》教也；恭俭庄敬，《礼》教也；属辞比事，《春秋》教也。②

这里对"六经"的总体精神和基本读法做了总结，也为后人解读"六经"指出了方向。

3.故体

这种体式以解释词义为主。如《诗》到了汉代有《鲁故》《韩故》两本故体著作。虽然早期的故体著作很少流传下来，但不少学者认为故体在先秦时就产生了。《国语·周语下》有语曰："吾闻之《太誓故》曰：'朕梦协朕卜，袭于休祥，戎商必克。'以三袭也。"③章太炎《国故论衡·明解故》载："《太誓》有故，犹《春秋》有传。"④他认为《太誓故》如

---

① 李学勤：《礼记正义》，北京：北京大学出版社，1999年，1615页。
② 李学勤：《礼记正义》，北京：北京大学出版社，1999年，1368页。
③ 《国语》上册，上海：上海古籍出版社，1988年，100页。
④ 章太炎：《国故论衡》，北京：商务印书馆，2010年，99页。

《春秋》三传一样,是解释经典的著作。

4. 传体

这种体式体例较全,包括训释词语、辨析体例、传述史实、发明义理等。"传"的本义是指驿舍的车马,其功能特征是传递信息,引申为解释经书之书的体例,如先秦时的《春秋左传》和《周易大传》。

5. 说体

这种体式多以阐发典籍的深层意蕴为目标,而较少解释原文的词句意义;在阐发典籍意蕴时,以创立新说为特点。如《诗经》之《鲁说》、《论语》之《齐说》、《墨子》之《经说》、《韩非子》之《内储说》。

6. 解体

这种体式以某篇经书为对象做专门的解说,而且多针对其中的某个论点予以论证,加以发挥,从而阐释出新的观点或思想。如《管子》之《形势解》《明法解》,以及《韩非子》之《解老》等。

7. 记体

这种体式形式活泼,内容较复杂,从不同角度、不同方面解释经典文本,阐发新的思想,便于读者阅读经典文本。有的随文作记,如《仪礼》之《士冠礼》《士昏礼》《乡饮酒礼》《乡射礼》《燕礼》《聘礼》《公食大夫礼》《觐礼》《丧服》《既夕礼》《士虞礼》《特牲馈食礼》12篇之后所附之《记》即附在当篇末尾,帮助人们阅读《仪礼》文本。有的独立作记,如《礼记》之《昏义》《射义》等篇探讨经典的深层意蕴,《孔子闲居》《仲尼燕居》等篇杂记圣贤逸闻,《王制》《曲礼》诸篇考证相关典制,等等。

各种解释体式的繁荣满足了人们全面深刻地阅读经典的需要,在一定程度上促进了春秋战国时期社会阅读活动的繁荣。

### 三、明确的阅读指向：解释经典

春秋战国时期，从诸侯贵族到士人阶层，人们在言谈交往中皆习惯称引先王之言、先王之行，以此表明自己言论的合理性与权威性。经典中的话作为准则、信条、古训和箴言，作为权威的话语，影响了整个时代。称引文化典籍、解释文化经典、应用文化经典，逐渐成为那个时代中上层社会的风尚。比如先秦时期引诗或赋诗便是当时独特的文化现象。先秦引诗的主要特点是"赋诗言志"，即不考虑诗的整体内容，而是"赋诗断章，取所求焉"。这在先秦史传如《左传》《国语》中非常典型。此后诸子引《诗经》仍"断章取义"。春秋时代主要是言语引《诗经》，而战国时期主要是著作引《诗经》，就引《诗经》的形式而言，多为引用《诗经》成句。同时，引用其他经典的现象也很常见。人们或于庙堂之上引《尚书》，或巧解《周易》以决断大事，从文化经典中阐发出新的哲理。这样，人们阅读活动的目的主要在于解释文化经典，中国古典解释学也因此萌芽了。

春秋战国之际，对《诗经》和《周易》的引用和解释最为频繁。以对《诗经》的解释为例，根据文献中的记载，人们称引和解释《诗经》的实践形态，主要是"赋诗言志"。"赋诗言志"或者重在阐发诗句蕴含的文化精神，作为依据来论说某种道理或理论，或者重在阐发诗句蕴含的思想情感，加以类比和引申，委婉而有力地表达某种情感或意愿。人们有时甚至纯然断章取义，根本不顾及原诗大意，即使是字面意思也置之不理，而将所引诗句巧妙地融入自己的议论之中，使之成为论据的有机组成部分。例如，《左传·文公四年》载：

楚人灭江，秦伯为之降服，出次，不举，过数。大夫谏，公曰：

"同盟灭,虽不能救,敢不矜乎!吾自惧也。"君子曰:"《诗》云:'惟彼二国,其政不获,惟此四国,爰究爰度。'其秦穆之谓矣。"①

"君子曰"是《左传》发议论时的托名,这里引《大雅·皇矣》来称赞穆公善于自我戒惧。然考《皇矣》之诗,此四句本谓上帝观察四方,看到殷商的政令不符民望,想到天下四方之国,于是认真研究思量,以求安定下民。著者引之,成了"他们两个国家,政事不合于法度;四方的国家因此而推究其原因,以善自谋也",以此说明秦伯能以他国之灭为自己之借鉴。所引《诗经》语句之义与原义不合,然能注入己意,使之成为著者自己议论的主要部分,仍然起到了褒贬人物的作用。再如,《左传·文公十三年》载:

冬,公如晋,朝,且寻盟。卫侯会公于沓,请平于晋。公还,郑伯会公于棐,亦请平于晋。公皆成之。郑伯与公宴于棐。子家赋《鸿雁》。季文子曰:"寡君未免于此。"文子赋《四月》。子家赋《载驰》之四章。文子赋《采薇》之四章。郑伯拜。公答拜。②

文公十三年,郑伯背晋降楚后,又想重新归服晋,适逢鲁文公由晋回鲁,郑伯在半路上与鲁文公相会,双方赋诗各言其志。郑大夫子家赋《小雅·鸿雁》,取"之子于征,劬劳与野。爰及矜人,哀此鳏寡"③,暗示郑国孤弱,请鲁国哀恤,代为向晋国去说情。鲁季文子答赋《小雅·四月》,取"四月维夏,六月徂暑。先祖匪人,胡宁忍予",说自己行役逾时,早已思归了,实际上是拒绝为郑国的事再回一趟晋

---

① 李学勤:《春秋左传正义》,北京:北京大学出版社,1999年,502—503页。
② 李学勤:《春秋左传正义》,北京:北京大学出版社,1999年,547页。
③ 李学勤:《毛诗正义》,北京:北京大学出版社,1999年,661页。

国。郑大夫子家又赋《国风·载驰》篇第五章,以"控于大邦,谁因谁极"一句表示小国请求大国相助之义。鲁季文子又答赋《小雅·采薇》篇第四章,说"岂敢定居?一月三捷",表示虽然忙碌,但也要为郑国奔走。孔子曾说:"不学诗,无以言。"①"赋诗"是春秋时期"使于四方",在外交场合应对的重要工具。上面的例子充分说明春秋时期人们阅读《诗经》,在对文本原义的理解之外,还有一套约定俗成、相对稳固的引申义系统。

先秦诸子经常在各自的著作中引用文化经典中的言论作为依据,以加强自己论点的权威性,阐发出新的思想理论。在春秋战国诸子著作中,这种解释文化经典的体式相当普遍。例如,《墨子·尚贤中》曰:

> 既曰若法,未知所以行之术,则事犹若未成,是以必为置三本。何谓三本?曰:爵位不高,则民不敬也;蓄禄不厚,则民不信也;政令不断,则民不畏也。故古圣王高予之爵,重予之禄,任之以事,断予之令。夫岂为其臣赐哉?欲其事之成也。《诗》曰:"告女忧恤,诲女予爵。孰能执热,显不用濯?"则此语古者国君诸侯之不可以不执善丞嗣辅佐也。譬之犹执热之有濯也,将休其手焉。②

墨子引用的是《诗经·大雅·桑柔》篇中的诗句,原诗句为"告尔忧恤,诲尔序爵。谁能执热,逝不以濯"。所引诗句稍有异文。相传《桑柔》为周大夫芮伯因周厉王用小人、行暴政、招外侮、祸人民的罪行,陈述救国之道所作。所引句子即是告诫周厉王应忧虑国事,谨慎

---

① 李学勤:《论语注疏》,北京:北京大学出版社,1999年,230页。
② 《墨子》,见《二十二子》,上海:上海古籍出版社,1986年,229页。

封官授职。墨子在这里解释了诗句原义,说明了国君必须选择良臣来辅佐自己的道理,同时这也成为他议论"尚贤"必须"置三本"的论据。

有的先秦著作,作者为了方便读者阅读,针对该书某些篇章专门撰写说解文字。有时同一部论著中,以一篇立论式文字为"经",阐释某种观点或理论,又以一篇针对这个理论进一步阐发的文字为"传",进行充分解说、论证和宣传。如《墨子》一书有《经上》《经下》两篇,又有《经说上》《经说下》两篇与之相应,分别对《经上》《经下》进行解说和申论。《经上》《经下》"经"文中的论题或定义较为深奥,于是再用《经说上》《经说下》两篇"说"文予以阐发。经文中有时还出现"说在某处"字样。这样的"经"与"说",有可能是一人之作,自做解说,也有可能是墨家后学做了补充解释,在《墨子》编定成集时被收录进去。又如《管子》一书,有《牧民》《形势》《立政》《版法》《明法》诸篇,又有《牧民解》《形势解》《立政解》《版法解》《明法解》诸篇分别与之相对应,对它们进行解说与申论。而这些说解的文章从文字和思想上看都应是后人所作。

先秦诸子的论著中还有以专门的篇章解说文化经典,并从中引发出新的学术视点或思想理论的文章。诸子常在自己的论著中,以专门的篇章对前人经典的特定部分进行解说,在解说中融进自己的思想。这种行为的根本目的,往往是阐发自己的思想。如《韩非子》一书的《解老》《喻老》两篇,选取《老子》中的命题加以阐释,并引申、发挥,在解释中吸收和改造了老子的思想,推出自己新的哲学理论。《解老》《喻老》的德论首次完成了道家的德论体系。如韩非从德的性质、内容、表现形式等方面给德的定义赋予了全新的内容,以"无为""无欲""不思""不用"作为修德的条件,把"民蕃息而蓄积盛"作为君主德的检验标准,用"思虑静,孔窍虚"考核君主在实践层面上是否有德。韩非的德论具备真正意义上的理论色彩,并在实践层面上饱含深厚的民本主义思想。

先秦时期还有专门的著作系统地阐释特定的经典,这就是专书传述,古人则谓之"传"。"传"既是一种经典解释的实践形态,也是一种经典解释的典范体式,《春秋左氏传》和《周易大传》为早期传体的典型。如《左传》以历史事件解释经文,可以说是先秦时期关于《春秋》的阅读学专著。

《春秋》记事特别简略,但经常是微言大义,孟子说孔子作《春秋》而"乱臣贼子惧",由此可以看出,《春秋》的记事确实有针砭当世、规范后人、达于王事的明确目的,前人所谓《春秋》"义法"正源于此。《左传》以史事昭示《春秋》,揭示其中的"义法"也是其主要任务之一。例如《春秋·隐公四年》有一则:

> 九月,卫人杀州吁于濮。①

《左传·隐公四年》记作:

> 州吁未能和其民,厚问定君于石子。石子曰:"王觐为可。"曰:"何以得觐?"曰:"陈桓公方有宠于王,陈、卫方睦,若朝陈使请,必可得也。"厚从州吁如陈。石碏使告于陈曰:"卫国褊小,老夫耄矣,无能为也。此二人者,实弑寡君,敢即图之!"陈人执之,而请莅于卫。九月,卫人使右宰丑莅杀州吁于濮,石碏使其宰獳羊肩莅杀石厚于陈。君子曰:"石碏,纯臣也。恶州吁而厚与焉。'大义灭亲',其是之谓乎!"②

---

① 李学勤:《春秋左传正义》,北京:北京大学出版社,1999年,85页。
② 李学勤:《春秋左传正义》,北京:北京大学出版社,1999年,87页。

孔子认为州吁不配当国君,这从《春秋》"卫人杀州吁"的记载,用"杀"而不用"弑"已可以看出端倪。州吁与石厚合谋,弑兄桓公而立,又穷兵黩武,因此卫人都不拥戴他。州吁让石厚向他的父亲石碏请教安定君位之策。石碏早想除掉二人,于是将计就计,让二人赴陈求桓公朝觐周天子以定其位。他遂与陈国联手,拘二人。卫国派遣右宰丑在濮地杀了州吁,石碏则派家宰獳羊肩杀掉了自己的亲生儿子石厚,为卫国除掉两害。《左传》通过记述事件内容以及石碏的话,说明州吁之罪在于"弑君自立"和"未能和其民",完全不配称君,所以应该诛杀。《左传》借助历史事件对《春秋》蕴含的"义法"做出了充分的解释,也为后人阅读《春秋》提供了极大的便利。

中国早期的阅读呈现理论化趋向,其标志就是春秋战国时期古典解释学的萌生。春秋时期社会经济基础的变革呼唤新思想的产生,而当时由于受"法先王"思想的影响,春秋战国时期的文化精英们阅读经典、解释经典,并对经典做创造性的解读,进而阐发自己的思想。战国时期那些"争鸣"的思想巨子,积极参与经典解释活动,仔细推敲对经典的规范解释,认真总结对经典的解释方法,在经典解释实践与总结过程中概括新的认识成果、确立新的思想观念,从而建立起中国古典解释学的最初理论。儒家、墨家、道家、法家都形成了自己有时代特色的阅读理论。

## 第二节　先秦阅读思想

先秦思想是中国思想文化的源头,也是中国阅读思想的源头。先秦时期出现了孔子、孟子、荀子、老子、庄子、墨子等影响中国数千年思想文化发展的重要思想家,他们的阅读思想,特别是先秦儒家的阅读思想,对中国阅读理论与实践产生了巨大而深远的影响。

## 一、先秦儒家的阅读思想

先秦儒家学派是春秋战国时期由孔子创立,经孟子、荀子发展而成的学术流派。它祖述尧舜,宪章文武,崇尚礼乐和仁义,政治上主张德治和仁政,重视伦理道德教育和人性的自我修养。孔子整理的《诗》《书》《礼》《乐》《易》《春秋》等文献典籍,是儒家学派的经典著作,也是中国古代知识分子的必读之书。先秦儒家学者关于阅读目的、阅读原则、阅读方法等问题的论述,标志着中国古代阅读学的诞生。汉武帝"罢黜百家,独尊儒术"以后,儒家学说逐渐成为中国封建社会思想文化的主流,先秦儒家阅读思想随之成为中国古代阅读思想史的主导思想。

1.孔子

孔子(前551—前479),名丘,字仲尼,鲁国陬邑(今山东曲阜东南)人,春秋末期思想家、政治家、教育家。孔子是儒家学派的创始人,也是中国阅读学的奠基人。孔子的弟子及其再传弟子编纂的《论语》记录了孔子和他弟子的言行,集中反映了孔子的政治主张、伦理思想、道德观念及教育原则,是儒家学派的经典著作。

(1)以仁释礼

孔子的理想社会是礼乐文明极盛的西周。然而,他所生活的春秋末期是大变革、大动荡的年代,"周室微而礼乐废,诗书缺"①。这时,从原始巫术礼仪演化而来的周礼处于崩溃的状态,再用强制的手段迫使人们恪守和遵行周礼已不可能。《论语·八佾》载:"天下之无

---

① 《史记》卷四十七《孔子世家》,见《二十五史》,上海:上海古籍出版社,1986年,227页。

道也久矣,天将以夫子为木铎。"①木铎是古代发布政令时用来召集听众的木舌铜铃,此句意思是,上天将以孔子为圣人来号令天下,以改变天下已经无道很久的局面。

孔子深感周礼在当时的危机,立志要改变这种社会局面,他甚至发出"道不行,乘桴浮于海"②的誓愿。但作为伟大的思想家,他明确地意识到周礼需要维护,也需要改革。他说:"殷因于夏礼,所损益可知也。周因于殷礼,所损益可知也。其或继周者,虽百世可知也。"③他回顾了夏、商、周三代的历史,认为殷礼是以夏礼为基础而有所损益的,周礼是以殷礼为基础而有所损益的。由此可见,继周的一代也必须以周礼为基础而有所损益。有所损益便是在原有基础上有所变革。这样推下去,即使历经百世,结果也是可知的。

孔子很清楚礼仪不仅是一种动作、姿态,而且是一种制度,此外它还是整个社会秩序的象征。社会秩序的稳定与人们对礼仪的敬畏和尊重息息相关,而对礼仪的敬畏和尊重又依赖人们对道德和伦理的自觉。于是,孔子采取了用"仁"来解释"礼"的策略。他既继承了以周礼为核心的旧传统,又总结了以"仁"为代表的新思潮,创立了一个以"仁"为主的"仁""礼"结合的"仁学"思想体系。

"仁"字在孔子以前是孝顺祖先、孝顺双亲的意思,表达了一种对自己家里长辈的爱的意识。《国语·晋语》载:"爱亲之谓仁。"④这说明"仁"的最初含义就是指基于宗法血缘关系的亲子之爱。《国语·周语下》所谓"言仁必及人"⑤"爱人能仁"⑥,则是对"爱亲"的延

---

① 李学勤:《论语注疏》,北京:北京大学出版社,1999年,44页。
② 李学勤:《论语注疏》,北京:北京大学出版社,1999年,57页。
③ 李学勤:《论语注疏》,北京:北京大学出版社,1999年,23页。
④ 《国语》上册,上海:上海古籍出版社,1988年,275页。
⑤ 《国语》上册,上海:上海古籍出版社,1988年,94页。
⑥ 《国语》上册,上海:上海古籍出版社,1988年,96页。

伸和扩大。

孔子赋予了"仁"全新的深刻含义。《论语·颜渊》中记载孔子的学生樊迟向孔子请教怎样才算是实践了"仁"。孔子答道:"爱人。"孔子这里所讲的"爱人",已不是爱自己的亲属或忠于与自己有血缘关系的家族,而是爱所有人,所谓"泛爱众而亲仁"①。《论语·乡党》记载:"厩焚。子退朝,曰:'伤人乎?'不问马。"②马厩失火,孔子首先关心的是人而不是马,这表明孔子的"爱人",并不完全指贵族或统治者,而是指所有人。《论语》中对"仁"的解说很多,"爱人"是对"仁"的最根本的解释。

孔子阐释"仁",首先肯定了"爱人"是"爱亲",即"仁"的本始。他说:"君子笃于亲,则民兴于仁。"③孔子"仁学"中有两个非常重要的范畴:"孝"与"悌"。他的学生有子说:"君子务本,本立而道生,孝弟也者,其为仁之本与。"④"仁"之本为"孝""悌",可见"孝""悌"何等重要,而"孝""悌"是两种最重要的血亲关系的道德规范。"孝"是儿女对父母应尽的义务,"悌"是兄弟之间各自应尽的责任,尤其是弟辈对兄辈应尽的义务。可见,孔子的"仁"是建立在"孝""悌"等血缘之爱的基础上的。

孔子阐释"仁",还注重推己及人。孔子并不简单地说你对别人应该怎么样,而是说你对自己怎么样对别人也应该怎么样。"夫仁者,己欲立而立人,己欲达而达人。"⑤"己所不欲,勿施于人。"⑥如果说把"爱亲"规定为"仁"的本始,是"仁"的情感性内化,是伦理向心理

---

① 李学勤:《论语注疏》,北京:北京大学出版社,1999年,7页。
② 李学勤:《论语注疏》,北京:北京大学出版社,1999年,137页。
③ 李学勤:《论语注疏》,北京:北京大学出版社,1999年,101页。
④ 李学勤:《论语注疏》,北京:北京大学出版社,1999年,3页。
⑤ 李学勤:《论语注疏》,北京:北京大学出版社,1999年,83页。
⑥ 李学勤:《论语注疏》,北京:北京大学出版社,1999年,158页。

的转化,那么这种推己及人的转化,则是个体向社会、自身向他人的转化。"仁"本来是强调社会性的,本来是对个体欲望有所约束的,经过这一转化,外在的强制性、约束性没有了,社会与个体、理性与情感、伦理与心理实现了统一。孔子的"仁学",简单地说,就是讲做人的道理和方法。孔子将礼由外在的强制性规范,转化为内在的人性欲求,并以之作为人的特征。这样,孔子就把在他之前受宗教神学等外在社会信仰支配的人,变成由个体内在理性自觉支配的人。

不仅如此,孔子还要求行仁德于天下。《论语·阳货》载:"子张问仁于孔子。孔子曰:'能行五者于天下,为仁矣。'请问之。曰:'恭、宽、信、敏、惠。'"①这就进一步规定了仁德的具体内容——恭、宽、信、敏、惠,并且扩大了"爱人"的适用范围:不仅包括氏族君子的血缘宗法关系,而且包括受氏族君子统治的民,甚至还包括华夏以外的氏族,"虽之夷狄,不可弃也"②。

(2)言传身教

孔子认为每个人本性是相近的,是后天的教育造成了人和人之间的巨大差异,所谓"性相近也,习相远也"③。他高度重视教育在改造人性、培养人才方面的作用。孔子办学,整理文献,倡导阅读,从根本上说,就是要培养具有"仁"的道德品质和人生境界的仁人君子。

《史记·孔子世家》称:"孔子以诗书礼乐教,弟子盖三千焉,身通六艺者七十有二人。"④孔子亲自整理《诗》《书》《乐》《易》《礼》《春秋》,以其为教材。《礼记·经解》曰:"入其国,其教可知也。其为人也温柔敦厚,《诗》教也;疏通知远,《书》教也;广博易良,《乐》教也;洁静精微,《易》教也;恭俭庄敬,《礼》教也;属辞比事,《春秋》教也。故《诗》

---

① 李学勤:《论语注疏》,北京:北京大学出版社,1999年,235页。
② 李学勤:《论语注疏》,北京:北京大学出版社,1999年,178页。
③ 李学勤:《论语注疏》,北京:北京大学出版社,1999年,233页。
④ 《史记》卷四十七《孔子世家》,见《二十五史》,上海:上海古籍出版社,1986年,227页。

之失愚,《书》之失诬,《乐》之失奢,《易》之失贼,《礼》之失烦,《春秋》之失乱。其为人也温柔敦厚而不愚,则深于《诗》者也。疏通知远而不诬,则深于《书》者也。广博易良而不奢,则深于《乐》者也。洁静精微而不贼,则深于《易》者也。恭俭庄敬而不烦,则深于《礼》者也。属辞比事而不乱,则深于《春秋》者也。"①

孔子在整理古籍时,主张"述而不作"。"子曰:'述而不作,信而好古,窃比我于老彭。'"②所谓"述而不作",就是只呈现旧籍原意,而不加自己的创见。

孔子论诗以"思无邪"为标准。他说:"《诗》三百,一言以蔽之,曰:'思无邪。'"③所谓"思无邪",就是内容纯正,合乎礼教。在孔子看来,"思无邪"是《诗》的本质和目的,是理解《诗》和整理《诗》的基本原则,也是对诗歌创作与批评的基本要求。

孔子特别重视诗歌的阅读。他将教育过程分为三个阶段:"兴于诗,立于礼,成于乐。"④诗教是成人教育的奠基阶段。他告诫儿子和学生:"小子何莫学夫《诗》?《诗》,可以兴,可以观,可以群,可以怨。迩之事父,远之事君,多识于鸟兽草木之名。"⑤这是说,读诗可以感发心志,提高观察力,培养合群性,学得表达感情的方法;可以学会孝道、忠心,乃至各种知识。《诗》能兴观群怨,能够把人教育成尽孝尽忠的顺民,可以维护正常的伦理秩序,可以维护正常的君臣关系。他甚至说:"不学诗,无以言。"⑥"人而不为《周南》《召南》,其犹正墙面而立也与!"⑦

---

① 李学勤:《礼记正义》,北京:北京大学出版社,1999年,1368页。
② 李学勤:《论语注疏》,北京:北京大学出版社,1999年,84页。
③ 李学勤:《论语注疏》,北京:北京大学出版社,1999年,14页。
④ 李学勤:《论语注疏》,北京:北京大学出版社,1999年,104页。
⑤ 李学勤:《论语注疏》,北京:北京大学出版社,1999年,237页。
⑥ 李学勤:《论语注疏》,北京:北京大学出版社,1999年,230页。
⑦ 李学勤:《论语注疏》,北京:北京大学出版社,1999年,237页。

孔子强调阅读要有虚心诚实的态度。"知之为知之，不知为不知。"①他将阅读的境界分为三个层次：认知的"知"，情感的"好"，审美的"乐"。他说："知之者，不如好之者；好之者，不如乐之者。"②"知之"为认知的态度，"好之"为情感的态度，"乐之"为审美的态度。孔子认为认知的态度不如情感的态度，情感的态度不如审美的态度。

关于读书方法，孔子有很多论述，概括地说，有如下几个方面。第一，读思结合。他说："学而不思则罔，思而不学则殆。"③孔子强调学的重要性，反对思而不学，"吾尝终日不食，终夜不寝，以思，无益，不如学也"④。同时，孔子也强调思考的重要性，"饱食终日，无所用心，难矣哉"⑤，反对学而不思。第二，读问结合。孔子鼓励"敏而好学，不耻下问"⑥。他的学生子夏说："博学而笃志，切问而近思，仁在其中矣。"⑦这些都是强调广泛阅读要与思考质疑相结合。第三，读习结合。"习"即温习、练习。孔子说："学而时习之，不亦说乎。"⑧他又说："温故而知新，可以为师矣。"⑨阅读的过程就是温故知新的过程。第四，读行结合。孔子说："诵《诗》三百，授之以政，不达；使于四方，不能专对，虽多，亦奚以为？"⑩他又说："君子有三忧：弗知，可无忧与？知而不学，可无忧与？学而不行，可无忧与？"⑪阅读最终要落实到"行"上。

---

① 李学勤：《论语注疏》，北京：北京大学出版社，1999年，20页。
② 李学勤：《论语注疏》，北京：北京大学出版社，1999年，78页。
③ 李学勤：《论语注疏》，北京：北京大学出版社，1999年，20页。
④ 李学勤：《论语注疏》，北京：北京大学出版社，1999年，216页。
⑤ 李学勤：《论语注疏》，北京：北京大学出版社，1999年，243页。
⑥ 李学勤：《论语注疏》，北京：北京大学出版社，1999年，62页。
⑦ 李学勤：《论语注疏》，北京：北京大学出版社，1999年，256页。
⑧ 李学勤：《论语注疏》，北京：北京大学出版社，1999年，1页。
⑨ 李学勤：《论语注疏》，北京：北京大学出版社，1999年，19页。
⑩ 李学勤：《论语注疏》，北京：北京大学出版社，1999年，173页。
⑪ 韩婴：《韩诗外传》，北京：中华书局，1985年，6页。

在实际教学中,孔子主张因材施教:"求也退,故进之;由也兼人,故退之。"①"中人以上,可以语上也;中人以下,不可以语上也。"②要适时而教:"言未及之而言谓之躁;言及之而不言谓之隐;未见颜色而言,谓之瞽。"③要启发诱导:"不愤不启,不悱不发。举一隅不以三隅反,则不复也。"④《论语·八佾》中有一个例子,子夏读《诗》读到"巧笑倩兮,美目盼兮,素以为绚兮"时,问孔子这是什么意思,孔子启发说:"绘事后素。"子夏领会到孔子是说礼必须建立在仁的基础上,但不确定,就再进一步问:"礼后乎?"孔子很高兴,说:"起予者商也!始可与言《诗》已矣。"⑤这句话的意思是"能够阐明我的意思的是子夏啊,现在可以跟你谈论《诗》了"。

孔子言传身教,以身作则。他说:"我非生而知之者,好古,敏以求之者也。"⑥"默而识之,学而不厌,诲人不倦,何有于我哉!"⑦"其为人也,发愤忘食,乐以忘忧,不知老之将至云尔。"⑧孔子的阅读理论与阅读实践,对后世产生了巨大而深远的影响。

2. 曾子

曾子(前505—前436),名参,字子舆,鲁国南武城(今山东平邑南)人,春秋末期思想家,孔子学生。相传《大学》是他的著作。

朱熹《大学章句序》载:"大学之书,古之大学所以教人之法也。"⑨这就是说《大学》是讨论关于做人的大道理的。《大学》的内容,概括地说,就是三纲八目。"大学之道,在明明德,在亲民,在止于至善。"

---

① 李学勤:《论语注疏》,北京:北京大学出版社,1999年,151页。
② 李学勤:《论语注疏》,北京:北京大学出版社,1999年,78页。
③ 李学勤:《论语注疏》,北京:北京大学出版社,1999年,227页。
④ 李学勤:《论语注疏》,北京:北京大学出版社,1999年,87页。
⑤ 李学勤:《论语注疏》,北京:北京大学出版社,1999年,33页。
⑥ 李学勤:《论语注疏》,北京:北京大学出版社,1999年,92页。
⑦ 李学勤:《论语注疏》,北京:北京大学出版社,1999年,84页。
⑧ 李学勤:《论语注疏》,北京:北京大学出版社,1999年,92页。
⑨ 朱熹:《四书集注》,长沙:岳麓书社,1985年,1页。

其意思是，大学的宗旨在于将美好的道德发扬光大，使民众面貌日新，达到最高的善的境界。第一条重在修己，第二条重在治人，第三条是最终目标。这是对先秦儒家伦理思想最明确的概述。这三条是全书之纲，故称"三纲"。为了实施这"三纲"，《大学》又提出了"八目"，即格物、致知、诚意、正心、修身、齐家、治国、平天下。"古之欲明明德于天下者，先治其国；欲治其国者，先齐其家；欲齐其家者，先修其身；欲修其身者，先正其心；欲正其心者，先诚其意；欲诚其意者，先致其知。致知在格物。格物而后知至，知至而后意诚，意诚而后心正，心正而后身修，身修而后家齐，家齐而后国治，国治而后天下平。"①八目的核心是修身，"自天子以至庶人，壹是皆以修身为本"②。其中前四条体现修身的过程：从接触事物开始，获得正确的知识和认识；在这个基础上逐渐调整和净化自己的思想观念，树立坚定的志向和意志；最终使内心达到纯正的境界。后四条体现修身的成果，由自身到家庭，再到一个国家，再到全天下。修、齐、治、平前后相续，逐个递进而相互联系，体现了过程与效果的统一，是所有正统儒家士人努力实现的共同目标。

被视为"为学入手"或"大学始教"的"格物""致知"，实际上就是阅读、学习的过程，属于认知的阶段。"诚意""正心"是进一步修养的过程。后四条又是建立在学习与自我修养基础之上的。

曾参认为，阅读的目的是提高仁德修养。曾参曰："士不可以不弘毅，任重而道远。仁以为己任，不亦重乎？死而后已，不亦远乎？"③人提升自己的方法是联系自身实际，反求诸己的内省意识和正心诚意的慎独功夫。曾参曰："吾日三省吾身。"④这里的"三"是"多"的意

---

① 李学勤：《礼记正义》，北京：北京大学出版社，1999年，1592页。
② 李学勤：《礼记正义》，北京：北京大学出版社，1999年，1592页。
③ 李学勤：《礼记正义》，北京：北京大学出版社，1999年，103页。
④ 李学勤：《论语注疏》，北京：北京大学出版社，1999年，4页。

思,"省"是指内省反思或自我检查。当别人不在(或不知)时,自己单独处理事情,也不要做损人利己的事情,时时处处所作所为都要符合儒家的道德规范,躬行以尽礼守约为特征的道德自律:"十目所视,十手所指,其严乎? 富润屋,德润身,心广体胖,故君子必诚其意。"①

曾参对阅读还提出了若干具体要求。他说:"君子学必由其业。""问必以其序,问而不决,承闲观色而复之。""虽不说,亦不强争也。"②他又说:"君子既学之,患其不博也;既博之,患其不习也;既习之,患其无知也;既知之,患其不能行也;既能行之,贵其能让也。""君子之学,致此五者而已矣。"③

3. 子思

子思(前483—约前402),姓孔,名伋,孔子嫡孙,相传受业于曾子,鲁国人,战国初期思想家。现存《礼记》中的《中庸》《表记》《坊记》等,相传是他的著作。

《中庸》一开头就指出:"天命之谓性,率性之谓道,修道之谓教。"④这是说,上天所赐予的称作"性",顺应和发扬这种本性称作"道",修明和推广就称作"教"。

子思认为,人的贫富穷通、国家的治乱兴衰,都由天命来决定。人的本性能对天命做出正确的反应,表现为行为的准则,这就是道。道是"不可离须臾"的,人如果修养得好,则可以与天地相参,如文王、武王和孔子。他特别说到孔子,孔子虽然没有文武之位,但在德行上的成就,可以配天地,育万物。而孔子如此之成就,是从日常生活中来的。"君子之道,辟如行远,必自迩;辟如登高,必自卑。"⑤子思认

---

① 李学勤:《礼记正义》,北京:北京大学出版社,1999年,1593页。
② 戴德:《大戴礼记》,上海:商务印书馆,1937年,51—52页。
③ 戴德:《大戴礼记》,上海:商务印书馆,1937年,52页。
④ 李学勤:《礼记正义》,北京:北京大学出版社,1999年,1422页。
⑤ 李学勤:《礼记正义》,北京:北京大学出版社,1999年,1433页。

为,一切成就都是人性所固有的,问题在于能不能"尽性"。他极力宣扬"尽性"的重大意义:"唯天下至诚,为能尽其性;能尽其性,则能尽人之性;能尽人之性,则能尽物之性;能尽物之性,则可以赞天地之化育;可以赞天地之化育,则可以与天地参矣。"①孔子之所以成为圣人,正是因为他"能尽其性"。

子思进而提出"修道之谓教"的命题。教育即"修道",教育的作用就在于"率性",尽量把天赋的道德情感和道德意识体现出来。这个过程,也就是孔子所谓"克己复礼为仁"②的过程和曾子所谓格物、致知、诚意、正心的过程。这个过程,也就是通过阅读等方式接受教育的过程。"好学近乎知,力行近乎仁,知耻近乎勇。知斯三者,则知所以修身;知所以修身,则知所以治人;知所以治人,则知所以治天下国家矣。"③在子思看来,人可以通过两条途径得到完善:一是发掘人的内在天性,达到对外部世界的体认,这就是"自诚明,谓之性",或称"尊德性";二是通过对外部世界的求知,达到人的内在本性的发扬,这就是"自明诚,谓之教",或称"道问学"。④ 这两条途径是相依并进、相辅相成的。

《中庸》还将这一阅读和修身过程概括为博学、审问、慎思、明辨、笃行五个步骤。"博学之,审问之,慎思之,明辨之,笃行之。有弗学,学之弗能,弗措也。有弗问,问之弗知,弗措也。有弗思,思之弗得,弗措也。有弗辨,辨之弗明,弗措也。有弗行,行之弗笃,弗措也。人一能之,己百之,人十能之,己千之。果能此道矣,虽愚必明,虽柔必强。"⑤"博学"就是广泛地阅读,"审问"即对博学的内容详尽地设问质

---

① 李学勤:《礼记正义》,北京:北京大学出版社,1999年,1448页。
② 李学勤:《论语注疏》,北京:北京大学出版社,1999年,157页。
③ 李学勤:《礼记正义》,北京:北京大学出版社,1999年,1442页。
④ 李学勤:《礼记正义》,北京:北京大学出版社,1999年,1447页、1455页。
⑤ 李学勤:《礼记正义》,北京:北京大学出版社,1999年,1447页。

疑,"慎思"即对审问的内容谨慎思考,"明辨"即通过慎思而明辨真伪、是非,"笃行"即将明辨的结论付诸实践。

4. 孟子

孟子(约前372—前289),名轲,字子舆,邹(今山东邹城东南)人,战国时期思想家、政治家、教育家,也是孔子以后儒家学派最重要的代表人物,曾受业于孔子之孙子思的门人。《孟子》一书,由孟子及其弟子万章等所著,书中记载了孟子及其弟子的政治、教育、哲学、伦理等思想观点和政治活动。

(1)性善论

关于人性,孔子有几句基础性论述。他说:"性相近也,习相远也。"①其意思是,人的本性是相近的,只是由于习惯和影响的不同而相远。他又说:"仁远乎哉?我欲仁,斯仁至矣。"②这就是说,仁是人性所固有的,人只要内心省求,就可以达到仁的境界。

与孟子同时的告子主张"生之谓性"。他说:"食、色,性也。"③告子认为,生来就有的叫作性,人性,如饮食、男女之类是人生来就具有自然本能。孟子反驳说:"然则犬之性犹牛之性,牛之性犹人之性与?"④孟子强调"人之性"与"犬之性""牛之性"的区别⑤,指出告子的说法抹杀了人与动物的区别。

孟子所讲的"性善"的"性",不只是生物学所说的"性"。生物学所说的"性",如饮食、男女之类,是人作为动物的本能。孟子认为,要讲人性,必须注意人与其他动物的不同。"人之所以异于禽兽者几

---

① 李学勤:《论语注疏》,北京:北京大学出版社,1999年,296页。
② 李学勤:《论语注疏》,北京:北京大学出版社,1999年,95页。
③ 李学勤:《孟子注疏》,北京:北京大学出版社,1999年,296页。
④ 李学勤:《孟子注疏》,北京:北京大学出版社,1999年,296页。
⑤ 李学勤:《孟子注疏》,北京:北京大学出版社,1999年,296页。

希。"①他认为,人区别于禽兽的地方只有一点点,这一点点才是人类的特点,可以作为人的规定性,一般的人丢弃了,君子却保存了下来。孟子所讲的"性善"的"性",不仅有生物学的意义,而且有伦理学的意义。他强调人之所以异于禽兽,是因为人和其他动物有不同之点,"若犬马之与我不同类也"②。同时他强调人与人是同类,"圣人与我同类者"③。

孟子确信人的本性是善的,确信人生来就具有先验的善的萌芽。他举例说,一个人在小孩即将落井的危险时刻,出于一种"怵惕恻隐之心",会立即去挽救小孩的生命。这个瞬间行为的动机不是这个人和孩子的父母有交情,也不是沽名钓誉,而只是纯粹的"不忍人之心",即对别人痛苦、危难的同情心。孟子用人的这种瞬间反应来证明人心有"善端",并据此提出了"四心""四德"的理论。"四心"即所谓"恻隐之心"(又称"不忍人之心")"羞恶之心""辞让之心"(又称"恭敬之心")"是非之心"四种善的本性。"四德"即所谓"仁""义""礼""智"四种道德品质。孟子把这"四心"看作是"四德"的发端。他说:"恻隐之心,仁之端也;羞恶之心,义之端也;辞让之心,礼之端也;是非之心,智之端也。人之有四端也,犹其有四体也。"④人人都有真诚的同情心,如同见到别人的孩子面临落井的危险时,不顾个人安危而自然想去救助一样,这便是"仁"的开头;人人都有羞耻感和憎厌别人作恶的心理,这便是"义"的开头;人人都有恭敬尊长的心理,这便是"礼"的开头;人人都有分辨是非善恶的心理,这便是"智"的开头。人人都有这"四端",如同人人都有四肢一样。孟子又说:"恻隐之心,人皆有之;羞恶之心,人皆有之;恭敬之心,人皆有之;是非之心,人皆有

---

① 李学勤:《孟子注疏》,北京:北京大学出版社,1999年,223页。
② 李学勤:《孟子注疏》,北京:北京大学出版社,1999年,303页。
③ 李学勤:《孟子注疏》,北京:北京大学出版社,1999年,302页。
④ 李学勤:《孟子注疏》,北京:北京大学出版社,1999年,94页。

之。恻隐之心,仁也;羞恶之心,义也;恭敬之心,礼也;是非之心,智也。仁、义、礼、智,非由外铄我也,我固有之也,弗思而矣。故曰:求则得之,舍则失之。或相倍蓰而无算者,不能尽其才者也。"①孟子认为,一个人的"仁""义""礼""智"的品德,不是由于外界环境的影响而形成的,而是人的内心固有的。人如果向自己的内心求索,就能获得这些美德。人与人之间之所以有"仁""义""礼""智"的差别,不是因为"四心"的不同,而是因为有的人能向内心求善,而有的人向内心求善求得不够。

孟子虽然认为人的本性是善良的,但并没有说每个人都能充分发挥其善的品性,因为人的道德品质的形成要受环境的影响,还要看其能否努力去发挥善端。他说:"富岁,子弟多赖;凶岁,子弟多暴。非天之降才尔殊也,其所以陷溺其心者然也。"②这就是说,环境可以影响人的心性。他又说:"舜之居深山之中,与木石居,与鹿豕游,其所以异于深山之野人者几希。及其闻一善言,见一善行,若决江河,沛然莫之能御也。"③舜之所以为舜,是因为他从善如流。这就是说,虽然客观环境对人有影响,但起决定作用的还是人的主观因素。

阅读与教育的作用就在于找回散失的善的本性,保存和发扬天赋的善端,因此孟子说:"学问之道无他,求其放心而已矣。"④所谓"放心",指的就是人在后天所丧失的善端。他认为,任何人只要肯接受教育,肯学习,就可以把先天的善端充分发挥,达到最完善的境界,成为圣人。所谓"圣人",就在于他们能够把人人都有的"四端"发展到最完全的程度。人如果都能将"四端"扩而充之,就都能成为"圣人",

---

① 李学勤:《孟子注疏》,北京:北京大学出版社,1999年,300页。
② 李学勤:《孟子注疏》,北京:北京大学出版社,1999年,302页。
③ 李学勤:《孟子注疏》,北京:北京大学出版社,1999年,360页。
④ 李学勤:《孟子注疏》,北京:北京大学出版社,1999年,310—311页。

即"人皆可以为尧舜"①。

(2)"以意逆志""知人论世"及其他

孟子说:"说诗者,不以文害辞,不以辞害志。以意逆志,是为得之。"②这里的"文"指文字;"辞"指句子;"逆"是"迎"的意思,可理解为"求";"志"指诗人所表达的思想感情。孟子认为,阅读诗的人,既不能根据诗的个别字句断章取义地曲解词句,也不能根据词句的表面意义曲解诗的真实含义,而应该根据对全篇含义的理解(以意),来推求(逆)作者的用意(志)。

孟子又说:"颂其诗,读其书,不知其人,可乎?是以论其世也,是尚友也。"③"尚"同"上","尚友"就是以古人为朋友。这本来是讲修身的问题,引入阅读领域,意思是说,学习古人,不仅要读古人的书,还要了解古人(知其人),了解他的时代(论其世)。这就是说,读者阅读作品应该了解作者的生平、思想、经历和写作的时代背景,这样才能站在作者的立场上,与作者为友,体验作者的思想感情,准确把握作者的写作意图,正确理解作品的思想内涵。

"以意逆志"和"知人论世"作为阅读的方法,有着内在的联系。可以说,"知人论世"是"以意逆志"的前提,而"以意逆志"则是"知人论世"的结果。读者读其书,逆其志,知其人,论其世,其目的是突破时空障碍,从而与作者心灵相通,把握作品的真实含义。孟子进一步认为,"诐辞知其所蔽,淫辞知其所陷,邪辞知其所离,遁辞知其所穷"④。读者通过对作品的语言分析能够察知作者的精神世界。

除"以意逆志"和"知人论世"外,孟子还对阅读品质和阅读方法进行了论述,简要叙述如下。

---

① 李学勤:《孟子注疏》,北京:北京大学出版社,1999年,321页。
② 李学勤:《孟子注疏》,北京:北京大学出版社,1999年,253页。
③ 李学勤:《孟子注疏》,北京:北京大学出版社,1999年,291页。
④ 李学勤:《孟子注疏》,北京:北京大学出版社,1999年,76页。

自求自得。孟子说:"求则得之,舍则失之,是求有益于得也,求在我者也。"①"夫道若大路然,岂难知哉?人病不求耳。子归而求之,有余师。"②他还对该言论进一步发挥说:"君子深造之以道,欲其自得之也。自得之,则居之安;居之安,则资之深;资之深,则取之左右逢其源;故君子欲其自得之也。"③孟子是说,君子深造要有正确的方法,这就要求他自觉追求而得到适合自己的方法。自觉追求而得到的,掌握得会比较牢固,牢固地掌握了,就会积蓄得很深,积蓄得深了,就能取之不尽,左右逢源。

专心致志。孟子认为,学习必须专心致志,不能三心二意。他举例说:"今夫弈之为数,小数也,不专心致志,则不得也。弈秋,通国之善弈者也。使弈秋诲二人弈,其一人专心致志,惟弈秋之为听;一人虽听之,一心以为有鸿鹄将至,思援弓缴而射之,虽与之俱学,弗若之矣。为是其智弗若与?曰:非然也。"④两个人同时跟一个围棋国手学习下棋,但结果大不相同,这绝非由于智力差异,而是专心与不专心的差别。

持之以恒。孟子告诫弟子说:"山径之蹊间,介然用之而成路。为间不用,则茅塞之矣。"⑤山间小道经常有人走就变成一条路,如果有一段时间没人走,就会被茅草堵塞。他又说:"有为者辟若掘井,掘井九轫而不及泉,犹为弃井也。"⑥做事如同掘井,掘得很深还不见水,就停止挖掘,结果等于没挖。这都说明有为者必须有恒心,不能半途而废。阅读也是如此,必须坚持到底,否则功亏一篑。孟子反对"一

---

① 李学勤:《孟子注疏》,北京:北京大学出版社,1999年,352页。
② 李学勤:《孟子注疏》,北京:北京大学出版社,1999年,322页。
③ 李学勤:《孟子注疏》,北京:北京大学出版社,1999年,220页。
④ 李学勤:《孟子注疏》,北京:北京大学出版社,1999年,307页。
⑤ 李学勤:《孟子注疏》,北京:北京大学出版社,1999年,391页。
⑥ 李学勤:《孟子注疏》,北京:北京大学出版社,1999年,368页。

曝十寒"的学习方式。他说:"虽有天下易生之物也,一日暴之,十日寒之,未有能生者也。"①其意思是,即使是最容易生长的植物,如果晒它一天,再冻它十天,那么它也不可能生长。

重思存疑。孟子认为,唯有依靠"心之官"的思维才能认识客观事物,有闻见而不思,等于无闻见。他说:"耳目之官不思,而蔽于物,物交物,则引之而已矣。心之官则思,思则得之,不思则不得也。"②这实际上是要求人们不能让认识只停留在感性阶段,而必须通过思考得到事物的真实内涵(本质)。孟子还提出了不迷信书本的主张,强调"尽信书,则不如无书"③。

详说返约。孟子说:"博学而详说之,将以反说约也。"④这里的"详说",是指对读物要精细研究,详细阐释,即所谓"把书读厚";这里的"说约",是指对读物内容的简明概括,即所谓"把书读薄"。详说返约,就是要求读书、治学必先细致钻研,再在此基础上归纳概括,直至明确掌握。

盈科而进。这是指获取知识要循序渐进。孟子说:"流水之为物也,不盈科不行。"⑤"科"指地面低洼之处,水流过地面时,必然先填满低处后再继续向前。他又说:"其进锐者,其退速。"⑥进程过于迅速,势必影响实际效果,致使退步得也快。正确的进程应该像流水一样,注满了一个坑洼之后再往下流,这就是"盈科而后进"的道理。孟子还以"揠苗助长"⑦的寓言来说明循序渐进的重要性:获取知识的过程如同作物生长一样,是一个自然有序的过程,有自己的规律,如果用

---

① 李学勤:《孟子注疏》,北京:北京大学出版社,1999年,307页。
② 李学勤:《孟子注疏》,北京:北京大学出版社,1999年,314页。
③ 李学勤:《孟子注疏》,北京:北京大学出版社,1999年,381页。
④ 李学勤:《孟子注疏》,北京:北京大学出版社,1999年,221页。
⑤ 李学勤:《孟子注疏》,北京:北京大学出版社,1999年,365页。
⑥ 李学勤:《孟子注疏》,北京:北京大学出版社,1999年,377页。
⑦ 李学勤:《孟子注疏》,北京:北京大学出版社,1999年,76页。

拔苗的方法去帮助作物生长,结果就会适得其反。

5. 荀子

荀子(约前313—前238),名况,字卿,又作孙卿,赵国人,战国末期思想家、教育家,其思想保存于《荀子》一书中。

(1)性恶论

与孟子主张人性善不同,荀子主张人性恶。荀子认为,人的自然本性对社会来说不是"善",而是"恶"。他说:"今人之性,生而有好利焉,顺是,故争夺生而辞让亡焉;生而有疾恶焉,顺是,故残贼生而忠信亡焉;生而有耳目之欲,有好声色焉,顺是,故淫乱生而礼义文理亡焉。然则从人之性,顺人之情,必出于争夺,合于犯分乱理而归于暴。"①在荀子看来,任性而为,只会给社会带来灾难。

与孟子的人性理论相比,荀子的人性理论的高明之处在于指出了"性"与"伪"的区别。荀子强调要把先天的"性"与后天的"伪"分开,并提出"化性起伪"的主张,建议人们在考察人的本质时,把自然的东西和人为的东西加以区分,通过人为的努力去改造属于自然的东西——与生俱来的人的自然本性。他说:"人之性恶明矣,其善者伪也。"②这就是说,自然产生的人"性"是"恶"的,只有经过后天的"伪"才能变成"善"。

荀子所谓"性",就是人性,指人的自然属性。其含义有三。一是天然的秉性,"凡性者,天之就也,不可学,不可事……不可学,不可事而在人者,谓之性"③。二是原始的素质,"性者,本始材朴也"④。三是生理的本能,"生之所以然者谓之性,性之和所生,精合感应,不事

---

① 《荀子》,见《二十二子》,上海:上海古籍出版社,1986年,346页。
② 《荀子》,见《二十二子》,上海:上海古籍出版社,1986年,347页。
③ 《荀子》,见《二十二子》,上海:上海古籍出版社,1986年,346页。
④ 《荀子》,见《二十二子》,上海:上海古籍出版社,1986年,336页。

而自然谓之性"①。

荀子所谓"伪",就是人为,是必须经过后天的学习和努力才能取得的东西。其含义也有三。一是后天形成的品格,"礼义者,圣人之所生也,人之所学而能,所事而成者也……可学而能、可事而成之在人者,谓之伪",如礼义则是"生于圣人之伪,非故生于人之性也"②。二是对原始素质的加工,"伪者,文理隆盛也"③。三是思虑和行为的积习,"性之好恶、喜怒、哀乐谓之情。情然而心为之择谓之虑。心虑而能为之动谓之伪。虑积焉,能习焉,而后成谓之伪"④。

荀子一方面强调"性伪之分",另一方面又强调"性伪合"。"无性则伪之无所加,无伪则性不能自美。性伪合,然后圣人之名,一天下之功于是就也。"⑤所谓"性伪合",是说"性"与"伪"又是可以统一的。这种统一性表现为三点。一是"性"是"伪"的基础,"无性则伪之无所加"。二是"伪"是对"性"的加工、改造,没有这种加工、改造,"性"就"不能自美"。三是"性伪合"才能成"圣人之名",就"天下之功",达到天下大治的境界。这就是《荀子·性恶》中所说的"化性起伪"。

荀子说:"圣人化性而起伪,起伪于性而生礼义,礼义生而制法度,然则礼义法度者,是圣人之所生也。"⑥他主张依靠礼义、法律、教育等人为手段去节制、改变人的自然本性。这实际上是荀子提出的解决人性与社会之间矛盾的方案。在荀子看来,人性虽恶,但有好的材质,"皆有可以知仁义法正之质,皆有可以能仁义法正之具"。所以,"涂之人可以为禹",只要"伏术为学,专心一致,思索熟察,加日县

---

① 《荀子》,见《二十二子》,上海:上海古籍出版社,1986年,342页。
② 《荀子》,见《二十二子》,上海:上海古籍出版社,1986年,346页。
③ 《荀子》,见《二十二子》,上海:上海古籍出版社,1986年,336页。
④ 《荀子》,见《二十二子》,上海:上海古籍出版社,1986年,342页。
⑤ 《荀子》,见《二十二子》,上海:上海古籍出版社,1986年,336页。
⑥ 《荀子》,见《二十二子》,上海:上海古籍出版社,1986年,346页。

久,积善而不息"①,就可以成为像禹那样的圣人。

孟子从性善论出发,认为"人皆可以为尧舜"②,荀子从性恶论出发,认为"涂之人可以为禹"③,他们之所以能有相似的结论,是因为他们都只把先天因素看作一种可能性,而强调道德修养的长期性和自觉性。荀子说:"性也者,吾所不能为也,然而可化也;情也者,非吾所有也,然而可为也。注错习俗,所以化性也;并一而不二,所以成积也;习俗移志,安久移质;并一而不二,则通于神明,参于天地矣。""积善而全尽谓之圣人。"④"积礼义而为君子。"⑤

孟子和荀子对阅读的论述都建立在各自人性理论的基础上。二者的不同之处在于,孟子从性善论出发,把追求道德的完满看成人天生的内在要求,这是人与禽兽的主要区别,从而赋予社会道德规范以先验的性质;荀子则从性恶论出发,否认人有追求道德完满的先天倾向,肯定人的道德要求是后天环境陶冶而成的,是后天礼义教化的结果。

(2)劝学

作为教育家,荀子主张隆礼亲师,以改变气质;居必择乡,以避邪恶;游必就友,以近美善;积靡不舍,以成博学;一意专心,以求全粹。《荀子》开篇即《劝学》,以设喻与说理相结合的方式,从学习的意义和作用、学习的方法和态度等角度阐述"学不可以已"的道理。

阅读的意义和作用。荀子说:"君子博学而日参省乎己,则知明而行无过矣。""吾尝终日而思矣,不如须臾之所学也。"⑥他又说:"少

---

① 《荀子》,见《二十二子》,上海:上海古籍出版社,1986年,347页。
② 李学勤:《孟子注疏》,北京:北京大学出版社,1999年,321页。
③ 《荀子》,见《二十二子》,上海:上海古籍出版社,1986年,347页。
④ 《荀子》,见《二十二子》,上海:上海古籍出版社,1986年,303页。
⑤ 《荀子》,见《二十二子》,上海:上海古籍出版社,1986年,303页。
⑥ 《荀子》,见《二十二子》,上海:上海古籍出版社,1986年,287页。

不讽诵,壮不议论,虽可,未成也。"①"故有俗人者,有俗儒者,有雅儒者,有大儒者。不学问,无正义,以富利为隆,是俗人也。"②君子"知明而行无过"得益于"博学而日参省乎己",俗人、俗儒与雅儒、大儒之间产生区别正是由于他们读书、学习的不同。

阅读的目的和内容。荀子以成为仁人君子为阅读目的,为此,他特别强调对儒家经典的阅读。孔子改编的"六书",自荀子《劝学》篇开始被尊为"经"。他说:"学恶乎始?恶乎终?曰:其数则始乎诵经,终乎读礼;其义则始乎为士,终乎为圣人,真积力久则入,学至乎没而后止也。故学数有终,若其义则不可须臾舍也。为之,人也;舍之,禽兽也。故《书》者,政事之纪也;《诗》者,中声之所止也;《礼》者,法之大分,群类之纲纪也,故学至乎《礼》而止矣。夫是之谓道德之极。《礼》之敬文也,《乐》之中和也,《诗》《书》之博也,《春秋》之微也,在天地之间者毕矣。"③

阅读的方法和品质。荀子主张阅读要与实践相结合。"知之不若行之。学至于行之而止矣。行之,明也,明之为圣人。"④荀子要求阅读要有"虚壹而静"的态度。《荀子·解蔽》载:"心何以知?曰虚壹而静。"⑤所谓"虚",即"不以所已臧害所将受",就是不要先入为主,不使已有的知识或见解对新知识的认识和接受构成阻碍。所谓"壹",即"不以夫一害此一",就是不一心二用,不因为另一项注意而妨害这一项注意。所谓"静",即"不以梦剧乱知",就是不能用没有根据的胡思乱想或者情感的冲动来扰乱人的理智。总之,只有做到虚怀若谷、精神专注、头脑清醒,学习才能取得成效。荀子还要求阅读要有锲而

---

① 《荀子》,见《二十二子》,上海:上海古籍出版社,1986年,356页。
② 《荀子》,见《二十二子》,上海:上海古籍出版社,1986年,302页。
③ 《荀子》,见《二十二子》,上海:上海古籍出版社,1986年,288页。
④ 《荀子》,见《二十二子》,上海:上海古籍出版社,1986年,303页。
⑤ 《荀子》,见《二十二子》,上海:上海古籍出版社,1986年,340页。

不舍的精神。《荀子·劝学》曰："骐骥一跃，不能十步；驽马十驾，功在不舍。锲而舍之，朽木不折；锲而不舍，金石可镂。"①

荀子认为阅读是一个不断积累和提高的过程。他说："积土成山，风雨兴焉；积水成渊，蛟龙生焉；积善成德，而神明自得，圣心备焉。"②特别值得一提的是，荀子还从阅读心理的角度探讨了阅读的过程。"君子之学也，入乎耳，箸乎心，布乎四体，形乎动静。端而言，蠕而动，一可以为法则。"③"君子知夫不全不粹之不足以为美也，故诵数以贯之，思索以通之，为其人以处之，除其害者以持养之，使目非是无欲见也，使耳非是无欲闻也，使口非是无欲言也，使心非是无欲虑也。"④阅读的过程，首先是人通过感觉器官感知文字符号（"入乎耳""诵数以贯之"），然后是把感受到的文字内容在大脑里进行思索（"箸乎心""思索以通之"），最后是通过思索而将反应达于全身并在言语和行动上表现出来（"布乎四体，形乎动静""为其人以处之"）。

### 6. 乐正克

乐正克（约前300—前200），姓乐正，名克，战国时鲁国人，孟轲的学生，思孟学派的重要代表人物。《韩非子·显学》载，孔子死后，儒家分为八派，乐正氏之儒是其中之一。据郭沫若的考证，"乐正氏当即孟子弟子的乐正克"，《礼记》中的《学记》"是乐正氏所作"。⑤

《学记》总结了先秦儒家的教育经验，对学校教育的目的和作用，教育制度，学校管理，教学的原则、过程和方法，教师的教学能力和职责，学生的学习态度和方法等方面，都做了提纲挈领式论述，是我国教育史上最早的教学论著作，也是世界教育史上第一部教育学专著。

---

① 《荀子》，见《二十二子》，上海：上海古籍出版社，1986年，287页。
② 《荀子》，见《二十二子》，上海：上海古籍出版社，1986年，287页。
③ 《荀子》，见《二十二子》，上海：上海古籍出版社，1986年，288页。
④ 《荀子》，见《二十二子》，上海：上海古籍出版社，1986年，288页。
⑤ 郭沫若：《十批判书》，北京：东方出版社，1996年，131页、141页。

《学记》认为统治阶级治理国家和统治人民,应以兴办教育为首要任务。"玉不琢,不成器;人不学,不知道。是故古之王者建国君民,教学为先。"①《学记》认为教育的作用包含相互联系的两个方面:一是培养国家所需要的人才,而人才如同璞玉一样,不经过一番雕琢,就难以成为好的器物;二是"化民成俗"②,形成社会的道德风尚,即按照统治阶级的意图和道德规范形成社会的风俗和习惯。《学记》在肯定教育作用的前提下,提出了关于建立学制系统的设想:"古之教者,家有塾,党有庠,术有序,国有学。"③它以托古的方式拟出一个从地方到中央、按行政系统建立的学制系统。《学记》还以国都设立的大学为模式,拟定了一个九年制大学教育计划。"比年入学,中年考校。一年视离经辨志,三年视敬业乐群,五年视博习亲师,七年视论学取友,谓之小成。九年知类通达,强立而不反,谓之大成。"④这一大学教育计划规定每隔一年进行一次考试:第一年考查学生明晰经义的能力和学习的志趣,第三年考查学生是否专心学习以及与周围的人是否和睦相处,第五年考查学生学识是否广博以及同老师是否亲密无间,第七年考查学生研究学问的本领和识别朋友的能力,第九年考查学生在学业上能否触类旁通,在志趣上能否坚定不移。七年间所有考试合格的就叫作"小成",九年间所有考试合格是谓"大成"。

《学记》在具体分析教育教学中成功与失败的经验教训的基础上,总结出一套教育教学的原则和方法。这些原则和方法对阅读和阅读教学都有指导意义。

(1)教学相长

《学记》云:"虽有嘉肴,弗食不知其旨也;虽有至道,弗学不知其

---

① 李学勤:《礼记正义》,北京:北京大学出版社,1999年,1051页。
② 李学勤:《礼记正义》,北京:北京大学出版社,1999年,1050页。
③ 李学勤:《礼记正义》,北京:北京大学出版社,1999年,1052页。
④ 李学勤:《礼记正义》,北京:北京大学出版社,1999年,1052—1053页。

善也。是故学然后知不足,教然后知困。知不足,然后能自反也;知困,然后能自强也。故曰:教学相长也。"①这段话概括了教者自我提升的规律,说明了教者自身学习与施教相互推动,使自身不断进步的道理。《学记》还引用《尚书·说命》"敩学半"的说法,汉代孔安国解释说:"敩,教也。教然后知所困,是学之半。"②这就是说,教与学是一件事情的两个方面,是相辅相成的。这就深刻地阐述了"教"与"学"之间的辩证统一关系,明确地指出了"教"与"学"之间相互依存、相互促进的关系,认为"教"与"学"是不断深入、不断发展的同一过程的两个方面。"教"因"学"而得益,"学"因"教"而日进,"教"能助长"学",反过来"学"也能助长"教"。这就叫作"教学相长"。

(2)藏息相辅

《学记》指出:"大学之教也,时。教必有正业,退息必有居学。"③"故君子之于学也,藏焉,修焉,息焉,游焉。夫然,故安其学而亲其师,乐其友而信其道,是以虽离师辅而不反也。"④《学记》提出要把"正业"与"居学"、"藏修"与"息游"结合起来。"藏"即学习积累,"修"即练习巩固,"息"即适度休息,"游"即游赏娱乐。所谓"正业""藏修"是指教者在校按时讲授的正课,所谓"居学""息游"是指学者课外的活动与自修。《学记》很重视课外的自修对巩固正课学习和加深正课理解的重要作用。《学记》认为,课外不练习调弦,就学不好"乐";课外不练习歌咏,就学不好"诗";课外不练习洒扫、应对、进退、揖让,就学不好"礼"。⑤ 课外自修练习要在正课学习的指导下进行,但熟练技巧

---

① 李学勤:《礼记正义》,北京:北京大学出版社,1999年,1051—1052页。
② 李学勤:《尚书正义》,北京:北京大学出版社,1999年,253页。
③ 李学勤:《礼记正义》,北京:北京大学出版社,1999年,1057页。
④ 李学勤:《礼记正义》,北京:北京大学出版社,1999年,1058页。
⑤ 李学勤:《礼记正义》,北京:北京大学出版社,1999年,1058页。

的形成,行为习惯的养成,主要还是靠课外自修。因此课外自修应看作与正课相配合的教学过程的必要组成部分,它们之间是相互依存、相互促进的。课外自修是在休息时间内进行的,属于娱乐活动。因此对于一个学者来说,如果既有课堂上的正课学习,又有课外的自由练习,他就会对学习产生浓厚的兴趣,学习就会成为他内在的需要,即使离开师友的督促,他也不会改变已经形成的习惯和志趣。

(3)豫时孙摩

《学记》云:"大学之法,禁于未发之谓豫,当其可之谓时,不陵节而施之谓孙,相观而善之谓摩。此四者,教之所由兴也。"①所谓"豫",即"预防"。这就要求教者事先估计学者可能会产生的种种不良倾向,而预先加以防止,避免事后去纠正。《学记》认为这样进行教育才容易收到效果。"发然后禁,则扞格而不胜。"②如果不良的思想和行为已经形成,再来阻止和纠正它们,就会引起学者的逆反心理而难于纠正。当不良的行为习惯和倾向已经形成,并已成积习的时候,再去纠正它们,则必事倍功半,或积重难返。"豫"还含有"防微杜渐"的意思,这就要求教者敏感、机智,于事物出现不良迹象之前,即加以限制,不使之扩大与发展,防患于未然。所谓"时",即"及时"。这就要求教者掌握学者学习的最佳时机,及时进行教育,以便取得最佳的教育效果。《学记》认为教者要抓住适当时机因势利导,这就叫作及时性教育原则。"时过然后学,则勤苦而难成。"③这已涉及学者的年龄特征问题和教学内容、顺序及要求,提出按照学者心理发展的需要和水平进行教育。如果教者施教过早,则不符合学者的接受能力和需要。如果教者施教过迟,则学者的需求可能已经消失,也不大容易让

---

① 李学勤:《礼记正义》,北京:北京大学出版社,1999年,1061—1062页。
② 李学勤:《礼记正义》,北京:北京大学出版社,1999年,1062页。
③ 李学勤:《礼记正义》,北京:北京大学出版社,1999年,1062页。

他们接受。如果教者不注意客观规律,在时机未到或时机已过时对学者进行某种教育,则难以收到最佳的效果。所谓"孙",义同"顺",或曰"顺序"。"陵节"即超越次序。《学记》要求教者要遵循一定的顺序进行教学。"时"指的是学习时机,"孙"则意味着教学过程中应注意教学内容的逻辑顺序。《学记》要求把"时"与"孙"两方面结合起来。所谓"摩",即"观摩"。它要求教者在教学过程中,充分发挥学者群体的教育作用,相互观摩,取长补短,共同进步。它认为离开了群体的影响,要取得好的教育效果是很困难的。《学记》云:"独学而无友,则孤陋而寡闻。"①这进一步说明了相互观摩的重要性。

(4)启发诱导

《学记》云:"君子之教,喻也。道而弗牵,强而弗抑,开而弗达。道而弗牵则和,强而弗抑则易,开而弗达则思。和易以思,可谓善喻矣。"②"道而弗牵","道"即导,有引导、教导之意。《学记》要求教者在教学过程中要带领、引导学者领会教学内容,给学者指引正确的思维线索,引导学者合理思维,促进学者分析、综合,找寻探索知识的方向。同时,《学记》告诫教者不要牵掣学者,切忌牵着学者的鼻子走。"强而弗抑","强"即鼓励、督促。《学记》要求教者在教学过程中不断地给予学者勉励与督促,激发学者学习的主动性,从而使其产生探求知识的强烈愿望,自觉地把探求知识的思维活动坚持到底。《学记》告诫教者不要强制学者顺从,切忌压制学者的积极性。"开而弗达","开"即开端,有提出问题之意;"达"即通达,有分析与解决问题之意。《学记》要求教者在教学过程中善于提出问题,引导学者开动思维机器,力求自己解决问题,从而促进学者思维能力不断提升。《学记》告诫教者不要越俎代庖,切忌把结论和盘托出。"道而弗牵,强而弗抑,

---

① 李学勤:《礼记正义》,北京:北京大学出版社,1999年,1062页。
② 李学勤:《礼记正义》,北京:北京大学出版社,1999年,1063—1064页。

开而弗达",就能达到"和易以思"的"善喻"的境界。

(5)长善救失

《学记》云:"学者有四失,教者必知之。人之学也,或失则多,或失则寡,或失则易,或失则止。此四者,心之莫同也。知其心,然后能救其失也。教也者,长善而救其失者也。"① 《学记》重视学者的个性心理特征,认为这些特征的存在和表现是有差异的,教者只有了解学者的个性心理特征及其差异,才能对其适当加以引导,以发扬其积极因素,克服其消极因素。《学记》把学者的个性心理特征及其差异分为四类。一是"或失则多"。这类学者的缺点是贪多务得,急于求成,贪多求速,食而不化。二是"或失则寡"。这类学者的缺点是单薄守约,知识面过于狭窄。三是"或失则易"。这类学者的缺点是浅尝辄止,对学习的艰巨性认识不足,不愿往深处探究,刚一入门就停止钻研了。四是"或失则止"。这类学者的缺点是对学习有畏难情绪,缺乏攻关的勇气,丧失前进的信心。教育的作用在于使学者发扬优点,改正缺点。

## 二、先秦墨家的阅读思想

先秦墨家学派是由墨子创立的。墨家的社会政治理想是"兴天下之利,除天下之害"②,其治国安邦的主张有:"国家昏乱,则语之尚贤、尚同;国家贫,则语之节用、节葬;国家憙音湛湎,则语之非乐、非命;国家淫僻无礼,则语之尊天、事鬼;国家务夺侵凌,即语之兼爱、非攻。"③

---

① 李学勤:《礼记正义》,北京:北京大学出版社,1999年,1064页。
② 《墨子》,见《二十二子》,上海:上海古籍出版社,1986年,235页。
③ 《墨子》,见《二十二子》,上海:上海古籍出版社,1986年,269页。

墨子(约前468—前376),名翟,宋国人(一说鲁国人),春秋战国之际思想家、政治家,他的思想保存在《墨子》一书中。墨子号召"有力者疾以助人,有财者勉以分人,有道者劝以教人"①,建设一个"兼爱"的社会。他主张通过教育培养"厚乎德行,辩乎言谈,博乎道术"②的贤良之士。其德行的基本要求就是"兼爱",强调毫无区别地爱一切人;言谈的要求就是具备上说下教、推行兼爱主张的语言表达能力;道术的要求就是具备兴利除害的实际操作能力。

(1)以名举实

墨子最先发现了语言的符号性质,认为语言由语音和语义组成。《墨子·经说上》载:"声出口,俱有名。"③墨子又说:"所以谓,名也;所谓,实也。名实耦,合也。"④"名"为语言符号,是对"实"的称谓;"实"为客观事物,是"名"所称谓的具体对象。"名"即"所以谓"(今人所说的"能指"),"实"即"所谓"(今人所说的"所指"),"名实耦"即语言符号,是能指和所指的统一体。《墨子·经说下》又称:"有文实也,而后谓之;无文实也,则无谓也。"⑤对于"名"与"实"的关系,其观点为先有"实",而后人们才能赋予其"名",即"谓之"。若"实"不存在,则人们亦将无从"谓之",因此也不会有相应的"名"。这就是说,先有"实"后有"名","名"与"实"是相对应的。

在此基础上,墨子发现并揭示了"言"(或"名")"举""实"之间的联系。《墨子·经上》载有"举,拟实也""言,出举也"。⑥ 这就是说"言"(语言)不仅联系着"举"(概念),而且通过"举"联系着"实"(事

---

① 《墨子》,见《二十二子》,上海:上海古籍出版社,1986年,231页。
② 《墨子》,见《二十二子》,上海:上海古籍出版社,1986年,229页。
③ 《墨子》,见《二十二子》,上海:上海古籍出版社,1986年,258页。
④ 《墨子》,见《二十二子》,上海:上海古籍出版社,1986年,258页。
⑤ 《墨子》,见《二十二子》,上海:上海古籍出版社,1986年,258页。
⑥ 《墨子》,见《二十二子》,上海:上海古籍出版社,1986年,256页。

物),因为概念("举")反映事物("实"),语言("言")标志概念("举")。"名"及"名"构成的语言("言")的作用就是指称我们所涉及的那些事物("实")及其属性,从而使那些事物及其属性以概念("举")的形态存在于我们的头脑中。《墨子·经说上》载:"举,告以文名,举彼实也。"①"名"反映的是客观事物的本质或属性,而这种本质或属性在思维中的抽象或概括便是"举"。"名"对"实"具有概括作用。《墨子·小取》载:"以名举实,以辞抒意,以说出故。"②其意思是用名称表明实物,用文辞表达它的概念,再用语言文字说明持此概念的理由。"名"(语言符号)的作用是"举实"(概括表述客观事物)。

钱锺书认为这与西方语言学倡导的"语义三角形"学说相吻合,他说:"近世西人以表达意旨(semiosis)为三方联系(trirelative),图解成三角形(the basic triangle):'思想'或'提示'(interpretant, thought or reference)'符号'(sign, symbol)'所指之事物'(object, referent)三事参互而成鼎足。"③"思想"或"提示","举"也;"符号","言"或"名"也;"所指示之事物",则"实"耳。胡奇光的《中国小学史》指出:"语言符号成立的条件,就在于它的功能是体现思维的成果,它的本源在标指现实事物。"④阅读的过程就是感知书面语言——"言"或"名",通过理解语言所包含的概念或意义——"举",从而认识客观事物——"实"的过程。从这个意义上讲,墨子的"以名举实"说,也是对阅读过程的揭示。

(2)言必立仪

墨子所谓"言必立仪",就是要求"言"(人们的认识与言论、所读之言与所写之言)是否正确,应有衡量的标准。他将之概括为"三表"。

---

① 《墨子》,见《二十二子》,上海:上海古籍出版社,1986年,257页。
② 《墨子》,见《二十二子》,上海:上海古籍出版社,1986年,263页。
③ 钱锺书:《管锥编》第三册,北京:中华书局,1979年,1177页。
④ 胡奇光:《中国小学史》,上海:上海人民出版社,1987年,28页。

《墨子·非命上》载:"子墨子言曰:必立仪。言而毋仪,譬犹运钧之上而立朝夕者也,是非利害之辨,不可得而明知也。故言必有三表。何谓三表?子墨子言曰:有本之者,有原之者,有用之者。于何本之?上本之于古者圣王之事。于何原之?下原察百姓耳目之实。于何用之?废以为刑政,观其中国家百姓人民之利。此所谓言有三表也。"①墨子认为,言没有标准就像将测量日影的工具放在运转的轮子上,不可能测准日影,人也不会辨明是非利害。墨子认为,言有三个标准:本原的标准,现实的标准,应用的标准。本原的标准就是向上去研究古代圣王的事迹;现实的标准就是向下去考察老百姓的所见所闻;应用的标准就是把它运用到社会生活中去,看它对国家和百姓产生的益处。墨子的"三表"是间接经验、直接经验和客观效果三者的有机统一,既是检验所读之言与所写之言是否正确的标准,也是评判所读之言与所写之言是否有效的依据。

(3)察类明故

墨子在中国古代逻辑学史上首先提出了"类""故"的概念,提出了"察类明故"的命题,要求人们懂得运用类推与求故的思维方法。墨子说:"子未察吾言之类,未明其故也。"②"察"是考察、分析,"类"是指从众多的个别事物中抽象出来的共同本质,"明"是了解、明白,"故"是原因、根由。"察类"就是在论辩中遵守一般制约个别的逻辑法则,"明故"就是考察因果关系。"察类明故"就是说,我们认识任何事情都应先考察、分析事物的实际情况和类别,从而明了事物所产生的原因。这个命题的意义在于重视类比和推理,开辟了后期墨家重视逻辑思维的先河。

墨子说:"少见黑曰黑,多见黑曰白,则以此人不知白黑之辩矣。

---

① 《墨子》,见《二十二子》,上海:上海古籍出版社,1986年,252页。
② 《墨子》,见《二十二子》,上海:上海古籍出版社,1986年,241页。

少尝苦曰苦,多尝苦曰甘,则必以此人为不知甘苦之辩矣。今小为非,则知而非之。大为非攻国,则不知而非,从而誉之,谓之义。此可为知义与不义之辩乎?是以知天下之君子也,辩义与不义之乱也。"①在墨子看来,少黑与多黑,都是黑类;少白与多白,都是白类;少苦与多苦,都是苦类;少甘与多甘,都是甘类;杀一人是不义,杀多人更是不义,两者都是不义之类。可见墨子的"类"实际上是就同一性质的事物而言的。他要求人们"察类",有其鲜明的政治目的:想借此向人们证明,侵略、掠夺他国的战争就是杀人越货的不义行为,从而推行其"非攻"之政治主张。

墨子的"察类"与"明故"是紧密相连的。当墨子目睹大国攻小国、人民遭殃、生灵涂炭的状况,从而奔走呼号、上说下教,指出战争造成的危害时,有人非难墨子说,从前大禹征讨有苗氏,汤武讨伐夏桀,周武王讨伐商纣,这些不都是正义之举吗?墨子用"类"和"故"的思想明确告诉他们说:"子未察吾言之类,未明其故也。"②这是说,您没有弄清我立言的类别,所以不明白其中的缘故。墨子强调他反对的是"攻",即侵略、掠夺,而不是"诛",即征讨。"攻"是以不义杀有义,依仗其国大民众之势掠夺小国;"诛"则是以有义伐无义。前者是非正义战争,后者是正义战争,二者类别不同,起因也不相同。由此他要求人们一定要察类明故,明辨是非,弄清立言的原则。

(4)书之竹帛

《墨子》一书,多次讨论到上古读物的成因与作用。墨子认为古代读物是圣王传道、告诫后世的产物。"古之圣王,欲传其道于后世,是故书之竹帛,镂之金石,传遗后世子孙,欲后世子孙法之也。"③"今若夫兼

---

① 《墨子》,见《二十二子》,上海:上海古籍出版社,1986年,239页。
② 《墨子》,见《二十二子》,上海:上海古籍出版社,1986年,241页。
③ 《墨子》,见《二十二子》,上海:上海古籍出版社,1986年,266页。

相爱、交相利,此自先圣六王者亲行之。何知先圣六王之亲行之也?子墨子曰:吾非与之并世同时,亲闻其声,见其色也。以其所书于竹帛,镂于金石,琢于盘盂,传遗后世子孙者知之。《泰誓》曰:文王若日若月,乍照,光于四方,于西土。"①竹帛,指竹简和白绢;金石,指金属和石头;盘盂,指盘与盂,是盛食物和盛水的器皿。"书于竹帛,镂于金石,琢于盘盂",指在竹帛、金石、盘盂上书写、雕刻、铸造文字,将作者的意思表达出来,反映了古人借用文字记载历史使后世子孙知之并引以为鉴的强烈意识。

"书之(于)竹帛"在《墨子》一书中反复出现,所记载的历史既包括正面褒扬的,也包括反面谴责的。如:"尧、舜、禹、汤、文、武焉所从事?……爱人利人,顺天之意,得天之赏者也。不止此而已,书于竹帛,镂之金石,琢之盘盂,传遗后世子孙,曰:将何以为? 将以识夫爱人利人,顺天之意,得天之赏者也。"②"桀、纣、幽、厉焉所从事?……憎人、贼人,反天之意,得天之罚者也。不止此而已,又书其事于竹帛,镂之金石,琢之盘盂,传遗后世子孙,曰:将何以为? 将以识夫憎人、贼人,反天之意,得天之罚者也。"③"好攻伐之君,有重不知此为不仁不义也,有书之竹帛,藏之府库。"④"昔者暴王作之,穷人术之,此皆疑众迟朴。先圣王之患之也,固在前矣。是以书之竹帛,镂之金石,琢之盘盂,传遗后世子孙。"⑤

"书之竹帛"所记载的历史,既包括人物事迹,也包括经验教训。如:"古者圣王既审尚贤,欲以为政,故书之竹帛,琢之盘盂,传以遗后

---

① 《墨子》,见《二十二子》,上海:上海古籍出版社,1986年,237页。
② 《墨子》,见《二十二子》,上海:上海古籍出版社,1986年,246页。
③ 《墨子》,见《二十二子》,上海:上海古籍出版社,1986年,246页。
④ 《墨子》,见《二十二子》,上海:上海古籍出版社,1986年,247页。
⑤ 《墨子》,见《二十二子》,上海:上海古籍出版社,1986年,254页。

世子孙。"①"圣王之患此也,故书之竹帛,琢之金石。"②

而且,"书之竹帛"所记载的历史,应当是有选择的。子墨子谓鲁阳文君曰:"攻其邻国,杀其民人,取其牛马、粟米、货财,则书之于竹帛,镂之于金石,以为铭于钟鼎,传遗后世子孙,曰:'莫若我多!'今贱人也,亦攻其邻家,杀其人民,取其狗豕、食粮、衣裘,亦书之竹帛,以为铭于席豆,以遗后世子孙,曰:'莫若我多!'其可乎?"③

古人非常珍视自己的历史,唯恐自己的意思不能传于后世,故书之竹帛,乃至琢之盘盂,镂之金石。"古者圣王必以鬼神为,其务鬼神厚矣。又恐后世子孙不能知也,故书之竹帛,传遗后世子孙。咸恐其腐蠹绝灭,后世子孙不得而记,故琢之盘盂,镂之金石以重之。"④

## 三、先秦道家的阅读思想

先秦道家学派是以老子、庄子关于"道"的学说为中心的学术流派。先秦道家以"道"为天地万物的本原,认为"道常无为而无不为"⑤,要求人们在思想行为上效法"道",政治上无为而治,伦理上绝仁弃义。在阅读思想方面,道家要求人们把"道"当作认识和追求的总目标。

1. 老子

老子,春秋末期思想家,道家学派的创始人。司马迁《史记·老庄申韩列传》载:"老子者,楚苦县厉乡曲仁里人也。姓李氏,名耳,字伯阳,谥曰聃,周守藏室之史也。"但司马迁又说:"或曰老莱子,亦楚

---

① 《墨子》,见《二十二子》,上海:上海古籍出版社,1986年,231页。
② 《墨子》,见《二十二子》,上海:上海古籍出版社,1986年,253页。
③ 《墨子》,见《二十二子》,上海:上海古籍出版社,1986年,268页。
④ 《墨子》,见《二十二子》,上海:上海古籍出版社,1986年,249页。
⑤ 《老子》,见《二十二子》,上海:上海古籍出版社,1986年,4页。

人也。""或曰儋即老子,或曰非也。"①现在学者多认为老聃、老莱子、周太史儋各是一人。相传老子所作的《老子》一书,分《道经》和《德经》两部分,又称《道德经》。今人据1993年10月在湖北荆门郭店楚墓出土的竹简,考证竹简《老子》出自春秋末期与孔子同时的老聃,而今本(包括帛书本)《老子》出自老莱子或周太史儋。后者成书年代,一说不晚于公元前300年②,一说在公元前384年至公元前374年这十年间。③

老子的思想核心是"道"。老子首先用"道"来象征世界的统一性,象征整个宇宙生命的生生不息、无始无终、永不休止的运动过程。"有物混成,先天地生。寂兮寥兮,独立不改,周行而不殆。可以为天下母。吾不知其名,字之曰道,强为之名曰大。"④老子不仅赋予"道"先天地而生的本体论意义,而且以此来说明宇宙万物的演变,提出了"道生一,一生二,二生三,三生万物,万物负阴而抱阳,冲气以为和"⑤的宇宙演变模式。老子认为"道"作为最高范畴,其法则就是它自己,"道法自然"⑥,道就是它自然而然的样子。老子说:"道常无为而不为。"⑦道自然而然地存在、运动(无为),又不以任何人的意志为转移,作用于宇宙万物的生息、变化、发展(无不为)。道的运动与发生作用完全是无意识、无目的的,然而它在冥冥之中却自然而然地达到了目的,成就了一切。

既然"道"是宇宙万物的本体和生命,那么对一切具体事物的观

---

① 《史记》卷六十三《老庄申韩列传》,见《二十五史》,上海:上海古籍出版社,1986年,247页。
② 李零:《简帛古书与学术源流》,北京:生活·读书·新知三联书店,2004年,293页、303页。
③ 郭沂:《郭店竹简与先秦学术思想》,上海:上海教育出版社,2001年,26—27页。
④ 《老子》,见《二十二子》,上海:上海古籍出版社,1986年,3页。
⑤ 《老子》,见《二十二子》,上海:上海古籍出版社,1986年,5页。
⑥ 《老子》,见《二十二子》,上海:上海古籍出版社,1986年,3页。
⑦ 《老子》,见《二十二子》,上海:上海古籍出版社,1986年,4页。

照最后都应该进入到对"道"的观照。老子称:"道,可道,非常道;名,可名,非常名。"①这里第一个"道"是一个抽象的概念,是老子哲学的核心。第二个"道"是称说的意思,也就是用语言来表达。第一个"名"是指给上文的"道"取一个名称。第二个"名"是表示命名的行为。"道",说得出的,它就不是永恒的道。"名",叫得出的,它就不是永恒的名。在老子看来,这种作为宇宙本体以及宇宙万物演变规律的"道",不是有声的语言或有形的文字所能表达的,也不是一般的认识方法所能把握的。唯有"涤除玄览"②"致虚极,守静笃"③,才可获得对"道"的整体顿悟。老子曰:"载营魄抱一,能无离乎?专气致柔,能婴儿乎?涤除玄览,能无疵乎?"④老子主张精神与身体合一,不相离失;专精守气,致力柔和,像无欲的婴儿;清除杂念,深入静观,没有瑕疵。"涤除",就是排除人们内心的种种杂念。"玄"是"道","览"是观照,"玄览"就是对"道"的观照。"涤除玄览"的命题有两层基本含义:一是把观照"道"作为认识的最高目的;二是为了实现"道"的观照,观照者必须保持内心虚静。在老子看来,只有清除影响心灵的种种障碍的干扰,诸如成见、欲念、情绪、名利等,使心如明镜,才能对"道"进行观照。因此"涤除玄览"也就是"致虚极,守静笃"⑤的意思,它强调人要与功利保持一定的距离,进入一种物我两忘的境界。

老子从"道法自然"⑥出发,反对求知,反对读书。老子说:"为学日益,为道日损,损之又损,以至于无为。"⑦这就将"学"与"道"对立起来了。从事读书和做学问,人的知识、技能、思想就一天比一天提升;

---

① 《老子》,见《二十二子》,上海:上海古籍出版社,1986年,1页。
② 《老子》,见《二十二子》,上海:上海古籍出版社,1986年,1页。
③ 《老子》,见《二十二子》,上海:上海古籍出版社,1986年,2页。
④ 《老子》,见《二十二子》,上海:上海古籍出版社,1986年,1页。
⑤ 《老子》,见《二十二子》,上海:上海古籍出版社,1986年,2页。
⑥ 《老子》,见《二十二子》,上海:上海古籍出版社,1986年,3页。
⑦ 《老子》,见《二十二子》,上海:上海古籍出版社,1986年,6页。

从事道,人的知识、技能、思想就一天比一天减少,减少得越彻底,就越贴近自然。老子又说:"不言之教,无为之益,天下希及之。"①不言的教导,无为的好处,什么也赶不上它们。老子进而提出了"绝学无忧"②的著名命题,意思是摒弃读书、求知,人才能免于忧愁。这样,通常意义上的知识、技能、思想就都被否定了。

2.庄子

庄子(约前369—前286),名周,宋国蒙人,战国时期思想家,是老子以后道家学派最重要的代表人物,其思想主要保存于《庄子》中。

(1)论道

和老子一样,庄子也以"道"为宇宙的本原。"夫道,有情有信,无为无形;可传而不可受,可得而不可见;自本自根,未有天地,自古以固存;神鬼神帝,生天生地;在太极之先而不为高,在六极之下而不为深,先天地生而不为久,长于上古而不老。"③"道"是一种超越时空限制的、无限而永恒的存在,它构成万事万物。

和老子一样,庄子也认为"道"有着"无为而无不为"④的特点。一方面,"道"的运行是完全出于自然、无目的的;另一方面,"道"的运行又是有规律、合乎目的的。"其为物:无不将也,无不迎也;无不毁也,无不成也。"⑤自然万物都统一于"道",并且按"道"赋予它们各自的规律而产生、变化和发展。

庄子学说不仅论证了"道"的无限性、绝对性和永恒性,而且论证了得道之人(如《庄子》中所称颂的至人、神人、圣人等)在精神上的无限性、绝对性和永恒性。如果说老子思考的重点是通过对宇宙之道

---

① 《老子》,见《二十二子》,上海:上海古籍出版社,1986年,5页。
② 《老子》,见《二十二子》,上海:上海古籍出版社,1986年,2页。
③ 《庄子》,见《二十二子》,上海:上海古籍出版社,1986年,29页。
④ 《老子》,见《二十二子》,上海:上海古籍出版社,1986年,4页。
⑤ 《庄子》,见《二十二子》,上海:上海古籍出版社,1986年,29页。

的体验,追寻对天道、世道、人道的全面而终极的理解,那么庄子则更偏重于对人内在精神的超越和对自由境界的探索。庄子将老子本体论意义上的"道"引向人生,使心灵与"道"契合。这种契合,就其总倾向看,不是偏于养生,而是着重精神的自由与解放。人要达到与"道"契合,就必须虚静无为,使个体的小我超越现实有限的束缚而融汇于生生不息的宇宙大生命之中,达到"天人合一"的境界。

(2)"言不尽意"与"得意忘言"

庄子认为,书籍并不能完整准确地表达作者的思想感情。庄子说:"世之所贵道者,书也。书不过语,语有贵也。语之所贵者,意也,意有所随。意之所随者,不可言传也。"①庄子这里所列出的"书"(文字)—"语"(语言)—"意"(思维)—"道"(意之所随者)的顺序表明,语言文字虽有达意通道的功能,但难以尽意传道。在这段话后面,庄子还以"轮扁斫轮"的故事形象地说明了斫轮最微妙的道理,也是无法言传的。"桓公读书于堂上,轮扁斫轮于堂下,释椎凿而上,问桓公曰:'敢问公之所读为何言邪?'公曰:'圣人之言也。'曰:'圣人在乎?'公曰:'已死矣。'曰:'然则君之所读者,古人之糟粕已夫!'桓公曰:'寡人读书,轮人安得议乎?有说则可,无说则死!'轮扁曰:'臣也以臣之事观之。斫轮,徐则甘而不固,疾则苦而不入,不徐不疾,得之于手而应于心,口不能言,有数存焉于其间。臣不能以喻臣之子,臣之子亦不能受之于臣,是以行年七十而老斫轮。古之人与其不可传也死矣,然则君之所读者,古人之糟粕已夫!'"②轮扁根据自己的经验,认为桓公所读之书为糟粕。他体悟到的斫轮规律得于心且应于手,但他却无法将其告诉自己的儿子,就像古人无法在书中真正传达自己的思想一样。庄子的"言不尽意"论,揭示了语言的局限性,阐述了意义的价值

---

① 《庄子》,见《二十二子》,上海:上海古籍出版社,1986年,45页。
② 《庄子》,见《二十二子》,上海:上海古籍出版社,1986年,45页。

大于语言的思想。

庄子又说:"可以言论者,物之粗也;可以意致者,物之精也;言之所不能论,意之所不能察致者,不期精粗焉。"①语言所能讨论的,只是现象世界粗疏表面的东西;思想所能企及的,则是现象世界精微深邃的东西。然而,对于"不期精粗"的"道",语言与思维都无从入手,只能采取《庄子》一书《人间世》中的"心斋"、《大宗师》中的"坐忘"、《齐物论》中的"丧我",以及《天地》中的"忘乎物""忘己"的方式,去心领神会。

虽然"言不尽意",但人们在生活中仍然需要以言传意。于是,庄子又提出了"得意忘言"的命题。"筌者所以在鱼,得鱼而忘筌;蹄者所以在兔,得兔而忘蹄;言者所以在意,得意而忘言。"②在庄子看来,语言如筌、蹄一样,是一种工具。"筌"是捕鱼的工具,"蹄"是捕兔的工具,"言"是传意的工具。一旦目的达到,工具就可以舍弃。一旦领会意蕴,作为工具的语言文字也就不那么重要了。庄子并没有完全否定语言文字,只不过认为它只是表达人的思维内容的一个象征性符号,是帮助人了解和获取"意"的一个工具。"言"的目的在于"得意",但"言"本身并不等于"意",它是不能尽意的。如果拘泥于"言",认为"意"尽在此,则不能真正"得意";必须"忘言",才能真正"得意"。庄子的"得意忘言"论,对那种专事记诵而不注重精神实质的学法,是有针砭意义的。

## 四、先秦法家的阅读思想

法家是战国时的一个重要学派,起源于春秋时的管仲、子产,发

---

① 《庄子》,见《二十二子》,上海:上海古籍出版社,1986年,50页。
② 《庄子》,见《二十二子》,上海:上海古籍出版社,1986年,74页。

展于战国时的李悝、商鞅、慎到和申不害等人。商鞅重"法",申不害重"术",慎到重"势"。到了战国末期,韩非对法家学说加以综合,集法家学说之大成。以商鞅、韩非、李斯为代表的先秦法家,反对读书,特别是读儒书。他们认为治国的唯一办法是法制,统治者只要有了至高无上的权力,又能掌握一套统治法术,就可以使已经获得的权力被子孙相传,万世不变,用不着讲什么礼义廉耻、忠恕仁爱。

1. 商鞅

商鞅(约前390—前338年),公孙氏,名鞅,卫国(今河南安阳一带)人,亦称卫鞅,后封于商,后人称之为商鞅,战国时期政治家、思想家,法家著名代表人物。《商君书》是记载商鞅思想言论的资料汇编,又称《商子》。

商鞅主张重本抑末,反对儒术。《商君书·壹言》载:"能事本而禁末者,富。"①所谓"末"指的就是商业和手工业。《商君书·农战》载:"农战之民千人,而有《诗》《书》辩慧者一人焉,千人者皆怠于农战矣。农战之民百人,而有技艺者一人焉,百人者皆怠于农战矣。"②"豪杰务学《诗》《书》,随从外权;要靡事商贾,为技艺,皆以避农战。民以此为教,则粟焉得无少,而兵焉得无弱也?"③

商鞅站在统治者立场上,认为思想自由不利于君主权威的巩固,不利于富国强兵,甚或导致亡国。他反对《诗》《书》,反对言谈,反对私教,禁除游学,对民众进行思想控制。《商君书·说民》载:"辩慧,乱之赞也;礼乐,淫佚之征也;慈仁,过之母也;任誉,奸之鼠也。乱有赞则行,淫佚有征则用,过有母则生,奸有鼠则不止。八者有群,民胜其政;国无八者,政胜其民。民胜其政,国弱;政胜其民,兵强。故国

---

① 《商君书》,见《二十二子》,上海:上海古籍出版社,1986年,1107页。
② 《商君书》,见《二十二子》,上海:上海古籍出版社,1986年,1103页。
③ 《商君书》,见《二十二子》,上海:上海古籍出版社,1986年,1103页。

有八者，上无以使守战，必削至亡；国无八者，上有以使守战，必兴至王。"①《商君书·农战》载："《诗》《书》、礼、乐、善、修、仁、廉、辩、慧，国有十者，上无使守战。国以十者治，敌至必削，不至必贫。国去此十者，敌不敢至，虽至必却；兴兵而伐，必取；按兵不伐，必富。"②《韩非子·和氏》载，商鞅教秦孝公"燔诗书而明法令"③。商鞅此举虽然是为了排除复古思想的干扰，但也压制了人民的自由思想，毁弃了古代的文化典籍。

2. 韩非

韩非（约前280—前233年），韩国贵族，战国末期思想家，先秦法家学说的集大成者，著有《韩非子》一书。

韩非认为历史是不断发展进步的，如果当今之世还赞美"尧舜汤武禹之道"，则"必为新圣笑矣"。因此他主张"不期修古，不法常可，论世之事，因为之备""世异则事异""事异则备变"，④要根据今天的实际来制定政策。他的历史观，为当时地主阶级的改革提供了理论根据。

韩非反对读书。《韩非子·喻老》有一则故事："王寿负书而行，见徐冯于周途。冯曰：'事者，为也；为生于时，知者无常事。书者，言也；言生于知，知者不藏书。今子何独负之而行？'于是王寿因焚其书而舞之。"⑤在韩非看来，书是过了时的言和知的记录，与当今世情不符，用记诵书文的办法来治国，将遗患无穷。

韩非在《五蠹》中明确提出："故明主之国，无书简之文，以法为

---

① 《商君书》，见《二十二子》，上海：上海古籍出版社，1986年，1105页。
② 《商君书》，见《二十二子》，上海：上海古籍出版社，1986年，1103页。
③ 《商君书》，见《二十二子》，上海：上海古籍出版社，1986年，1131页。
④ 《韩非子》，见《二十二子》，上海：上海古籍出版社，1986年，1183页。
⑤ 《韩非子》，见《二十二子》，上海：上海古籍出版社，1986年，1141页。

教;无先王之语,以吏为师。"①在韩非的思想中,除法教外,无须其他教育;除执掌法规的官吏以外,无须其他教师。他将当时社会上的学者(战国末期的儒家)、言古者(纵横家)、带剑者(游侠)、患御者(依附贵族私门的人)、商工之民这五种人称为蛀虫。"此五者,邦之蠹也。"②韩非认为这五种人无益于耕战,就像蛀虫那样有害于国家。

德国思想家卡尔·雅斯贝斯在1949年出版的《历史的起源与目标》一书中,把在中国、印度和欧洲的某些地域同时出现人类文化突破现象的公元前500年左右的时期称为"轴心时期"。古希腊有苏格拉底、柏拉图,以色列有犹太教先知,印度有释迦牟尼,中国则有以孔子、老子为代表的先秦诸子,他们提出的思想塑造了不同的文化传统,也一直影响着人类的生活。"直至今日,人类一直靠轴心期所产生、思考和创造的一切而生存,每一次新的飞跃都回顾这一时期,并被它重燃火焰。"③本节所讨论的先秦儒、墨、道、法诸家的阅读思想,博大精深,且多元并存,共同构成中国阅读思想史灿烂辉煌的首页,成为启迪后人思想和智慧的源泉。

---

① 《韩非子》,见《二十二子》,上海:上海古籍出版社,1986年,1185页。
② 《韩非子》,见《二十二子》,上海:上海古籍出版社,1986年,1185页。
③ 卡尔·雅斯贝斯:《历史的起源与目标》,魏楚雄、俞新天译,北京:华夏出版社,1989年,14页。

# 主要参考书目

阮元校刻.十三经注疏.北京:中华书局,1980.
朱熹.四书章句集注.北京:中华书局,1986.
李学勤.毛诗正义.北京:北京大学出版社,1999.
李学勤.周易正义.北京:北京大学出版社,1999.
李学勤.尚书正义.北京:北京大学出版社,1999.
李学勤.春秋左传正义.北京:北京大学出版社,1999.
李学勤.礼记正义.北京:北京大学出版社,1999.
李学勤.周礼注疏.北京:北京大学出版社,1999.
李学勤.仪礼注疏.北京:北京大学出版社,1999.
李学勤.论语注疏.北京:北京大学出版社,1999.
二十五史.上海:上海古籍出版社,1986.
国语.上海:上海古籍出版社,1988.
司马迁.史记.北京:中华书局,1975.
班固.汉书.北京:中华书局,1962.
司马光.资治通鉴.北京:中华书局,1956.
二十二子.上海:上海古籍出版社,1986.
严可均校辑.全上古三代秦汉三国六朝文.北京:中华书局,1958.

洪兴祖.楚辞补注.北京:中华书局,1983.

逯钦立辑校.先秦汉魏晋南北朝诗.北京:中华书局,1983.

萧统.文选.上海:上海古籍出版社,1986.

刘勰著,范文澜注. 文心雕龙注.北京:人民文学出版社,1958.

王国维.观堂集林.北京:中华书局,1959.

孟宪承等.中国古代教育史资料.北京:人民教育出版社,1961.

钱存训.中国古代书史.香港:香港中文大学出版社,1975.

郭沫若.卜辞通纂.北京:科学出版社,1978.

钱锺书.管锥编.北京:中华书局,1979.

吕思勉.先秦史.上海:上海古籍出版社,1982.

闻一多.闻一多全集.北京:生活·读书·新知三联书店,1982.

毛礼锐,沈灌群.中国教育通史:第一卷.济南:山东教育出版社,1985.

李德成.阅读辞典.成都:四川辞书出版社,1986.

胡奇光.中国小学史.上海:上海人民出版社,1987.

杜佑.通典.北京:中华书局,1988.

曾祥芹,韩雪屏.阅读学丛书.郑州:河南教育出版社,1992.

王余光,徐雁.中国读书大辞典.南京:南京大学出版社,1993.

郭齐家,乔卫平.中国远古暨三代教育史.北京:人民出版社,1994.

董治安.先秦文献与先秦文学.济南:齐鲁书社,1994.

蒋伯潜,蒋祖怡.骈文与散文.上海:上海书店出版社,1997.

杨荣春.先秦教育论著选.北京:人民教育出版社,1997.

褚斌杰,谭家健.先秦文学史.北京:人民文学出版社,1998.

朱自清.朱自清说诗.上海:上海古籍出版社,1998.

曾祥芹.阅读学新论.北京:语文出版社,1999.

潘富恩,徐洪兴,朱志凯.孔子思想研究.上海:上海古籍出版社,1999.

冯友兰. 中国哲学史. 上海:华东师范大学出版社,2000.

郑士德. 中国图书发行史. 北京:高等教育出版社,2000.

本田成之. 中国经学史. 上海:上海书店出版社,2001.

严正. 五经哲学及其文化学的阐释. 济南:齐鲁书社,2001.

郭沂. 郭店竹简与先秦学术思想. 上海:上海教育出版社,2001.

葛兆光. 中国思想史. 上海:复旦大学出版社,2001.

阿尔维托·曼古埃尔. 阅读史. 吴昌杰译. 北京:商务印书馆,2002.

周光庆. 中国古典解释学导论. 北京:中华书局,2002.

李学勤. 经史说略:十三经说略. 北京:北京燕山出版社,2002.

濮之珍. 中国语言学史. 上海:上海古籍出版社,2002.

葛剑雄. 中国人口史:第一卷. 上海:复旦大学出版社,2002.

袁晖,管锡华,岳方遂. 汉语标点符号流变史. 武汉:湖北教育出版社,2002.

周裕锴. 中国古代阐释学研究. 上海:上海人民出版社,2003.

姜广辉. 中国经学思想史:第一卷. 北京:中国社会科学出版社,2003.

冯浩菲. 中国古籍整理体式研究. 北京:高等教育出版社,2003.

李零. 简帛古书与学术源流. 北京:生活·读书·新知三联书店,2004.

张秋升,王洪军. 中国儒学史研究. 济南:齐鲁书社,2004.

曹道衡,刘跃进. 先秦两汉文学史料学. 北京:中华书局,2005.

肖东发等. 中国出版通史:1. 北京:中国书籍出版社,2008.

# 秦汉编

# 导 言

## 一

随着秦王朝统一的中央集权制度的确立,长达几百年的诸侯争霸、杀伐纷争的历史结束了。虽然秦朝的寿命极短,但由于汉承秦制,因此秦朝所建立的国家制度不仅在两汉得到继承,而且得到进一步的完善和强有力的巩固。于是,秦汉时期开启了中国历史新的时代。秦汉王朝的政治制度、社会经济状况和文化面貌,都打上了鲜明的封建大一统色彩的烙印。

阅读,从表面来看,是每一个阅读者自主的、个人的活动,其实未必如此。在秦汉大一统的政治环境中,对绝大多数人来说,个人的阅读活动很难摆脱媒介条件、教育制度、出版制度、仕进与选官制度的影响,很难不受现实政策的引导与左右。因此,从秦朝到两汉,受到不同主客观条件及政治与政策环境的影响,阅读的价值取向实际上是存在相当大的差异的,阅读所塑造出来的个人形象与社会形象也是不大相同的。

秦朝建立后,政府遵循法家路线,把迅速实现全国政治、经济、文化的统一,加强国防的巩固,当作亟待完成的任务。为此,秦始皇不惜焚书坑儒,并通过颁布《挟书律》来打击意识形态方面的异己力量。秦政府所提倡的读物主要是法家著作、国家律令、新颁布的各种字书,以及富有实用价值的医、卜、星、历、算等方面的书籍。这种政策措施形成了这样一种阅读状况:儒家的《诗》《书》《礼》《乐》,不再是合法的阅读对象,法家以外的其他诸子著作受到读者的冷落。但禁书的收藏与阅读的现象也在小众中出现了。秦始皇的高压统治无论达到多么恐怖的程度,最终都未禁绝民间收藏与阅读禁书的行为。

西汉建立后,统治者推行黄老政治,强调无为而治,给汉朝带来70多年相对自由宽松的环境。当时的阅读活动,同样处于比较自由的状态。社会的阅读者获得了像战国时期那样的阅读自由。儒、墨、道、法、阴阳、纵横等先秦诸子著作重新流行起来,各地的传习与阅读活动日益活跃。

汉武帝执政后,开始逐步确立汉朝政治新的发展方向。儒家思想最终取代黄老道家思想,成为占统治地位的思想学说,以教授儒家经典"五经"为核心内容的经学,巍然独尊,享有崇高的地位。此后,阅读之风靡然而从,著经籍、读儒书成为天下士子最向往的事业。终西汉之世,今文经学在哲学思想、文化教育与个人阅读诸方面,都显示出强大的影响力。

东汉是由以刘秀为代表的南阳地主集团建立起来的。这个集团具有较高的文化修养,深知儒学的价值与功能,能够认同刘秀所确立的"偃武修文"的大政方针。因此,东汉教育与文化的宽松程度和整体水平并不低于西汉。东汉时期,今文经学传习的深度与广度都有所拓展,古文经学也异军突起,成为新的阅读时尚,不仅诞生了许多体现各自特色的重要的经学今古文经典注本,而且汉末的马融、郑玄推出了尝试会同今古文的群经注本。与经学密切相关的小学,在东汉也得到长足的发展,许慎的《说文解字》横空出世,与《尔雅》一起把汉朝小学推到一个新的境界。继司马迁《史记》之后,东汉史家在纪传体史书、编年体史书与地方史史书的编撰上都取得了新的成就。东汉的文学创作花团锦簇,争奇斗艳,尤其是辞赋与五言诗的创作成果更为光灿夺目,在满足读者精神生活需要方面发挥了重要的作用。此外,东汉在自然科学方面也取得了辉煌的成就。《灵宪》《九章算术》《伤寒杂病论》与《金匮要略》等不仅是当时重要的科技著作,而且在整个中华文明史上占有相当重要的地位。

## 二

知识传播离不开一定的物质载体。固然口头传播也是知识传播的一种重要方式,但它毕竟会受到时间与空间的很大的限制。只有在文字发明以后,文字所记载的知识才有可能借助一定的载体,跨越时间与空间的藩篱,实现更加自由的传播。处在这样的条件下,人们的阅读旅程才可能真正地启动。

早在商代,我国已经出现了成熟形态的文字——甲骨文。商周铸刻于青铜器物上的金文,与甲骨文一脉相承。到了春秋战国时期,金文又演变为两系,即流行于东方六国的文字(汉人称为古文)和流行于西方秦国的籀文(也称为大篆)。大篆字体复杂,笔画繁多,不便于书写和交流。秦始皇统一全国以后,李斯主要根据大篆,删繁就简,整齐字形,形成了一种新的字体——小篆。小篆,笔画省约,字体规整,体势庄严,适于书写皇帝的诏令制命。此外,为适应当时行政事务繁杂的实际需要,一个名叫程邈的人整理了另一种更为便捷的字体——隶书。与小篆相比,隶书的笔画更少,识读与书写更容易,因而更为流行。今从地下所发现的大量的秦简来看,当时公文书写与书籍抄写所使用的最主要的字体就是隶书。对阅读来说,隶书是当时读者最熟悉的字体。

汉朝建立以后，秦朝所流行的小篆与隶书都被带入新的王朝，并随着时间的推移自然地发生了一系列的变化。其中，隶书的变化最为明显。经过两汉长时间的使用，秦隶变成了汉隶。尤其是东汉的隶书，书体规整，笔画波磔，并形成多样化的形态，满足了人们不同取向的审美需要。在汉朝的缣帛、竹木简、青铜器、漆器和碑碣上，都可以看到美丽的隶书。汉朝的阅读者在隶书美感的体验中享受着阅读的快乐。汉隶虽美，但并没有停止变化的步伐。在它进一步演变的过程中，又出现了章草、行书与楷书。这是一个漫长的过程，约从西汉晚期开始，直到三国时期才完成。

在字体演变的过程中，人们对文字与知识的载体也做了多种选择。各种载体的特性不同，优势不同，便于发挥的功能不同，这就为适应和满足人们多样化的需求提供了便利。汉朝，文字与知识的基本载体主要有青铜器、摩崖、石碑、缣帛和简牍。对阅读来说，最重要的是最后两项。帛书、帛画和简牍文献，可以说是秦汉时代最常见、最普遍的阅读对象。书籍的形式不是帛书便是简书，没有例外。秦汉青铜器，固然也作为文字与知识的载体来使用，如秦朝刻于权量的诏令和王莽时期刻于权量的诏令，都是重要的文献，具有相当的阅读价值，但是总体来说，其重要性已与春秋战国以前的金文不能相提并论。在秦汉的阅读活动中，青铜器只属于特殊的阅读载体，居于次要的地位。摩崖与石碑作用特殊，为用较广，在秦汉时代的公文传播、私家事迹传播与儒家经典传播上都产生了广泛的影响。石刻文字虽然在日常阅读的作用上远不及帛书与简书，但在秦汉时代是极具时代特色的阅读对象。

## 三

图书是知识的承载者。从共性来讲,获取知识,开阔眼界,提高能力,增强识鉴,体验美感,娱悦身心,是人们进行阅读活动的基本目的。其中,获取知识又可以说是最为重要的诉求。对秦汉时代的阅读者来说,这一点尤其重要。然而,知识的形成、整理,特别是内容广泛、类别清晰的知识体系的建构,并非易事,需要经历一个漫长的过程。从先秦时期开始,中国古人已开始致力于知识整理与知识体系构建的尝试,不过一直到西汉晚期才最终完成。其标志是刘向、刘歆父子在校理群书过程中所完成的中国第一部群书总目——《七略》。

《七略》通过细致的图书分类与各个类别学术源流的客观叙述,第一次向人们展现了一个天地广阔、内容丰富、条贯清楚的知识世界。它超越了先秦时期文、史、子三个知识类别划分的局限与不足,提出了图书的"六分法",即《六艺略》《诸子略》《诗赋略》《兵书略》《方技略》《数术略》,从而全面揭示了各"略"(类)图书所包含的知识系统。此外,通过外在的分类,它也明确地表达了其所代表的官方价值观念。首先,以儒家"六经"居首,表彰经学;其次,广罗诸子、诗赋、兵书、方技与数术,尊崇实学;最后,甄别优劣,崇优黜劣。

《七略》的完成对读者的阅读产生了很大的影响:一是为读者开展自主阅读提供了基本的依据,二是为读者获得整体知识提供了条件,三是为读者了解知识源流和学习方法提供了便利。

## 四

个人阅读活动的开展必定会受到主客观条件的限制。就客观条件来说,一个时代图书的著述、收藏、校勘、注释、翻译的状况如何,直接关系到阅读活动的规模与质量,是考察阅读史时值得关注的方面。

秦朝存在的时间极短,今所知晓的公私著述成就主要是《三苍》《秦记》与秦律等,数量甚少。而汉朝历时绵远,文化发达,著述成果甚夥。它们主要属于经学、诸子、历史、文学、科技等领域,《汉书·艺文志》对此留下了比较详细的记载。其中,像司马迁的《史记》,班固的《汉书》,王充的《论衡》,郑玄的《毛诗笺》《三礼注》,何休的《春秋公羊传解诂》,许慎的《说文解字》等,或因新创体例文美事富,或因思想深刻议论风生,或因注释详明允为典要,成为历史上不可多得的经典。

中国藏书活动历史悠久。由于物质条件的改善和著述活动的发达,秦汉时期的藏书活动也进入新的发展阶段。两汉时期,政府一直重视官府藏书,曾几次在全国开展征集佚书的活动,大大充实了官府藏书的数量。在此基础上,政府组织专家对官府藏书进行整理与编目。规模最大的一次,是在汉成帝时由刘向、刘歆父子主持进行的。最后,刘向撰成《别录》,刘向、刘歆父子完成《七略》。此外,秦汉时期,尤其是汉朝的私人藏书活动,也开展得有声有色,涌现出不少藏书名家,像西汉的河间献王刘德和东汉的著名学者蔡邕,堪称这方面的代表。

古籍必须经过整理,才便于读者阅读,这早已成为常识,为读书人所习知。校勘,就是整理书籍的一种基本而重要的工作。早在汉朝,这项工作就开始进行了。刘向、刘歆父子主持的校理群书的活动,就属于政府组织的校勘工作。到了东汉,这一传统继续保持,政府曾多次组织学者开展官府藏书的校理工作。校理工作减少了原本的讹误,形成了新的文本,大大增强了文本的准确性和权威性。当时,除官府开展的校勘活动外,私人也注意进行文本的校勘。郑玄在遍注群书时,就兼事校勘,取得了可观的成就。他与刘向一样,成为后来校勘家膜拜的先驱。

注释,是古籍整理的另一项重要工作,也是文化传承的重要方式。汉朝的学者对注释工作具有独到的理解。许多学者倾注一生的精力与心血致力于古书的注释,不仅完成了很多重要的作品,而且形成了古籍注释的基本范式,功德巨大,赢得后世长久的赞誉。

翻译的妙处,古人早已发现,并尝试将其运用于多种著作之中。西汉的司马迁撰写《史记》时,就擅长将佶屈聱牙的《尚书》的文字,用汉朝平易好懂的文字翻译出来,从而开古汉语翻译成当时语言的先河。此外,秦汉时期,出于文化交流的实际需要,将少数民族或者外国的语言文字翻译成汉语言文字的翻译活动也经常进行,并取得了很大的成就。最显著的翻译活动是佛经的翻译。两汉之际传入中国的佛教,在东汉时期得到了很大的发展。在这个过程中,译经事业也发展起来了。域外来华的高僧安世高与支娄迦谶,积极译经,成就辉煌,成为东汉佛经翻译的两位大师,为后来的佛典翻译树立了典范。

## 五

在影响阅读的诸多因素中,教育无疑是非常重要的一个。一个时代的教育制度、教育方式和教育理念,都会对阅读者产生一定的影响。这一点,在秦汉时代也表现得非常明显。秦始皇时期,国家几乎取消了私学教育,只保留了不太完整的官学教育。秦朝灭亡以后,私学教育很快在各地得到恢复,并在后来的西汉王朝得到延续和发展。到了东汉,私学教育规模空前,繁荣兴旺。官学教育在汉朝也渐次恢复,汉武帝以后更是一路猛进,蓬勃发展。中央建立了太学,地方的郡县也建立了层次不同的郡学与县学。

在经学成为占统治地位的思想学说之后,无论是私学教育还是官学教育,都必然会受到经学的影响。换句话说,儒家的"五经"及相应的经籍就自然成为学生的基本读物。具体来说,首先是"五经"的经文；其次是各种不同体式的解释经文的文本，如"传""章句""解诂""说""记""注"等；最后是《论语》《孝经》及读经所不可或缺的各种字书。正是通过私学与官学，儒家的思想学说被灌输到学子的头脑之中，一批批统治者所需要的人才最终被塑造出来。

# 第一章 阅读活动的社会与政治环境

从表面来看,阅读活动主要是由独立的个体进行的,是一种具有浓厚的主观色彩和鲜明的个性特点的活动。但是,作为社会关系的总和,人的一切活动都会被深深地打上时代和社会的烙印。因此,每个人的阅读活动实际上都具有很强的时代性和社会性。一个时代的社会风尚、社会思潮,会制约读物的出版传播,会影响读者对读物的选择,从而促进某种阅读风气的形成和塑造。尽管读者个人未必能清楚地意识到这一点,但是无论如何,一个人的阅读活动是不可能脱离时代和社会的。

在中国古代的社会条件下,由于社会元素的独立性较弱,阅读的时代性与社会性主要体现在政治性上,因此,国家的政治制度、政治方略、政治措施等,都能够直接或间接地从人们的阅读活动中反映出来。读者选择读什么、不读什么,除受到主观审美因素的影响和客观条件的限制外,主要还是由政府的政策环境来决定和主导的。理性的政策环境,可以大大促进健康的阅读活动的开展,并收到较好的阅读效果。反之,粗暴而愚昧的政策环境,则会抑制正常的阅读活动的开展,从而给教育、文化与学术带来不利的后果,甚至是可怕的灾难。

## 第一节 秦朝:法家独秀与文化专制

秦始皇帝二十六年(前221),强大的秦军消灭了六国中的最后一个国家——齐国,完成统一大业,建立了中国历史上第一个中央集权的国家。从此,中国历史进入一个新的历史阶段。中央集权的政治制度必然要辅以专制的文化制度。推行法家路线,实行文化专制主义,成为秦王朝唯一的选择。

### 一、文化专制主义政策的制定

秦统一全国后,究竟选择哪种政治制度,成为摆在秦始皇面前的一个最重要的问题。是继续推行周代以贵族统治为精髓的分封制,还是实行战国时代出现的以选贤与能为核心的公卿制与郡县制?经过统治层的激烈论争,秦始皇赞成李斯的意见,放弃旧的贵族政治,顺应战国以来社会历史的发展进程,在中央建立三公九卿制度,在地方建立郡县制度。① 这是一种全新的制度,对促进中国历史的发展,维护国家的统一和民族的团结,发挥了积极的作用,并具有深远的影响。

中央集权的政治制度,作为一个新王朝统一的制度,在当时是一个崭新的事物。不过,就其历史渊源来讲,它早在战国时期就出现了。春秋末期王纲解纽,礼崩乐坏,统治秩序逐步遭到破坏。战国的一些统治者总结了过去的教训,通过变法活动,建立起一系列新的制

---

① 参见《史记》卷六《秦始皇本纪》,北京:中华书局,1975年,239页。

度。在政治制度方面,最突出的新内容有两项。一是出现了丞相制度。春秋时期,辅佐天子或诸侯的冢宰(或卿士)毫无例外都来自显赫的王族,而且职位世袭。战国时期,一些诸侯国开始打破这种旧的政治制度,以雇佣的方式,从没落贵族或者平民中间选择贤能之士担任宰相,从而开辟了前所未见的布衣将相之局。① 宰相制度的确立,意味着官僚制度的诞生。人无常贱,官无常贵,成为官僚制运行过程中的一个显著的现象。② 于是,商周以来的世卿世禄制就日益走向历史的尽头。二是出现了大量的郡县。郡县之设始于春秋末期,到战国时期开始盛行。当时,魏、赵、燕、秦等国都在边境地区设县,由中央直接派官员去管理其事务。随着县的数量逐渐增多,各国出于管理的需要又设置了郡——由郡来统辖诸县。由各个中央政府直接管辖的郡县范围的扩大,势必造成分封给贵族的区域的缩小。战国时期宰相制度与郡县制度的出现,实现了中央的公卿制与地方的守令制的有机结合,推动了分封制到郡县制的逐步转变,也促进了专制主义中央集权政治模式的诞生,为秦王朝在统一全国后全面推行新的政治制度进行了有益的探索和实践。

与政治上的集权统治相适应,在思想文化上秦始皇选择了专制主义路线。执行这样的路线,是与秦始皇巩固统治的愿望联系在一起的。国家统一以后,如何能使原来各自为政的六国,变成法令一

---

① 清代学者赵翼在《廿二史札记》卷二之《汉初布衣将相之局》中说:"自古皆封建诸侯,各君其国,卿大夫亦世其官,成例相沿,视为固然。其后积弊日甚,暴君荒主,既虐用其民,无有底止,强臣大族又篡弑相仍,祸乱不已。再并而为七国,益务战争,肝脑涂地,其势不得不变。而数千年世侯、世卿之局,一时亦难遽变,于是先从在下者起。游说则范雎、蔡泽、苏秦、张仪等,徒步而为相。征战则孙膑、白起、乐毅、廉颇、王翦等,白身而为将。此已开后世布衣将相之例。"见赵翼著,王树民校证:《廿二史札记校证》,北京:中华书局,1984年,36页。
② 齐思和在《战国制度考》中说:"贵族阶级垄断政治之制度既废,平民遂获得登上政治舞台之机会。战国平民仕进之途,大抵不出文学、游谈、武功、游侠四端。此皆以前未有之现象也。"见齐思和:《中国史探研》,北京:中华书局,1981年,110页。

统、基础牢固的新帝国,这是一个非常现实的问题。当时,六国的旧势力并不甘心其失败的结局,他们寻找种种可能的机会掀起反抗秦始皇的斗争;北方的匈奴异军突起,不断挥鞭南向,对刚刚诞生的秦王朝的国防安全构成严重的威胁。秦始皇看到了这些对其建立万世帝国不利的严重问题,并把它们作为社会的主要矛盾,采取狠厉的措施加以解决。为了防范旧势力复辟,彻底摧毁其社会基础,秦始皇把富豪 12 万户迁移到咸阳①,把一部分六国强宗迁到巴蜀、南阳、三川和赵地。② 为了破除异族威胁,保护中原地区的农耕文明,秦始皇实施积极预防的战略:在北方,派蒙恬统率 30 万大军抗御匈奴,并修筑万里长城这一军事工程;在南方,派国尉屠睢发兵 50 万进攻南越和西瓯,彻底征服了这些地区。然而,在短时间内取得这些军事上的重大胜利,其代价是相当沉重的。这要求国家必须维持一支庞大的军队,老百姓必须承担沉重的赋税和徭役。当时秦始皇这样做,违背了人民的意愿。长期遭受战争折磨的人民,终于迎来了国家的统一,他们希冀从此过上安定的生活。然而,秦始皇的一系列急政所带来的结果,却是"男子力耕不足粮饷,女子纺绩不足衣服"③,人民的生活陷于绝境。秦始皇自恃其强大的国家机器的力量,根本无视人民的疾苦,将其专制统治演变为酷虐的暴政。

秦始皇的暴虐统治,激起了一些儒生、方士的不满。在思想文化领域,他们通过传播儒家经典,宣传儒家的思想学说,以古非今,反抗现实的政治格局和各种政治措施。为击退思想异端的进攻,保持思想的一统与舆论的一律,秦始皇进行了极其残酷的文化专制统治,其手段之一就是"焚书"。

---

① 参见《史记》卷六《秦始皇本纪》,北京:中华书局,1975 年,239 页。
② 参见马非百:《秦集史》下册《迁民表》,北京:中国社会科学出版社,1982 年,917 页。
③ 《汉书》卷二十四上《食货志》,北京:中华书局,1962 年,1126 页。

"焚书",是秦始皇帝三十四年(前213)由丞相李斯首先提出的。博士淳于越利用秦始皇在咸阳宫置酒大会群臣的机会,建议师事殷周,恢复分封诸侯的制度。这是一个事关根本政治制度的重大议题,秦始皇动员公卿详议其得失。丞相李斯以法家思想为指导,旗帜鲜明,文辞犀利,向秦始皇提出了对策。他的对策不仅驳斥了淳于越建议之谬,而且提出了明确的反对恢复分封制的措施。他指出:

> 五帝不相复,三代不相袭,各以治,非其相反,时变异也。今陛下创大业,建万世之功,固非愚儒所知。且越言乃三代之事,何足法也?异时诸侯并争,厚招游学。今天下已定,法令出一。百姓当家则力农工,士则学习法令辟禁。今诸生不师今而学古,以非当世,惑乱黔首。丞相臣斯昧死言:古者天下散乱,莫之能一,是以诸侯并作,语皆道古以害今,饰虚言以乱实,人善其所私学,以非上之所建立。今皇帝并有天下,别黑白而定一尊。私学而相与非法教,人闻令下,则各以其学议之,入则心非,出则巷议,夸主以为名,异取以为高,率群下以造谤。如此弗禁,则主势降乎上,党与成乎下。禁之便。臣请史官非秦记皆烧之。非博士官所职,天下敢有藏《诗》《书》、百家语者,悉诣守、尉杂烧之。有敢偶语《诗》《书》者弃市。以古非今者族。吏见知不举者与同罪。令下三十日不烧,黥为城旦。所不去者,医药卜筮种树之书。若欲有学法令,以吏为师。①

李斯的意见和认识,可以说深得秦始皇之心。秦始皇完全接受了他的意见,并以法律形式下达各地,严令执行。今从一些秦墓所出土的文献主要属于法律性质来推测,当时"焚书"令的执行是非常严

---

① 《史记》卷六《秦始皇本纪》,北京:中华书局,1975年,254—255页。

格的。

　　书籍,是人类文明的结晶,是人类进步的阶梯。"焚书",无异于文化的毁灭、文明的沉沦。然而,秦始皇的文化专制政策尚不止于此。第二年,侯生、卢生等受到秦始皇尊崇并为其寻求"奇药"的方士,造语诽谤秦始皇,并相邀逃亡。秦始皇大怒,便将犯禁的文学方术之士 460 余人坑杀于咸阳,造成惨烈的"坑儒"事件。焚书坑儒,是秦王朝实施文化专制主义政策的最极端的措施,标志着秦朝文化专制主义政策的最终确立。① 当然,从秦始皇维护新兴的统治制度,保障皇权的稳固地位的角度来说,这些措施的选择是可以理解的。但是,其结果是毁灭了大量的古代文献,几乎中绝了知识与学术的绵延传递,造成了一个时代文化的浩劫与文明的衰落。

## 二、法家思想一统天下

　　西汉的董仲舒在批评秦朝的弊端时说:"(秦)师申商之法,行韩非之说,憎帝王之道,以贪狼为俗,非有文德以教训于下也。"②西汉人分析先朝的败政,讲得非常深刻。确实,秦朝文化专制主义政策的理论基础就是法家思想,这一点在前引李斯的对策中已经表达得非常清楚了。相传法家起源于"理官"③。郭沫若认为,"法家的产生应该

---

① 销毁图书作为一种统治术,早在战国时期就被采用了。《孟子·万章下》云:"北宫锜问曰:'周室班爵禄也,如何?'孟子曰:'其详不可得闻也。诸侯恶其害己也,而皆去其籍,然而轲也尝闻其略也。'"《韩非子·和氏》云:"商君教秦孝公以连什伍,设告坐之过,燔《诗》《书》而明法令,塞私门之请而遂公家之劳,禁游宦之民而显耕战之士。"可见,"焚书"并不是秦始皇的发明,他不过是袭用老谱罢了。参见张舜徽:《清人笔记条辨》卷四之《晚读书斋初录》,北京:中华书局,1986 年,149 页。
② 《汉书》卷五十六《董仲舒传》,北京:中华书局,1962 年,2510 页。
③ "法家者流,盖出于理官,信赏必罚,以辅礼制。《易》曰'先王以明罚饬法',此其所长也。"见《汉书》卷三十《艺文志》,北京:中华书局,1962 年,1736 页。

上溯到子产"①,也就是说,法家最早出现于春秋末期。当然,法家成为一个具有独特思想内容,与阴阳、儒、道、墨诸家并列的学术派别,是战国时期的事情。李悝、吴起、商鞅、申不害是前期法家最著名的代表人物,韩非、李斯则是后期法家的典型代表人物。作为法家理论的集大成者,韩非在总结批判前期法家理论的基础上,建立和完善了法家思想体系。法家所推崇的政治与社会的基本观念如下。

第一,加强君主权威。以丞相为首的百官必须完全听命于君主;君主要善于运用法、术、势三种手段,实现对百官的有效控制。

第二,强化法律效用。君主要把定法饬令放在极其重要的位置,不别亲疏,不殊贵贱,一任法律行事。

第三,发挥监察职能。君主要通过有效的监督,充分发挥官僚制度的行政效力,保证政令的畅通传播和有效贯彻执行。

第四,严格控制言论,实现社会舆论的统一。废弃儒家的《诗》《书》,不许是古非今。

第五,发展农业,抑制末业。通过奖励耕战和授予田宅的措施,鼓励百姓专心务农,为国效力。

第六,打击豪强,维护中小地主和自耕农的利益,稳固国家的统治基础。

法家的思想学说确实凝聚了积极进取的精神,代表了新兴地主阶级的利益,满足了希望社会变革的进步力量的要求,在当时产生了广泛的影响。在法家人士的影响和指导下,战国时期各国先后出现了轰轰烈烈的变法运动。其中秦孝公时期出现的商鞅变法,由于触及土地、田宅、民爵等事关百姓切身利益的关键问题,效果最为显著,影响也最为深远。它不仅为后来秦国的扩张和统一奠定了基础,而

---

① 郭沫若:《十批判书·前期法家的批判》,见《郭沫若全集》(历史编·第二卷),北京:人民出版社,1982年,312页。

且为秦始皇所奉行的思想路线定下了基调。

衣钵相传,风云际会。秦王嬴政主政时期,恰逢法家理论臻于成熟,这便使他对法家学说更加倾心向往。他读到韩非的《五蠹》《孤愤》时,曾经激赏其学说,竟感叹道:"嗟乎,寡人得见此人与之游,死不恨矣!"①可见,从秦孝公到秦王嬴政,信奉法家思想可谓一脉相承,而且随着统一进程向前推进,法家思想的统治地位不断得到越来越有力的强化。当然,对于秦国笃信法家思想的价值取向,吕不韦似有不同的意见。他主编的《吕氏春秋》,骨子里浸透了新道家的精神,呈现给读者的却是"杂家"的面貌。这种矛盾,实在是其内心苦衷一种不得已的表露。

应当承认,法家理论确实是一种富于进取性的理论,一种富于革命性的理论。但是,它本身也存在着致命的缺陷。法家理论把君主的权威强调到不适当的甚至荒谬的地步,根本无视人民的力量,与儒家强调民本和道家强调"道法自然"的思想相比,法家有着明显的差距。法家崇信法律,忽视道德教化的作用,蔑视人的尊严与能动的创造性,将人民完全看成法律纲维下的奴仆和任意塑造的玩偶。这与儒家强调人的刚健有为的观念相比,也自逊一筹。② 法家轻视知识与教育,也轻视历史传统。为了钳制民口,控制言论,秦始皇大肆焚毁图书,推行蒙昧主义,这与儒家尊师重道的价值观形成鲜明的对比。③ 嬴政建立的庞大帝国,只存在了 15 年便被农民起义的狂风暴雨击垮了。秦朝灭亡的原因固然非常复杂,不过纯任法家理论,采取僵硬的

---

① 《史记》卷六十三《老子韩非列传》,北京:中华书局,1975 年,2155 页。
② 《商君书·画策》云:"昔之能制天下者,必先制其民者也;能胜强敌者,必先胜其民者也。故胜民之本在制民,若冶于金、陶于土也。"见高亨:《商君书注译》,北京:中华书局,1974 年,137 页。
③ 《商君书·壹言》云:"故圣人之为国也,不法古,不修今,因世而为之治,度俗而为之法。"见高亨:《商君书注译》,北京:中华书局,1974 年,84 页。

统治思想，自然是一个不可忽略的重要因素。如果说当时人们囿于时代条件，尚不能完全看清楚法家思想学说的这种天然缺陷，那么经历了秦汉之际剧烈的社会变革的一些思想家，则对这种缺陷已经看得非常清楚了。西汉史学家司马迁之父司马谈，曾对法家的得失做过冷静的评论。在《论六家要旨》一文中，他说：

> 法家不别亲疏，不殊贵贱，一断于法，则亲亲尊尊之恩绝矣。可以行一时之计，而不可长用也，故曰"严而少恩"。若尊主卑臣，明分职不得相逾越，虽百家弗能改也。①

根据西汉刘歆《七略》而写成的《汉书·艺文志》，也发表过类似的看法：

> 法家者流，盖出于理官，信赏必罚，以辅礼制。《易》曰"先王以明罚饬法"，此其所长也。及刻者为之，则无教化，去仁爱，专任刑法而欲以致治，至于残害至亲，伤恩薄厚。②

司马谈属于道家，刘歆属于儒家，二人的思想立场不完全相同，但看法是相近的。应该说，他们对法家思想特点的认识是深刻的，评价也是客观的。

### 三、秦朝的文化建设与专制主义的消极影响

一个时代文化成果的产生和繁荣，是劳动人民和知识分子大胆

---

① 《史记》卷一百三十《太史公自序》，北京：中华书局，1975年，3291页。
② 《汉书》卷三十《艺文志》，北京：中华书局，1962年，1736页。

创作和长期积累的结果。秦王朝国祚极短,只有短短的15年。在如此短暂的时间,期望它在文化和学术上创造出异常丰富的成果不是一种现实的态度,而是一种非历史主义的苛求。然而事实上,秦王朝在以文字改革为核心内容的文化创造上还是取得了重大的成就。它承前启后,光耀千古,与秦朝的政治制度一样对中华民族的统一与凝聚产生了深远的影响。当然也不能不看到,秦朝推行极端的文化专制主义政策,确实严重地抑制了整个社会的教育、文化与学术活动的进步,产生了很大的消极影响。

维护政权稳定,促进国家统一,是秦王朝建立以后所面临的最为迫切的政治任务。秦朝的文化建设、教育和阅读活动自然与此保持了较为紧密的联系,从而形成鲜明的时代特色。秦朝的文化建设以及相应的教育与阅读活动,集中体现在下列两个方面。

第一,统一文字。

中国的先民在很早的时代就创造了文字,并掌握了利用复杂的文字符号来记载语言、观念及活动的技能。今天可见的中国最早的文字是殷商时代的甲骨文,而它已经脱离了幼稚的阶段,完全具备了"六书"①的属性,属于一种成熟的文字。商周的文字在演变发展的过程中,由于地域的阻隔,在战国时期形成东方与西方两种系统。东方六国所使用的文字汉人称为古文,而西方秦国所使用的文字称为籀文,也就是大篆。大篆笔画繁多,字形复杂,不易被认识和掌握。秦

---

① 六书,是中国传统的"造字"理论。当然,自是先有其实,后立其名。对于它的具体名称与次第,古书的说法略有不同。班固《汉书·艺文志》谓象形、象事、象意、象声、转注、假借。《周礼·地官·保氏》郑玄注引东汉郑众的说法,谓象形、会意、转注、处事、假借、谐声。东汉许慎《说文解字·叙》谓指事、象形、形声、会意、转注、假借。对此,张舜徽分析说:"三家所闻不同,义各有当。若言择善而执,则名称以许说为长,而次第以班《志》为允。故近世言六书者,谓为象形、指事、会意、形声、转注、假借。约定俗成,殆无异论矣。"见张舜徽:《说文解字约注》(下)卷二十九《叙》,郑州:中州书画社,1983年,4页。

统一全国后,要推行统一的政令和统一的制度,必须首先统一文字。丞相李斯与其他重要人物如中车府令赵高、太史令胡母敬等人主持和参与了这一工作。李斯编写了《仓颉篇》七章,赵高编写了《爱历篇》六章,胡母敬编写了《博学篇》七章。这三部书都是为学童提供的识字课本,采用四字一句的歌括体,如"幼子承诏""考妣延年"等,与后世的《千字文》类似,极便于学童朗读记诵。各部书的文字内容取材于用大篆写成的《史籀篇》,全部文字用所谓"秦篆"写出。秦篆即是小篆。这三部书的完成标志着秦朝文字统一工作取得了重大的进展,对于政令的推行、统一的教育目标的实现,发挥了重要的作用。为了更为有效地扩大小篆的影响,当时一些非常重要的法律、诏令,在传播过程中也都采用小篆字体。它们被镌刻或铸造在石壁、铜权、铁权、铜量及铜质诏版等载体上,随着法令内容一起被传播到全国各地。①

与大篆相比,小篆虽然笔画大大简约了,但毕竟还是一种字形复杂烦琐的文字,并不适应中央集权制度下繁杂的行政公文往来和人们日常生活用字的需求。于是,在实践中小篆得到了进一步简化,从而形成了更为简便的文字——隶书。关于隶书的起源,汉朝学者的看法基本相同,认为它的产生与秦朝的虐政有关,系因狱案繁多,簿书填委,才创造出这种专用于徒隶事务的简易文字。《汉书·艺文志》说:"是时始造隶书矣,起于官狱多事,苟趋省易,施之于徒隶也。"②许慎《说文解字·叙》也说:"秦烧灭经书,涤除旧典,大发吏卒,

---

① 统一六国后,秦始皇曾数次到各地巡视,所发布的一些法律文告,相传都由李斯用小篆书写,刻于石壁上,如著名的峄山刻石、泰山刻石等。详见《史记》卷六《秦始皇本纪》。后世出土的秦朝文物,主要是权、量和诏版,都铸有秦始皇帝二十六年统一天下的小篆体诏文。参见马非百:《秦集史》下册《金石志》,北京:中国社会科学出版社,1982年,756—758页。
② 《汉书》卷三十《艺文志》,北京:中华书局,1962年,1721页。

兴成役,官狱职务繁,初有隶书,以趣约易,而古文由此绝矣。"①从汉字的发展源流来看,字形简化与书写简便是一个重要的价值取向。所以,隶书"以趣约易",既是其诞生的原因,也是人们期望得到的结果。至于其产生原初是否因为狱案繁多,恐怕也倒未必。汉人的说法似乎包含着一定的想当然的成分,倒是后来西晋卫恒所讲到的原因也许更为平实。卫恒在《四体书势》中说:"秦既用篆,奏事繁多,篆字难成,即令隶人佐书,曰隶字。……隶书者,篆之捷也。"②

秦朝的隶书,是适应行政事务的需要而对篆书的一种简化,亦非短时间所能完成。把这样一种创造归功于程邈,与仓颉造字、蒙恬造笔等传说一样,还是属于传统的圣贤创物的思维。由于笔画简约,易于识读书写,因此秦隶比小篆更为流行。今从地下出土的大量秦朝文献来看,带着鲜明的脱胎痕迹的秦隶,在当时确实得到了广泛的使用。对此,今人李学勤的总结颇有说服力:"隶书的兴起,是出于秦官吏处理法律刑狱事务的需要,以其涉及徒隶之事,故有隶书之名。汉唐间人多主张隶书是秦始皇帝命程邈所作,实则战国晚期秦兵器铭文的字体,已向隶书趋近。云梦睡虎地出土的简牍,统统是隶书,时代也多在程邈之前。估计程邈的作用,是使隶书更规范化而已。"③

第二,制定法律。

制定成文法是春秋晚期出现的一种新的政治举措。晋铸刑鼎、子产铸刑书,在当时产生了很大的影响。战国时期,制定成文法更是成为一种新的运动,魏国由李悝完成的《法经》,成为中国古代立法史上具有划时代意义的法典。由于深受法家思想学说的影响,因此自商鞅变法以来,秦国历代一直非常注意成文立法与法律教育活动。

---

① 许慎撰,段玉裁注:《说文解字注》,上海:上海古籍出版社,1981年,758页。
② 《晋书》卷三十六《卫瓘传》附《卫恒传》,北京:中华书局,1974年,1064页。
③ 李学勤:《东周与秦代文明》(增订本),北京:人民出版社,1991年,368页。

秦始皇统一全国后,建立了新的政治制度,进一步强化法律在社会生活中的地位和作用;修订旧法与制定新法并举,形成了一个内容丰富、规范细致的庞大的成文法体系。1975年12月在湖北省云梦睡虎地11号秦墓所发现的大量秦朝竹简,主要是法律文书,其中包括秦律18种。一同出土的《编年纪》止于秦始皇帝三十年(前217),可证墓主人卒于秦始皇时期。当然,现在已经很难分清制定各律的具体时间,但有一点是清楚的,即它们都是墓主人生前在工作中所使用的一些现行法律,否则就不会作为随葬品去陪伴墓主人了。从出土的秦简中,不仅可以看到秦朝法律文书的面貌,而且可以认识秦朝在立法上所取得的巨大成就。其实,秦始皇时期的立法活动在传世文献中也多有反映。秦朝法律形式的主干是律和令,凡制诏都属于法律的范畴。秦始皇统一全国后实施的各种重要举措,无不通过法律的形式发布于全国。除了律令,各种司法解释也是重要的法律文献。睡虎地秦简中的《法律答问》《封诊式》就属于此类,它们成为秦朝律令制法律体系重要的组成部分。

战国时期的法家认为,"法令者民之命也,为治之本也,所以备民也"[①]。既然法律是治民的重要工具,为百姓生命所系,那么官吏明法与百姓学法就成了一件十分要紧的事情。法家先驱商鞅明确主张,法律制定以后,就要迅速地进行传播;负责法律事务的官吏首先要明白其条文的含义,掌握其内容;然后主法之吏作为老师,向天下万民宣传法律,最终让人们都能了解法律的内容。一旦百姓了解和明白法律规定的内容,则官吏不仅不敢玩法欺民,百姓也不敢干犯法禁了。商鞅畅论其旨说:

> 吏明知民知法令也,故吏不敢以非法遇民,民不敢犯法以干

---

① 高亨:《商君书注译》,北京:中华书局,1974年,190页。

法官也。……故圣人为法,必使之明白易知,名正,愚知遍能知之;为置法官,置主法之吏,以为天下师,令万民无陷于险危。故圣人立,天下而无刑死者,非不刑杀也,行法令,明白易知,为置法官吏为之师,以道之知,万民皆知所避就,避祸就福,而皆以自治也。故明主因治而终治之,故天下大治也。①

商鞅的这套学说,涉及法律教育与法律传播,表现出进步的认识。后来秦始皇将这种做法继承下来,并采用尽可能多的方式来发布法律,以收法律教育与法律传播之效。从史传来看,秦始皇在位时所制定的一些诏令,都公开发布,向全国进行广泛的传播。特别是秦始皇东巡各地时发布的赞颂秦德和国家统一的文字,都镌刻在石壁上,供万民观览。同时,秦朝也尽量利用人们日常所使用的度量衡器物铸刻诏令,把国家统一的重大信息传播到各个地区和各个阶层。地方行政机关同样如此。睡虎地秦简中的《语书》,是南郡守腾向所属县道官员发布的行政文书,它也提供了地方官让吏民"明法"的实例。《语书》说:

故腾为是而修法律令、田令及为间私方而下之,令吏明布,令吏民皆明智(知)之,毋巨(讵)于罪。②

出自地方官的这篇文告,表明秦朝公布法律已经成为一种制度性的做法。与此相应,阅读法律与学习法律在秦人的生活中也应占有一定的分量。后来,汉朝人普遍重视阅读法律、学习法律,这恐与秦朝所形成的传统有一定的关系。

---

① 高亨:《商君书注译》,北京:中华书局,1974年,188—192页。
② 睡虎地秦墓竹简整理小组:《睡虎地秦墓竹简》,北京:文物出版社,1978年,15页。

秦朝统一文字与制定法律的成就彪炳史册。由于秦始皇推行极端的文化专制主义政策，因此秦朝的文化园地整体上还是花残叶败，满目荒芜，可供阅读的读物并不多。虽然人们也相信当时官府藏书的数量可能并不在少数，但由于《挟书律》的限制和打击，实际上民间流传的图书数量极其有限，可读之书非常之少。除了一些识字文本、法律文献以及允许保存的日常实用的医药、卜筮、种树书籍，人们很少能够接触到其他的读物。崭新的秦政与空前的书荒联系在一起，秦祚的短命是历史的偶然性使然，还是一种不能逃脱的宿命？即使没有历史癖，恐怕也应该去思考这个问题。

## 第二节　西汉：从百家殊方到独尊儒术

秦二世皇帝元年（前209），陈胜、吴广首倡于前，项羽、刘邦继踵于后的轰轰烈烈的农民大起义爆发，并推翻了秦朝的统治。之后刘邦又彻底消灭了项羽的势力，建立了汉朝，史称西汉。西汉的开国元勋采取理性务实的态度，在全面继承秦朝基本政治制度的同时，力除秦朝的苛政，并长期推行轻徭薄赋、与民休息的宽松政策。在思想文化方面，汉初70多年，政府一直奉行黄老学说，儒、道、名、法、阴阳、纵横各家著书立说，重新活跃于世。由于废除了秦朝的《挟书律》，人们可以自由地藏书、读书，一个生机勃勃的阅读环境与创作局面出现了。汉武帝执政后，整个地主阶级迫切要求改变黄老无为的态势，强化皇权，重振国威。汉武帝接受了董仲舒的建议，罢黜百家，独尊儒术，正式把儒家思想作为统治思想，将其上升到国家意识形态的地位。于是以儒家经典为核心，形成了一套新的学问——经学。经学的独尊地位和经学传授的严格的家法与师法的限制，不仅严重地局限了学者的阅读视野，而且日益使经学本身走向烦琐与荒诞。西汉中期以后，汉人在文化上的创造力受到了抑制，文化与学术趋向衰落。西汉文化学术的这种走向，对当时的学风与阅读风气都产生了直接的影响。

## 一、黄老政治环境中的文化形态

西汉建立后，国家残破，民不聊生。面对贫穷已极的百姓，西汉的统治者选择了黄老道家思想作为指导思想，全面推行黄老政治。黄老思想大约形成于战国晚期，以道家为主，吸收法家、名家的一些内容，崇尚无为，主张法术，反对暴政，反对扰民。黄老思想在楚汉之际极为流行，西汉统治集团中信奉者极多。在黄老思想指导下，在继承秦朝根本制度的条件下，汉初70多年大力革除各种苛政，努力营造一个轻徭薄赋、与民休息的宽松环境。

汉朝实行郡国分治的制度。各郡由中央直接管辖，各诸侯王国则由诸侯王管辖，中央政府只派一名相监督诸侯王的活动。汉武帝以前，诸侯王国地域广大，经济力量雄厚，政治上保持了很大的独立性。凡此种种，都是推行黄老政治的结果。在实施黄老政治的过程中，汉初的文化呈现出新的形态。具体而言，主要表现在如下几个方面。

第一，出现了多个文化中心。

西汉立国之初，兵事未息，兴学校、办教育之事不遑顾及，京城长安尚未真正成为全国的文化中心。一些诸侯王国则力量膨胀，其都城人口众多，经济繁荣，不仅成为重要的经济中心，而且文人荟萃，游士云集，成为不逊于长安的文化中心。齐鲁地区有着深厚的学术传

统,是最著名的儒学重地。《史记·儒林列传》说:

> 夫齐鲁之间于文学,自古以来,其天性也。故汉兴,然后诸儒始得修其经艺,讲习大射乡饮之礼。①

此地成为汉朝儒学的复兴之地,叔孙通、申公等儒学之士都诞生其间,可谓名家辈出,学子如林,阅读风气甚为浓厚,对汉朝政治和学术文化产生了深远的影响。

吴国是高祖侄子刘濞的封地。因吴地富庶,吴王心怀政治野心,"招致四方游士,(邹)阳与吴严忌、枚乘等俱仕吴,皆以文辩著名"②,汉初一个著名的文学活动中心从而形成。

梁国是汉文帝少子刘武的封地。因梁王最为母亲窦太后所钟爱,故其封国"居天下膏腴地。地北界泰山,西至高阳,四十余城,皆多大县"③。梁王不仅大筑宫室,广建园囿,而且"招延四方豪杰,自山以东游说之士,莫不毕至,齐人羊胜、公孙诡、邹阳之属"④。梁国也吸引了年轻的文学家司马相如的游踪。《汉书·司马相如传》说:

> 会景帝不好辞赋,是时梁孝王来朝,从游说之士齐人邹阳、淮阴枚乘、吴严忌夫子之徒,相如见而说之,因病免,客游梁,得与诸侯游士居,数岁,乃著《子虚之赋》。⑤

---

① 《史记》卷一百二十一《儒林列传》,北京:中华书局,1975年,3117页。
② 《汉书》卷五十一《贾邹枚路传》,北京:中华书局,1962年,2338页。
③ 《史记》卷五十八《梁孝王世家》,北京:中华书局,1975年,2082—2083页。
④ 《史记》卷五十八《梁孝王世家》,北京:中华书局,1975年,2083页。《汉书·贾邹枚路传》云:"是时,景帝少弟梁孝王贵盛,亦待士。于是邹阳、枚乘、严忌知吴不可说,皆去之梁,从孝王游。"见《汉书》卷五十一《贾邹枚路传》,北京:中华书局,1962年,2343页。
⑤ 《汉书》卷五十七上《司马相如传》,北京:中华书局,1962年,2529页。

梁王喜好辞赋,追慕而至者多为当时著名的文学之士,梁国自然也是汉初重要的文学中心。

淮南国是高祖少子刘长的封国。汉文帝时刘长叛乱失败,被迁徙于蜀地,后来他不食而死,其子刘安嗣为淮南王。《汉书·淮南衡山济北王传》描述刘安的赋性说:

> 淮南王安为人好书,鼓琴,不喜弋猎狗马驰骋,亦欲以行阴德拊循百姓,流名誉。招致宾客方术之士数千人,作为《内书》二十一篇,《外书》甚众,又有《中篇》八卷,言神仙黄白之术,亦二十余万言。时武帝方好艺文,以安属为诸父,辩博善为文辞,甚尊重之。①

刘安组织编写的就是著名的《淮南子》。当时他周围积聚的人士除了文学之士,还有许多方术之士,淮南国可以称得上是当时重要的哲学中心。

河间国是景帝之子刘德的封地。刘德是一个极好收藏古籍的人物,史称河间献王"修学好古,实事求是"②。他"从民得善书,必为好写与之,留其真,加金帛赐以招之。由是四方道术之人不远千里,或有先祖旧书,多奉以奏献王者,故得书多,与汉朝等。……献王所得书皆古文先秦旧书,《周官》《尚书》《礼》《礼记》《孟子》《老子》之属,皆经传说记,七十子之徒所论。其学举六艺,立《毛氏诗》《左氏春秋》博士。修礼乐,被服儒术,造次必于儒者。山东诸儒多从而游"③。刘德爱好儒学,也迷恋图书收藏和阅读,以至"山东诸儒多从而游"。河间

---

① 《汉书》卷四十四《淮南衡山济北王传》,北京:中华书局,1962年,2145页。
② 《汉书》卷五十三《景十三王传》,北京:中华书局,1962年,2410页。
③ 《汉书》卷五十三《景十三王传》,北京:中华书局,1962年,2410页。

国也是富于收藏和人才荟萃的文化中心。

汉初多个文化中心的形成，有其特殊的历史条件，是中央集权政治衰弱而诸侯势力隆盛的产物。中央政权无暇或无力有效地控制地方，遂为地方的文化发展创造了有利的环境。在这样的环境中，人们阅读的选择、学风的培养，都趋向自由的方向发展，而朝廷的干预与限制较少。贾谊、孔安国、申培、董仲舒、司马谈、司马迁、司马相如、枚乘、邹阳等一大批著名学者、文士，可以说都是在这样的环境中成长起来的。博达疏通、气象豪迈，成为汉初最具有时代特征的学风特点。然而，随着中央集权的加强，诸侯力量日益式微，京城强势地位最终形成，多个文化中心自然要被京城的一元文化中心所取代，汉朝的文化学术从此出现了另一派面貌。

第二，先秦儒家文献开始公开传播。

秦始皇通过"焚书"和制定《挟书律》，对所谓非法藏书活动予以严厉的打击。在这种情况下，一些儒生还是冒着生命危险将一些古籍隐藏起来。汉惠帝四年（前191），国家正式废除《挟书律》，开始为私人藏书活动提供合法的条件。于是，一些先秦文献，或者经老师宿儒口头传授，或者被从秘藏处所拿出来公之于众。《左传》是记载春秋历史的编年体史书，为《春秋》三传之一，即由北平侯张苍献给朝廷。此说见于陆德明《经典释文·序录》，吴承仕在《经典释文序录疏证》中，曾对张苍传授《左传》的源流进行梳理：

> 张苍受自荀卿，《志》有《张氏微》十篇，沈钦韩疑张苍作。汉兴而献《春秋左氏传》，此西京中秘有《春秋古经》及《左传》之始，盖当高帝之时，故汉廷《谟》《诰》皆引其文。其行于民间者，则张苍作《历谱》《五德》，见《史记·十二诸侯年表》。贾谊作《训故》，

见《汉书·儒林传》。①

《尚书》是商周历史文献的汇编,也是儒家的重要经典,历秦火而不亡,被大儒伏生保存下来,加以传授。《史记·儒林列传》说:

> 伏生者,济南人也。故为秦博士。孝文帝时,欲求能治《尚书》者,天下无有,乃闻伏生能治,欲召之。是时伏生年九十余,老,不能行,于是乃诏太常使掌故朝错往受之。秦时焚书,伏生壁藏之。其后兵大起,流亡,汉定,伏生求其书,亡数十篇,独得二十九篇,即以教于齐鲁之间。②

伏生所传,即所谓《今文尚书》。

《周礼》又称《周官》,为"三礼"之一,记载了先秦的职官制度,保存了重要的历史资料。陆德明《经典释文·序录》记其传授源流,提到"景帝时,河间献王好古,得古《礼》献之",其中包含《周礼》6篇,其根据是东汉郑玄的《六艺论》。③ 不过,他同时又引"或曰",指出另一个传授途径:

> 或曰:河间献王开献书之路,时有李氏上《周官》五篇,失《事官》一篇,乃购千金不得,取《考工记》以补之。④

---

① 吴承仕:《经典释文序录疏证》,北京:北京师范大学出版社,1984年,122—123页。
② 《史记》卷一百二十一《儒林列传》,北京:中华书局,1975年,3124—3125页。
③ 陆德明:《经典释文·序录》,见吴承仕《经典释文序录疏证》,北京:北京师范大学出版社,1984年,96页。
④ 陆德明:《经典释文·序录》,见吴承仕《经典释文序录疏证》,北京:北京师范大学出版社,1984年,96页。

《孝经》也经过壁藏,汉惠帝时河间人颜贞将其取出来献给朝廷。《经典释文·序录》说:

> 《孝经》者,孔子为弟子曾参说孝道,因明天子庶人五等之孝、事亲之法。亦遭焚烬,河间人颜芝为秦禁,藏之。汉氏尊学,芝子贞出之,是为今文。①

上述各书都是在汉朝尊儒以后,人们主动地将壁藏儒家古籍公之于众的例子。除此之外,汉景帝时,皇子鲁恭王刘余因扩修宫室,拆毁孔子家旧宅,还偶然发现了大批珍贵的古籍,这就是历史上著名的"孔壁遗书"。《汉书》的《景十三王传》《楚元王传》以及《艺文志》中,对之皆有记载,其中尤以后者为详细:

> 武帝末,鲁共王坏孔子宅,欲以广其宫,而得《古文尚书》及《礼记》《论语》《孝经》凡数十篇,皆古字也。②

汉人所说的"古字"就是六国时的文字,所以孔壁遗书就被称为古文经,而以当时流行的隶书抄写的经籍就被称为今文经。古文经的发现,极大地丰富了经籍的内容,提供了更多的可供阅读的经学经典。其内容的差异,也推动人们以不同的眼光和思维去看待经学,从而引起了中国文化史上今古文经长期的论争。

总之,由于汉初文化政策的根本变化,壁藏图书开始陆续出现,成为人们公开传播、阅读的对象。读物的增加和丰富,阅读的公开和合

---

① 陆德明:《经典释文·序录》,见吴承仕《经典释文序录疏证》,北京:北京师范大学出版社,1984年,133页。
② 《汉书》卷三十《艺文志》,北京:中华书局,1962年,1706页。

法，为汉朝乃至后来中国学术文化的发展、繁荣，奠定了坚实的基础。

第三，著书立说，趋于活跃。

从农民起义的烈火中诞生的西汉政权，除暴政，施仁惠，与民更始，让志学之士受到极大的鼓舞，而汉初宽松的政治气氛，又进一步点燃了他们著书立说的热情。于是，或者总结亡秦的教训，或者歌颂大汉的仁恩，或者记载历代兴亡的历史，或者提供治国安邦的对策，一部部大著相继问世，呈现出一派粲然可观的局面。《汉书·艺文志》对这一时期基本的著述情况，进行了著录。陆贾的《新语》《楚汉春秋》，蒯通的《隽永》，贾谊的《新书》，贾山的《至言》，晁错的《贤良文学对策》，司马谈的《论六家要旨》，伏生的《尚书大传》，董仲舒的《春秋繁露》，淮南王刘安主编的《淮南子》等，都是比较重要的作品，对当时的政治与学术产生了很大的影响。1972 年，湖南长沙马王堆西汉墓出土了一批珍贵的帛书，内容除《周易》《老子》《战国纵横家书》《经法》等先秦古籍外，还有几种无名氏的作品。据专家的考证，这些作品产生的时代都是汉初。可见，当时在民间流传而未得到著录的作品，并不在少数。汉初的著作情况再一次表明，要繁荣文学、艺术、科学作品的创作，必须要有宽松的政治环境。

第四，创办私学，再显繁荣。

春秋晚期，私学兴起。孔子因率先兴办私学而声名远播，成为中国古代著名的教育家。战国时期，私学进一步发展。秦始皇"焚书"之前，私学尚存。《史记·留侯世家》中说："良尝学礼淮阳，东见仓海君。"①《汉书·楚元王传》说："楚元王交字游，高祖同父少弟也。好书，多材艺。少时尝与鲁穆生、白生、申公俱受《诗》于浮丘伯。伯者，孙卿门人也。及秦焚书，各别去。"②这都是秦朝曾有私学的显证。但

---

① 《史记》卷五十五《留侯世家》，北京：中华书局，1975 年，2034 页。
② 《汉书》卷三十六《楚元王传》，北京：中华书局，1962 年，1921 页。

是"焚书"事件发生之后,政府禁止传习《诗》《书》等儒家经典,实际上把私学取消了。秦亡以后,各地的私学又悄然恢复。《史记·儒林列传》记载:"及高皇帝诛项籍,举兵围鲁,鲁中诸儒尚讲诵习礼乐,弦歌之音不绝。"①《史记·刘敬叔孙通列传》亦载:"叔孙通之降汉,从儒生弟子百余人,然通无所言进,专言诸故群盗壮士进之。弟子皆窃骂曰:'事先生数岁,幸得从降汉,今不能进臣等,专言大猾,何也?'"②这说明楚汉相争时各地都恢复了私学。汉初,政府大力兴学,私学不断走向繁荣,最终成为汉朝一种重要的教育方式。

私学的教育内容分为小学与专学两种。小学属于蒙学,受业者通过学习,了解基本汉字的读音与含义,获得读书、作文的基本能力。专学属于层次较高的教育,受业者开始学习专门的经书或专门的知识。社会上的一些学馆,是提供私学教育的基本场所。有一些学者虽不开设学馆,但也接受一些前来受学的弟子,向他们传授专门的经典。这些老师中,不乏大儒。"言《易》自淄川田生;言《书》自济南伏生;言《诗》,于鲁则申培公,于齐则辕固生,燕则韩太傅;言《礼》,则鲁高堂生;言《春秋》,于齐则胡母生,于赵则董仲舒。"③除了传授儒家的经典,汉初的私学还传授法家、名家及杂家的学问。如《史记·袁盎晁错列传》提到张恢专门教授申商刑名,《史记·韩长孺列传》提到田生教授韩子与杂学。这些开展私学教育的老师,往往门下弟子甚众。鲁国的申公,曾从浮丘伯学《诗》,成为《鲁诗》开山。他居家教授,"弟子自远方至受业者千余人"④。济南伏生独传《尚书》29篇,"即以教

---

① 《史记》卷一百二十一《儒林列传》,北京:中华书局,1975年,3117页。
② 《史记》卷九十九《刘敬叔孙通列传》,北京:中华书局,1975年,2721页。
③ 《汉书》卷八十八《儒林传》,北京:中华书局,1962年,3593页。
④ 《汉书》卷八十八《儒林传》,北京:中华书局,1962年,3608页。按:《史记·儒林列传》作"弟子自远方至受业者百余人"。

于齐鲁之间。学者由是颇能言《尚书》,诸山东大师无不涉《尚书》以教矣"①。齐人胡母生治《公羊春秋》,汉景帝时任博士。胡母生年老退休后,"归教于齐,齐之言《春秋》者宗事之"②。当时,还有一些官员身份的人也设帐授徒。如燕人韩婴,通《诗》《易》,汉文帝时为博士,汉景帝时为常山太傅,他传授《韩诗》与《周易》,"燕赵间言《诗》者由韩生"③,影响很大。孔安国任谏大夫,精通《古文尚书》,胶东庸生与司马迁都曾专门向他学习。④ 汉景帝时董仲舒为博士,"下帷讲诵,弟子传以久次相受业"⑤。从事私学活动的人非常多,这就为一个人转益多师创造了条件。当时一些倾心向学、不满足于一师一学的人,往往跟随不同的老师学习,以获得更多的知识。司马迁的父亲司马谈就是如此。《史记·太史公自序》记述司马谈的学习经历说:"太史公学天官于唐都,受《易》于杨何,习道论于黄子。"司马迁则从孔安国学习《古文尚书》,从董仲舒学习《公羊春秋》。⑥

在黄老思想指导下形成的西汉初年无为而治的政局,带来了文化形态的多样化,大大促进了汉朝文化学术的恢复与发展。然而,这种状况与专制制度的本质是不相容的。一旦条件成熟,政治必将从无为转向有为,文化学术也必将从缺乏中心引领的多样化形态,转向由某种统治思想一以贯之的一统形态。

---

① 《史记》卷一百二十一《儒林列传》,北京:中华书局,1975年,3124—3125页。
② 《汉书》卷八十八《儒林传》,北京:中华书局,1962年,3616页。
③ 《汉书》卷八十八《儒林传》,北京:中华书局,1962年,3613页。
④ 参见《汉书》卷八十八《儒林传》,北京:中华书局,1962年,3607页。
⑤ 《史记》卷一百二十一《儒林列传》,北京:中华书局,1975年,3127页。
⑥ 司马迁从孔安国与董仲舒学习,史有明文。《汉书·儒林传》云:"孔氏有古文《尚书》,孔安国以今文读之……而司马迁亦从安国问故。迁书载《尧典》《禹贡》《洪范》《微子》《金縢》诸篇,多古文说。"(见《汉书》卷八十八《儒林传》,北京:中华书局,1962年,3607页)《史记·太史公自序》中司马迁记其与上大夫壶遂就孔子为何作《春秋》的问题而辩难时,引董仲舒的长篇大论云:"余闻董生曰……"(见《史记》卷一百三十《太史公自序》,北京:中华书局,1975年,3297页)

## 二、独尊儒术

对于儒、墨、道、法、名、农、纵横、阴阳、小说等先秦诸子学派,东汉班固曾引《周易》"天下同归而殊途,一致而百虑"①的古训评价它们的功用。但是,毋庸置疑,诸子各家的思想内容与政治主张毕竟存在一定的差别,有的则是水火不容的。秦朝法家独秀,抑制、排斥其他诸子学派。等到秦亡以后,黄老学说兴起,其他各家也重新活跃起来,讲求其学者不少。汉初70多年,在崇尚黄老思想的政治环境中,诸子百家基本上和在战国时期一样,各有讲诵,只是黄老学说更为隆盛一些。从史传来看,黄老道家确实是当时的显学,朝野上下,从信者极多。开国功臣中的曹参、陈平是著名的黄老派②;汉文帝时,窦皇后笃信黄老,也影响太子与窦姓亲属信仰黄老③;汉武帝时的名臣汲黯和太史公司马谈信奉黄老④;宗室刘德信奉黄老。⑤ 从《老子》一书

---

① 见《汉书》卷三十《艺文志》"诸子类"小序,北京:中华书局,1962年,1746页。
② 《史记·曹相国世家》记曹参任齐相时,礼请盖公,云:"闻胶西有盖公,善治黄老言,使人厚币请之。既见盖公,盖公为言治道贵清静而民自定,推此类具言之。参于是避正堂,舍盖公焉。其治要用黄老术,故相齐九年,齐国安集,大称贤相。"(见《史记》卷五十四《曹相国世家》,北京:中华书局,1975年,2029页)《史记·陈丞相世家》云:"太史公曰:'陈丞相平少时,本好黄帝、老子之术。'"(见《史记》卷五十六《陈丞相世家》,北京:中华书局,1975年,2062页)
③ 《史记·外戚世家》云:"窦太后好黄帝、老子言,帝及太子诸窦不得不读《黄帝》《老子》,尊其术。"见《史记》卷四十九《外戚世家》,北京:中华书局,1975年,1975页。
④ 《史记·汲郑列传》云:"(汲)黯学黄老之言,治官理民,好清静,择丞史而任之。其治,责大指而已,不苛小。"(见《史记》卷一百二十《汲郑列传》,北京:中华书局,1975年,3105页)《史记·太史公自序》中司马迁述其父司马谈的学术渊源云:"太史公学天官于唐都,受《易》于杨何,习道论于黄子。"(见《史记》卷一百三十《太史公自序》,北京:中华书局,1975年,3288页)按:道论,即黄老学说中所强调的"君人南面之术"。详参见张舜徽:《周秦道论发微》,北京:中华书局,1983年,32页。
⑤ "(刘)德字路叔,修黄老术,有智略。"见《汉书》卷三十六《楚元王传》,北京:中华书局,1962年,1927页。

有著名的河上公注，长沙马王堆汉墓发现帛书《老子》甲、乙本和宗主黄老思想的《十大经》《经法》这些文献的事实来看，当时民间黄老学说的信奉者也是很多的。

黄老道家兴盛的同时，原来备受贬抑的儒家学说也在各地重新传播开来，尤其在儒学的诞生地齐鲁一带，信仰活动更是兴盛异常。

楚汉战争为纵横家大显身手提供了广阔的舞台。郦食其凭其三寸不烂之舌，不费一兵一卒，替刘邦拿下齐国70余城。① 蒯通同样关注时事，出谋划策，鼓动韩信背叛刘邦，与刘、项三分天下，并且著《隽永》81首，以表现其不凡的才思。②

秦朝灭亡，法家不再受宠，但是有人继续传播和接受法家学说。史称汉文帝"本好刑名之言"③。"颇通诸子百家之言"的贾谊，年少时曾跟随吴公学习，而这位吴公"故与李斯同邑而常学事焉"④，则贾谊从吴公主要是学法家之学。晁错曾跟随轵人张恢"学申商刑名"，其同学尚有"洛阳宋孟及刘礼"⑤。韩安国则"尝受《韩子》、杂家说于驺田生所"⑥。

这些情况表明，汉朝初年确实出现了战国时期诸子学说复兴的局面。汉武帝时，董仲舒批评当时的形势说："今师异道，人异论，百家殊方，指意不同。"⑦丞相卫绾所陈述的事实，即"所举贤良，或治申、商、韩非、苏秦、张仪之言"⑧，恰好也说明董仲舒的说法并不是无的放矢。

---

① 见《史记》卷九十七《郦生陆贾列传》，北京：中华书局，1975年，2696页。
② 《汉书》卷三十《艺文志》"诸子类"的"纵横家"小类中，著录《蒯子》五篇，班固自注："名通。"则蒯通的著作不止《隽永》一种。
③ 《史记》卷一百二十一《儒林列传》，北京：中华书局，1975年，3117页。
④ 《史记》卷八十四《屈原贾生列传》，北京：中华书局，1975年，2491页。
⑤ 《史记》卷一百一《袁盎晁错列传》，北京：中华书局，1975年，2745页。
⑥ 《史记》卷一百八《韩长孺列传》，北京：中华书局，1975年，2857页。
⑦ 《汉书》卷五十六《董仲舒传》，北京：中华书局，1962年，2523页。
⑧ 《汉书》卷六《武帝纪》，北京：中华书局，1962年，156页。

经过长期的休养生息，汉朝的国力已经得到充分的恢复。雄才大略的汉武帝上台后，代表地主阶级进取派的利益，主张改制更化，彻底改变汉高帝以来几代帝王谨守无为的政策。董仲舒敏锐地捕捉到了汉武帝的这种思想意识，利用皇帝策问的机会，以《春秋》的理论内容立论，大胆地表达了"罢黜百家，独尊儒术"的思想。他在一篇对策文章中，直截了当地说道：

> 臣愚以为诸不在六艺之科孔子之术者，皆绝其道，勿使并进。邪僻之说灭息，然后统纪可一而法度可明，民知所从矣。①

在董仲舒看来，儒学之外的诸子各家，无异于"邪僻之说"，而百家殊方，诸子并存，则更令人无所适从。汉家的当务之急，是实现《春秋》所强调的大一统。为达此目的，政府就首先要以儒家学说来统一思想，也就是罢黜百家，独尊儒术。

西汉为儒学争地位，甚至以儒术黜黄老，并不始于董仲舒。汉文帝时，贾谊就建议改历朔、易服色，实开隆儒之端。② 汉景帝时，齐人辕固生治《诗》权威，曾与黄生在汉景帝面前争论汤武革命的是非。黄生反对汤武革命，认为其"非受命，乃弑也"③。而辕固生的意见正好与之相反。黄生的看法违背了儒家对历史与社会认识的根本原则，辕固生自然坚决反对。这场争论的实质在于，是坚持黄老思想还是推崇儒家学说。辕固生是一个态度坚定的儒者。他不仅在汉景帝面前毫不掩饰他的儒家立场，而且公然在"好《老子》书"的窦太后面

---

① 《汉书》卷五十六《董仲舒传》，北京：中华书局，1962年，2523页。
② 司马迁云："贾生以为汉兴至孝文二十余年，天下和洽，而固当改正朔，易服色，法制度，定官名，兴礼乐，乃悉草具其事仪法，色尚黄，数用五，为官名，悉更秦之法。"见《史记》卷八十四《屈原贾生列传》，北京：中华书局，1975年，2492页。
③ 《史记》卷一百二十一《儒林列传》，北京：中华书局，1975年，3122页。

前贬斥《老子》"此是家人言耳"①。属于黄老派的窦太后，必欲置辕固生于死地的行为，也就可以理解了。汉武帝上台后，儒者"望天子封禅改正度"②的呼声再起，而汉武帝也表现出对儒术的向慕之情。于是郎中令王臧、御史大夫赵绾等"议立明堂"③，期望以此为突破口，达到崇儒的目的。笃信黄老的窦太皇太后一眼就看穿了这些人的用心，后以"请毋奏事太皇太后"④的罪名，迫使二人下狱自杀。这表明，儒学作为一种政治学说，一直在黄老思想所主导的政治空间中寻找大派用场的机会。汉武帝上台后，他们的这种努力变得更加积极起来。由于朝中有窦太皇太后这位黄老中坚，他们被压得迟迟抬不起头来，不能大显身手。

那么，汉武帝为何厌倦黄老之学转而选择儒学呢？这与汉武帝的政治抱负和儒学所独具的政治应用价值是分不开的。从汉高帝到文、景二帝，政府在政治上保持守势，在经济上推行放任政策。其结果是诸侯坐大，逐渐形成气势焰天、尾大不掉之局。特别是吴楚等七国联合发动叛乱，几乎倾覆了中央政权。北方的匈奴，自"白登之围"后，一直气焰嚣张，动辄入边掳掠。汉朝无力反击，只好以"和亲"与厚币加以羁縻。但是，匈奴不为所动，屡次开启衅端，致使边塞地区一日数警，烽烟频燃。

汉武帝即位后，汉朝经过 70 多年的休养生息，经济已经恢复，国力臻于雄厚。希望有所作为的汉武帝，不能继续忍受无为保守的局面，强烈希望调整统治政策，实现从无为政治向有为政治的根本转变。汉武帝的心愿，完全符合地主阶级进取派的要求。因此，看到汉武帝所下的情辞恳切的问政于民的诏书，董仲舒连上三策加以应对。

---

① 《史记》卷一百二十一《儒林列传》，北京：中华书局，1975 年，3123 页。
② 《史记》卷十二《孝武本纪》，北京：中华书局，1975 年，452 页。
③ 《汉书》卷六《武帝纪》，北京：中华书局，1962 年，157 页。
④ 《汉书》卷六《武帝纪》，北京：中华书局，1962 年，157 页。

董仲舒关于改制更化的建议,核心就是罢黜百家,独尊儒术。这一点,实获汉武帝青睐。其实,汉武帝也是一个实用主义者。他需要儒术,其实只是倾心于《公羊春秋》。①《公羊传》第一句即讲"大一统",这完全符合汉武帝政治统一的要求。《公羊传》主张"君亲无将,将而必诛",也符合他加强皇权、以严刑峻法控御臣下的要求。《公羊传》强调"复九世之仇"②,更符合他替汉高帝复仇,打击匈奴的要求。《公羊传》的这些特点,经过儒学大师董仲舒的提炼发挥,形成了完整的理论体系和丰富的思想内涵,从而深深地打动了汉武帝。当窦太皇太后一死,汉武帝的统治地位稳固以后,他便完全接受了董仲舒的建议,通过一系列具体的制度,将以《公羊春秋》为核心的儒学确立为汉朝的统治思想。

需要指出的是,汉朝的儒学在发挥其思想引领控制的功能上,比法家确实增加了更大的弹性。不过,在推行愚民统治上,儒法两家只存在形式上和程度上的差异。就其本质而言,它们是难分轩轾的。这一点,从朝廷对待诸侯王严格的图书控制的态度上,便可以清楚地反映出来。汉成帝时,东平思王刘宇来朝,上疏请求获得先秦诸子和《太史公书》(即《史记》)。汉成帝问大将军王凤是否可以给予,王凤回答说:"臣闻诸侯朝聘,考文章,正法度,非礼不言。今东平王幸得来朝,不思制节谨度,以防危失,而求诸书,非朝聘之义也。诸子书或反经术,非圣人,或明鬼神,信物怪;《太史公书》有战国纵横权谲之谋,汉兴之初谋臣奇策,天官灾异,地形阨塞:皆不宜在诸侯王。不可予。不许之辞宜曰:'五经圣人所制,万事靡不毕载。王审乐道,傅相皆儒者,旦夕讲诵,足以正身虞意。夫小辩破义,小道不通,致远恐

---

① 范文澜说:"汉武帝独尊儒家,归根到底是尊《公羊》。"见范文澜:《范文澜历史论文选集》,北京:中国社会科学出版社,1979年,310页。
② 《春秋公羊传》云:"九世犹可以复仇乎?虽百世可也。"见阮元校刻:《十三经注疏》(下),上海:上海古籍出版社,1997年,2226页。

泥,皆不足以留意。诸益于经术者,不爱于王。'"①王凤老谋深算,精通治道,把防范诸侯的一通道理讲得冠冕堂皇!汉成帝就依样回复,拒绝了东平思王的请求。

朝廷对图书的控制,从深层次而言,反映了对臣民思想意识的控制。诸侯王尚且如此被对待,汉朝普通民众处于怎样的精神环境就不难想象了。

### 三、今文经学的兴衰

汉武帝罢黜百家、独尊儒术最突出的表现,就是表彰经学,设立"五经"博士。经学是在儒家经典"五经"的基础上形成的。"五经"是先秦旧书,当时的人多称为"六经"或"六艺"。《庄子·天下》篇概括道:"《诗》以道志,《书》以道事,《礼》以道行,《乐》以道和,《易》以道阴阳,《春秋》以道名分。"②可见,"六经"体现了儒家全部的思想内容,可以说"孔子之道,具于'六经'"。"六经"在汉朝变成了"五经",过去有两种解释:一说《乐经》在秦火后失传了,另一说《乐经》原本并不存在。③ 汉武帝设立"五经"博士,说明汉人见到的只是"五经"。

经过秦火,"五经"在民间的传播多靠师与弟子之间口耳相传。出于这种缘故,各经传授的源流都非常清楚。例如,《尚书》始传于伏生,《诗经》传于申培,《礼》传于高堂生,《易》传于田何,《公羊春秋》传于胡母生、董仲舒。因为传者记忆不准确、口音不清楚或受者记录错误等,所以"五经"的传授形成了不同的师法和家法。经生各按师法与家法解释经书,就出现了不同的记传。经师口传的经和记传用汉

---

① 《汉书》卷八十《宣元六王传》,北京:中华书局,1962年,3324—3325页。
② 郭庆藩:《庄子集释》第四册,北京:中华书局,1983年,1067页。
③ 周予同:《群经概论》,见《周予同经学史论著选集》,上海:上海人民出版社,1983年,209页。

朝通行的隶书写定,称为今文经。经学就是根据今文经而形成的一种专门的学问。

汉武帝建元五年(前136)正式设立"五经"博士,并规定"各以家法教授"①。后来增设博士名额时,仍然坚持这个规定。终西汉之世,一共设立了14个今文博士,具体如下。

《易》博士三:施氏(施雠)、孟氏(孟喜)、梁丘氏(梁丘贺)。

《书》博士三:欧阳(欧阳生)、大夏侯(夏侯胜)、小夏侯(夏侯建)。

《诗》博士三:鲁(申培)、齐(辕固生)、韩(韩婴)。

《礼》博士三:大戴(戴德)、小戴(戴圣)、庆氏(庆普)。

《春秋》博士二:颜氏(颜安乐)、严氏(严彭祖)。

"五经"皆立博士,但各经并非没有等差。地位最高的是《春秋》,即《春秋公羊传》。这主要因为《公羊传》为汉武帝实行改制更化的政治措施提供了理论根据。到汉宣帝时,由于汉宣帝的偏好,《春秋穀梁传》也被立于学官,这样《春秋》经在《公羊》博士外,又有了《穀梁》博士。

"五经"博士设立以后,国家的太学就从全国各地选派"弟子员"跟随博士们学习。博士弟子享受一定的待遇,可以"复其身",即免服徭役,成绩优异者还可以做官。博士弟子经常参加朝廷的各种政治活动,特别是常作为皇帝的使者,被派往各地视察民情。博士弟子地位尊显,天下读书人靡然向风,争当博士弟子,致令其员额不断扩大。汉武帝时,博士弟子只有50人,汉昭帝时增至100人,汉宣帝时翻为200人,汉元帝时达到1000人,汉成帝时激增到3000人,不过后来因为负担太重,又降至1000人。②

经师开展教学的需要,使解经之作繁兴,这成为西汉经学兴旺的

---

① 《后汉书》卷七十九上《儒林列传》,北京:中华书局,1965年,2545页。
② 参见《汉书》卷八十八《儒林传》,北京:中华书局,1962年,3596页。

一个重要表现。这些解经的作品名称不一,体式各异,有的偏重字词的训诂,有的偏重文义的疏通,有的偏重微言的索隐,有的偏重奥义的发挥。解经,是释疑解惑的过程,也是一个探讨研究的过程。通过一部部经籍,凝聚于经学中的中国古代丰富的文化内容被传承下来。解经活动大大促进了学问的讨论切磋,推动了学术的发展。读者阅读经籍,须从识字辨音开始,所以读经的过程就是启蒙的过程,就是掌握文化知识的过程,就是确立世界观与价值观的过程,也是登堂入室走向学术殿堂的过程。

西汉经学兴旺的另一个表现是经生入仕,并对政治产生强烈的影响。经学的统治地位确立以后,不少人凭借经学博得功名,猎取青紫。有些人甚至专投皇帝之所好,或任用经术之士,或转治经学,以经术缘饰治术,以求皇帝的青睐。官至丞相的公孙弘就善于缘饰儒术,他"习文法吏事,缘饰以儒术,上说(悦)之"①。其他的显例也不少。《汉书·张汤传》说:"是时,上方乡(向)文学,(张)汤决大狱,欲傅古义,乃请博士弟子治《尚书》《春秋》,补廷尉史,平亭疑法。"②《汉书·隽疏于薛平彭传》说:"每有灾异,(平)当辄傅经术,言得失。"③又说:"(于)定国乃迎师学《春秋》,身执经,北面备弟子礼。为人谦恭,尤重经术士。"④相反,当时一些不通经术的文士,即使不乏才学,也不免倡优畜之。例如,枚皋的遭遇就比较典型。"(枚)皋不通经术,诙笑类俳倡……比东方朔、郭舍人等,而不得比严助等得尊官。"⑤皇帝在用人上所反映出来的价值取向,逐渐改变了统治集团成员知识与政治倾向的构成。从汉元帝开始,儒家势力已经形成一个庞大的力

---

① 《汉书》卷五十八《公孙弘卜式儿宽传》,北京:中华书局,1962年,2618页。
② 《汉书》卷五十九《张汤传》,北京:中华书局,1962年,2639页。
③ 《汉书》卷七十一《隽疏于薛平彭传》,北京:中华书局,1962年,3048页。
④ 《汉书》卷七十一《隽疏于薛平彭传》,北京:中华书局,1962年,3042页。
⑤ 《汉书》卷五十一《贾邹枚路传》,北京:中华书局,1962年,2366页。

量雄厚的利益集团。他们垄断了察举征辟之路,完全控制了朝廷的话语权。此后,国家的大政方针,无不按照儒家的精神与原则以及他们自身的利益来制定了。

西汉的今文经学达于极盛的时候,也预示着其衰落的转折过程开始了。经学的发展,日益暴露出两个致命的弊端:一是烦琐,二是虚妄。经师在解经过程中,日益形成烦琐的经院主义的学风。桓谭《新论》提到:"秦近君能说《尧典》,篇目两字之说,至十余万言,但说'曰若稽古'三万言。"①秦近君是将经学烦琐化的一个典型。经师故意增加经学的神秘感和难度,把本来简单的问题讲得如此复杂,目的在于束缚经生的思想,消磨其独立思考、自由发挥的精神,维持经学博士集团的利禄之路。东汉班固对这种烦琐学风提出了尖锐的批评。他在《汉书·艺文志》中,比较了汉朝与古代治经的明显区别,而后评论说:

> 后世经传既已乖离,博学者又不思多闻阙疑之义,而务碎义逃难,便辞巧说,破坏形体;说五字之文,至于二三万言。后进弥以驰逐,故幼童而守一艺,白首而后能言;安其所习,毁所不见,终以自蔽。此学者之大患也。②

经过董仲舒的改造,原始经学变成了以"天人合一"为根本宗旨的更适合封建统治需要的正统经学。《汉书·五行志》将此一语道破:"汉兴,承秦灭学之后,景、武之世,董仲舒治《公羊春秋》,始推阴阳,为儒者宗。"③因此,汉朝的经学常通过大讲灾异而干预政治。到

---

① 桓谭:《新论》,上海:上海人民出版社,1977年,35页。
② 《汉书》卷三十《艺文志》,北京:中华书局,1962年,1723页。
③ 《汉书》卷二十七上《五行志》,北京:中华书局,1962年,1317页。

了元、成两帝之后,统治日益走向腐朽,天灾人祸不断,灾异之说更为流行,从而为经学蒙上了更加荒诞的色彩,致使其日益虚妄。班固在《汉书》中曾为这批喜言灾异的著名经师立传,并在"赞"语中总结说:"汉兴推阴阳言灾异者,武帝时有董仲舒、夏侯始昌,昭、宣则眭孟、夏侯胜,元、成则京房、翼奉、刘向、谷永,哀、平则李寻、田终术。此其纳说时君著明者也。"①正是在这些人的鼓动煽惑下,西汉经学的虚妄荒诞之风才愈演愈烈。西汉末期,一些人看到朝廷的统治即将走向灭亡,于是假托孔子预言,大造谶纬,制造换马的舆论,企图取代刘氏统治。今文经学与时迁移,也与谶纬合流,陷入散布迷信舆论的阵营。

今文经学的烦琐与虚妄,引起地主阶级内部进取派的厌倦与反感。为了挽救经学,一些人挺身而出,向今文经学发难,其代表人物就是刘歆。他是著名学者刘向的儿子,皇帝宗室,学问渊博。汉哀帝时,他继承父亲未竟的事业,主持自汉成帝时开始进行的汉朝规模最大的图书校理工作,写成伟大的著作——《七略》。在校理图书期间,他发现了皇家图书馆所藏的古文经。他阅读以后,感觉今古文经大有差别,古文经同样有推广传播的必要。于是他建议将古文经也立为学官,设专门的博士来传授。汉哀帝倾向于支持他,所以"令歆与'五经'博士讲论其义",然而"诸博士或不肯置对"②。刘歆怒不可遏,写了《移让太常博士书》,痛斥今文博士抱残守缺,"党同门,妒道真,违明诏,失圣意"③。这封信不仅得罪了今文博士,而且触怒了执政大臣。他们对刘歆既怨又恨,甚至罗织罪名对其加以迫害。刘歆"惧诛,求出补吏,为河内太守"④。这场交锋具有重要的意义。它正式拉开了中国经学史上的今古文经斗争的序幕,对后来的学术史与思想

---

① 《汉书》卷七十五《眭两夏侯京翼李传》,北京:中华书局,1962年,3194—3195页。
② 《汉书》卷三十六《楚元王传》,北京:中华书局,1962年,1967页。
③ 《汉书》卷三十六《楚元王传》,北京:中华书局,1962年,1971页。
④ 《汉书》卷三十六《楚元王传》,北京:中华书局,1962年,1972页。

史都产生了很大的影响。汉平帝时,由于得到王莽的支持,古文经被立于学官,设五个古文博士,形成与今文博士的对抗之局。

## 第三节 东汉:"偃武修文"与今古学并隆

在西汉农民战争的猛烈打击下,王莽政权彻底覆亡,历史再一次呈现出豪杰并起、群雄混争的局面。南阳刘秀最终打败一个个强劲的对手登上帝位,于25年建立了新的朝代——东汉。地主知识分子和刘氏宗室出身的刘秀,以中兴汉业为己任,完全继承了西汉的基本制度,并采取"偃武修文"的政策,进一步强化今文经学的统治地位。由于学风的变化,倾心于古文经学的人已经越来越多,东汉时期逐渐出现了今古学并隆的局面。这样的结果,一方面是西汉长时期的文化积累而导致的,另一方面是文化环境相对宽松而促成的。总体来看,东汉的文化与学术得到全面发展与进步:儒林与文苑并茂,儒生与文士齐繁。

### 一、"偃武修文"政策的确立

东汉政权是在以南阳集团为首的一大批功臣的帮助下建立起来的,然而刘秀政治上的一大举措是"退功臣而进文吏"①。"虽寇(恂)、邓(禹)之高勋,耿(弇)、贾(复)之鸿烈,分土不过大县数四,所加特进,朝请而已。"②这一举措的实质在于"偃武修文"。史学家范晔通过

---

① 《后汉书》卷一下《光武帝纪》,北京:中华书局,1965年,85页。
② 《后汉书》卷二十二《朱景王杜马刘傅坚马列传》,北京:中华书局,1965年,787页。

审视两汉开国的历史,认为刘秀做出这样的决定,完全是深刻吸取西汉历史教训的结果。范晔在《后汉书·朱景王杜马刘傅坚马列传》的"论"中说:

> 降自秦、汉,世资战力,至于翼扶王运,皆武人屈起。亦有鬻缯屠狗轻猾之徒,或崇以连城之赏,或任以阿衡之地,故执疑则隙生,力侔则乱起。萧、樊且犹缧绁,信、越终见菹戮,不其然乎!自兹以降,迄于孝武,宰辅五世,莫非公侯。遂使缙绅道塞,贤能蔽壅,朝有世及之私,下多抱关之怨。其怀道无闻,委身草莽者,亦何可胜言。故光武鉴前事之违,存矫枉之志。①

范晔的目光是敏锐的,分析是很有说服力的。这确实是刘秀酝酿已久、深思熟虑的结果。《后汉书·光武帝纪》叙其事说:

> 初,帝在兵间久,厌武事,且知天下疲耗,思乐息肩。自陇、蜀平后,非儆急,未尝复言军旅。皇太子尝问攻战之事,帝曰:"昔卫灵公问陈,孔子不对,此非尔所及。"每旦视朝,日仄乃罢。数引公卿、郎、将讲论经理,夜分乃寐。……退功臣而进文吏,戢弓矢而散马牛,虽道未方古,斯亦止戈之武焉。②

确立这样的方针政策,反映了刘秀及其统治集团期望长治久安、永保富贵的愿望。刘秀本是一位儒生。王莽天凤年间,刘秀曾在太学读书,治《尚书》,"略通大义"③。他完全知道经学在维护统治秩序

---

① 《后汉书》卷二十二《朱景王杜马刘傅坚马列传》,北京:中华书局,1965年,787页。
② 《后汉书》卷一下《光武帝纪》,北京:中华书局,1965年,85页。
③ 《后汉书》卷一上《光武帝纪》,北京:中华书局,1965年,1页。

和保障地主集团既得利益方面的价值。阶级利益的根本要求,也促使他要继续高举经学大旗,以发挥其修身、齐家、治国、平天下的奇妙作用。正因为如此,不等天下完全太平,他就向全国明确地发出了要"以柔道理天下"①的政治信息。

刘秀的这一政治选择,并非单纯的个人偏好,实际上体现了整个统治集团的根本利益,表达了他们共同的政治意愿。随刘秀打天下的功臣,多是儒素之家出身,深受经学的熏陶濡染。他们同样认同儒术的价值,将其视为济世的良方、治国的准绳,并期望将其发扬光大。当朝廷刚刚平定割据势力,贾复、邓禹二位功臣就向刘秀建议"剽甲兵,敦儒学"②。许多功臣喜好经书,研习儒术,与刘秀志趣相投。两汉开国功臣的文化基础和思想意识是完全不同的,因此其政策选择必然会大异其趣。清代学者赵翼读史时,同样敏锐地看到了这一点,他在《廿二史札记》"东汉功臣多近儒"条,对此发表过精彩的议论:

> 西汉开国,功臣多出于亡命无赖,至东汉中兴,则诸将帅皆有儒者气象,亦一时风会不同也。光武少时,往长安,受《尚书》,通大义。及为帝,每朝罢,数引公卿郎将讲论经理。故樊准谓帝虽东征西战,犹投戈讲艺,息马论道。是帝本好学问,非同汉高之儒冠置溺也。而诸将之应运而兴者,亦皆多近于儒。如邓禹,年十三能诵《诗》,受业长安,早与光武同游学,相亲附,其后佐定天下。有子十三人,使各守一艺,修整闺门,教养子孙,皆可为后世法。寇恂性好学,守颍川时,修学校,教生徒,聘能为《左氏春秋》者,亲受学焉。冯异好读书,通《左氏春秋》《孙子兵法》。贾

---

① 刘秀说:"吾理天下,亦欲以柔道行之。"见《后汉书》卷一下《光武帝纪》,北京:中华书局,1965年,68—69页。
② 《后汉书》卷十七《冯岑贾列传》,北京:中华书局,1965年,667页。

复少好学,习《尚书》,事舞阴李生。生奇之,曰:"贾君容貌志气如此,而勤于学,将相之器也。"后佐定天下。知帝欲偃武修文,不欲武臣典兵,乃与邓禹去甲兵,敦儒学。帝遂罢左右将军,使以列侯就第。复阖门养威重。耿弇父况,以明经为郎,学《老子》于安邱先生。弇亦少好学,习父业。祭遵少好经书,及为将,取士必用儒术。对酒设乐,常雅歌投壶。李忠少为郎,独以好礼修整称。后为丹阳太守,起学校,习礼容,春秋乡饮,选用明经,郡中乡慕之。朱祐初学长安,光武往候之,祐不时见,先升舍,讲毕乃见。后以功臣封鬲侯,帝幸其第,笑曰:"主人得无舍我讲乎。"郭凉虽武将,然通经书,多智略。窦融疏言:"臣子年十五,教以经艺,不得观天文谶记。"他如王霸、耿纯、刘隆、景丹,皆少时游学长安,见各本传。是光武诸功臣,大半多习儒术,与光武意气相孚合。①

刘秀君臣所确定的"偃武修文"的政策,经过汉明帝、章帝的坚持,得到了进一步巩固。汉明帝继位后,无改于父道,继续加强儒术的地位,推动文治局面的发展。汉章帝同样热心道艺,褒扬儒学。他在推崇今文经的同时,表现出少见的宽容,表彰古文经。《后汉书·郑范陈贾张列传》说:"肃宗立,降意儒术,特好《古文尚书》《左氏传》。建初元年,诏(贾)逵入讲北宫白虎观、南宫云台。"②在汉光武帝、明帝、章帝三代皇帝不懈的坚持下,儒学持续发展,为东汉文化学术的全面繁荣创造了重要的外部条件。

---

① 赵翼著,王树民校证:《廿二史札记校证》,北京:中华书局,1984年,90—91页。
② 《后汉书》卷三十六《郑范陈贾张列传》,北京:中华书局,1965年,1236页。

## 二、今文经学与古文经学并隆

东汉时期的儒学包括今文经学与古文经学。今文经学是官学，得到朝廷的提倡和各种利禄的保证。然而，西汉晚期兴起的谶纬思潮，深深地浸染了今文经学，造成了经学的谶纬化。在汉末纷纭扰攘的社会环境中，谶纬为一些人实现其政治野心提供了有力的帮助。刘秀集团可以说就是被"刘氏复兴"①"刘秀当为天子"②等荒诞的谶言号召起来的。群雄征战，其他势力相继败亡，只有刘秀大获全胜，最终定鼎洛阳，实实在在地"应验"了当初的那些谶言。所以，刘秀称帝后，对谶纬化的今文经学继续表现出极大的兴趣，并通过各种手段来保障其独尊的地位。王莽时立为官学的古文经，被刘秀全部废除。谁要对谶纬提出批评，就会受到刘秀的排斥。国家用人，即以对谶纬的态度来决定。刘秀倡今文、废古文，立场鲜明，态度坚决。

在推行今文经学的过程中，教育发挥了极大的作用。中央的太学、地方的郡县学以及私学，都主要传授今文经学。因为，今文经学是官学认可的正统的教育内容，学习这样的内容可以得到察举、征辟的机会，可以致身仕途。东汉儒学当家，教育特别发达。京城洛阳的太学生有一万多人，而私学遍布各地，学生多者有几千人。在这样的政策环境中，今文经学非常兴盛。

但是，经过西汉晚期与今文经学在学术上与政治上的激烈交锋，古文经学的势力和影响也日益增强。各地乐于接受、潜心研读古文经的人越来越多，兼通古文经成为东汉学风的一个重要特征。西汉

---

① "(王)莽末，百姓愁怨。(李)通素闻(李)守说谶云：'刘氏复兴，李氏为辅。'私常怀之。"见《后汉书》卷十五《李王邓来列传》，北京：中华书局，1965年，573页。
② "(蔡)少公颇学图谶，言刘秀当为天子。"见《后汉书》卷十五《李王邓来列传》，北京：中华书局，1965年，582页。

末年的刘歆是提倡并表彰古文经的第一人,同时他大力培养弟子,研读古文经。正是他的嫡传弟子或再传弟子,成为东汉传授古文经的第一代传人。因文辞、思想、观念方面的不同,古文经蕴含了一种新鲜感,吸引很多学子在研读今文经的同时阅读古文经。因此,东汉学者兼习古文经成为特别突出的现象。例如,尹敏"初习《欧阳尚书》,后受《古文》,兼善《毛诗》《穀梁》《左氏春秋》"[1];王充学习今文经,后兼习古文经。[2] 整个东汉时期,古文经学的雄厚力量始终存在,并涌现出众多的古学大师。

尽管东汉朝廷一开始未将古文博士立为学官,但古文经学的普遍传习作为一种客观存在,朝廷不能漠视。到了汉章帝时,皇帝竟然也改变态度,以扶持"微学"自任,讲究起古文经来了。汉章帝于建初八年(83)十二月下诏说:

"五经"剖判,去圣弥远,章句遗辞,乖疑难正,恐先师微言将遂废绝,非所以重稽古,求道真也。其令群儒选高才生,受学《左传》《穀梁春秋》《古文尚书》《毛诗》,以扶微学,广异义焉。[3]

皇帝公开下达的诏令,不再把古文经视为异端,相反还要"广异义焉",这是一个值得特别关注的重要的变化。它对改善古学的发展环境、促进学术风气的转变发挥了很大的作用,并且是今文经学开始衰落的一个显著的信号。

东汉的今文经学虽然处于官学地位,但它在西汉表现出来的烦琐与虚妄的弊端并未被消除,反而随着经学的谶纬化变得更加严重

---

[1] 《后汉书》卷七十九上《儒林列传》,北京:中华书局,1965年,2558页。
[2] 参见《后汉书》卷四十九《王充王符仲长统列传》,北京:中华书局,1965年,1629页。
[3] 《后汉书》卷三《肃宗孝章帝纪》,北京:中华书局,1965年,145页。

了。对此,儒学集团内部既出现了批判谶纬的声音①,也出现了删繁就简、改造经籍的举动。② 今文经学严格的家法与师法规定,大大地限制了学生广泛求学的热情和自由选择的行动。然而东汉"兼经"③的盛行,实际上破除了家法与师法的界域,为今古文经的会通开辟了道路。

注经,是经学传习的基本方式,也是控制经学话语权的基本手段。古文经字形复杂难认,文辞古奥难懂,疏通文义是最要紧的事情。所以从东汉古文经学前驱郑兴、贾逵等人开始,人们就极为关注《周礼》《左传》等古文经的注解工作。东汉后期,马融对全部古文经做出注解,将古学的研究推上一个新的高度。马融字季长,是兼通今古文的著名经学家。他设帐讲学,培养了大批弟子,其中最著名的是郑玄和卢植。他遍注古文各经,冲破了今古文学不相融合的樊篱,为郑玄会通今古开辟了道路。郑玄字康成,早年在太学受业,学习今文经学,曾师从第五元先,研治《京氏易》《公羊春秋》《三统历》《九章算术》等,也曾跟随《公羊》大师何休学习《公羊》学,后来跟随张恭受《周官》《礼记》《左氏春秋》《韩诗》《古文尚书》等,最后拜马融为师。他转益多师,采各家所长,冶今古学于一炉,遍注群经,成为一代宗师。由马融发端的经学会通的尝试,经过郑玄的进一步实践,最终完成。郑玄注经,一改今文经学的烦琐,以朴实、简洁的文辞疏通文义,以准确、客观的解释进行训释。他不以家法、师法为断,不被今古学的畛

---

① 东汉初年批判谶纬的代表人物是桓谭、张衡、王充,其事迹各见《后汉书》本传。
② 《后汉书·桓荣丁鸿列传》云:"初,(桓)荣受朱普学章句四十万言,浮辞繁长,多过其实。及荣入授显宗,减为二十三万言。(桓)郁复删省定成十二万言。"(见《后汉书》卷三十七《桓荣丁鸿列传》,北京:中华书局,1965 年,1256 页)《后汉书·皇甫张段列传》云:"初,《牟氏章句》浮辞繁多,有四十五万余言,(张)奂减为九万言。"(见《后汉书》卷六十五《皇甫张段列传》,北京:中华书局,1965 年,2138 页)这都是东汉删经的显例。
③ 兼经,指在所习本经之外,兼习其他经典。皮锡瑞在《经学历史·经学极盛时代》中认为,"后汉经学盛于前汉者有二事",其中一事即"兼经"。见皮锡瑞:《经学历史》,北京:中华书局,1959 年,126 页。

域所囿,取其精华,去其糟粕。他以古文之说注释今文,以今文之说注释古文,甚至大胆地吸收谶纬家的说法。经书经过郑玄的注释,今古学的面貌模糊了,家法与师法的界限消除了,经学实现了会通,面貌一新的"郑学"诞生了。魏晋时期"郑学"繁兴,成为天下崇尚经学的正宗,旧的今文经学完全衰落了。

## 三、文化繁荣

东汉的文化进入了全面的复兴繁荣时期,表现出旺盛的创造力,取得了丰硕的成果,形成中国文化史上一座巍峨的山峰。

### 1. 史学

在西汉史学发展的基础上,特别是在司马迁《史记》所树立的伟大榜样的影响下,东汉的史学全面发展,在断代史、编年史、地方史诸领域都取得了辉煌的成就,极大地推动了史学的进步。班固首创纪传体断代史的编写体例,完成了不朽的巨著——《汉书》。《汉书》改变旧法,断代叙事,大大地避免了内容的重复,使西汉历史粲然可观。它也较好地处理了继承与创造的关系,在充分继承和吸收《史记》的体例、材料、叙事、人物描写、评价的精华的同时,大胆创新,写出了自家的面貌和精神。例如,《汉书》十志取法于《史记》八书,但规模更宏大,记事更系统翔实,成为古代史志的典范。《汉书》的巨大成就,奠定了它在中国史学史上的崇高地位,成为古代正史的楷模。荀悦的《汉纪》是一部记述西汉历史的编年体史书。编年与纪传为史书二体,但因为纪传体的《史记》《汉书》双峰高耸,所以汉朝的编年体史书颇受冷落。《汉纪》完成后,因为其成功地改造了卷帙浩繁的《汉书》,文字简洁,叙事清楚,深受读者欢迎,所以才略改变了这种状况。魏晋时期编年体史书大兴,自是《汉纪》直接影响的结果。东汉赵晔编著《吴越春秋》,袁康编著《越绝书》,专记一个地方的历史沿革、人物事迹和风俗土物,开中国古代编写地方史的先河。中国后来地方史与地方志的编写形成传统,应首先归功于东汉这种新的史著的创造。

2. 哲学

西汉的董仲舒适应统治阶级的需要,以《公羊春秋》为理论基础,吸收了阴阳五行的思想,创造出以神学目的论为特征的一套完整的哲学体系。西汉晚期与东汉初年谶纬流行,这一体系又被塞进了谶纬的内容,形成一种腐朽迷信的哲学思想。对此,东汉杰出的唯物主义思想家王充挺身而出,孤军作战。他以心血之作《论衡》一书为武器,对之进行了猛烈的批判。他早年到太学读书,学习今文经学。以后学习古文经,遂倾心于古文学派。他做过州郡的吏员,仕进不遂,后来归家著述。他善于独立思考,大胆怀疑,在晚年完成《论衡》85篇,尖锐地揭露谶纬思想的荒诞,耐心教育世人提高认识,追求真理。他对所谓谶言,以"引物事以验其言行"的方法,逐条进行检验,戳穿其虚妄的面目。在《论死》《订鬼》等篇中,他表达了"世上本无鬼,人死后也不会变成鬼"的无神论观念,破除了鬼神对人民精神的束缚。在《问孔》《刺孟》《书虚》《儒增》《艺增》等篇中,他大胆怀疑孔孟的说法,质疑一些经典的观念和典籍的记载,表现出要求思想解放、精神自由的豪迈气概。在神学谶纬流行的环境中,被塑造为通天教主的孔子的战斗勇气是非常惊人的,批判是非常猛烈的,见解是非常深刻的。他不仅是东汉最伟大的思想家,而且是中国古代不可多得的伟大的思想家。

除王充外,东汉的桓谭、张衡、王符等人,在哲学方面,特别是在破除迷信、揭露谶纬、宣传科学、解放思想的斗争中,做出了重大的贡献,共同推动了东汉哲学的发展。

3. 文学

东汉的文学成就超过了西汉,这已经成为学术界的定论。范晔《后汉书》专立《文苑列传》,记载文士的事迹,表明文士已经与儒生分离,文学正式摆脱了经学的羁绊,走上独立发展的道路。东汉文学取得了多方面的成就,其中辞赋、五言诗的创作尤其繁盛。

西汉的辞赋特别兴盛,涌现出贾谊、司马相如、扬雄等一大批著名的辞赋家。东汉的作家继承了前朝的传统,完成了一些深受人们喜爱的大赋作品。班固的《两都赋》、张衡的《二京赋》,气势恢宏,取材丰富,热情歌颂了两汉一统政权的功业,具有很高的艺术性。此外,东汉的文学家也积极创作抒情小赋,如赵壹的《穷鸟赋》、王粲的《登楼赋》等。他们一改因袭旧制的作风,追求独创的精神,赋文篇幅短小,典故不多,洋溢着清新的气息,追求高远的意境,开启了辞赋创作的广阔天地。这种新的赋体,对魏晋骈文与散文写作都产生了很大的影响。

东汉的诗歌创作以五言诗成就最高。五言诗在西汉主要流行于民间,文士缺乏创作的兴趣。东汉时期,民间的五言诗创作仍然保持着旺盛的活力,诞生了许多艺术水准高、思想内容健康的篇什。其中,《古诗十九首》就是最杰出的代表。受到其艺术魅力的吸引,很多著名文士也尝试创作,班固、张衡、赵壹等人都留下了一些五言诗作品。经过文士的提升,五言诗的创作水平进一步提高,到东汉末年五言诗的创作水平臻于成熟。《悲愤诗》与《古诗为焦仲卿妻作》两首长篇叙事诗的产生,把五言诗的创作推到了崭新的阶段。

值得一提的是,由于文学的发达,文学作品的传播成为新的需要。一些文士开始将某一类或某个人的作品编辑起来,从而形成文集。东汉的王逸将屈原、宋玉与两汉人的辞赋作品编辑、注释,完成了《楚辞章句》。将作品收为一集,极有利于作品的保存和传播,是对文化的一种重要的贡献。文集的出现,在阅读史与文化史上,具有不可估量的意义。

4. 科学

在批判谶纬神学的斗争中,东汉的科学也得到了空前的发展,在认识自然、数学、医学等方面,都取得了迥非西汉可以比拟的成就。

张衡是一个伟大的科学家，他摆脱谶纬迷信的束缚，在理性观念的指导下，积极进行科学实验，完成了人类伟大的科学发明，首先制造出测验地震的候风地动仪。

数学用处极广，与历数的关系尤为密切，当时研究今文经学与谶纬都离不开数学。经过长期积累，东汉的数学研究已经取得很大的成就，出现了张衡、郑玄等著名的数学家，并且诞生了古代数学的伟大作品——《九章算术》。

从战国到西汉，医学得到了很大的发展。在此基础上，东汉的医学继续推进，在药物、内科、外科等方面都获得了新的进展。《神农本草经》是记载药物的重要著作，从西汉流传下来。东汉的医家对之进一步补充，使其内容更加丰富。东汉末年，南阳士人张机精研医理，完成了《伤寒论》与《金匮要略》两部医学经典，将中医的内科治疗理论推上空前的高度。东汉末年的华佗，医术深湛，尤其精于外科。他发明麻醉药"麻沸散"，用于外科手术，减轻病人痛苦，并大大地提高了外科的治疗水平。

汉朝各种学术的空前繁荣，著作的大量出现，为阅读活动的广泛开展提供了更多的资源，在直接推动汉朝的阅读活动开展方面具有重要的意义。

## 第二章　知识载体的变迁

人类的阅读活动是在什么时候起源的？这个问题恐怕已经很难知道答案了。不过，既然称为阅读，就要有阅读的对象，而这个对象的形成是离不开文字与文字（或知识）载体的。换句话说，只有产生了文字和出现了文字（或知识）载体以后，人类才能进行阅读，阅读活动才能够开展起来。文字是记录和表达人类思想、情感、知识、经验、活动的工具，而特定的载体则可以通过一定的物质形式将包含上述内容的文字展现出来，二者相互为用，缺一不可，共同构成了开展阅读活动的前提条件。文字越成熟，其载体越先进，就越有益于知识的记录和传播，越有益于阅读活动的开展、普及和发展。秦汉时期，汉文字急速发展变化，文字（或知识）的载体也由多样化介质时代开始逐步向以纸质载体为主导的时代过渡。

## 第一节　文字的演变

相传汉字是由黄帝的史官仓颉创造的。以今天科学的眼光来看,这种说法并不可信。不过,汉字起源久远,这是不容置疑的事实。现在所发现的殷商甲骨文是我们已知的最早的汉文字,但它已经属于一种非常成熟、系统的文字体系了。秦汉时期,汉文字进入了一个快速演进的过程,字的形、音、义多有变化。特别是字形,变化最剧烈,逐渐完成了从古文、小篆向隶书与楷书的转变。

### 一、古文

古文的概念在汉朝就出现了。唐兰认为"汉人所谓古文有两种",一指孔壁遗书的文字,一指商周青铜器铭文。[①] 从时间来说,它们都是秦始皇统一文字之前的文字。所以,大体说来,先秦的文字可以统称为古文,它们也属于现在的古文字学研究的范畴。

如果说甲骨文和西周的青铜器铭文还称得上是商周时代统一的文字的话,那么春秋战国的文字就不是这样了。由于列国分立,各自为政,其文字也出现了较大的差异。《说文解字·叙》载:"言语异声,文字异形。"[②]当时的情况确是如此。李学勤说:"西周末年,有些铭文的字体开始有新的变化。虢季子白盘最值得注意,其文字方整,在风

---

① 唐兰:《古文字学导论》(增订本),济南:齐鲁书社,1981年,311页。
② 见许慎撰,段玉裁注:《说文解字注》,上海:上海古籍出版社,1981年,758页。

甲骨文

豆闭簋铭文

格上开后来秦人文字的端绪。"①到春秋中期,晋国出现了一种特殊字体,笔画头尖腹肥,形似蝌蚪,秦国则形成另一种字体。战国继承了春秋的文字体制,大体上,东方六国属于一个文字系统,西方的秦国属于另一个文字系统。秦国的文字与《史籀篇》的文字有着密切的关系。《史籀篇》共15篇,收录文字数千,相传是周宣王的太史籀编纂的。《史籀篇》的文字字体复杂,人称籀文,也称为大篆。王国维认为秦国的篆文多与籀文相同,他说:"李斯以前,秦之文字,谓之用篆文可也,谓之用籀文亦可也。则《史籀篇》文字,秦之文字,即周秦间西土之文字也。"②

包括籀文在内的古文,字形不一,字体复杂,不便于识读和掌握,客观上需要简化和统一。秦始皇统一全国后,李斯根据原来秦国流行的大篆,删繁就简,整齐字形,确定了小篆。文字的统一不可能一

---

① 见李学勤:《古文字学初阶》,北京:中华书局,1985年,36页。
② 王国维:《观堂集林》卷五之《史籀篇疏证序》,北京:中华书局,1959年,254页。

下子完成，在秦朝和汉初可能还有一些人在使用古文。汉武帝时，文字基本定型，古文已成为绝学，能认识的人已经很少了。汉景帝时，用古文写成的儒家经典——孔壁遗书被发现了。① 这一重大发现推动了经学的发展和古文字的研究，也为阅读活动增添了新的宝贵材料。

## 二、小篆

小篆，是秦始皇统一全国后由李斯省改籀文确定的字体。张怀瓘《书断》说："案小篆者，秦始皇丞相李斯所作也。增损大篆，异同籀文，谓之'小篆'，亦曰'秦篆'。"②先秦的古文，字形不一，不便于传播政令与文化，所以李斯对秦国通行的籀文进行改造，简约其复杂的结构，减省其繁多的笔画，形成新的统一的字形，这对当时的政治进步及后来的文化传播具有重大的意义。为了便于人们学习，李斯编纂《仓颉篇》，提供小篆标准字的权威文本。秦始皇巡游东方所留下的法令刻石，亦由李斯书写。李斯所写的小篆，字体修长，结构严谨，笔道略呈圆形，气势贯通，清整秀劲，最大限度地展现了小篆的美感。用小篆书写的诏旨，具有独特的审美效果。不过，小篆仍属于古籀系统，识读和书写困难，不太适合作为日常使用的字体。

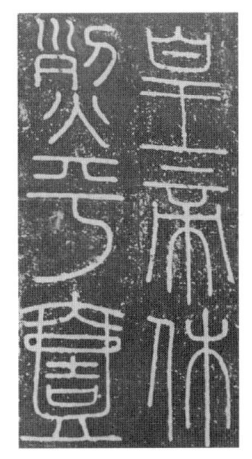

秦会稽刻石

---

① 《汉书·艺文志》云："武帝末，鲁共王坏孔子宅，欲以广其宫，而得《古文尚书》及《礼记》《论语》《孝经》凡数十篇，皆古字也。"见《汉书》卷三十《艺文志》，北京：中华书局，1962年，1706页。
② 见张彦远：《法书要录》卷七之《张怀瓘〈书断〉上》，沈阳：辽宁教育出版社，1998年，111页。

## 三、隶书

在秦朝,还有一种字体与小篆同时使用,它就是隶书。传说隶书是由名叫程邈的徒隶发明的。张怀瓘《书断》说:"案隶书者,秦下邽人程邈所造也。邈字元岑,始为衙县狱吏,得罪始皇,幽系云阳狱中,覃思十年,益大、小篆方圆而为隶书三千字。奏之,始皇善之,用为御史。以奏事繁多,篆字难成,乃用隶字,以为隶人佐书,故名'隶书'。"①将文字的发明归功于一人,这是古人的迷信心理。同其他书体一样,隶书应该有一个形成过程,而不是突然出现,所以程邈造隶书之说并不可信。早在北魏,郦道元就曾怀疑此说。他说:"孙畅之尝见青州刺史傅弘仁说临淄人发古冢,得铜棺,前和外隐起为隶字,言齐太公六世孙,胡公之棺也。惟三字是古,余同今书,证知隶自出古,非始于秦。"②"隶自出古,非始于秦",郦道元的看法是有一定道理的。当代,关于隶书的起源,文字学家也认为隶书要早于秦始皇时代。裘锡圭说:"自古相传秦代开始使用隶书,但是秦隶的面貌究竟如何,过去一直不清楚。现在发现的秦简,所用的字体同小篆有相当明显的区别,例如见于睡虎地11号墓秦简的全部'水'字旁,都已经简化为'氵'旁。这种字体应该就是秦隶。通过秦简,不但可以认识秦隶的真面目,还可以知道隶书实际上在战国时代,至少在战国晚期的秦国,就已经初步形成。所谓程邈作隶书,应该理解为程邈对当时民间流行的这种新字体,作了一些整理总结的工作。"③

将程邈看作一个文字的整理总结者,这是很客观的评价,并未降

---

① 见张彦远:《法书要录》卷七之《张怀瓘〈书断〉上》,沈阳:辽宁教育出版社,1998年,117页。
② 《水经注》卷十六《谷水》,上海:上海古籍出版社,1990年,332页。
③ 中国大百科全书总编辑委员会:《中国大百科全书·中国历史·秦汉史》,北京:中国大百科全书出版社,1986年,129页。

低他的历史贡献。隶书的出现与流行,与秦朝行政事务繁多、公文往来频繁有关。所谓"奏事繁多,篆字难成"①,乃用隶字,实情当是如此。秦隶与篆字相比,字形大为简化,结字颇为简单,书写的速度也加快了,用于"奏事"是颇为相宜的。隶书的出现是汉文字由古籀系统向正书(楷书)转折的关键环节,在文字发展史上具有重大的意义。当然,隶书本身也经历了很长的变易过程。今从秦简来看,秦隶尽管与篆字有了明显的区别,但其结字和运笔还是带有浓厚的篆意。大约在汉武帝以前,隶书一直保持着这样的风格。马王堆帛书、银雀山汉简、张家山汉简的字体就是明证。在汉武帝以后,汉隶的整体风格已经形成,而见于简牍的隶书仍然拖着一个肥厚的长尾,表现出秦隶的遗风。到了东汉,隶书完全成熟。以汉碑为代表的隶书,在其字形方扁、波磔醒目、整峻凝重的总体面貌中,又呈现出鲜明的个性风格,从而塑造了一个辉煌的隶书时代。隶书,是汉人所谓"今文",是汉朝书籍

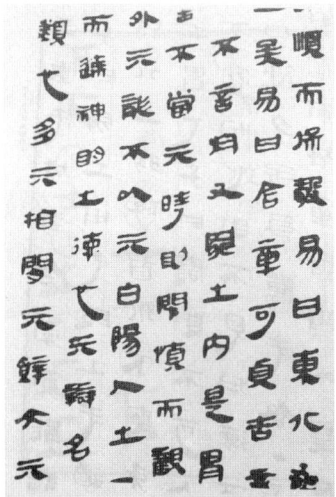

长沙马王堆帛书《老子》乙本局部放大　　东汉《夏承碑》局部

---

① 《晋书》卷三十六《卫瓘传》附《卫恒传》,北京:中华书局,1974年,1064页。

和其他重要媒体通行的文字,汉人最为熟悉。汉灵帝熹平四年(175),蔡邕等人以隶体书石,刊刻《诗》《书》《礼》《易》《春秋》《公羊传》《论语》等经书,立在京城洛阳的太学门前,史称熹平石经。① 熹平石经既是今文经学的定本,也是隶书的大观。石经的刊刻是汉朝阅读史与书法史上的一件大事。

隶书进一步蜕变,产生了章草、行书与楷书。这个过程同样经历了很长时期,可能从西汉晚期开始,历经整个东汉时期,最后在三国时期才完成。

## 第二节 文字与知识载体的多样化

载体与文字的关系,如同皮与毛的关系,二者只有形成一个整体,人类才可以突破时间和空间的限制,相对自由地进行表达和传播。在基于客观需要的交往愿望与传播意愿的驱使下,人类极尽任何可能,选择文字与知识的载体。因此,许多自然物与人工创造物便成为书写和刻画的材料,并进而成为文字与知识的载体。在技术、地理环境、物产、使用者经济条件等众多因素的作用下,人类经过反复尝试,最终选择出一些用途广泛的载体。就我国秦汉时期来说,人们使用的文字与知识载体主要有下面几类。

---

① 《后汉书·蔡邕列传》云:"(蔡)邕以经籍去圣久远,文字多谬,俗儒穿凿,疑误后学,熹平四年,乃与五官中郎将堂溪典、光禄大夫杨赐、谏议大夫马日䃅、议郎张驯、韩说、太史令单飏等,奏求正定'六经'文字。灵帝许之,邕乃自书丹于碑,使工镌刻立于太学门外。于是后儒晚学,咸取正焉。及碑始立,其观视及摹写者,车乘日千余两,填塞街陌。"见《后汉书》卷六十下《蔡邕列传》,北京:中华书局,1965年,1990页。

## 一、青铜器

青铜器是以铜锡或铅锡合金制成的器具,如餐饮器、兵器、礼器、乐器等。在河南二里头遗址中,已经发现了青铜器。殷商时代,青铜器的铸造技术快速发展,出现了精细的花纹和铭文。这就是说,至少在商代,青铜器就已经成为传递信息的文字与图画的载体了。人们通过不同的花纹和文字来表达思想观念,记载重要活动。

铸刻在青铜器上的铭文,一般称为金文。我国的金文从商周到秦汉,持续了很长时间。其中两周的金文,以其字体优美、风格凝重、内容丰富、记事珍贵而备受重视。西周青铜器多为周王朝的官吏制作,铭文所记多涉及西周历史的重大事件;出现了不少长篇铭文,有的抵得上《尚书》一些篇目的文字,如毛公鼎的铭文,是迄今发现的最长的铭文。春秋时期,王室陵夷,诸侯崛起,诸侯铸造的青铜器数量大增,诸侯活动也得到更多的记录。例如晋、郑、鲁、齐、楚、秦等国的青铜器铭文,内容珍贵,成为认识和研究春秋历史的重要文献。战国时期,青铜器的价值有所降低,除个别国家仍保持过去的传统,铸刻长篇铭文外(如所发现的中山国的几件青铜器都有长篇铭文),其他国家多以"物勒工名"的形式记载器物本身的基本信息。

毛公鼎及其铭文

秦汉是青铜器衰落的时期。秦汉时期,青铜器主要供题刻器物的基本信息之用,属于"物勒工名"的方式。此外,秦汉时期特别是秦朝常用青铜器来宣传法令。秦始皇统一全国后,下达法令统一度量衡。当时,这一重要的法律文件就被铸于各种新的标准的衡器如铜权、铁权、铜量上,在一些称为诏版的青铜版上,也有这些文字。自隋代颜之推首先著录以来①,这些物品已多有发现。特别是中华人民共和国成立以来,各地通过考古发掘,发现了许多铸刻秦始皇诏令的物品,还发现了一些量器、衡器上所补刻的秦二世皇帝发布的诏令。②这表明,通过特有的青铜器宣传国家的法令,不仅是对春秋时期"铸刑书"传统的继承,而且是在新的历史条件下对它的一种发扬,这在政令传播方面具有重要的意义。直到王莽,官府仍然采用这种办法来推广和宣传新的制度。③

## 二、摩崖、石碑

原始人类已经将摩崖、石壁作为一种载体,用于刻画图像,表达情感与观念。在世界不少地区都发现了原始人的岩画。我国的岩画

---

① 《颜氏家训·书证》云:"开皇二年五月,长安民掘得秦时铁称权,旁有铜涂镂铭二所。其一所曰:'廿六年,皇帝尽并兼天下诸侯,黔首大安,立号为皇帝,乃诏丞相状、绾,法度量则不壹歉疑者,皆明壹之。'凡四十字。其一所曰:'元年,制诏丞相斯、去疾,法度量,尽始皇帝为之,皆□刻辞焉。今袭号而刻辞不称始皇帝,其于久远也,如后嗣为之者,不称成功盛德,刻此诏□左,使毋疑。'凡五十八字,一字磨灭,见有五十七字,了了分明。其书兼为古隶。"见王利器:《颜氏家训集解》,上海:上海古籍出版社,1980年,415—416页。
② 马非百:《秦集史》下册《金石志》,北京:中国社会科学出版社,1982年,756—758页。又,沙孟海编《中国书法史图录》第一卷,收有多种秦始皇二十六年法令的权、量、诏版及秦二世皇帝元年法令的量、诏版拓片图录。见沙孟海编:《中国书法史图录》,上海:上海人民美术出版社,1991年,97—102页。
③ 《中国书法史图录》第一卷收录王莽始建国元年新嘉量铭文拓片图录。见沙孟海编:《中国书法史图录》,上海:上海人民美术出版社,1991年,136页。

遗存也极为丰富,在很多地区都有所发现。① 从图像时代进化到文字时代以后,人类除了继续利用自然的摩崖、石壁镌刻文字,还开采石头,将其加工成一定的形制,用以锲刻文字或图画。这种以石传文的方式,中国古代称为"刻石"。

关于中国刻石的起源,金石学家马衡有这样一种看法,他说:"自周室衰微,诸侯强大,名器浸轻,功利是重。于是以文字为夸张之具,而石刻之文兴矣。"②今从遗物来看,也确是如此。旧传《岣嵝碑》《延陵季子碑》《坛山刻石》等,其实都是唐宋人的伪作,不足征信。③ 现在所知道的最早的石刻应推《石鼓文》。它发现于唐代,因文字刻在十个形似鼓的石头上,故得名。它的字体是大篆,类似秦公簋的文字,每个鼓的文字都是一首诗。目前学者普遍认为它是秦国的东西,不过对造器时间看法不一:马衡、郭沫若主张春秋晚期,唐兰主张战国时期。④ 发现于北宋的秦国刻石《诅楚文》,大约是与《石鼓文》同时的作品。这表明,秦国是采用刻石媒介的主要国家。所以,范文澜认为:"秦国发明了石刻。"⑤

东周出现的刻石之风,到秦汉时期更加流行。秦始皇统一全国后,到东方巡视。为了歌颂秦的统一功业和宣告国家的大政,在秦始皇重要的途经地共留下七处刻石,即峄山刻石、泰山刻石、琅琊刻石、碣石刻石、会稽刻石各一种,芝罘刻石二种。这些刻石皆系利用或加工特立的巨石而制成,形状在方圆之间,上小下大。据载,这些刻石

---

① 参见盖山林《中国岩画》(广东旅游出版社1996年版)的介绍。
② 马衡:《凡将斋金石丛稿》卷二《中国金石学概要下》,北京:中华书局,1996年,65页。
③ 见唐兰:《古文字学导论》(增订本),济南:齐鲁书社,1981年,323页。
④ 马衡说:"其时代,则郑樵以为惠文之后、始皇之前,曾巩以为献公之前、襄公之后;震钧等以为文公时。余以为巩说是也。"(马衡:《凡将斋金石丛稿》卷五《石刻》,北京:中华书局,1996年,170页)郭沫若说:"《石鼓》的制作年代,据我的考证,是在秦襄公八年,周平王元年,即公元七七〇年。"(郭沫若:《〈"石鼓文"研究〉重印弁言》,见《沫若文集》,北京:人民文学出版社,1962年,363页)又,唐兰的看法亦见于此文。
⑤ 范文澜:《中国通史》第二册,北京:人民出版社,1986年,14页。

都由李斯以小篆书写,李斯亦因其在书法上的巨大贡献而成为秦朝最杰出的书法家。这些刻石,在当时是法令的载体,又是新文字的范本,前来抄写、观摩的人甚多,影响相当广泛。这种传播方式被汉人继承下来,并在东汉时期达于极盛,诚如马衡所说:"刻石之风流行于秦汉之世,而极盛于后汉。"①东汉极大地扩展了石质载体的用途,形成了复杂的类别。从种类来说,有摩崖、碑、碣、墓志、画像、造像等;从内容来说,有法令、公文、经典、人物行状、记事诸文等。其中,在阅读方面最具有价值和影响的当推石经和碑碣。

汉灵帝熹平四年(175),皇帝诏命蔡邕等人正定经典文字,将其刊于石碑,即熹平石经。据说,石经亦由蔡邕等人用隶体书写于石上,共刻成46碑,立于洛阳太学的门外。经文是《易》《书》《诗》《礼》

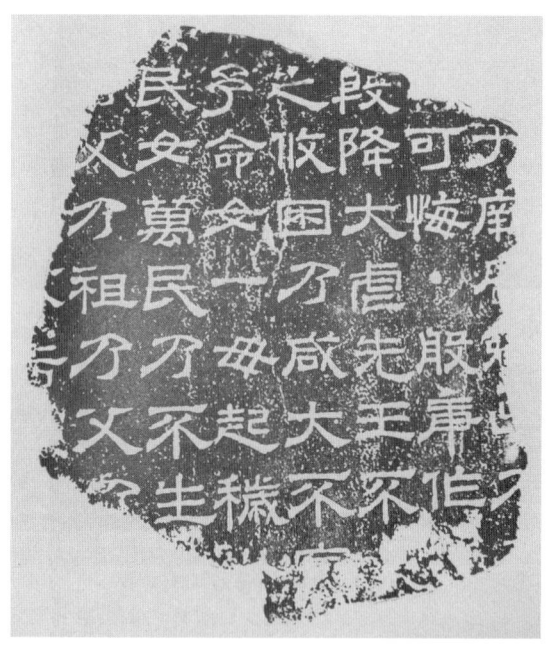

东汉熹平石经中《尚书·盘庚》篇残石

---

① 马衡:《凡将斋金石丛稿》卷二《中国金石学概要下》,北京:中华书局,1996年,65页。

《春秋》《公羊传》《论语》等经书。这是汉朝文化史上的一件大事。在当时,通过石经的形式颁布统一的今文经籍的定本,对树立今文经学的权威,扩大其社会影响,具有重要的意义。此外,石经的刊刻由当时一流的学者主持并参与其事,保证了石经文字的质量,而由蔡邕等著名书法家书碑,更增添了石经文字的艺术魅力。《后汉书·蔡邕列传》称,石经在洛阳太学门外公布后,全国各地前来抄写、观览的人络绎不绝。熹平石经开我国刊刻石经的先河,先后共六次刊刻儒家石经。受其影响,佛教徒和道教徒也刊刻了多种本教的石经。

碑、碣同类,浑言之,都可以称为碑,析言之,则方者称为碑,圆者称为碣。先秦时期,碑用于庙门、墓所,或拴牲口、测日影,或引绳下棺①,并不用于镌刻文字。在碑上刻字始于汉朝。碣为上小下大的特立之石,秦朝用于刻石,到汉朝与碑一同成为石刻中最重要的种类之一。《文心雕龙·诔碑》说:"自后汉以来,碑碣云起。"②这表明碑碣刊文主要起于东汉。后世人们所说的汉碑,主要指东汉的碑刻。由于察举征辟制度的影响,汉朝门生故吏对其府主与举主,义同父子。府主与举主死后,其门生故吏往往集资立碑,以歌颂其恩德,这是东汉碑碣广泛流行的主要原因。此外,东汉时期的记事碑也有一定的数量,如《乙瑛碑》《史晨碑》《华山碑》等,皆为此类。石刻媒介展示了东汉丰富多彩的社会活动,是当时

东汉《张景碑》

---

① 马衡:《凡将斋金石丛稿》卷二《中国金石学概要下》,北京:中华书局,1996年,68页。
② 见范文澜:《文心雕龙注》卷三之《诔碑》,北京:人民文学出版社,1958年,214页。

重要的阅读材料,也是流传后世的珍贵的历史文献。

## 三、缣帛

缣帛,很早就用于文字的书写。《墨子·明鬼》说:"故书之竹帛,传遗后世子孙。"①《韩非子·安危》也说:"先王寄理于竹帛。"②这表明缣帛与简牍并行,是一种较为习见的文字和知识的载体。当然,与简牍相比,缣帛价格高昂,不可能如简牍一样普遍使用。不过,缣帛的优点是舒卷自如,携带方便,高贵典雅,既可写字,也可绘画,尤其长于书写图文并茂的大幅作品。缣帛质地柔软,吸湿性强,若没有适宜的环境和特别的保护手段,缣帛很难被保存下来,所以关于古代帛书实物发现的记载极少。到目前为止,帛书与帛画的重大发现,主要有两次。

一是楚帛书。1942年9月,在湖南长沙东郊子弹库的纸源冲战国楚墓中发现了一幅帛书。这次发现系盗掘所得,据说帛书八折,放在一个长约23厘米、宽约15厘米的竹匣中,竹匣顶部蒙着一块土黄色的印有红花的绸子。楚帛书出土后,由蔡季襄从盗墓者手中购得。1944年,蔡季襄在其子蔡修涣协

长沙子弹库战国楚帛书

---

① 见孙诒让:《墨子间诂》卷八《明鬼下》,北京:中华书局,1986年,214页。
② 见王先慎:《韩非子集解》卷第八《安危》,北京:中华书局,1998年,199页。

助下，加以临绘摹写，撰成《晚周缯书考证》一书，石印出版。1945年，该帛书移到上海，最后被美国人柯克思获得并带到美国。1973年，澳大利亚人巴纳出版的《楚帛书研究》（第二部），载有用新技术拍摄的帛书照片，其清晰度与准确性超过了以前的各种摹本。楚帛书是一块长方形的丝织品，长约23厘米、宽约41厘米，以楚国的古文写成，有900多字。中间有毛笔墨书的两组文字，一组13行，另一组8行。书写的方向相互颠倒，如以右侧8行文字为正，则左侧13行文字为倒置；如以左侧13行文字为正，则右侧8行文字为倒置。此外，在两组文字的四边还有边文和图像，各分3段，四边共分12段。图像分为两种，一种是树木，另一种是人身兽首。每一图像均有月名注写其侧，下有2～4行文字，说明利行和不利行。从所记十二月神的名称与图像看，应是楚国流行的数术类作品，其内容可以和《淮南子·天文训》《汉书·天文志》的有关记载相互印证。

二是马王堆帛书。1973年，考古工作者在湖南长沙马王堆三号墓发现了20多种帛书，总字数有12万余言。这些帛书，只有少数几件外都没有篇题。经整理，可以确定的古籍有以下几种：属于"六艺略"者有《周易》《丧服图》《春秋事语》《战国纵横家书》，属于"诸子略"者有《老子》甲本（附佚书四种）《九主图》《黄帝书》《老子》乙本，属于

长沙马王堆帛书《老子》甲本

"兵书略"者有《刑德》甲、乙、丙种,属于"数术略"者有《五星占》《天文气象杂占》《木人占》《符箓》《神图》《筑城图》《园寝图》《相马经》,属于"方技略"者有《五十二病方》(附佚书四种)《胎产图》《养生图》《杂疗方》《导引图》(附佚书两种),地图有《长沙南部国图》《驻军图》。在这些帛书中,只有《老子》《周易》《战国纵横家书》可与今本对照比勘,其余的都是亡佚已久的战国时期的重要书籍。这批帛书皆为墨书,抄写时间最早的是战国末年,最晚的是汉文帝初期。帛书的字体有的是篆书,有的是秦隶,反映了文字由篆书向隶书的演变过程。这次考古发现提供了客观的帛书实物,丰富了今人对帛书的认识。

## 四、简牍

简牍是用竹木制成的书写材料。在纸广泛流行以前,简牍的使用范围最广,使用时间最长,是纸质书籍最直接的前身。简,也称"策",用竹片或木片加工而成,是简册最小的构成单位,简册是由数量不等的简编连而成的。牍,也称"方",即方形木版,它能容纳更多的文字,满足一些特别的需要。《仪礼·聘礼》说:"百名以上书于策,不及百名书于方。"①这说明编连起来的简册可以书写百字以上的内容,不足百字则书写在方上。简牍用途多样,有的作为遣册,用来登记下墓的随葬品的名称、数目;有的用于发布官府的法令、公文,如诏册、通缉令等;有的则是一般意义上的典册,如《孙子兵法》《周易》《老子》《急就篇》等书籍。因功用不同,简册的形制、规格也不太一样。张舜徽说:"春秋战国时候的简,最长的二尺四寸,其次一尺二寸,又次八寸。汉朝的简,最长的二尺,其次一尺五寸,又次一尺,最小的五寸。古人用最长的简写经典,用短简写传记杂文,国家的法律是写在

---

① 阮元校刻:《十三经注疏》(上),上海:上海古籍出版社,1997年,1072页。

特长的三尺简上,表示尊重。每简的字无定数:最少的八字,多的有三十余字,通常在二十二字到二十五字之间。因此,一篇文字就会要用很多的简,而简也必须编连成册了。"①

王充的《论衡·量知》曾提到简牍的制造与不同功用:"夫竹生于山,木长于林,未知所入。截竹为筒,破以为牒,加笔墨之迹,乃成文字。大者为经,小者为传记。断木为椠,析之为板,力加刮削,乃成奏牍。"②这里没有提"杀青"。由于新竹容易生虫腐烂,凡制竹简,须先在火上烤炙出"汗",称为"汗青",再将竹上的青皮刮掉,名为"杀青",这是简牍制造的重要步骤。③ 简牍的制造如此复杂,其使用却非常普遍,可能当时有专门的加工制造者,他们通过市场提供简牍的成品。

《尚书·多士》说:"惟殷先人,有典有册。"④"册"字的甲骨文字形也是简册的形象的展现。这说明至少在商代已经出现了竹木典册。不过,竹木容易朽坏,至今尚未发现商代的实物。历史上曾两次大规模地发现先秦的简书,即孔壁遗书与汲冢书。前者是汉景帝之子鲁恭王刘余在孔子故宅发现的《尚书》《礼记》等多种儒家经典⑤,后者是西晋武帝泰始年间在汲郡古墓中发现的大批先秦历史文献。⑥ 晚近以来,随着考古事业的发展,简牍持续不断地出土,喜讯频传。出土的简牍上起战国,下至魏晋,尤以秦汉为富。简牍的发现地,有湖南、湖北、四川、安徽、河南、河北、山东、江苏、内蒙古、甘肃、青海、新疆等省(自治区)。其中,居延汉简、信阳长台关楚简、武威汉简、武威汉代

---

① 张舜徽:《中国文献学》,郑州:中州书画社,1982年,12页。
② 见刘盼遂:《论衡集解》卷十二《量知篇》,北京:古籍出版社,1957年,255页。
③ 应劭《风俗通义》佚文引刘向《别录》云:"'杀青者,直治青竹作简书之耳。'新竹有汗,善朽蠹,凡作简者,皆于火上炙干之,陈、楚之间谓之汗,汗者,去其汗也。吴、越曰杀,杀亦治也。"见王利器:《风俗通义校注》,北京:中华书局,1981年,494页。
④ 阮元校刻:《十三经注疏》(上),上海:上海古籍出版社,1997年,220页。
⑤ 参见《汉书》卷三十《艺文志》,北京:中华书局,1965年,1706页。
⑥ 参见《晋书》卷五十一《束晳传》,北京:中华书局,1974年,1432—1433页。

医简、银雀山汉简、居延新简、云梦睡虎地秦简、阜阳双古堆汉简、包山楚简、江陵张家山汉简、尹湾汉简、郭店楚简、悬泉汉简、长沙走马楼吴简、湘西里耶秦简等，都是极其重要的发现。古代简牍繁富的发现，早已引起国际学术界的关注，与甲骨学、敦煌学一样，简牍学也成为一门影响广泛的国际性学问。

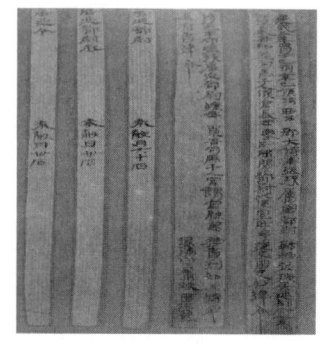

东汉建武三年(27)居延都尉俸例册

## 第三节　与简帛有关的几个概念

秦汉时期多种文字与知识的载体相互配合，共同使用，成为文化传播的基本媒介与阅读活动的基本对象。相对而言，由于简帛载体使用的普遍性，在人们的传播与阅读活动中，其所发挥的作用更为显著。围绕简帛载体，历史上形成了多种重要的概念，它们在当时的文化传播与阅读活动中被广泛使用。在纸质书籍诞生以后，它们又被移植过来，成为描述纸质书籍的基本概念。

一、篇

篇的命义，源于简册，本义是指在简册上著书。许慎《说文解字》五篇上《竹部》说："篇，书也。"①朱骏声《说文通训定声》解释说："谓书

---

① 见许慎撰，段玉裁注：《说文解字注》，上海：上海古籍出版社，1981年，190页。

于简策可编次也。"① 据此，凡写有文字的编连而成的简册都可以称为篇。马衡研究过散简编为册的方法，他说：

> 编简为册之法，据《说文》说，"中有二编"。据蔡邕《独断》言："策，简也……其制长二尺，短者半之。其次一长一短，两编下附。"古文册字作 ⊞、⊞ 诸形，可以考见二编、两编之说，乃以绳横贯诸简，上下各一道，使诸简排比成册。西北科学考查团所得居延诸简，以年代久远，多为断简残编。但其中有二册，一为《兵器簿》，共七十七简；一为给丧假之文书，共三简。上下两编皆为麻线编成。《兵器簿》之两编且于右侧连贯，正如象形字之 ⊞。此由西北干燥，其编尚未腐朽也。至编之之物，有用皮者，有用丝者。……居延简则以麻线编成，又为历来记载所不及。②

马衡以西北地区所出土的实物材料，说明古籍所记"二编""两编"，就是指用两道绳子来编连简册。中华人民共和国成立后所发现的简册实物，也再次证明了这一点。不过，以两道绳子编连，只是常态。从简牍的实物材料看，也有用三道或四道绳子来编连的情形。③ 到底用几道绳子，主要视简的长度而定。因编连而成的篇，可以任意舒卷，所以"篇"也可以作为表示书籍的单位，如一篇、二篇等。《汉书·艺文志》即著录：

> 《易经》十二篇，施、孟、梁丘三家。

---

① 朱骏声：《说文通训定声》，北京：中华书局，1984年，841页。
② 马衡：《凡将斋金石丛稿》卷七"书籍制度"，北京：中华书局，1996年，266—267页。
③ 参见薛英群：《居延汉简通论》，兰州：甘肃教育出版社，1991年，132页。

《易传周氏》二篇。

《服氏》二篇。

《杨氏》二篇。

《蔡公》二篇。①

从《汉志》的著录来看,"篇"显然是构成一部书的基本单位。因为每一"篇"首尾完整,可以独立存在,所以先秦的书籍都可以"别本单行",即以一篇或几篇作为独立的一部书而流布——这是先秦图籍的一大通例。② 作为书籍的单位,"篇"与"卷"基本为同义之语。清人卢文弨说:"篇,即卷也。《汉志》《易》皆言篇,《诗》皆言卷。其余一类之中,或篇或卷不一。至末,总其数云:'大凡书六略,三十八种,五百九十六家,万三千二百六十九卷。'此非篇即为卷乎?"③应该说,卢氏所论是正确的。

## 二、卷

卷的命义,源于缣帛。张舜徽说:

> 古人用缣帛记事、钞书,写得很长以后,便要把它捲起来,才好保存,里面必安一木轴,以利收捲。捲字本只作卷,古音读与衮同(如"龙卷"即"龙衮"),今人称卷物为衮,即古代遗语。书的称卷,实起于此。那时一卷书,正和今日书画家所藏手卷的形式

---

① 《汉书》卷三十《艺文志》,北京:中华书局,1962年,1703页。
② 参见余嘉锡:《古书通例》卷一《汉志著录之书名异同及别本单行》,见《余嘉锡说文献学》,上海:上海古籍出版社,2001年,200页。
③ 卢文弨:《钟山札记》卷一,见张舜徽:《中国古代史籍校读法》,北京:中华书局,1962年,29—30页。

一样,古人就称为卷轴。①

帛书以卷轴的形式来保存收藏,"卷"便成为帛书的单位,一卷或若干卷读物可以构成一部书。从这个意义来讲,"卷"与"篇"并无不同。分别强调,在于说明各自的载体并不一样。因此,清人叶德辉这样说:"《汉书·艺文志》有称若干篇者,竹也;有称若干卷者,帛也。"②

关于"卷"与"篇"的关系,上引卢文弨的看法大体正确。张舜徽亦做过更深入的分析,他说:

> 两汉竹帛并行,故篇卷无分。《汉志》著录经籍,或称卷,或称篇,而每种之后,各题上事云,凡若干家若干篇。至末复总结其数曰:"凡书六略,三十八种,五百九十六家,万三千二百六十九卷。"其明征也(卢文弨《钟山札记》有此说)。惟古书篇幅长短不齐,故编书之人于篇幅甚短者,恒合数篇以成一卷。《诗》三百篇,每篇文字最简,《汉书·艺文志》著录鲁、齐、韩三家经文为二十八卷,《尔雅》十九篇,《汉志》著录为三卷(《汉志》原文云:《尔雅》三卷二十篇。今所存仅十九篇,盖已亡其序篇),是其例也。若夫篇幅过长者,又每分为上下卷,或上中下卷。《汉书》本为百篇,而应劭注本作一百一十五卷,颜师古注本作一百二十卷,是其例也。盖自简策既废,易篇为卷,太长则卷舒不便,过短则不能自成一轴,故编次者辄依文辞繁简,有所进退离合于其间,自是为书目者,若阮孝绪《七录序》后所附《古今书最》及唐初诸儒修《隋书·经籍志》,皆但计卷数,无复称篇者矣。③

---

① 张舜徽:《中国文献学》,郑州:中州书画社,1982年,54页。
② 叶德辉:《书林清话》卷一"书之称卷"条,北京:北京燕山出版社,1999年,21页。
③ 张舜徽:《广校雠略》卷三"简纸与篇卷"条,见《张舜徽集》,武汉:华中师范大学出版社,2004年,49—50页。

张舜徽此论,把"篇""卷"的关系与变化之理讲得非常透彻。以卷轴形式存放的帛书是非常珍贵的,所以人们也格外注意帛书的保存,通常将其装在特制的外套中。这个外套称为"帙"。《说文解字》七篇下《巾部》说:"帙,书衣也。"①帙的作用在于防止卷轴因摩擦而受损。此外,将一书各卷装入帙中存放,既利于检索,又可防止散佚。帙的制作颇为讲究,材质花色不一。《太平御览》卷六〇六《文部二二》引《晋中经簿》说:"盛书有缥帙、青缥帙、布帙、绢帙。"②用各种纺织材料所制成的帙,装书时也有一定的数量要求。据马衡的考证,通常的标准是"每帙十卷",他说:

> 其每帙所包之卷轴,数亦不等,多以卷轴之大小多寡定之,其最普通者为每帙十卷。晋葛洪《西京杂记序》曰:"(刘)歆欲撰汉书,编录汉事,未得缔构而亡。故书无宗本,止《杂记》而已。失前后之次,无事类之辨,后好事者以意次第之,始甲终癸为帙,帙十卷,合为百卷。"此后汉之以十卷为帙也。梁《昭明太子集》前有刘孝绰《序》曰:"谨为一帙十卷,第目如次。"《隋志》有"《周易》一帙十卷,卢氏注"。此六朝之以十卷为帙也。唐陆德明《经典释文序》曰:"合为三帙三十卷,号曰《经典释文》。"魏徵《群书治要序》曰:"凡为五帙,合五十卷。"此唐之以十卷为帙也。宋李清照《金石录后序》:"装卷初就,芸藏缥带,束十卷为一帙。"此宋之以十卷为帙也。③

---

① 见许慎撰,段玉裁注:《说文解字注》,上海:上海古籍出版社,1981年,359页。
② 李昉等撰:《太平御览》卷六〇六《文部二二》,北京:中华书局,1960年,2728页。
③ 马衡:《凡将斋金石丛稿》卷七《书籍制度》,北京:中华书局,1996年,271页。

据此可知,这种"十卷一帙"的常规做法,真也是源远流长了。由帙裹束的卷轴,两端的轴头都会露在外面。为了检索方便,轴上会拴上一个标签。汉朝卷轴的轴头与标签是怎样的情形,史书失载。隋唐官府与一些达官贵人藏书所用的标签,则材料昂贵,极尽豪华。《隋书·经籍志》记隋炀帝时秘阁藏书的装潢用轴,说:

> 秘阁之书,限写五十副本,分为三品:上品红琉璃轴,中品绀琉璃轴,下品漆轴。①

《旧唐书·经籍志》记唐代皇家藏书装潢用轴,说:

> 其集贤院御书:经库皆钿白牙轴,黄缥带,红牙签;史书库钿青牙轴,缥带,绿牙签;子库皆雕紫檀轴,紫带,碧牙签;集库皆绿牙轴,朱带,白牙签,以分别之。②

韩愈在其著名的诗篇《送诸葛觉往随州读书》中,描写了当时书籍豪华的装潢:

> 邺侯家多书,插架三万轴。一一悬牙签,新若手未触。③

以隋唐书籍的装潢情形来推测,秦汉时期皇家与达官贵人所用的卷轴与标签应该是非常讲究的。普通流通的书籍倒不一定会使用这些材质昂贵的轴头与标签。

---

① 《隋书》卷三十二《经籍志》,北京:中华书局,1973年,908页。
② 《旧唐书》卷四十七《经籍志》,北京:中华书局,1975年,2082页。
③ 韩愈:《韩愈集》卷七《古诗》,长沙:岳麓书社,2000年,96页。

## 三、策（册）

策，本义与简牍无涉。《说文解字》五篇上《竹部》云："策，马箠也。"①不过，经传常借"策"为"册"，二字通假。《仪礼·既夕礼》云："书遣于策。"贾公彦疏云："编连为策，不编为简。"②《春秋左氏传序》云："大事书之于策，小事简牍而已。"孔颖达疏云："单执一札谓之为简，连编诸简乃名为策。"③文中的"策"字，都是"册"字的通假字。甲骨文和金文已见"册"字，是象形字。马衡解释说："甲骨及金文册多作⊞、⊞等形，皆像编简之形。故简册二字，可包括一切竹木制之书籍。"④李学勤做出同样的解释，并主张商代已有简册，"像以竹木简编组成册之形，相参差的竖笔是一支支的简，联贯各简的横笔是编册用的绳。这确切证明，商代已有简册，这才是当时的书籍"⑤。

据此可证，"简策"与"简册"原本无别，都是书籍的代称。马衡详细考察过简册的长短，认为先秦"六经"、传记、国史之简，有长二尺四寸者，有长一尺二寸者，有长八寸者，这是用二十四之分数。到了汉朝，简册制度出现变更，有长二尺者，有长一尺五寸者，有长一尺者，有长五寸者，这都是二十之分数。⑥

作为书籍的简册（简策）在宋代印本书籍出现以后，装订方式发生了变化，由原来"众简相连而成册"，变为"以线装分钉而成册"⑦。叶德辉说：

---

① 许慎撰，段玉裁注：《说文解字注》，上海：上海古籍出版社，1981年，196页。
② 阮元校刻：《十三经注疏》（上），上海：上海古籍出版社，1997年，1153页。
③ 阮元校刻：《十三经注疏》（下），上海：上海古籍出版社，1997年，1704页。
④ 马衡：《凡将斋金石丛稿》卷七《书籍制度》，北京：中华书局，1996年，264页。
⑤ 李学勤：《古文字学初阶》，北京：中华书局，1985年，53—54页。
⑥ 马衡：《凡将斋金石丛稿》卷七《书籍制度》，北京：中华书局，1996年，265页。
⑦ 叶德辉：《书林清话》卷一"书之称卷"条，北京：北京燕山出版社，1999年，20页。

> 当时装订,有以一卷为一册者,有以数卷为一册者,必视其书之厚薄为之,元时书册亦如此。……则册、策二字,在宋元间时固犹通用也。①

叶德辉所论极当。由于书籍装订方式的变化,因此"册"作为一个量词成为书籍的一个非常重要的概念。虽然宋元仍有以"策"为"册"的用法,但"册"字出现的频率还是远远高于"策"字,与先秦、秦汉时期有了明显的不同。

## 四、本

本的命义与卷轴有关。张舜徽说:

> 许多卷轴积存在书架上,轴头都是露在外面的。这轴头,便是所谓"本"。《说文》:"木下曰本。""本"的原义,和"根"相同。清末叶德辉《书林清话》卷一说:"今人称书之下边曰书根。乃知本者,因根而计数之词。"这话是对的。因根计数,起于卷轴。就卷子中的木轴而言,可以称根,也可称本。②

张舜徽对"本"的解释是非常清楚的。叶德辉考证,"书本"这一称呼,历史悠久,已频繁见诸隋唐人笔下。③ 书籍称"本",必须首先出

---

① 叶德辉:《书林清话》卷一"书之称卷"条,北京:北京燕山出版社,1999年,21页。
② 张舜徽:《中国文献学》,郑州:中州书画社,1982年,54页。
③ 叶德辉说:"是书本之称,由来已久,至宋刻板大行,名义遂定。如岳珂《九经三传沿革例》,以'书本'为一例是也。"见叶德辉:《书林清话》卷一"书之称卷"条,北京:北京燕山出版社,1999年,22页。

现"本"的实物。叶德辉认为,"吾谓书本由卷子折叠而成,卷不如折本翻阅之便,其制当兴于秦汉间"①。正因为出现了折本,所以刘向校书才可以"一人持本,一人读析";魏晋时期,"佛经梵夹大行于世,而其用益宏";唐宋时期,梵书影响更加广泛,"是唐宋以下试卷之式,即本佛经,故一本一卷,遂为今日之定号"②。至此,来源于卷轴的"本"的概念,历经变化,终于在唐宋时期定型为书籍的重要概念而一直被沿用到今天。

---

① 叶德辉:《书林清话》卷一"书之称卷"条,北京:北京燕山出版社,1999年,22页。
② 叶德辉:《书林清话》卷一"书之称卷"条,北京:北京燕山出版社,1999年,23页。

# 第三章　汉朝的知识体系与阅读选择

知识是人类传播活动的重要客体。人类的知识是不断积累起来的。从初民不断总结、提炼生活和生产经验而形成零碎、片断的知识，直到建构起内容广泛、类别秩然的知识体系，其间经历了相当长的历史过程。知识体系的类别化、学理化促进了知识的传播。在图书作为传播知识的最主要方式的时代条件下，对受众的阅读来讲，既成的知识体系必定会发挥指引阅读方向、指导阅读选择、甄别阅读价值、指示阅读门径的作用，并在一定程度上突破家学教育与学校教育所形成的阅读习惯与阅读限制，实现自主性阅读。汉朝，刘向、刘歆父子在校理群书的过程中完成了中国历史上第一部群书总目——《七略》。《七略》对当时的阅读选择产生了广泛的影响，以此书为标志，汉朝的知识体系最终确立。

## 第一节　汉朝知识体系的形成

从对文化学术所产生的重大影响来看，中国古代任何一次校书活动,都不能与西汉刘向、刘歆父子所负责的校书活动相比。它不仅是历史上第一次大规模的校书活动,而且是历史上第一次对先秦的知识、文化、学术进行理性总结的活动。刘向所完成的提要目录《别录》与刘歆所完成的图书总目《七略》,奠定了古典目录学、校勘学的基础,同时《七略》成为汉朝的知识体系正式形成的标志。

汉成帝河平三年(前26),鉴于国家藏书散佚严重的情况,朝廷派谒者陈农到全国各地征求遗书逸籍,并且以此为契机,组织了由刘向负责的校理群书的专家班子,对国家的全部藏书进行大规模的整理。其间,刘向去世,汉哀帝诏命刘向之子刘歆继其父任,继续从事这一工作。《七略》就是刘歆在校理群书的过程中完成的一部大型图书总目。《汉书·艺文志》记载其事说:

> 成帝时,以书颇散亡,使谒者陈农求遗书于天下。诏光禄大夫刘向校经传诸子诗赋,步兵校尉任宏校兵书,太史令尹咸校数术,侍医李柱国校方技。每一书已,向辄条其篇目,撮其指意,录而奏之。会向卒,哀帝复使向子侍中奉车都尉歆卒父业。歆于是总群书而奏其《七略》。①

编目是整理图书的重要环节之一,既能对藏书进行摸底,又能对藏书进行总结,而高水平的编目更可以对知识内容进行总结、分类,从而建构类别秩然的知识体系。刘向对编目工作极其重视,每校完一书,"辄条其篇目,撮其指意,录而奏之",从而完成了我国第一部解题目录——《别录》(今尚存8篇)。刘歆继任后,继承其父遗志,最终完成了《七略》,这是我国古代第一部大型群书总目。

《七略》一书到唐代已基本亡佚,不过,班固的《汉书·艺文志》系

---

① 《汉书》卷三十《艺文志》,北京:中华书局,1962年,1701页。

改作《七略》而成，据之尚可了解其基本情况。《七略》共录书 13269 卷，分为七个部分，即所谓"七略"，具体如下。

(1)《辑略》——诸子总论和分论。

(2)《六艺略》——儒家经传及小学共九种。

(3)《诸子略》——儒、道、阴阳、法、名、墨、纵横、杂、农、小说等十家。

(4)《诗赋略》——赋四种、诗一种。

(5)《兵书略》——权谋、形势、阴阳、技巧四种。

(6)《数术略》——天文、历谱（包括算术）、五行、蓍龟（卜筮）、杂占（主要占梦）、形法（看舆地形势及看人与物的形相）。

(7)《方技略》——医经、经方、房中、神仙四种。

《辑略》是全书的总序，并不涉及具体类目。实际上，所有图书被分成"六略"共 38 种。此书的完成，是战国以来思想文化长期积累和发展的结果。《七略》是对古代知识、文化、学术的划时代的总结，凝聚了目录学、校勘学等具体的知识理论。更具普遍价值的是，通过记录书目，整理学术流别，它对当时的各种知识进行了系统的梳理，以非常明晰的部类显示了知识的条贯和不同层次，并将学习方法与价值判断蕴含其中，向受众展示了阅读的途辙和治学的门径。

虽然战国时期已经形成文、史、子三大知识体系，但这种划分是初步的，也是极其粗陋的。第一，它还停留在实践层次，是人们根据俗成的习惯、经验而进行的分类与选择，尚缺乏明确的理论概括与理论指导；第二，文、史、子的知识体系略庞杂笼统，不便于人们准确揭示知识的基本内涵；第三，这一体系未能将自然科学的内容独立出来，不利于科学知识的学习与传播。

《七略》所展示的知识体系则完全不同。第一，《七略》的分类是在"表彰六经"的明确的思想原则指导下进行的。西汉的经学稳固地占据了统治地位，经学方面的著述也构成著作的一个大宗，经学作为一个独立的知识体系的条件已经形成。基于这一条件,同时根据经学著作的实际状况,《七略》把经学书籍以及阅读经籍的工具书列入《六艺略》,从学统上奠定了经学的主导地位。

第二,《七略》对战国时期涌现的诸子百家,给予高度的关注,并专列一类,加以表彰。早在战国时期已有著作对诸子有所评价。在《庄子·天下》《荀子·非十二子》《韩非子·显学》等篇章中,都专门对诸子进行论列。《吕氏春秋》《淮南子》及司马谈《论六家要旨》等著作,也对诸子进行专门的论述。这些著作的论旨不同,其论列的范围只限于诸子中比较重要的几家。《七略》则不同,它除了对诸子的产生、源流、特点、优劣等进行评价,还著录了全部九流十家的著作。经过《七略》的系统著录与大力表彰,战国时期盛极一时的诸子学呈现出完整的面貌,并展现了自身知识体系独特而宝贵的价值,为后来四部分类法中"子部"的形成铺平了道路。

第三,通过《诗赋略》,将文学作品汇为一部,使先秦"文"这一概念的内涵得到充实和发展。《诗赋略》坚持了"文"作为韵文的观念,并着眼于时代的特点,突出诗歌与辞赋的地位,准确地把握了战国以来文学发展的主流,把文学主导形式——诗赋的独立发展的路径揭示出来。

第四,设置《数术略》《方技略》,将自然科学知识从先秦时期混沌的文、史知识中分离出来。受到思想认识的限制,虽然先秦时期已经积累了丰富的科学技术知识,但是当时并未形成独立的知识形态,它们杂厕于史的行列,混同于史的内容。《七略》设《数术略》《方技略》,首次将这些知识从史中分离出来,赋予其独立的存在形式。从知识史与思想史的角度来讲,这是一个重大的进步。当然,《数术略》与《方技略》的著录,仍然不免科学与迷信的掺杂,未能进行更彻底的分离。这是时代局限与认识局限的结果,对此不能苛求古人。事实上,当时能够做到这一步已经相当不易。《七略》客观地记录了先秦与秦汉时期科学与迷信并存的局面,把真实的知识史、思想史、科技史的资料保留下来。依照这个思路来整理古代的知识,也许会对中国古代科学技术的发展起到积极的推动作用,但遗憾的是,后来四部分类法在这一点上不是进步而是退步了。

第五,《七略》的著录,不仅整理了知识体系,而且表达了明确的价值观念。观念之一是大力弘扬封建时代居于正统地位的经学,《六艺略》位居各略之首即是明证。不仅如此,《七略》还将史学附于经学,不仅突出经学的统帅作用,而且曲折地表达"六经"皆史的观念。观念之二是强调实学。六艺、诸子、诗赋、兵书、数术、方技,都是战国和秦汉时代的实学,与国家治乱、民生日用关系密切。观念之三是选择和保存有文化价值的遗产。《七略》并非兼收并蓄,一录无遗,凡不具文化价值的东西一概摒弃不录。范文澜说:"《七略》综合了西周以来主要是战国的文化遗产,把不值得保存的书籍都废弃了,例如经学博士的讲义,一篇也不录取。"①

《七略》是一部伟大的著作,它标志着中国古代的知识体系臻于成熟。它犹如一座博大的知识宝库,通过类别分明的知识体系,向人们展示了先秦与秦汉的知识与文化的瑰宝。

## 第二节 汉朝知识体系对受众的阅读影响

《七略》所反映的知识体系,融观念、知识与方法于一体,以其成熟的建构与丰富的内容,引起人们的兴趣和重视,并对汉朝受众的阅

---

① 范文澜:《中国通史》第二册,北京:人民出版社,1986年,123页。

读产生了重要的影响。具体而言，主要表现在下列几个方面。

第一，它为受众自主性地选择阅读门类与阅读书目提供了基本的依据。当反映知识体系的书目缺如时，受众的阅读往往处于盲目状态。多数人不知道该读些什么书，不知道该从什么书开始读。如果有师承，则可以得到师传，若没有师承就只能自己摸索。在这种情况下受众的阅读多呈现出"只见树木，不见森林"的状态，也就是说受众只是阅读了一本本孤立的书，而不是一类书，他们很难接受系统的知识。在形成知识体系的条件下，受众阅读的盲目性将会有所降低。他们有条件因目求书，可以进行有目的、有类别的阅读。虽然表面上，人们仍旧是一本本地读书，但在体现知识体系的书目的明确指引下，人们可以实现知识类别的选择，从而接受系统的知识。

在传统的师传方式的影响下，老师在知识传播方面发挥着极其重要的作用。在阅读选择方面，受当时客观条件的限制，受众往往不能独立选择阅读内容。西汉的经学传授就是这样。当时的经学强化"家法"与"师法"的传授，弟子的学习一依经师的衣钵。其结果是，禁锢了学者的思想，消磨了他们的创造能力，使他们永远被束缚于"师法"之下，难以迸发创造的火花。

知识体系的明确建立，则为改变这种状况提供了一定的可能性。东汉整体的学术成就和文化的多样性大大地超过西汉，与此不无关系。就经学而言，东汉出现普遍的"兼经"现象，最后马融、郑玄遍注群经、会通今古，应与他们在既成的知识体系影响下，自觉地摆脱"师法"有着密切的关系。如果仍然跟着"师法"亦步亦趋，不敢越雷池一步，那么破除今古学之间的藩篱是很难做到的。

第二，它为受众获得整体知识提供了条件。各种知识之间的相互联系，使知识构成一个整体。了解和掌握整体知识，对人类进行正确的思维判断具有重要的价值。但是，随着知识的积累，知识必然走向专业化、细致化。虽然这种专业化与细致化是知识发展的必然结果,也是学术进步的重要体现,但是只顾专业化而忽视知识的整体性,将会陷入形而上学的境地,最终反而会阻碍专业化的发展。所以,强调知识的整体性与整体知识的选择是极其重要的。

先秦时期,中国的知识就已经呈现出很强的整体性。儒家强调博学广闻,"致广大而尽精微"①,这实际上就是强调整体知识。汉朝所形成的系统的知识体系,继承了过去的传统,继续强化知识的整体观念。《七略》所体现的复杂丰富的知识,其门类之间的分别是相对的,而内在的联系则是绝对的和普遍的。例如,《六艺略》与《诗赋略》具有紧密的联系。就本质而言,《诗经》是先秦的诗歌总集,但尊处经的地位以后,它就进入了"六经"的体系。尽管如此,它与辞赋的联系是割不断的。《诗经》是中国诗歌的源头,无论它列在哪个部分,它与诗赋的联系都是不能割断的。《六艺略》与《诸子略》也有紧密的联系。《论语》本属诸子,应入《诸子略》,但因主要记述了孔子的言行,故进入《六艺略》。《诸子略》言儒家的源流,便不能不涉及孔子和《论语》。《诸子略》与《兵书略》亦具有密切的联系。兵家本为诸子之一,但因汉武帝以来战争频繁,重视兵事,兵书的数量与整理都不同凡响,故兵书专设一略。诸子与兵书二者虽然类略不同,但本质的联系并未改变。《诸子略》与《数术略》《方技略》的联系同样如此。《七略》内部这种紧密的联系,实际上把各种知识熔铸为一个整体,这种价值取向必然要影响受众的阅读选择和治学行为。东汉、三国的学者普遍以博通相高为学术信仰,这实际上正是追求整体知识的一种反映。

第三,它为受众了解知识源流和学习方法提供了便利。《七略》的部类划分,彰显了"辨章学术,考镜源流"②的功用,并将此作为中国目录

---

① 阮元校刻:《十三经注疏》(下),上海:上海古籍出版社,1997年,1633页。
② 章学诚《校雠通义》云:"盖自刘向父子部次条别,将以辨章学术,考镜源流,非深明于道术精微、群言得失之故者,不足与此。"见章学诚著,叶瑛校注:《文史通义校注》,北京:中华书局,1985年,945页。

学一个根本的学术理念加以实践。①《七略》的各个类目,无不强调源流演变的关系,力图对各书及各学的源流给予原原本本的说明。首先,书目的安排体现了源流的递变;其次,每类的小序以简洁的文字介绍了各类图书(实即各种学术)的发展情况。这样,各略各类所提供的知识就如同一部学术史、文化史,流别有自,秩然分明。这样的流别也昭示了读书与治学的途径,即向受众传播为学的次第:哪些书应当先看,哪些书应当后看;哪些知识应当首先掌握,哪些知识与另一些知识具有密切的联系,等等。在这种将知识体系与学习方法融为一体的目录学的指导下去阅读和学习,受众自能了解各个学派、各种知识的源流、发展和演变。正是从这个角度着眼,古代的学者将目录学看作学中"第一紧要事"②。将知识与治学方法紧密地结合起来,这是《七略》所展示的知识体系的一大特点,对古人的阅读与古代学术人才的培养产生了深远的影响。

## 第三节　受众阅读选择的特点

　　书籍不断增多,知识日益丰富,对大多数受众来讲,兼收并蓄、博览群书实难做到。因此,阅读选择是受众需要面对的一个重要问题。这种选择,包括阅读内容的选择、阅读目标的选择和阅读方式的选择。汉朝,由于存在口耳相传、以吏为师、以家法师法传授和自学等

---

① 余嘉锡《目录学发微》云:"虽自《通志·艺文略》目录一家已分四类(总目、家藏总目、文章目、经史目四类),继此枝分歧出,派别斯繁,不能尽限以一例,而要以能叙学术源流者为正宗。"见余嘉锡:《目录学发微》,北京:中华书局,1963年,1页。
② 王鸣盛云:"目录之学,学中第一紧要事,必从此问途,方能得其门而入。"见王鸣盛:《十七史商榷》,上海:上海古籍出版社,2013年,1页。

传播、接受知识的方式,因此受众在阅读选择上表现出明显的时代特征。总体来看,汉人的阅读选择具有下列特点。

第一,因传承家学而选择阅读。家学传授的传统,早在先秦时期就已经形成了。司马迁叙述自家的历数之学,一直追溯到重、黎之世,以后世代相传,延续不绝。汉武帝表彰经学以后,受到禄利的影响,士人靡然向风,形成读经的信仰。经学要求以家法与师法传授,这就为家学的进一步发展增加了原动力。汉朝的经学多以家学的方式传承。对子弟来说,一来他们可以较为便利地接受家族长辈的心传口授,再则他们也容易得到该经的传本。对传者来说,由于经学与禄利有关,传授经学无异于将禄利传给后人,可以真正地保证其子弟(实即本家族)福泽绵延,永享荣华,因此家学在汉武帝以后迅速发展起来。到了汉元帝、汉成帝、汉哀帝时期,以儒学起家的世家大族大量存在,从而大大地促进了家学的兴盛。下录《汉书·儒林传》的一些记载,从中可见西汉家学的盛况。

> 梁丘贺字长翁,琅邪诸人也。……从太中大夫京房受《易》。……年老终官。传子临,亦入说,为黄门郎。①
>
> 欧阳、大小夏侯氏学皆出于(倪)宽。宽授欧阳生子,世世相传,至曾孙高子阳,为博士。高孙地余长宾以太子中庶子授太子,后为博士,论石渠。……地余少子政为王莽讲学大夫。由是《尚书》世有欧阳氏学。②
>
> (林尊)事欧阳高,为博士,论石渠。后至少府、太子太傅,授平陵平当、梁陈翁生。……翁生信都太傅,家世传业。③

---

① 《汉书》卷八十八《儒林传》,北京:中华书局,1962年,3600页。
② 《汉书》卷八十八《儒林传》,北京:中华书局,1962年,3603—3604页。
③ 《汉书》卷八十八《儒林传》,北京:中华书局,1962年,3604页。

(伏)理高密太守,家世传业。……由是《齐诗》有翼(奉)、匡(衡)、师(丹)、伏(理)之学。①

汉兴,鲁高堂生传《士礼》十七篇,而鲁徐生善为颂。孝文时,徐生以颂为礼官大夫,传子至孙延、襄。②

(戴)德号大戴,为信都太傅;(戴)圣号小戴,以博士论石渠,至九江太守。……大戴授琅邪徐良斿卿,为博士、州牧、郡守,家世传业。小戴授梁人桥仁季卿、杨荣子孙,仁为大鸿胪,家世传业,荣琅邪太守。③

(严彭祖)授琅邪王中,为元帝少府,家世传业。④

瑕丘江公受《穀梁春秋》及《诗》于鲁申公,传子至孙为博士。⑤

东汉时期,统治者继续表彰儒学,世家大族进而演变成门阀贵族,他们垄断了政权,甚至垄断了经学,出现了为数甚多的儒宗地主。这些地主家庭的成员,论政治,在朝廷或地方做官为吏,分享政治权力;论学术,治专学专经,称雄学坛,把持话语权。《后汉书·儒林列传》也记载了这方面的情况。

欧阳歙字正思,乐安千乘人也。自欧阳生传《伏生尚书》,至歙八世,皆为博士。⑥

高诩字季回,平原般人也。曾祖父嘉,以《鲁诗》授元帝,仕

---

① 《汉书》卷八十八《儒林传》,北京:中华书局,1962年,3613页。
② 《汉书》卷八十八《儒林传》,北京:中华书局,1962年,3614页。
③ 《汉书》卷八十八《儒林传》,北京:中华书局,1962年,3615页。
④ 《汉书》卷八十八《儒林传》,北京:中华书局,1962年,3616页。
⑤ 《汉书》卷八十八《儒林传》,北京:中华书局,1962年,3617页。
⑥ 《后汉书》卷七十九上《儒林列传》,北京:中华书局,1965年,2555页。

至上谷太守。父容,少传嘉学,哀平间为光禄大夫。诩以父任为郎中,世传《鲁诗》。①

伏恭字叔齐,琅邪东武人,司徒湛之兄子也。湛弟黯,字稚文,以明《齐诗》,改定章句,作《解说》九篇……(伏恭)少传黯学,以任为郎。……初,父黯章句繁多,恭乃省减浮辞,定为二十万言。②

薛汉字公子,淮阳人也。世习《韩诗》,父子以章句著名。③

甄宇字长文,北海安丘人也。清静少欲。习《严氏春秋》,教授常数百人。建武中,为州从事,征拜博士。稍迁太子少傅,卒于官。传业子普,普传子承。承尤笃学,未尝视家事,讲授常数百人。诸儒以承三世传业,莫不归服之。建初中,举孝廉,卒于梁相,子孙传学不绝。④

除传承经学外,汉朝其他专门学问如历数与律学等,也是家世相传。司马迁的家族,自先秦以来世传历数之学;到了汉朝,司马谈与司马迁父子二人相继担任太史令,负责修历事务,属于典型的家学。⑤律学是专门之学,汉朝任官特别是担任廷尉职务的人,通常都要精通律学,这是公正使用法律、减少枉法与冤狱的重要保障。因此,汉朝不仅律学家世相传,而且廷尉一职往往由律家世袭。⑥

第二,因传承师法而选择阅读。先秦时期学术下移,私学开始兴起,并逐渐发展。不同的老师在开办私学、传授文化知识的过程中,逐步形成了特定的教学内容和学说见解,这可以称为师法。到了汉

---

① 《后汉书》卷七十九下《儒林列传》,北京:中华书局,1965年,2569页。
② 《后汉书》卷七十九下《儒林列传》,北京:中华书局,1965年,2571页。
③ 《后汉书》卷七十九下《儒林列传》,北京:中华书局,1965年,2573页。
④ 《后汉书》卷七十九下《儒林列传》,北京:中华书局,1965年,2580页。
⑤ 见《史记》卷一百三十《太史公自序》所述。
⑥ 参见程树德:《九朝律考》,北京:中华书局,1983年,185—187页。

朝,经学起初主要得自经师的口传,因此师法的存在是一个客观事实。不仅今古文不同的经学系统中存在着师法,而且同一派别或同一部经中也存在着师法。这就是说,只要老师不同,传授渊源有异,就自然会存在师法。师法是汉朝教育的重要特点,也是汉人阅读遵循的重要准则。

为表彰经学,汉廷明确规定以家法与师法教授。不守规定的,不得升迁。孟喜随从田王孙学习《易经》,"得《易》家候阴阳灾变书,诈言田生且死时枕喜膝,独传喜"。同门梁丘贺却揭穿此事:"田生绝于施雠手中,时喜归东海,安得此事?"后来"博士缺,众人荐喜。上闻喜改师法,遂不用喜"①。孟喜因改易师法,不再受到信任了。从这个例子可以看出,汉朝对师法的讲究是非常严格的。在国家政策的维护下,师法得到了极大的强化。对师法的尊重与坚持,使相当多的学者在读书学习的过程中,以师法为准绳,安排自己的阅读活动,并且把继承师说作为自己神圣的事业。《汉书·儒林传》和《后汉书·儒林列传》均详细地记载了两汉经师传授"五经"的情况,展示了汉朝的学术史,也展示了汉朝的阅读史。由此可见,师法如一条红线,贯穿于汉人阅读活动的始终。

就学问本身来说,在传播条件非常有限的古代,严格坚持师法,有助于将某经某学的原始形态继承下来,避免斯文灭绝,古学不传。师法的不同反映了古学内容的不同,以及人们认识与见解的不同。将此传承下来,实际上保存了古学资料,对以后考明古学、进行综合性的分析研究大有帮助。然而,过分强调师法,对扩大阅读视野、培养批评精神、促进学者创造能力的发挥都有明显的妨碍。鉴于此,汉朝的一些学者也尝试一些办法去改变师法,京房的经历就是一个典型的例子。京房字君明,西汉宣帝、元帝时期人,曾跟随梁人焦延寿学习《易经》。他听说焦延寿曾经向《易》学大师孟喜问《易》,孟喜死

---

① 《汉书》卷八十八《儒林传》,北京:中华书局,1962年,3599页。

后,他不顾孟氏弟子的反对,主张焦延寿《易》学就属于孟氏学。京房《易》学的性质如何?汉成帝时,刘向对此做出一个结论:"至成帝时,刘向校书,考《易》说,以为诸《易》家说皆祖田何、杨叔元、丁将军,大谊略同,唯京氏为异,党焦延寿独得隐士之说,托之孟氏,不相与同。"①由此可见,京房《易》说主要还是得自焦延寿,只是假托孟氏罢了。

京房为什么要这样做呢?当时,《易》学立施、孟、梁丘三家博士,如果不守师法,自立旗号,则是难以成功的。京房对《易》的解释,"长于灾变,分六十四卦,更直日用事,以风雨寒温为候,各有占验"②,这是一种重在突出《易经》的象数特点和占卜功用的学说,在三家《易》中,与孟氏《易》瓜葛最多。为了给自己的《易》学争得生存的机会,他甘愿假托孟氏。这说明在要求严格遵守师法的环境中,企图摆脱师说,自立门户,是非常艰难的事情,只有采取一些非常的手段才可以达到目的。这从反面说明西汉的师法地位很高,绝不可等闲视之。

第三,因致用而选择阅读。学以致用是先秦时期形成并为后世所奉行不替的优良传统。中国古代的知识、文化是人们长期的生活、生产经验的结晶,并非学者苦思冥想的结果。清人章学诚把这称为"事"。他认为"事"的传授与学习,实际上是教育的核心。他说:"观《易·大传》之所称述,则知圣人即身示法,因事立教,而未尝于敷政出治之外,别有所谓教法也。"③"因事立教"是教师教学的出发点。学生学习的立足点则应该是"据事以学"。这无论是在"学在官府"的西周时期,还是在私学兴起的春秋战国之后,都是如此。"据事以学",目的在于致用,即将所知所学用于实践,发为事功。可以说,致用是

---

① 《汉书》卷八十八《儒林传》,北京:中华书局,1962年,3601页。
② 《汉书》卷七十五《眭两夏侯京翼李传》,北京:中华书局,1962年,3160页。
③ 章学诚著,叶瑛校注:《文史通义校注》,北京:中华书局,1985年,131页。

中国古代教育最高的目标,也是学生读书、学习的崇高理想,反映了个人价值与社会价值的结合。孔子博学多才,晚年虽以讲学授徒为业,但始终没有放弃致用的目标。谈到《春秋》,他说:"我欲载之空言,不如见之于行事之深切著明也。"①孔子的这种观点,使致用的目标显得更加神圣。

汉人因致用而读书,最突出的表现是读有用之书。书籍之有用与无用,是一个相对的认识。政策规定的不同、价值取向的差异,会形成不同的判断书籍有用与无用的时代标准。秦朝的李斯站在法家的立场上,认为有用书籍是法律、医卜、种树之书,而西汉的董仲舒站在儒家的立场上,认为有用之书就是儒家的"六艺"之籍。由此可见,衡量书之有用、无用,是根据特定时代的观念与价值来判断的。对汉人来说,有用之书主要是指具有致用意义的书籍,实际上就是能够使自己致身通显、猎取青紫的书籍。这样的书籍,自然首推经书与律书。因此,读经与读律是汉朝读书人最紧要的事情。汉人读经的情况,上文已多次提到,此处不再赘述,只谈一下汉人读律的情况。

汉朝继承了秦朝的传统,将法律视为治理国家最重要的工具之一,鼓励人们学习法律、明晓法律。官府机构的很多职位也都由明习法律的人来担任。汉武帝时,官府明确规定:丞相应以"四科"辟官,其中第三科即"明达法令,足以决疑,能案章覆问,文中御史"②。当时,中央机构中,廷尉、御史中丞、尚书、中书等职,例由深通法律的人充任,三公虽不必由法律之家出任,但汉朝三公亦多明法律。地方机构中,郡守、县令职掌司法,明习法律是基本的任职要求,而由守、令所辟的掾史胥吏,也需要具有一定的法律知识。汉朝将明法与出仕紧密结合的用人政策,显示出明确的用人取向,唤起汉人阅读法律、

---

① 《史记》卷一百三十《太史公自序》,北京:中华书局,1975年,3297页。
② 见《后汉书》志第二十四《百官一》注引应劭《汉官仪》,北京:中华书局,1965年,3559页。

学习法律的极大兴趣。诚如晚清的沈家本所说:"士之明于法律者见重于一时,而一时之士亦知讲求此事。"①

汉人读律蔚然成风,为我国历史上所罕见。汉朝的许多皇帝都明习法律,像汉宣帝、汉明帝、汉章帝等都曾亲自"录囚",说明他们对法律已有很深的理解。汉朝的不少诸侯王也都喜欢法律,甚至深通法律。一些人还善于利用法律堂而皇之地除掉他们身边的傅相。当时社会上的读书人,多把法律作为重要科目来学习,即使是在经学大受青睐以后,也仍然如此。《汉书》保留了不少这方面的材料,例如《汉书·循吏传》载:

> 孝武之世……惟江都相董仲舒,内史公孙弘、倪宽,居官可纪。三人皆儒者,通于世务,明习文法,以经术润饰吏事,天子器之。②

其中循吏文翁:

> 欲诱进之,乃选郡县小吏开敏有材者张叔等十余人亲自饬厉,遣诣京师,受业博士,或学律令。③

《汉书·魏相丙吉传》载:

> (丙吉)治律令,为鲁狱史。积功劳,稍迁至廷尉右监。④

---

① 沈家本:《寄簃文存》卷三之《法学盛衰说》,见《历代刑法考》(四),北京:中华书局,1985年,2142页。
② 《汉书》卷八十九《循吏传》,北京:中华书局,1962年,3623—3624页。
③ 《汉书》卷八十九《循吏传》,北京:中华书局,1962年,3625页。
④ 《汉书》卷七十四《魏相丙吉传》,北京:中华书局,1962年,3142页。

《汉书·盖诸葛刘郑孙毋将何传》载：

(郑崇)父宾明法令，为御史。①

《汉书·酷吏传》载：

(严)延年少学法律丞相府，归为郡吏。②

《汉书·元后传》载：

(王禁)少学法律长安，为廷尉史。③

东汉时期，读书人在经学之外兼通法律，成为普遍的学习习惯，并出现了"经律双修"的现象。例如，"(陈)球少涉儒学，善律令"④。又如《后汉书·循吏列传》载：

(王涣)敦儒学，习《尚书》，读律令，略举大义。⑤

《后汉书·酷吏列传》载：

黄昌……居近学官，数见诸生修庠序之礼，因好之，遂就经

---

① 《汉书》卷七十七《盖诸葛刘郑孙毋将何传》，北京：中华书局，1962年，3254页。
② 《汉书》卷九十《酷吏传》，北京：中华书局，1962年，3667页。
③ 《汉书》卷九十八《元后传》，北京：中华书局，1962年，4014页。
④ 《后汉书》卷五十六《张王种陈列传》，北京：中华书局，1965年，1831页。
⑤ 《后汉书》卷七十六《循吏列传》，北京：中华书局，1965年，2468页。

学,又晓习文法。①

《隶释·车骑将军冯绲碑》载:

(冯绲)少耽学问,习父业,治《春秋严》《韩诗》《仓氏》,兼律大杜。②

"律大杜",即指大杜律。西汉的杜周在汉武帝时曾任廷尉,传习法律,其子杜延年也通明法律,汉宣帝时曾任御史大夫。父子二人各有法律传本在社会上流传,人称"大杜律"与"小杜律"。③

东汉社会存在一种浓厚的读律的氛围,这不仅有力地影响了一般人阅读法律的热情,而且极大地促进了律学的研究。当时的一些知识分子,或者是出于授徒的需要,或者是出于表达自己的法律思想和法律见解的需要,认真研究法律,完成了一批重要的注释法律的作品。《晋书·刑法志》说:"后人生意,各为章句。叔孙宣、郭令卿、马融、郑玄诸儒章句十有余家,家数十万言。"④章句,本是经师解经著作的一种体裁。章句用于解律,反映了经学对律学的影响。东汉解律的章句出现了十余家,每家达十几万言,当时律学的兴盛于此可见。清末沈家本在其名文《法学盛衰说》中,考察了中国历史上法学的兴衰轨迹,由衷地赞叹说:"法学之兴,于斯为盛。"⑤

---

① 《后汉书》卷七十七《酷吏列传》,北京:中华书局,1965年,2496页。
② 洪适:《隶释》,北京:中华书局,1985年,86页。
③ 《后汉书·郭陈列传》云:"父(郭)弘,习《小杜律》。"李贤注云:"《前书》,杜周武帝时为廷尉、御史大夫,断狱深刻。少子延年亦明法律,宣帝时又为御史大夫。对父故言小。"见《后汉书》卷四十六《郭陈列传》,北京:中华书局,1965年,1543页。
④ 《晋书》卷三十《刑法志》,北京:中华书局,1974年,923页。
⑤ 沈家本:《寄簃文存》卷三之《法学盛衰说》,见《历代刑法考》(四),北京:中华书局,1985年,2142页。

汉朝读书人重视读律，是社会风气引导的结果，也是个人为了猎取青紫的结果。在封建社会，这样的读书动机无可厚非。法律是一种实学。读书人钻研律学，为日后掌权理政奠定良好的基础，于国于民都有裨益。汉朝因致用而选择阅读有用之书的价值取向于此可见一斑。

# 第四章 阅读条件的优化

一个社会及一个时期的阅读活动开展得如何,与阅读条件的优劣有着直接的关系。制约阅读的条件是多种多样的,有社会的条件,有个人的条件;有主观的条件,有客观的条件;有直接的条件,有间接的条件。条件不同,阅读活动所产生的效果就不一样。不过,在诸种条件中,与书籍紧密相关的工作,如书籍的著述、收藏、校勘、注释、翻译等,既是开展阅读活动的客观条件,又是进行阅读活动的直接条件,因而具有极大的重要性。由于建立了统一的国家政权,秦汉时期特别是两汉时期社会安定,人文粲然,文化、教育与学术事业得到了普遍而持久的发展,在著述、藏书、校勘、注释、翻译等方面都取得了辉煌的成就,从而极大地推动了当时的阅读活动向着更理想的方向发展。

## 第一节 著述:阅读的源泉

著述活动,就是作品的创作活动。没有创作,就不会有作品,也就不会产生阅读活动。作品的创作活动,既是作品的源泉,又是阅读的源泉。秦汉时期,人们创作作品的热情空前高涨,涌现出一大批卓有成就的著述家,他们完成了数量众多、体裁各异的各类作品,为人们开展丰富多样的阅读活动提供了充足的资源。汉人的著述情况,在《汉书·艺文志》《隋书·经籍志》及清人钱大昭的《补续汉书艺文志》与侯康的《补后汉书艺文志》中,得到了全面反映。

## 一、著述活动概观

文字是从事著述活动的必要条件。有了文字,人类的著述活动就随之产生了。同一般事物皆须经历由简到繁、由粗到精的发展过程一样,著述活动也经历了这样的发展过程。迟至殷商时代,已经出现了典策,这表明著述活动已经跃上一个崭新的台阶。进入西周以后,文化进一步发展,著述的规模继续扩大,围绕礼乐文明,出现了丰富的著述。到了春秋战国时期,在官学继续发展的同时,私学兴起,并得到迅速的发展。私家著述活动也相应蓬勃地开展起来,日益成为著述活动的主流。"六艺"、诸子、历史、文学、科技及民生日用方面,都有不少重要的作品问世。

秦始皇建立的秦王朝,其统治时间只有短短的15年,著述上只有《三苍》《秦记》及法律可以称道。汉朝,国祚长久,社会安定,文化日益繁荣,公私著述都取得了巨大的成就。概括而言,其成就主要有下列几个方面。

1. 经学

汉武帝接受了董仲舒独尊儒术的建议以后,表彰"五经",经学在西汉正式产生,并得到迅速的发展。经学的基础,是儒家的《易》《书》《诗》《礼》《春秋》五部经典,即所谓"五经"。秦火之后,汉初"五经"的传本极其罕见,主要是通过一些老儒口诵,经弟子或他人记录下来而形成定本的。伏生传《尚书》，形成《今文尚书》29篇；高堂生传《礼》，形成《礼》学；申培传《诗》，形成鲁《诗》；后苍传《诗》，形成齐《诗》；田何传《易》，形成《易》学；胡母生、董仲舒传《春秋公羊传》，形成《公羊》学，等等。这就是说，"五经"由口耳相传的口头作品形态变成文字作品形态，是在西汉发生的事情。这实在是中国文化史上的一件大事。"五经"文本的出现，从根本上避免了"五经"的亡佚，为"五经"得到更加广泛的传播提供了可靠的保证。

由老儒传授的"五经"经文，文字过于简略，再加上记忆不清及传抄错乱等原因，使"五经"的阅读与理解变得非常困难。因此，解经就成为经学传授中非常重要的工作。两汉时期，各家各派为了解经，著述了大量的作品。虽然有许多内容（如章句）缺乏学术价值，但是确实有许多解经作品质量较高。它们较为准确地解释疏通了经文的文字，传递了丰富的知识与信息，阐发了经文的思想内涵，反映了当时学术文化的水平，极具学术文化价值。在汉朝众多的经解作品中，下列作品产生过重要的影响。

(1)《易》

孟喜：《周易章句》10卷；

费直：《周易章句》4卷；

马融：《周易传》10卷；

荀爽：《周易注》11卷。

(2)《书》

伏生：《尚书大传》41篇；

欧阳生：《欧阳章句》31卷；

夏侯胜、夏侯建：《大小夏侯章句》各29卷；

孔安国：《古文尚书传》13卷；

马融：《尚书传》11卷；

郑玄：《尚书传》9卷。

(3)《诗》

申培:《鲁故》25卷;

后苍:《齐后氏故》20卷;

韩婴:《韩诗内传》4卷、《韩诗外传》6卷;

毛亨:《毛诗故训传》30卷;

郑玄:《毛笺》20卷、《诗谱》3卷。

(4)《礼》

高堂生:《士礼》17篇;

郑玄:《仪礼注》17卷;

戴德:《大戴礼记》85篇;

戴圣:《小戴礼记》49篇;

后苍:《曲台后仓》9篇;

郑玄:《礼记注》20卷;

马融:《周官传》12卷;

郑玄:《周官注》12卷。

(5)《春秋》

贾逵:《左氏解诂》30卷;

服虔:《春秋左氏传解谊》30卷;

何休:《春秋公羊传解诂》12卷;

尹更始:《穀梁章句》15卷。

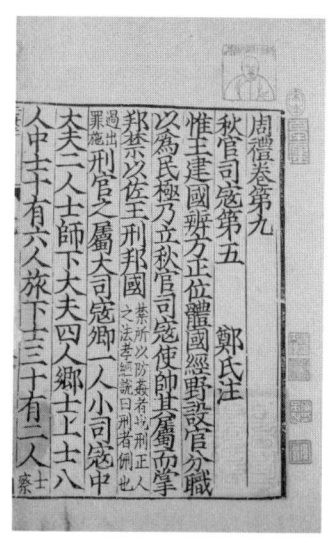

南宋刻本《周礼》

通过这些著述,佶屈聱牙的"五经"文字被后人读懂了,"五经"深奥的含义被后人理解了。这些解经的著述是经学体系不可缺少的部分,极大地充实了经学的思想内容,成为读者学习经学最基本的读物。在阅读史和传播史上,它们的价值是难以估量的,产生的影响是非常深远的。

2.诸子

战国时代诸子兴起,留下了别具特色的一类作品,《七略》将这类作品列入《诸子略》,后人习称诸子。诸子以自由的形式、明快的语言、豪迈的气势,抒发作者的抱负,阐释哲人的思想,贡献治国的对策,批判论敌的观点,展现丰富的知识,给人以思想的启迪和精神的享受。秦末天下大乱,人们依诸子体式进行创作的热情重新被激起。到了汉朝,诸子之作更是大量涌现,其体式多样,内容丰富,为阅读活动提供了更多的文献。其中比较重要的作品如下。

(1)儒家

陆贾:《新语》12篇;

贾山:《贾山》8篇;

贾谊:《贾谊》58篇;

董仲舒:《董仲舒》123篇;

公孙弘:《公孙弘》10篇;

桓宽:《盐铁论》60篇;

刘向:《说苑》20卷、《新序》30卷、《列女传颂图》8篇;

扬雄:《太玄经》10卷、《法言》10卷;

王符:《潜夫论》10卷。

(2)道家

司马谈:《论六家要旨》;

佚名:《郎中婴齐》12篇。

(3)阴阳家

张苍:《张苍》16篇;

公孙浑邪:《公孙浑邪》15篇。

(4)法家

晁错:《晁错》31篇;

崔寔:《政论》6卷。

(5)纵横家

蒯通:《蒯子》5篇;

邹阳:《邹阳》7 篇;

主父偃:《主父偃》28 篇。

(6)杂家

刘安:《淮南子》21 篇;

东方朔:《东方朔》20 篇;

高诱:《吕氏春秋注》26 卷、《淮南子注》21 卷;

许慎:《淮南子注》21 卷;

王充:《论衡》29 卷。

(7)农家

董安国:《董安国》16 篇;

赵过:《赵氏》5 篇;

氾胜之:《氾胜之》18 篇;

崔寔:《四民月令》1 卷。

3.历史

"《诗》亡而后《春秋》作"[①]。《春秋》的问世,标志着中国古代历史学正式诞生。虽然汉朝将《春秋》列入"五经",但它在史学方面所产生的影响是直接而深远的。汉朝史学的种种成就,就是对《春秋》所体现出来的优良的史学传统的继承和发扬。

秦汉时期的中央集权制度结束了商周所运行的以经济上的井田制和政治上的诸侯分封制为特征的贵族统治,开启了以官僚制、郡县制为基础的新的统治进程。这是亘古未见的政局,特别是刘邦率领一批社会底层人物,建立起西汉政权,开布衣将相之局,更是掀开了历史新的一页。这样一个时代极大地激发了人们撰写历史的热情,他们要用历史来记载时代的变迁,宣扬汉家的功业。正因为如此,汉朝的史学编撰得到了空前的发展。

---

① 《孟子·离娄下》,见杨伯峻《孟子译注》,北京:中华书局,1981 年,192 页。

在两汉的史学发展过程中,私家始终是修史的主力军。其中,司马迁继承父志,忍辱负重,最终完成了52万余字的不朽之作《史记》,建立了伟大的学术功勋。《史记》的断限,上起黄帝,下迄西汉太初,是一部纪传体通史。它横空出世,巍然树立了一座史学的高峰,带动汉朝史学步入新的境界。东汉的班固,在其父班彪旧作《史记后传》的基础上,充分吸收《史记》的优点,并且大胆创新,完善义例,完成了《史记》之后另一部伟大的史著——《汉书》。《汉书》采用了纪传体的形式,但改变了续写《史记》的做法,专记西汉的历史,从而开纪传体断代史的先河,为后世"正史"系列的形成开辟了道路。除《汉书》外,汉朝私家还完成了一些其他形式的史书,如赵晔的《吴越春秋》和袁康的《越绝书》,开地方史史书的先河。汉朝在整理旧史方面也取得了一些成绩,最重要的是对《战国策》的整理。刘向校理群书时,发现了大量散乱残断的战国史料。经过编排、定名,他整理出《战国策》这部记录战国历史的最宝贵的文献。

《史记》纯粹是私家修撰的史书,而《汉书》先是私修后得到官府许可,算是半私撰半官修的史书。除了这种私修的史书,汉朝还出现了官修的史书,这就是《东观汉记》。《东观汉记》始修于汉明帝永平五年(62),因调集史官于国家的藏书机构东观、兰台等地修撰,故得名。这是一部纪传体当代史,断限上起汉光武帝,下迄汉灵帝。参与修撰的史官众多,修撰所持续的时间也较长。因董卓之乱,全书最终未完成。此书颇受后人推重,魏晋南北朝时曾与《史记》《汉书》并称"三史"。"三史"皆为纪传体,它们将这种史书体裁的著述推向一个高峰,但也导致了编年体史书颇受冷落。

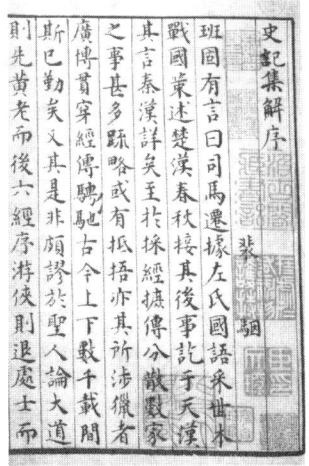

南宋建安黄善夫家塾刻本《史记》

直到东汉末年,这种情况才开始改变。汉献帝时,黄门侍郎荀悦受诏,将文繁难省的《汉书》改编为文简事明的《汉纪》。《汉纪》共30卷,为编年体史书,约18万字。将纪传体的《汉书》改编为编年体的《汉纪》,是一项非常艰难的学术工作。如果没有深厚的史学功力和严谨的工作态度,很难完成。《汉纪》问世后,大受欢迎,直接促进了后来魏晋南北朝编年体史书的繁荣。

尽管汉朝的史学得到很大的发展,但与后来的时代相比,史书的数量仍然较少。所以《七略》所著录的史书只附在《六艺略》中的"《春秋》"类下,而没有单独的类别。现将秦汉重要的史书开列如下。

陆贾:《楚汉春秋》9卷;

司马迁:《史记》130卷;

刘歆:《七略》7卷;

班固:《汉书》130卷;

刘珍等:《东观汉记》143卷;

荀悦:《汉纪》30卷;

赵晔:《吴越春秋》12卷;

袁康:《越绝书》15卷;

赵岐:《三辅决录》7卷。

4. 法律

战国时期兴起了制定成文法的运动。受其影响,一直到秦汉时期,成文法的制定仍然是官府最为重视的工作之一,大量的法律从而得以制定。不过,对于秦朝法律的形式与具体内容,长期以来后世不知其详。直至1975年云梦睡虎地秦简被发现以后,秦朝法律才为世人所知。当时的法律分为律、令、科、比等形式,内容涉及政治、经济、军事及社会生活的方方面面,许多规定非常具体详细。这些形式的法律在当时都是公开的,是人们阅读法律、学习法律的基本材料。此外,当时辅助律、令、科、比的其他材料,也是人们学习法律的重要材料。这些材料有：(1)各种法律解释，如秦简中的《法律答问》；(2)案例，如秦简中的《封诊式》；(3)字书，如李斯的《仓颉篇》、赵高的《爰历篇》和胡母敬的《博学篇》。

汉朝继承了秦朝的做法，继续大量地制定法律。萧何曾制定《九章律》，形成汉律的主干和基础。在此之外，官府还制定了许多专门的法律，如《越宫律》《傍章律》《朝律》《酎金律》《尉律》《上计律》《左官律》《田律》《钱律》《尚书律》《大乐律》等。律之外，令、科、比的数量同样不少。《汉书·刑法志》记载，仅汉武帝时，"律令凡三百五十九章，大辟四百九条，千八百八十二事，死罪决事比万三千四百七十二事"①。东汉时期，在官府立法之外，私家律注大量出现。当时，一些著名的经学家兼修法律，成为著名的律学家。他们完成汉律的注释之作，不仅可以满足授徒的需要，而且可以借律注表达自己的法律观念，加强儒学对律学的影响。《晋书·刑法志》记载，叔孙宣、郭令卿、马融、郑玄诸儒撰写律章句的有十几家，每家数十万言，"合二万六千二百七十二条，七百七十三万二千二百余言"②。东汉律学的繁荣于此可见。可以想见，当时阅读法律、学习法律所需的文献应当是非常丰富的。

5. 文学

汉朝，我国的文学进入了一个自觉发展的时期，参与文学创作的人数众多，作品的体裁不断丰富，作品的数量持续增加。

辞赋，即楚辞与汉赋。楚辞兴起于战国，由屈原及宋玉、唐勒、景差等人大力创作，并被推向令人景仰的高峰。西汉，赋受到来自楚地的刘邦君臣的喜爱，当时不少人尝试写作，贾谊的《吊屈原赋》、刘安的《招隐士》与汉武帝的《秋风辞》，称得上是其中的珍品。汉赋是受

---

① 《汉书》卷二十三《刑法志》，北京：中华书局，1962年，1101页。
② 《晋书》卷三十《刑法志》，北京：中华书局，1974年，923页。

屈赋影响而产生的一种文学体裁,由于得到统治者的热情提倡,创作力量雄厚,名家辈出,华章纷陈,成为汉朝最具有代表性的文学形式。西汉享有重要地位的赋家与作品,主要有贾谊的《鵩鸟赋》、枚乘的《七发》、司马相如的《上林赋》、扬雄的《长杨赋》等。这些作品,构思精巧,文辞华赡,散发着强烈的艺术魅力。东汉,辞赋仍然是创作的重点,涌现出不少擅赋的高手。班固的《两都赋》与张衡的《二京赋》《南都赋》等,气势磅礴,文辞典雅,实属长篇大赋的华章。赵壹的《穷鸟赋》《刺世疾邪赋》,篇体简约,辞旨清新,成为抒情小赋的代表。值得一提的是,王逸编撰的《楚辞章句》,对传播和保存文学作品起到了很大的作用。

诗歌是汉朝文学的主流。西汉的诗歌成就主要是乐府诗。受到周代采诗传统的影响,汉武帝时,设置乐府,大量采集民间歌谣。乐府的活动极大地丰富了诗歌的数量与内容,为文士五言诗的创作提供了新鲜的养料和健康的空气。到了东汉,出现了五言诗创作的繁荣局面。无名氏创作的《古诗十九首》,辞旨清丽,感情真挚,成为汉朝五言诗的典范。班固、傅毅、张衡等文士也热情创作五言诗,虽多模拟之迹,但诗风朴素,意境隽永。在广泛创作的基础上,东汉末年五言诗的创作再现高潮,诞生了蔡琰的《悲愤诗》与无名氏的《古诗为焦仲卿妻作》两篇叙事性长篇大作。《悲愤诗》饱含血泪,叙述董卓祸乱天下后,百姓流离失所、母子生离死别之痛,结构严谨,诗风朴实,感情激昂。《古诗为焦仲卿妻作》叙述了汉献帝建安年间庐江府小吏焦仲卿与妻子刘兰芝感情深厚,但因不为焦母所容,刘兰芝被逐归家,后刘兰芝拒绝再嫁,投水自尽,而焦仲卿也伤心自缢的悲凄故事。整首诗如泣如诉,以艺术性的语言控诉了封建礼教的罪恶,对遭受迫害的青年男女表达了无限同情。除了五言诗,汉朝的四言诗、七言诗也受到人们的喜爱,其中有不少好作品。

散文与小说是文学的主要形式,在汉朝也得到迅速发展。汉朝的散文可分两类：一类是诸子，另一类是历史。汉人的诸子散文受先秦诸子的影响较深，在奏疏章表的写作上，多表现出诸子般的善于说理、陈词简练、文风刚健等特点。贾山、邹阳、贾谊、晁错、董仲舒、刘向等人的奏疏，都是著名的散文。在《史记》《汉书》中，可以读到不少这样优秀的篇什。历史散文则是指《史记》《汉书》之类的史籍篇章。《史记》《汉书》是两部伟大的史学作品，也是两部伟大的散文作品。它们将曲折的叙事、生动的描写、讲究的用词、雄浑的气势、峻整的风格，镕铸为一体，产生了强烈的艺术感染力，被后人奉为历史写作的不祧之祖，成为历史散文杰出的典范。汉朝小说成为诸子中的一家，可见其在当时的影响是不小的。反映"街谈巷议、道听途说"的小说接受民间文学，对百姓有很大的吸引力。汉武帝时的小说家虞初作《周说》943篇，是当时最有名的小说家。

总之，汉朝的文学成就是十分辉煌的，完成的作品也是相当可观的。正因为具有这样一种丰厚的作品积累，所以专门汇集和反映文学成果的图书形式——集，终于在汉魏时期出现了。集的出现，对文学作品的保存和流传具有重要的意义，同时为文学作品的阅读提供了更大的便利，为后来图书分类和知识体系的变革奠定了基础。

## 二、对"作"与"述"的认识

"作"与"述"是关于著述作品的一对范畴。笼统看来，二者都是描述人们创作作品的活动，似无区别，但仔细分析起来，二者的含义并不相同。对这两个概念进行准确的辨析和认识，是古代有关图书编纂理论的非常重要的内容，反映了一个时代的认识水平。对后人来说，了解这一理论也有助于正确评价古籍的价值。

早在先秦时期，"作"与"述"作为一对范畴就被提了出来，并从性质上被加以区别。《论语·述而》篇说：

> 子曰："述而不作，信而好古，窃比于我老彭。"①

这是对"作"与"述"的区别的最早表达。说明在孔子心目中，"作"与"述"是标准完全不同的两类著述。后来朱熹在《四书集注》中解释发挥说：

> 述，传旧而已。作，则创始也。故作非圣人不能，而述则贤者可及。……盖信古而传述者也。孔子删《诗》《书》，定《礼》《乐》，赞《周易》，修《春秋》，皆传先王之旧，而未尝有所作也。故其自言如此。盖不惟不敢当作者之圣，而亦不敢显然自附于古之贤人。盖其德愈盛而心愈下，不自知其辞之谦也。然当是时，作者略备，夫子盖集群圣之大成而折衷之。其事虽述，而功则倍于作矣。此又不可不知也。②

朱熹根据孔子整理"六经"的事实，把"作""述"明确地解释为著作之事，这是比较符合实际的。这一解释对认识孔子的"述作"思想，颇有帮助。孔子把"作"看得非常神圣，对亵渎这一称号的妄作深表不满。《论语·述而》篇说：

> 子曰："盖有不知而作之者。我无是也。多闻择其善者而从之，多见而识之，知之次也。"③

---

① 刘宝楠：《论语正义》卷八《述而第七》，北京：中华书局，1990年，251页。
② 《大学　中庸　论语》，上海：上海古籍出版社，1987年，27页。
③ 刘宝楠：《论语正义》卷八《述而第七》，北京：中华书局，1990年，276—277页。

孔子对"作""述"的这种认识,成为孔门的衣钵之传。《礼记·乐记》说:"作者之谓圣,述者之谓明。"①显然,这句话与孔子所讲的"述作"有关。"作者"与"述者"都应该是针对著书立说者而言的,诚如张舜徽对其所做的解释:

> 这句话的含义,虽然很广泛,但用来衡量写书的工作,还是有意义的。凡是前无所承,而系一个人的创造,这才叫做"作",也可称"著";凡是前有凭借,而但加以编次整理的功夫,这自然只能叫做"述"。②

"作"是知识方面的先知先觉者的独创性活动,具有强烈的原创性,因此其成果如同凿破混沌的圣人的创作;"述"则有所凭借,是在前人基础上所做的工作,虽然其成果具有一定的价值,但是与"作"相比,尚有一间。"作"与"述"的这种分别,意在提醒人们要以严肃的态度对待著述之事,实事求是,量力而为,不可妄作,不可滥作,而并非要在二者之间有所抑扬或褒贬。其实,要完成理想的"作"自然很难,而要完成理想的"述"又谈何容易!朱熹高度地肯定孔子整理"六经","其事虽述,而功则倍于作矣"。清人焦循也专写《述难篇》一文申论"述"之不易,以破除世俗之见。

西汉时期,著述活动的活跃引起人们对"作"与"述"这对古老的范畴进行进一步的体认。司马迁在《史记·太史公自序》中,就涉及这个内容。他谈到他所著的《史记》时说:"余所谓述故事,整齐其世传,非所谓作也,而君比之于《春秋》,谬矣。"③在司马迁眼里,只有谦称"述而不

---

① 阮元校刻:《十三经注疏》(上),上海:上海古籍出版社,1997年,1530页。
② 张舜徽:《中国文献学》,郑州:中州书画社,1982年,31页。
③ 《史记》卷一百三十《太史公自序》,北京:中华书局,1975年,3299—3300页。

作"的孔子所作的《春秋》才担得起"作"字,而他自己所写的《史记》只是"述",不是"作"。在此,他把"作""述"的不同分得这样清楚。这种分别,不是司马迁一人的认识,而是当时士人对作品性质的一般看法。这种认识,是汉朝关于著述理论的重要成果,对指导创作活动,激发原创精神,可以发挥积极的作用。

东汉思想家王充在其大作《论衡》中也讨论了"作"与"述"的问题。《论衡》是一部内容丰富、思想进步、认识深刻、充满战斗精神的伟大作品。人们认为《论衡》的写作无愧于"作"字,王充却非常谦虚,不愿认同人们的看法,说:

> 非曰作也,亦非述也,论也。论者,述之次也。"五经"之兴,可谓"作"矣,《太史公书》、刘子政《序》、班叔皮《传》,可谓"述"矣。桓君山《新论》、邹伯奇《检论》,可谓"论"矣。今观《论衡》《政务》,桓、邹之二论也,非所谓作也。造端更为,前始未有,若仓颉作书、奚仲作车是也。《易》言伏羲作八卦,前是未有八卦,伏羲造之,故曰作也。①

在王充看来,"作"是创作前所未有的事物,如仓颉造字、伏羲画八卦之类。而图书能称得上"作"的,只有圣人创作的"五经"。即使如司马迁《史记》那样自创新例的作品,也只属于"述"。他的作品《论衡》,不属于"作",也不属于"述",仅厕身于"论"的行列。他对作品的要求是这样高,态度是这样谦虚。这里,王充对他提到的那几部作品的安排是否合适并不重要,重要的是他所提到的另一个新的概

---

① 王充:《论衡·对作篇》,见《诸子集成》,上海:上海书店,1986年,281页。按:《太史公书》,指司马迁的《史记》;刘子政《序》,指西汉刘向的《新序》;班叔皮《传》,指东汉班彪的《史记后传》。

念——"论"。"论",处于"作"与"述"之下,是"作"与"述"之外的作品。这是一个重要的认识,是对著述理论的新的丰富。何谓"论"?张舜徽解释说:"'论'的本字当作'仑',从亼册(亼即集字),是集合很多简册加以排比辑录的意思。《论语》那部书的命名,便取义于此。"①"论"这一类作品原本大量存在,只是过去未对其做更细致的划分。王充把它提出来,命名为"论",与"作""述"并列,既符合作品的本质特点,又有利于指导作者的编纂实践。同时,这对受众正确地选择读物、公正客观地评价一部读物的价值具有重要的意义。

## 第二节 藏书:阅读资源的储备

书籍产生以后,藏书活动就随之出现了。先秦时期学在官府,书籍典章也藏在官府;著书与典藏合于一体,著书者就是藏书者。春秋学术下移以后,私人开始著书立说,并且开始了收藏书籍的活动。秦汉时期,在继承先秦藏书传统的基础上,进一步扩大其制,官府藏书与私家藏书持续发展。藏书活动在传承知识与文化、储备阅读资源、促进社会文明进步等方面发挥的作用是非常显著的。

一、藏书概览

秦汉时期的藏书历史经历了曲折的发展道路。秦国统一六国的长期战争,兵燹相仍,既给各国的书籍文献带来厄运,又为充实丰富

---

① 张舜徽:《中国文献学》,郑州:中州书画社,1982年,33页。

秦国藏书创造了难得的机会。秦相吕不韦组织门客编成杂家巨制——《吕氏春秋》,应与秦国拥有大量藏书有关。可以相信,秦始皇统一全国后,从六国席卷而来以及本国固有的藏书的数量是很大的。但是,书厄也随之发生了。在朝廷经过实行分封制还是实行郡县制的激烈辩论之后,为了彻底消除儒家思想可能带来的政治复辟的危险,秦始皇帝三十四年(前213),丞相李斯提出"焚书"的建议。他说:

> 史官非秦记皆烧之。非博士官所职,天下敢有藏《诗》《书》、百家语者,悉诣守、尉杂烧之。有敢偶语《诗》《书》者弃市。……令下三十日不烧,黥为城旦。所不去者,医药卜筮种树之书。①

秦始皇对此建议完全接受。通过"焚书"来消除思想影响,维护统治秩序,这是自周代以来就不断采用的办法。《孟子·万章下》说:

> 北宫锜问曰:"周室班爵禄也,如之何?"孟子曰:"其详不可得闻也。诸侯恶其害己也,而皆去其籍。"②

诸侯害怕周室的爵禄制度于己不利,所以干脆销毁书籍。对于竹帛之书,只有焚烧才毁得干净,那么周代诸侯毁书也应该选择焚书的办法才是。战国的法家也喜欢焚书。据韩非说,商鞅就曾经焚烧过《诗》《书》。③ 可见,李斯的"焚书"之议是前有所承,不尽是独出心裁。但是,应该看到的是,先秦的焚书,毕竟难与秦始皇的这次焚书等量齐观。经过秦火之后,民间藏书几乎被烧得精光,先秦的典籍遭

---

① 《史记》卷六《秦始皇本纪》,北京:中华书局,1975年,255页。
② 朱熹:《孟子集注》,上海:上海古籍出版社,1987年,77页。
③ 《韩非子·和氏》篇云:"商君教秦孝公以连什伍,设告坐之过,燔《诗》《书》而明法令。"王先慎:《韩非子集解》,北京:中华书局,1998年,97页。

受了空前的浩劫。不仅如此,为彻底禁绝私藏《诗》《书》等图书文献的行为,秦政府还特别制定了严禁私人藏书的《挟书律》,用以打击藏书活动。

汉朝建立,结束了秦朝的暴政,历史进入了一个新的发展阶段。汉人重视图书文献的收藏,首发先声的自属萧何。当公元前206年刘邦率军进入秦都咸阳时,萧何率先收获秦廷的官府藏书。《史记·萧相国世家》记其事说:

> 沛公至咸阳,诸将皆争走金帛财物之府分之,何独先入收秦丞相御史律令图书藏之。①

萧何在藏书上的远见卓识,为刘邦争夺天下发挥了重要的作用:"汉王所以具知天下阨塞,户口多少,强弱之处,民所疾苦者,以何具得秦图书也。"②对后来汉朝的藏书活动而言,这个行动的影响更是十分久远。汉朝建立后,社会日益稳定,藏书开始步入正轨,朝廷开始"大收篇籍,广开献书之路"③。汉惠帝四年(前191),秦朝的《挟书律》被废除。此后,民间藏书逐渐增多。秦朝一些人隐藏于墙壁中的藏书,如《尚书》等得以重见天日。汉初,一些诸侯王也热心于藏书事业,尤其是汉景帝的儿子河间献王刘德更是乐此不疲,其藏书之富,可与朝廷匹敌。《汉书·景十三王传》记其藏书事迹说:

> 河间献王德以孝景前二年立,修学好古,实事求是。从民得善书,必为好写与之,留其真,加金帛赐以招之。由是四方道术

---

① 《史记》卷五十三《萧相国世家》,北京:中华书局,1975年,2014页。
② 《史记》卷五十三《萧相国世家》,北京:中华书局,1975年,2014页。
③ 《汉书》卷三十《艺文志》,北京:中华书局,1962年,1701页。

之人不远千里,或有先祖旧书,多奉以奏献王者,故得书多,与汉朝等。是时,淮南王安亦好书,所招致率多浮辩。献王所得书皆古文先秦旧书,《周官》《尚书》《礼》《礼记》《孟子》《老子》之属,皆经传说纪,七十子之徒所论。①

在官府的大力提倡和各界人士的积极努力下,汉朝的藏书情况有了很大的改观。但是,对汉武帝执政后所希望达到的文治武功的目的来讲,这样的藏书状况还是让人觉得寒碜,以至于汉武帝在一道诏书中发出"礼坏乐崩,书缺简脱,朕甚闵焉"②的喟叹。于是在汉武帝时期,"建藏书之策,置写书之官,下及诸子传说,皆充秘府"③,官府开展的大规模藏书制度的建设工作,奠定了中国古代藏书制度的基础。汉武帝时官府的藏书成效非常显著,朝廷下令命丞相公孙弘广开献书之路,"百年之间,书积如山"。当时,众多的书籍被收藏到朝廷内外的各个机构中,"外则有太常、太史、博士之藏,内则有延阁、广内、秘室之府"。可以说,西汉藏书,于斯为盛。然而,随着时间的流逝,到了汉成帝时期,过去的图书"颇散亡"④,数量锐减。为满足当时复古政治的需要,朝廷"使谒者陈农求遗书于天下"⑤。这一次在全国各地征求图书,应当也有可观的收获,所以汉成帝河平三年(前26),朝廷决定由光禄大夫刘向主持大规模的整理图书的工作。刘向、刘歆及其他一批人士经过努力,终于圆满完成了这一次校理群书的工作。此外,刘氏父子分别完成了《别录》与《七略》这两部中国古典目录学的经典著作。

---

① 《汉书》卷五十三《景十三王传》,北京:中华书局,1962年,2410页。
② 《汉书》卷三十六《楚元王传》,北京:中华书局,1962年,1969页。
③ 《汉书》卷三十《艺文志》,北京:中华书局,1962年,1701页。
④ 《汉书》卷三十《艺文志》,北京:中华书局,1962年,1701页。
⑤ 《汉书》卷三十《艺文志》,北京:中华书局,1962年,1701页。

西汉末年,天下大乱。在农民起义军攻占长安的激烈混战中,旧都的图书文物遭受了重大的破坏。东汉政权建立以后,在重儒兴文的过程中,开始收失残存。《后汉书·儒林列传》记述两汉之际图书散亡与重聚的情形,说:

> 昔王莽、更始之际,天下散乱,礼乐分崩,典文残落。及光武中兴,爱好经术,未及下车,而先访儒雅,采求阙文,补缀漏逸。先是四方学士多怀协图书,遁逃林薮。自是莫不抱负坟策,云会京师。①
> 光武迁还洛阳,其经牒秘书载之二千余辆。②

经过汉光武帝的苦心经营,官府藏书日渐增加。后继的汉明帝与汉章帝,继续推进藏书事业。特别是汉章帝"诏求亡佚,购募以金"③,不惜资本向民间征求宝贵的亡书佚籍,在历史上开以货币求购图书的先例。经过东汉几代皇帝的积聚,到汉灵帝时,藏书大增,与当年汉光武帝迁都洛阳时相比,竟然"三倍于前"④。然而,此时的东汉政权已经走到了尽头,董卓发动的祸乱随即引起了新的惨绝的书厄。《后汉书·儒林列传》说:

> 及董卓移都之际,吏民扰乱,自辟雍、东观、兰台、石室、宣明、鸿都诸藏典策文章,竞共剖散,其缣帛图书,大则连为帷盖,小乃制为滕囊。及王允所收而西者,裁七十余乘,道路艰远,复

---

① 《后汉书》卷七十九上《儒林列传》,北京:中华书局,1965年,2545页。
② 《后汉书》卷七十九上《儒林列传》,北京:中华书局,1965年,2548页。
③ 王充:《论衡·佚文》,见《诸子集成》,上海:上海书店,1986年,201页。
④ 《后汉书》卷七十九上《儒林列传》,北京:中华书局,1965年,2548页。

弃其半矣。后长安之乱，一时焚荡，莫不泯尽焉。①

东汉近二百年积聚的藏书，经过董卓之乱，竟几乎泯毁殆尽，汉朝藏书事业重又跌入低谷。

## 二、官府藏书

秦汉时期，官府的藏书制度正式形成并逐渐完善。作为国家藏书事业主体的官府藏书机构，在促进藏书、校书、编书诸方面确立了主导地位。

秦朝始初的官府藏书数量是比较丰富的。后来经过秦火，虽然数量有所减少，但官府保持着相当规模的藏书，这也是毋庸置疑的。秦朝的藏书机构，多由政府的一些职能部门分掌，这种制度对后来的朝代颇有影响。当时重要的藏书处所称为"金匮""石室"，这成为后世官府藏书的别称。

西汉的官府藏书，以萧何收获的秦室旧藏为基础，逐步扩大藏书数量，同时建立起一整套正规制度，形成众多的藏书机构。其中，比较重要的藏书机构主要有以下几种。

1. 石渠阁、天禄阁、麒麟阁

它们俱为西汉宫中重要的藏书处所，相传皆由萧何主持兴造。②

---

① 《后汉书》卷七十九上《儒林列传》，北京：中华书局，1965年，2548页。
② 《三辅黄图》卷六云："石渠阁，萧何造。其下砻石为渠以导水，若今御沟，因为阁名。所藏入关所得秦之图籍。至于成帝，又于此藏秘书焉。"（见陈直：《三辅黄图校证》，西安：陕西人民出版社，1980年，131页）《太平御览》卷一八四《居处部一二》引《汉宫殿疏》云："天禄阁、麒麟阁，萧何造，以藏秘书画。"（见李昉等撰：《太平御览》卷一八四《居处部一二》，北京：中华书局，1960年，895页）后来，"石渠""天禄"就成了皇家藏书的别称，如清乾隆时著录内府所藏书画目录，称为《石渠宝笈》；乾清宫东昭仁殿专藏宫中珍本、善本，皇帝赐名"天禄琳琅"，所编书目称为《天禄琳琅书目》。

石渠阁也是西汉最重要的学术活动场所之一。汉宣帝甘露元年(前53),召集诸儒讨论"五经"的石渠阁会议即在此举行,最终将《春秋穀梁传》立于学官。天禄阁是专储皇室秘书之所,也是重要的校书之地。刘向、扬雄皆在此校理过图书。麒麟阁也收藏乙览之书,皇帝经常光临。汉武帝曾命人在这里绘周公辅成王图,以暗示由霍光辅佐昭帝。汉宣帝曾命人在这里绘功臣像,以表彰他们的勋业。

2. 太常

汉朝继承秦朝的做法,把与官府职能部门事务有关的图书,分储各处,由这些机构掌管。其中,太常的藏书比较重要。太常为九卿之一,掌宗庙礼仪、博士典选及诸陵县行政。其属官中,太史、博士皆有大量藏书,且设专职负责。刘向校书时,就利用过"太常书""太史书"进行校勘。汉武帝以后,博士弟子日多,博士藏书更加可观。

3. 兰台

这是由御史中丞所掌的两汉宫中极重要的藏书处所。这里的藏书多为"图籍秘书"①,凡不能让外界观看的书籍多藏在这里。最典型的是谶纬之书。汉朝的谶纬起于哀、平时期的甘忠可、夏贺良,他们的这些书都藏于此地。② 东汉末年,王允随董卓迁都长安时,所带走的也主要是石室、兰台所收藏的谶纬一类的图书。③ 兰台也具有校书的职能。政府在此设有专职人员,负责整理图书和著作事务。尤其是东汉,兰台有令史 18 人,负责其事。④《东观汉记》的一些部分就是在这里编成的。

---

① 《汉书》卷十九上《百官公卿表》,北京:中华书局,1962 年,725 页。
② 参见《汉书》卷九十九上《王莽传》,北京:中华书局,1962 年,4094 页。
③ 参见《后汉书》卷六十六《陈王列传》,北京:中华书局,1965 年,2174 页。
④ 《通典》卷第二十六《职官典》:"汉之兰台及后汉东观,皆藏书之室,亦著述之所。多当时文学之士,使雠校于其中,故有校书之职。后于兰台置令史十八人。"见杜佑:《通典》,北京:中华书局,1988 年,735 页。

### 4. 东观

东观是东汉时期宫中最主要的藏书处所，始建于汉明帝，规模宏大，收藏丰富。这里也是东汉最主要的学术活动中心之一。东汉几次重要的校书活动都是在这里进行的。班固、刘珍、蔡邕等著名学者也都在这里参加过校书活动。这里也开展著述活动。东汉修纂的最重要的官修史书《东观汉记》，其编写机构即设于此处，并以之冠名。

### 5. 仁行阁

仁行阁是东汉宫内藏书处所之一，主要典藏新书。它同样集藏书、校书功能于一体，明帝时马严、杜抚、班固等人曾应诏在此校定《建武注记》。

### 6. 宣明殿、辟雍、鸿都

宣明殿是内殿，辟雍与鸿都为国学。汉明帝永平年间，一些学者曾在宣明殿校定《五家要说章句》。这里同样是既进行藏书又进行校书的地方。董卓迁都长安，王允所带走的图书，也有来自这三处的，说明这里的藏书还是非常丰富的。

综上可见，经过两汉四百多年的建设，藏书处所、藏书制度都建立和完善起来，一些影响深远的良好传统也得以形成。一是集藏书、校书的职能于一体，既重视聚书与收藏，又重视校书与整理。通过校书与整理，改善书籍的状况，提高书籍的价值，发现收藏的不足，促进藏书工作的开展。二是集藏书、著述的职能于一体，既重视收藏、保管书籍，又重视书籍资源的利用，充分发挥藏书的功用，最大限度地实现藏书资源的价值。合理与完善的制度，不仅促进了藏书事业的发展，而且促进了校书与著述事业的发展。这些制度在后世发挥了积极的作用，对今天的藏书事业来说，仍然具有一定的借鉴价值。

## 三、私人藏书

在私学和官僚制存在的社会环境中,人们为了学习知识、掌握文化,必然会收藏一些图书。因此,私人藏书活动的出现是非常自然的现象。但是,由于秦始皇焚书政策的打击和《挟书律》的控制,秦朝的私人藏书活动不可能得到正常的发展。当时一些私人藏书者可以公开收藏的,只是法令所允许收藏的图书,如《周易》以及法律、卜筮、种树之书。这一点,从现在的考古发现也得到了旁证。① 如果要收藏法令禁止收藏的《诗》《书》之类的图书,就必须冒着被砍头的危险。不过,为了保存古代的文化遗产,有一些人甘冒性命之危,把珍贵的先秦图书隐藏起来,如伏生把《尚书》藏于壁中。只是当时敢于这样做的人还是很少的。

汉朝,私人藏书的外部环境发生了根本的变化。国家废除了《挟书律》,并积极在民间征求散佚的图书。这彻底解除了藏书者的后顾之忧,充分恢复了他们聚书、藏书的信心。有利的环境,对于两汉私人藏书事业的发展发挥了有力的保障作用。随着图书数量的逐步增加,参与藏书活动的人数越来越多。他们中间有诸侯王,有学者,有官员,共同构成了一支地位与身份不同,却有着共同爱好的私人藏书队伍。

诸侯王中,淮南王刘安与河间献王刘德是最著名的私人收藏家。淮南国称得上是汉初的一个文化中心。淮南王热心向学,不少文士聚集在他的周围。他曾模仿秦相吕不韦组织门客编撰《吕氏春秋》的旧例,组织门客编写了著名的《淮南子》。这是一部文繁事富,貌似杂

---

① 近几十年来,秦墓所出土的图书文献,主要是法律与日书之类,比汉墓出土的图书种类单一得多。

家、实为宣传新道家思想的理论著作。这样的著述活动，在一定程度上可以反映淮南王刘安的藏书情况。如果没有大量的藏书，这种内容繁富、综汇百家思想的作品是很难完成的。实际上，淮南王刘安富于藏书，史有明文。《汉书·景十三王传》记河间献王刘德藏书事迹时，即明确提到"淮南王安亦好书"。

河间献王刘德酷爱藏书的事迹，前文已数次提到。他是一个较早地具备了明确的藏书意识的私人藏书家。他以收藏先秦旧籍为主，在民间进行了广泛的搜集工作，所获甚丰。他也是较早关注善本的收藏家。"从民得善书，必为好写与之，留其真，加金帛赐以招之。"把"善书"真本留给自己，把"好写（精心摹写）"者"与之"，虽有强夺之嫌，但"加金帛赐"，毕竟也算代价不菲的补偿。"由是四方道术之人不远千里，或有先祖旧书，多奉以奏献王者，故得书多，与汉朝等。"①河间献王的藏书富敌朝廷，他自然是汉朝位列第一的藏书家。

西汉的著名学者与传授经学的世家，家里往往多有藏书。贾谊、孔安国、董仲舒、司马迁、刘向、扬雄等，都是西汉第一流的学者，学问渊博，著作宏富。虽然史书未明确提及其藏书情况，但他们富有藏书恐不成问题。到了东汉，朝廷隆崇儒学，读书、藏书成为整个社会流行的风气，著作者林立，藏书家辈出。杜林、郑兴、马融、蔡邕、郑玄等人，或者世传经学，或者遍注群书，或者立志修史，都是当时的藏书富户。尤其是蔡邕，"藏书近万卷"②，好书之名久传天下。

读书与藏书风气的流行，带动了汉朝图书交易场所的发展。西

---

① 《汉书》卷五十三《景十三王传》，北京：中华书局，1962年，2410页。
② 《后汉书·列女传》云："昔亡父赐书四千许卷，流离涂炭，罔有存者。"（见《后汉书》卷八十四《列女传》，北京：中华书局，1965年，2801页）蔡邕也有一些罕见的秘籍，如王充的《论衡》即是由他收藏并传播开来的。《后汉书·王充王符仲长统列传》李贤注引《袁山松书》云："充所作《论衡》，中土未有传者，蔡邕入吴始得之，恒秘玩以为谈助。"（见《后汉书》卷四十九《王充王符仲长统列传》，北京：中华书局，1965年，1629页）

都长安与东都洛阳都出现了不少著名的书肆。例如,长安的槐市规模很大,买卖繁荣。《三辅黄图》卷之五"明堂"条说:

> 元始四年,起明堂、辟雍长安城南,北为会市,但列槐市数百行为队,无墙屋,诸生朔望会此市,各持其郡所出货物,及经书传记、笙磬器物,与买卖,雍容揖让,或论议槐下。①

洛阳的书肆不仅广卖各种图书,而且允许贫寒的书生免费阅读图书。东汉思想家王充在太学求学时,经常光顾洛阳书肆,尽阅各种有用的书籍。②

书肆的出现,满足了人们购书与藏书的需要,也进一步促进了藏书与阅读风气的流行。在文化传播的过程中,它扮演了非常重要的角色。

## 第三节 校书:阅读文本的保证

校理书籍,是减少和消除书籍错误,保持、恢复书籍的真实内容和客观面貌的根本手段。在传抄书籍的过程中,难免出现文字讹误衍夺、简册错乱脱漏的现象。对此,如果不进行校理,则不仅增添了阅读的困难,而且会郢书燕说,产生理解的错误。校理书籍,就是要通过正确的方法,订正书籍文字或篇章的错误,为阅读提供可信的本子。汉朝是首次对先秦旧籍进行大规模校理的朝代,也是中国古代

---

① 陈直:《三辅黄图校证》卷之五"明堂"条下按语,西安:陕西人民出版社,1980年,114—115页。
② 参见《后汉书》卷四十九《王充王符仲长统列传》,北京:中华书局,1965年,1629页。

校勘学正式形成的时期。这一时期的校书活动、校书方法为后来的同类工作提供了基本的理论范式和操作范式。这一时期的校书成就,对保存、传播与阅读先秦、秦汉旧籍,做出了不朽的贡献。

## 一、校书活动

中国的校书活动起源极早。《国语·鲁语下》记述了鲁大夫闵马父与景伯的谈话:

> 昔正考父校商之名《颂》十二篇于周太师,以《那》为首。①

正考父是孔子的七世祖,西周末期任宋国大夫。宋国为商纣王兄微子启所封,所以《商颂》得以保存。由于年代久远,周太史所藏的《商颂》12 篇已经出现了错乱讹误,所以请正考父来校订文字,排列次序。正考父校订的结果,是以《那》篇为首。可见,校书活动迟至西周末年就已经存在了。后人推始校书之源,多追溯至孔子与其门人子夏。清人段玉裁说:"校书何放乎?放于孔子、子夏。"②《史记·孔子世家》记述孔子晚年整理《诗》《书》等"六经",有"去其重"的说法。"去其重",就是去除重复,这显然是以异本进行对校的结果,说明孔子已经涉及校勘问题。子夏校书似乎是战国时期很有名的事情。《吕氏春秋·察传》篇记述了子夏在卫国校正了"晋师三豕涉河"为"晋师己亥涉河"③之误。这可以说是最早的校正形近致误的例子。后来"鲁鱼"与"豕亥"连文,成为专门指代版本错字的成语。将孔子

---

① 见徐元诰:《国语集解》,北京:中华书局,2002 年,205 页。
② 段玉裁:《经韵楼集》卷八《经义杂记序》,南京:凤凰出版社,2010 年,181 页。
③ 见陈奇猷:《吕氏春秋校释》卷二十二之《察传》,上海:学林出版社,1984 年,1527 页。

和子夏奉为古代校书事业的鼻祖,是有一定根据的。

当然,校书活动得到空前的进展,取得重大的成就,是汉朝出现的事情。两汉重要的校书活动主要如下所述。

第一,刘向、刘歆领导的校书活动。汉成帝河平三年(前26),汉朝规模最大的图书整理活动拉开序幕。这一年,皇帝任命谒者陈农"求遗书于天下",同时任命刘向等学者全面整理国家的藏书。《汉书·艺文志》记其事说:

> 成帝时,以书颇散亡,使谒者陈农求遗书于天下。诏光禄大夫刘向校经传诸子诗赋,步兵校尉任宏校兵书,太史令尹咸校数术,侍医李柱国校方技。每一书已,向辄条其篇目,撮其指意,录而奏之。会向卒,哀帝复使向子侍中奉车都尉歆卒父业。歆于是总群书而奏其《七略》。①

刘向、刘歆是当时最著名的学者,任宏、尹咸、李柱国等人也是各有擅长的专门家。此外,参与其事的还有当时其他一些著名学者。这次校理的对象是全部中秘藏书,涉及编目、校勘、写定等多个环节,与以前张良、韩信编次兵法,杨仆奏定《兵录》仅限于兵法类书籍完全不同。这是一次全面的校理图书的活动,不仅校正了全部中秘藏书,完成了《别录》《七略》两部杰出的著作,而且促进了古代校勘学、目录学的形成。

第二,班固与贾逵、傅毅等名家负责的校书活动。经过光武帝刘秀与明帝刘庄的经营,东汉图书的收藏大量增加,数量几乎达到了西汉的三倍。于是,图书的校理工作随之开展起来。汉明帝时,著名学者班固负责校书事务。他初任校书郎,后升为兰台令史,再迁为校书

---

① 《汉书》卷三十《艺文志》,北京:中华书局,1962年,1701页。

郎,是最早参加校书而又工作最久的一人。汉章帝时,傅毅任兰台令史,拜郎中,奉命与班固一起校书。另外,贾逵也参与其事。他们是当时享有大名的古文学家和文学家。据王重民研究,这次校书的规模不小,藏于兰台、东观和仁寿闼的图书都在校理之列。因为三处藏书的内容不同,所以校书采用了"分别对待"的办法。"兰台藏书既然是两汉旧藏,经过了刘向、刘歆的大整理,所以就依《七略》的部类安排,也就用《七略》作为藏书的目录使用。东观和仁寿闼的藏书都是新书,校理之后,按照《七略》的分类体系,各自编出了新的藏书目录——《东观新记》和《仁寿闼新记》。这两部藏书目录是很简单的登记性的目录"①。

第三,刘珍、刘騊駼、马融等人负责的校书活动。汉安帝永初年间,由刘珍、刘騊駼、马融等人"校定东观'五经'、诸子传记、百家艺术,整齐脱误,是正文字"②。这是东汉又一次规模较大的校理工作,后来顺帝永和元年(136)伏无忌、黄景等人"校定中书'五经'、诸子百家、艺术"③,当是这次活动的继续。东汉是今古文经学激烈斗争的时代,其斗争也在校书活动中反映出来。由官府组织的校书活动,发动于"白虎观会议"之后,意在表彰今文经学,所以这次校书的目的在于"雠校(汉)家法"④,"也就是看经本的文字和解释,是否符合汉家的政治思想"⑤。

第四,蔡邕、卢植、马日磾等人的校书活动。汉灵帝时期,蔡邕、卢植、马日磾、杨彪、韩说等人"在东观,校中书'五经'记传"⑥。当时,

---

① 王重民:《中国目录学史论丛》,北京:中华书局,1984年,39页。
② 《后汉书》卷八十上《文苑列传》,北京:中华书局,1965年,2617页。
③ 《后汉书》卷二十六《伏侯宋蔡冯赵牟韦列传》,北京:中华书局,1965年,898页。
④ 《后汉书》卷七十八《宦者列传》,北京:中华书局,1965年,2513页。
⑤ 王重民:《中国目录学史论丛》,北京:中华书局,1984年,40页。
⑥ 《后汉书》卷六十四《吴延史卢赵列传》,北京:中华书局,1965年,2117页。

今文博士为了确保自家学说的地位，竟然采取卑劣手段，"私行金货，定兰台漆书经字，以合其私文"①。为了正定经文，形成统一权威的"五经"定本，蔡邕建议刊刻石经。后来，石刻"五经"终于完成，立于太学门前，称为"熹平石经"。这次校书活动所成就的石经，首次将儒家经典以刻石的方式加以传播，开后世刊刻石经的先河，在中国文献传播史上具有重大的影响。

上面说到的各次校书活动，所校理的都是官府藏书。实际上，出于私家藏书与著述的需要，一些人也开展了校书活动，而且取得了很高的成就。其中，最杰出的代表是郑玄。郑玄兼通今古文学，学问深湛，遍注群书。他注书时，经常涉及校勘问题。他的校勘实践，对提高书籍的质量，排除阅读障碍，丰富校勘学理论，都有重要的贡献。

## 二、刘向的校书方法

刘向是中国古代校勘学的奠基人，他校理群书所形成的方法和理论，标志着校勘学的正式形成。后世，校勘学理论虽在实践上有所丰富和提高，但是基本的校勘方法还是由刘向创造的。前人对刘向校勘学的内容进行过深入的研究、总结，对他在校勘学上的贡献给予了充分的表彰，如孙德谦的《刘向校雠学纂微》和胡朴安、胡道静的《校雠学》等。今天看来，他们的看法和认识仍然是值得肯定的。总体来看，以刘向、刘歆为代表的汉朝学者所创立的校勘方法主要有下列几项要点。

1. 广罗异本进行校勘

书籍在流传过程中，会形成不同的传本。传本不同，文字必然有所不同。校书的目的是通过校勘，最后形成一个错误较少的本子。

---

① 《后汉书》卷七十九上《儒林列传》，北京：中华书局，1965年，2547页。

因此，广罗异本进行校勘就显得非常必要，它是校书的前提。刘向校书，即采用这种方法。据《别录》佚篇《晏子书录》，校勘所用的传本即有"中书"11篇，"太史书"5篇，"臣向书"1篇，"臣参书"13篇。① 而《管子书录》提到的传本有"中书"389篇，"大中大夫卜圭书"27篇，"臣富参书"41篇，"射声校尉立书"11篇，"太史书"96篇。② 其他各篇书录所述情况无不如此。可见，校书的第一道程序就是广罗异本。

2. 订正文字错讹

有了众多的异本，通过相互的对勘比较，就可以发现文字的异同、简册的脱误、篇章的错乱等问题，然后择善而从，便可以订正这些错误。刘向在广罗异本后进行校书，发现了很多错误。如《战国策书录》记述其订正文字错讹即说："本字多误脱为半字，以'赵'为'肖'，以'齐'为'立'，如此字者多。"③《列子书录》又说："或字误，以'尽'为'进'，以'贤'为'形'，如此者众。"④ "赵"讹为"肖"，"齐"讹为"立"，系形近致误；"尽"误为"进"，"贤"误为"形"，是音近致误。《汉书·艺文志》也记载了刘向校正经典脱误的情况，说：

> 刘向以中《古文易经》校施、孟、梁丘经，或脱去"无咎""悔亡"，唯费氏经与古文同。⑤

---

① 刘向：《晏子书录》，见张舜徽选编《文献学论著辑要》，西安：陕西人民出版社，1985年，7页。除此篇外，刘向所著《别录》，今尚存7篇，即《战国策书录》《管子书录》《列子书录》《邓析子书录》《孙卿子书录》《韩非子书录》《山海经书录》，亦载于是书。
② 刘向：《管子书录》，见张舜徽选编《文献学论著辑要》，西安：陕西人民出版社，1985年，4页。
③ 刘向：《战国策书录》，见张舜徽选编《文献学论著辑要》，西安：陕西人民出版社，1985年，1页。
④ 刘向：《列子书录》，见张舜徽选编《文献学论著辑要》，西安：陕西人民出版社，1985年，9页。
⑤ 《汉书》卷三十《艺文志》，北京：中华书局，1962年，1704页。

《汉书·艺文志》又说:

> 刘向以中古文校欧阳、大小夏侯三家经文,《酒诰》脱简一,《召诰》脱简二。率简二十五字者,脱亦二十五字,简二十二字者,脱亦二十二字,文字异者七百有余,脱字数十。①

可见,刘向接触到的这些本子,所存在的错讹问题是比较严重的。由于有众多的异本为基础,因此他能够较为容易地发现问题并加以校正。

3. 厘定篇章,拟定书名

先秦的书籍,多非一时一手所成,篇章错乱、重复的现象特别严重。此外,因书籍往往单篇别行,所以并没有统一、固定的书名。校理书籍,在校正文字讹误以后,就需要厘定篇章次第,并为一些书籍拟定书名。《管子书录》提到这一点,说:

> 护左都水使者、光禄大夫臣向言:所校雠中《管子》书三百八十九篇,大中大夫卜圭书二十七篇,臣富参书四十一篇,射声校尉立书十一篇,太史书九十六篇,凡中外书五百六十四篇,以校除复重四百八十四篇,定著八十六篇,杀青而书,可缮写也。②

经过各本校勘,除去重复的篇章,写定《管子》86篇。《战国策书录》说:

---

① 《汉书》卷三十《艺文志》,北京:中华书局,1962年,1706页。
② 刘向:《管子书录》,见张舜徽选编《文献学论著辑要》,西安:陕西人民出版社,1985年,4页。

护左都水使者、光禄大夫臣向言：所校中《战国策》书，中书余卷，错乱相糅，莒有国别者八，篇少不足。臣向因国别者，略以时次之，分别不以序者以相补。除复重得三十三篇。……中书本号，或曰"国策"，或曰"国事"，或曰"短长"，或曰"事语"，或曰"长书"，或曰"修书"。臣向以为战国时游士辅所用之国，为之策谋，宜为《战国策》。……皆定以杀青，书可缮写。①

《战国策》原来简篇散乱，书名混乱不一。经过刘向的拟定，始有现在的名字。

## 三、郑玄的校书方法

郑玄是中国历史上罕见的学问博通的大师，一生勤于治学，遍注群书。在校书方面，他同样取得了突出的成就。如果说刘向是汉朝校勘官府藏书，将校书与编目紧密结合起来的代表，那么郑玄就是校勘私家藏书，并将校勘与注释密切联系起来的典范。他们的校书活动，是中国古代两种校书活动的典型。郑玄的校书成就，集中地体现在《三礼注》和《毛诗笺》等经注上。他兼通今古，不主一家；注释诸经，兼采今古。据倪其心总结，他在校书方面的成就是"有根据地断定经文正字，改掉错字，同时保存异文"②。具体而言，主要表现在下列几个方面。

### 1. 保留异文

保留异文，即通过底本与异本的比较，将异文记录下来，客观地

---

① 刘向：《战国策书录》，见张舜徽选编《文献学论著辑要》，西安：陕西人民出版社，1985年，1页。
② 倪其心：《校勘学大纲》，北京：北京大学出版社，1987年，13页。

反映不同传本的文字情况。在证据不足,不能断定文字是非的情况下,这是一种科学的方法,可以避免妄改古书。例如,《仪礼·士冠礼》载:"筮人还东面,旅占卒,进告吉。"郑注:"古文'旅'作'胪'也。"①《礼记·曲礼上》载:"宦学师事,非礼不亲。"郑注:"'学'或为'御'。"②

2.订正误字

订正误字是校书的核心工作之一。如果校书时发现了误字,在证据充分的条件下,就可以订正其误,恢复其原貌。郑玄经注中,订正误字是一个突出的特点。例如,《诗经·邶风·绿衣》"小序",郑《笺》云:"'绿'当为'禒'。古文作'禒',转作'绿',字之误也。"③《诗经·小雅·吉日》载:"瞻彼中原,其祁孔有。"毛《传》载:"祁,大也。"郑《笺》云:"'祁'当作'麎'。'麎',麋牝也,中原之野甚有之。"④

3.校正衍文

衍文,是文句中多出来的文字,这是古书极其常见的一种错误。郑玄在经注中,非常注意衍文的校正。例如,《仪礼·聘礼》载:"摈者执上币以出,礼请受,宾固辞。"郑注:"礼请受者,一请受而听之也。宾为之辞,士介贱不敢以言通于主君也。'固',衍字,当如面大夫也。"⑤《礼记·檀弓上》载:"天子之哭诸侯也,爵弁绖,纱衣。"郑注:"天子至尊,不见尸柩,不吊,服麻不加于采。此言'绖',衍字也。时人间有弁绖,因云之耳。周礼,王吊诸侯,弁绖缌衰也。"⑥

4.指出脱文

脱文,指文句脱落的文字。与衍文一样,脱文也是古书常见的错

---

① 阮元校刻:《十三经注疏》(上),上海:上海古籍出版社,1997年,946—947页。
② 阮元校刻:《十三经注疏》(上),上海:上海古籍出版社,1997年,1231页。
③ 阮元校刻:《十三经注疏》(上),上海:上海古籍出版社,1997年,297页。
④ 阮元校刻:《十三经注疏》(上),上海:上海古籍出版社,1997年,430页。
⑤ 阮元校刻:《十三经注疏》(上),上海:上海古籍出版社,1997年,1059页。
⑥ 阮元校刻:《十三经注疏》(上),上海:上海古籍出版社,1997年,1293页。

误。郑玄校书,遇有脱文,皆一一指明。例如,《周礼·冬官·矢人》载:"刃长寸,围寸。"郑注:"刃长寸,脱'二'字。"①《礼记·祭义》载:"霜露既降,君子履之。……春,雨露既濡,君子履之。"郑注:"霜露既降,《礼》说在秋。此无'秋'字,盖脱尔。"②

5. 指明错简

错简,指一句话前后次序颠倒,位置失当。错简是古书较为严重的错误,它比一般文字的衍脱给阅读造成的障碍要严重得多。郑玄经注中,指出错简之处甚多,充分反映了他的学术功力。例如,《周礼·夏官·职方氏》载:"正南曰荆州……其浸颍湛。"郑注:"颍出阳城,宜属豫州,在此非也。湛,未闻。"③同篇又曰:"河南曰豫州……其浸波。"郑注:"波,读为播。《禹贡》曰:'蒙播既都。'《春秋传》曰:'楚子除道梁,营军临随。'则宜属荆州,在此非也。"④"其浸颍湛"与"其浸波"这两处错简,属于互误。

郑玄的校勘是与注书紧紧联系在一起进行的。换句话说,他只是在为群书作注时,为排除阅读障碍而进行了上述各项校勘工作。所以,他自然不会像刘向那样归纳出一些校勘学的方法论的条例。但是,须看到,郑玄的校勘提供了别样的校书范例。其保留异文、订正错讹、指明衍脱、清理错简的具体做法,为后人处理同类问题指示了门径,提供了方法。他的校勘成果对读者的阅读来讲,作用更加直接。清人段玉裁说:"千古之大业,未有盛于郑康成氏者也。"⑤这自然是指郑玄整个注书工作,其中当然包括校勘工作。应该说,这个评价是完全正确的。

---

① 阮元校刻:《十三经注疏》(上),上海:上海古籍出版社,1997年,924页。
② 阮元校刻:《十三经注疏》(上),上海:上海古籍出版社,1997年,1592页。
③ 阮元校刻:《十三经注疏》(上),上海:上海古籍出版社,1997年,862页。
④ 阮元校刻:《十三经注疏》(上),上海:上海古籍出版社,1997年,862页。
⑤ 段玉裁:《经韵楼集》卷八《经义杂记序》,南京:凤凰出版社,2010年,181页。

## 第四节 注释:阅读障碍的排除

随着时代的变迁,人们对先人文字的理解会出现一些困难。要排除这些困难,就需要采用人们易懂的表达,对难懂的字句进行解释,使原本艰涩的文义变得浅显、易晓。这种疏通文义、排除阅读障碍的办法,就是古籍注释。古籍注释是从训诂发展起来的。早在先秦时期,它就有所进展,到了秦汉时期,开始进入兴盛时期。秦汉"书同文"的历史性转折,为古籍注释的繁荣发展创造了有利的条件,而两汉经学、诸子、史学、辞赋的兴盛,更为注释的全面发展提供了契机。汉朝学者不仅完成了数量众多的古籍注释作品,而且推出了一批具有总结性特点的训诂专书,二者共同构成了雄厚的汉学基础。

### 一、古籍注释成就

流传到汉朝的先秦古籍以及由汉人写定的先秦作品,汉人阅读起来相当困难,因而注释古籍成为汉朝与教育、学术联系非常紧密的一件事情。两汉学者完成数量庞大、类型多样的注释作品,形成丰富的注释学的内容,将先秦形成的注释学推向一个空前兴盛的历史阶段。仔细分析,可以看出两汉的古籍注释具有不同的特点。

西汉时期由于受经学的影响,注释活动主要围绕儒家经典进行,对象颇为单一。当时,对"五经"都做出了注释,并且不止一家。《汉书·艺文志》详细地记载了这方面的情况。以汉朝最受推崇的《春秋》的注释来说,就有《邹氏传》11卷、《夹氏传》11卷、《左氏微》2篇、

《铎氏微》3篇、《张氏微》10篇、《虞氏微传》2篇、《公羊外传》50篇、《穀梁外传》20篇、《公羊章句》38篇、《穀梁章句》33篇、《公羊杂记》83篇、《公羊颜氏记》11篇。这些注释详略不同,体式不一,反映了汉朝经籍注释的基本面貌。

东汉时期,今古学并隆,学术全面繁荣,古籍注释也展现了新的面貌。一方面,学者们继续专注于经籍的注释,完成了众多的经注作品。仍以《春秋》为例,据清人钱大昭《补续汉书艺文志》胪列,就有《左氏说》《左氏传解谊》《春秋塞难》《春秋成长说》《左氏膏肓释》《左氏传条例章句训诂》《左氏传解诂》《春秋难记条例》《左氏诂训》《左氏传注》《左氏达义》《左氏指归》《左氏问》《谢氏释》《左氏传注解》《左氏奇说》《删定公羊严氏春秋章句》《公羊解诂》《公羊墨守》《左氏膏肓》《穀梁废疾》《发墨守》《铖膏肓》《起废疾》《减定严氏春秋章句》《公羊问答》《春秋训诂》《三传异同说》《春秋杂议难》等。另一方面,诸子、历史、辞赋甚至纬书方面的注释也大量出现。比较重要的有赵岐《孟子注》,严遵《老子注》,马融《老子注》,高诱《吕氏春秋注》《淮南子注》《战国策注》,许慎《淮南子注》,郑众《国语章句》,贾逵《国语解诂》,杨终《春秋外传改定章句》,延笃《史记音义》,应劭《汉书集解音义》,服虔《汉书音训》,王逸《楚辞章句》,马融《离骚注》,宋衷《易纬注》《书纬注》《诗纬注》《乐纬注》《春秋纬注》《孝经纬注》,郑玄《易纬注》《书纬注》《尚书中候注》《礼记默房注》,何休《风角注训》《七分注训》,郑玄《黄帝九宫经注》《九宫行棋经注》等。很明显,东汉的经注兼及今古,以古文为主;注书对象进一步扩展,延伸到经籍以外的其他方面。这些变化为古书注释带来新的风尚,对阅读也产生了有益的影响。

在先秦、秦汉丰富的训诂、注释实践的基础上,有关的理论总结取得重要成就,涌现出一批以字典、词典为表现形式的训诂专著,主要有《尔雅》,扬雄《方言》,刘熙《释名》,许慎《说文解字》,服虔《通俗文》《小尔雅》等。这些专书体例各异,指归有别,功用不同。从性质上说,《说文解字》用"据形系联""分别部居"的方式,提供了编纂字典的典范;《尔雅》是同义词词典和百科词典;《方言》是方言词典;《通俗文》是通俗词典;《释名》是语源词典。从训诂方法上说,《说文解字》主要用形训的方法,《释名》用音训的方法,《尔雅》《方言》则用义训的方法。它们的共性也非常明显,那就是集中了注释的丰富成果,凝聚了注释的科学理论,展示了注释的有效方法,为满足各种读者层广泛的阅读需求提供了得力的工具。它们是汉朝注释学高度发展的重要标志,成为古代训诂学与注释学的经典,在中国文化的传承史上享有崇高的地位。

## 二、古籍注释体式

汉朝的古籍注释形成了一定的体式。大体来说,可以分为随文释义的注疏和通释语义的专著两大类。前者是注释的最一般的体式,具体区分,又包含多种具有专门名称的体裁。

### 1. 传

传,是传述的意思。相传孔子喜欢读《易》,写过十篇解释《易经》的文章,后人称为《十翼》,又称为《易大传》。一般认为,传的起源以此为最早。先秦与秦汉时期的学者常用这种名称的注释来解经,形成大量作品,如《春秋左氏传》《春秋公羊传》《春秋穀梁传》等。传的写作因体例不同,内容有一些差别。有的以论述本事、证发经义为主,如《春秋左氏传》;有的以阐明经旨大义为主,如《春秋公羊传》《春秋穀梁传》;有的是按照经文逐字逐句来解释的,如《毛诗故训传》。此外,又逐步派生出"内传""外传""大传"等名目。西汉时,燕人韩生解说《诗经》,始创"内传""外传"之称。《汉书·艺文志》有《韩诗内传》4卷、《韩诗外传》6卷。另外，《公羊传》《穀梁传》也有外传。顾名思义，与经义相比附的称为"内传"，与经义不相比附，"采杂说，咸非其本义"①的就称为"外传"。"大传"的名称源于汉朝的伏生和欧阳生的《尚书大传》。"大传"，就是大义的意思，系完全抛开经文另外立说的一种体裁。

2. 说

说，就是解释、说明的意思，它起源很早，以阐明大义为主。先秦时，"说"的体裁得到了广泛的使用，如《墨子》有《经说上》《经说下》，《韩非子》有《说林》《内储说》《外储说》。汉朝更是盛行，见于《汉书·艺文志》者，《易》有《五鹿充宗略说》，《书》有《欧阳说义》，《诗》有《鲁说》《韩说》，《礼》有《中庸说》《明堂阴阳说》，《论语》有《齐说》《鲁夏侯说》《鲁安昌侯说》《鲁王骏说》《燕传说》，《孝经》有《长孙氏说》《江氏说》《翼氏说》《后氏说》《安昌侯说》。

3. 解

解，是分析的意思。这种体裁起源极早。《管子》中有《牧民解》《形势解》《立政九败解》《版法解》《明法解》，《韩非子》有《解老》。汉朝的这类著作有三种：第一种"解"与"诂"连言，如大小夏侯氏《书解诂》、贾逵《春秋左氏传解诂》、何休《春秋公羊传解诂》、郑兴《周官解诂》等；第二种"解"与"谊"连言，如服虔《春秋左氏传解谊》；第三种"解"与"注"或"说"连言，如许淑《左氏传注解》、伏黯《齐诗解说》。

4. 故

故，也写作"诂"，二字古通，是以现代话解释古代语言的意思。汉人喜用这种体裁解经，《汉书·艺文志》著录齐、鲁、韩三家《诗》说，即有《鲁故》25卷、《齐后氏故》20卷、《齐孙氏故》27卷、《韩故》36卷。

---

① 《汉书》卷三十《艺文志》，北京：中华书局，1962年，1708页。

5. 训

训,与"诂"同义,是解释义理的意思。汉朝这类著作名称很多。"训"与"诂(故)"连言,称"诂(故)训"或"训诂",如毛亨《毛诗故训传》、贾谊《左氏传训诂》;"训"与"注"连言,称"注训",如何休《论语注训》《孝经注训》;"训"与"旨"连言,称"训旨",如卫宏《古文尚书训旨》。

6. 注

注,得义于水的灌注。"文义艰深,必解释而后明;犹水道阻塞,必灌注而后通。"①这一体裁兴于东汉的郑玄。孔颖达《春秋左传正义》说:"毛君、孔安国、马融、王肃之徒,其所注书,皆称为传,郑玄则谓之为注。"②保存到今天的郑玄"注"的书籍有《周礼注》《仪礼注》《礼记注》。注,也写作"註"。何晏《论语集解叙》说:"汉末,大司农郑玄就《鲁论》篇章,考之《齐》《古》,为之註。"邢昺疏:"註与注,音义同。"③

7. 笺

笺,是在书上有所表识的意思,也起于郑玄。孔颖达《毛诗正义》说:"郑于诸经皆谓之注,此言笺者,吕忱《字林》云:'笺者表也,识也。'郑以毛学审备,遵畅厥旨,所以表明毛意,记识其事,故称为笺。"④郑玄说《诗》,一宗毛氏。"如果《毛传》讲的不很明显,或太简略,郑氏便加以补充发挥;如果自己对《毛传》还有不同的见解,便记下自己的意思,不和《毛传》相杂;于是称这一写作为'笺'"⑤。

8. 章句

章句,也是汉朝解经的重要体裁,是指经师的讲义。清人沈钦韩《汉书疏证》说:"章句者,经师指括其文,敷畅其义,以相教授。"⑥既是

---

① 张舜徽:《中国古代史籍校读法》,北京:中华书局,1962年,48页。
② 阮元校刻:《十三经注疏》(下),上海:上海古籍出版社,1997年,1712页。
③ 阮元校刻:《十三经注疏》(下),上海:上海古籍出版社,1997年,2455页。
④ 阮元校刻:《十三经注疏》(上),上海:上海古籍出版社,1997年,269页。
⑤ 张舜徽:《中国古代史籍校读法》,北京:中华书局,1962年,49页。
⑥ 沈钦韩:《汉书疏证》卷二四《艺文志一》,上海:上海古籍出版社,2006年,646页。

讲义,不免烦琐。到了东汉,"通人恶烦,羞学章句"①。因其价值不大,《汉书·艺文志》很少著录。

除上述各种体裁外,汉朝称为记、微、义、隐、音训、问、难、评、论等众多的注释体裁,也各有特点,是当时重要的阅读对象。

## 三、古籍注释方式

古籍注释可以分为释词与解句两大类型,专业术语叫训诂,各有特定的方式方法。

1. 释词

由于时间的推移和语言的变化,古籍中一些人名、地名、官名及大量的专门术语等,后人已难以了解其意思,这些词语从而成为阅读的障碍。所以,解释词义就成为古籍注释的一项非常重要的任务。汉人在这方面积累了丰富的实践经验,形成了一些固定的方法。

(1) 声训

声训,就是用音同、音近、音转的字来解释词义,推究事物命名的由来。远在春秋战国时期就已经出现声训的萌芽。例如,《周易·说卦》说:"乾,健也。""坤,顺也。""震,动也。""坎,陷也。""离,丽也。""兑,说也。"②这就是声训。古音乾与健、兑与说同音,坤与顺、坎与陷叠韵,震与动、离与丽双声。又如《论语·颜渊》中的"政者,正也"③,《孟子·滕文公上》中的"庠者,养也;校者,教也;序者,射也"④等,都用到了这种解释方式。到了汉朝,声训方式更加流行。经师解经,《尔雅》《说文解字》《释名》等辞书的释义,都常用声

---

① 刘勰著,周振甫注:《文心雕龙注释》,北京:人民文学出版社,1981年,200页。
② 李鼎祚:《周易集解》第十七《说卦》,北京:中国书店,1984年,4—5页。
③ 刘宝楠:《论语正义》卷十五《颜渊第十二》,北京:中华书局,1990年,505页。
④ 焦循:《孟子正义》卷十《滕文公上》,北京:中华书局,1987年,343页。

训。特别是汉末名士刘熙所撰的《释名》一书,以古双声解说万物得名之由,至为精谛,把声训的方式推向一个新的高度。例如《释名·释山》说:"山顶曰冢;冢,肿也,言肿起也。"①这是以同音字相训释。《释名·释衣服》说:"领,颈也;以壅颈也。"②这是以音近字相训释。《释名·释天》说:"木,冒也,华叶自复冒也。"③这是以音转字相训释。

人类先有语言,后有文字,文字之义,皆本于声音。声训有利于探求字义的来源。当然,声训也要使用得当,不可滥用。

(2)形训

形训,是根据字形结构来解释字义。汉字存在大量的象形字、指事字、会意字及形声字,对汉字字形特别是对其偏旁进行分析,可以求得原始的字义。

这种方法最早出现于春秋战国时期。《经典释文·周易音义·讼卦》云:"讼,争也,言之于公也。"④《左传·宣公十二年》云:"夫文,止戈为武。"⑤《韩非子·五蠹》云:"仓颉之作书也,自环者谓之厶,背厶谓之公。"⑥这些都是形训的例证。

汉朝经师更是经常用之解经,许慎的《说文解字》也多见这种解释。例如,二篇上《哭部》云:"丧,亡也,从哭亡。"⑦三篇上《言部》云:"信,诚也,从人言。"⑧二篇上《口部》云:"启,开也,从户口。"⑨

---

① 王先谦:《释名疏证补》卷第一《释山第三》,上海:上海古籍出版社,1984页,18页。
② 王先谦:《释名疏证补》卷第五《释衣服第十六》,上海:上海古籍出版社,1984年,1页。
③ 王先谦:《释名疏证补》卷第一《释天第一》,上海:上海古籍出版社,1984年,6页。
④ 陆德明:《经典释文》,北京:中华书局,1983年,20页。
⑤ 阮元校刻:《十三经注疏》(下),上海:上海古籍出版社,1997年,1882页。
⑥ 王先慎:《韩非子集解》卷第十九《五蠹第四十九》,北京:中华书局,1998年,450页。
⑦ 许慎撰,段玉裁注:《说文解字注》,上海:上海古籍出版社,1981年,63页。
⑧ 许慎撰,段玉裁注:《说文解字注》,上海:上海古籍出版社,1981年,92页。
⑨ 许慎撰,段玉裁注:《说文解字注》,上海:上海古籍出版社,1981年,58页。

### （3）义训

义训，就是直接解释词义，而非借助字音、字形的帮助。这也是由来已久的一种解释方法，汉人的运用更加普遍。在《尔雅》《说文解字》《方言》等书中，存在大量例证。具体方法主要有以下几种：一是同义相训，即以一个词解释另一个同义词，如《尔雅·释言》云："增，益也。"①二是反义相训，即以反义词互相解释，如《尔雅·释诂》云："乱，治也。""故，今也。"②三是以狭义释广义，即以外延较小的词语解释外延较大的词语，如《礼记·乐记》郑玄注云："道谓仁义也，欲谓邪淫也。"③

丰富多样的解释词语的方式，反映了古人对汉语认识的深刻性。当然，对这些方法应该综合使用，根据不同的对象选择不同的方法，切不可穿凿附会，主观臆断。

### 2. 解句

解句，指对文句所做的解释。一些文意艰涩的古籍，即使对其中的语词进行了一番注解，读者仍然不容易明白文句的意思，这就需要对全句进行解释，使文意更加晓畅，让读者能真正地理解和接受。解句的方式可以分为说明性解句、翻译性解句与综合性解句三大类。

### （1）说明性解句

说明性解句，即尽量从不同的方面对文句进行疏通解释。例如，《论语·颜渊》云：

齐景公问政于孔子。孔子对曰："君君，臣臣，父父，子子。"④

---

① 郝懿行：《尔雅义疏》上之二《释言》，北京：中国书店，1982年，31页。
② 郝懿行：《尔雅义疏》上之一《释诂下》，北京：中国书店，1982年，65页、6页。
③ 阮元校刻：《十三经注疏》(上)，上海：上海古籍出版社，1997年，1536页。
④ 刘宝楠：《论语正义》卷十五《颜渊第十二》，北京：中华书局，1990年，499页。

何晏《论语集解》引述孔氏的解释说:

> 孔曰:"当时之时,陈桓制齐,君不君,臣不臣,父不父,子不子,故以对。"①

这一解释从孔子对答的背景出发,说明孔子向齐景公提出那套对策的原因。

又如,《礼记·中庸》云:

> 《诗》云:"鸢飞戾天,鱼跃于渊。"言其上下察也。②

"言其上下察也",以"言"字发语,点明这两句诗的意思。也有不用"言"字而直接说明的,如《左传·文公元年》说:"王请食熊蹯而死。"杜预解释说:"熊掌难熟,冀久将有外救。"③因为熊掌难熟,烹制极费时间,王吃它是为了拖延时间争取外援来救自己。读者可能会不明白王请求吃熊掌的原因,杜氏便直接点明原因。有时文句较长,则选择其中的一部分来解释,如《仪礼·士昏礼》说:"主人如宾服,迎于门外,再拜。宾不答拜,揖入。"郑玄注:"不答拜者,奉使不敢当其盛礼。"④对于这句话,郑注只解释"不答拜"三个字,因为它是全句的难点,点明含义即可。由于一些文句极为简略,读者很难明白其义,因此需要交代本事以阐发文意。例如,《诗经·大雅·绵》载:"虞芮质厥成,文王蹶厥生。"毛《传》的解释是:

---

① 阮元校刻:《十三经注疏》(下),上海:上海古籍出版社,1997年,2504页。
② 阮元校刻:《十三经注疏》(上),上海:上海古籍出版社,1997年,1626页。
③ 阮元校刻:《十三经注疏》(下),上海:上海古籍出版社,1997年,1837页。
④ 阮元校刻:《十三经注疏》(上),上海:上海古籍出版社,1997年,961页。

虞芮之君相与争田,久而不平。乃相谓曰:"西伯,仁人也。盍往质焉?"乃相与朝周。入其境,则耕者让畔,行者让路。入其邑,男女异路,斑白不提挈。入其朝,士让为大夫,大夫让为卿。二国之君感而相谓曰:"我等小人,不可以履君子之庭。"乃相让,以其所争田为间田而退。天下闻之而归者四十余国。①

诗句讲周文王处理虞芮争田的事情,如果不解释,读者则很难了解事情的始末。毛公把这段本事叙述出来,诗句的意思自然就明了了。这种说明本事、补充材料的方法,后来的注家经常使用,并且光大其制,形成了很多名著。裴松之的《三国志注》、郦道元的《水经注》、李贤的《后汉书注》、李善的《文选注》,都属于此类。

(2)翻译性解句

翻译性解句,即通过现代语言转述古代文句,有直译与意译两种方法。汉朝经师解经,常常使用当时较为通俗易懂的语言,把解释对象重新叙述一遍,以达到解释的目的。例如,《诗经·小雅·节南山》载:"四方是维,天子是毗。"郑《笺》说:"维制四方,上辅天子。"②

《诗经·小雅·白华》载:"鼓钟于宫,声闻于外。"毛《传》说:"有诸宫中,必形见于外。"③

《孟子·尽心上》载:"强恕而行,求仁莫近焉。"赵岐《章句》说:"当自勉强以忠恕之道,求仁之术,此最为近也。"④《孟子·梁惠王上》载:"老吾老以及人之老,幼吾幼以及人之幼,天下可运于掌。"赵岐《章句》说:"敬我之老,亦敬人之老,爱我之幼,亦爱人之幼;推此心以

---

① 阮元校刻:《十三经注疏》(上),上海:上海古籍出版社,1997年,512页。
② 阮元校刻:《十三经注疏》(上),上海:上海古籍出版社,1997年,440页。
③ 阮元校刻:《十三经注疏》(上),上海:上海古籍出版社,1997年,497页。
④ 阮元校刻:《十三经注疏》(下),上海:上海古籍出版社,1997年,2764页。

惠民,天下可转之掌上,言其易也。"①

第一例属于直译法。因直译法较为生硬,有时不能很好地传述意思,所以意译法被使用得更多一些。经过这样一番处理,原文就比较容易理解了。

(3)综合性解句

综合性解句,即把说明法与翻译法结合在一起使用,以达到更清楚地解释文句的目的。汉人已经能熟练运用这一方法了。例如,《孟子·尽心下》载:"君子反经而已矣。"赵岐《章句》说:"君子治国家归于经常,谓以仁义礼智道化之。"②"君子治国家归于经常",是对原句的翻译;"谓以"云云,则是以"谓"字发语对该句所做的说明。《周礼·天官·宫正》载:"夕击柝而比之。"郑玄注:"莫行夜以比直宿者,为其有解惰离部署。"③"莫行"一句是对原文的意译,"为其"云云,则是对这一规定所做的解释性的说明。《诗经·大雅·板》载:"天之牖民,如埙如篪,如璋如圭,如取如携。"毛《传》说:"牖,道也。如埙如篪,言相和也;如璋如圭,言相合也;如取如携,言必从也。"郑《笺》说:"王之道民以礼仪,则民合而从之如此。"④郑《笺》根据毛《传》,对"天之牖民"一句做了翻译,又以"则民合而从之如此"点明了全句大意。

## 第五节　翻译:阅读桥梁的构建

把一种语言文字所写的作品用另一种语言文字加以表达,从而

---

① 阮元校刻:《十三经注疏》(下),上海:上海古籍出版社,1997年,2670页。
② 阮元校刻:《十三经注疏》(下),上海:上海古籍出版社,1997年,2780页。
③ 阮元校刻:《十三经注疏》(下),上海:上海古籍出版社,1997年,2780页。
④ 阮元校刻:《十三经注疏》(上),上海:上海古籍出版社,1997年,549页。

为读者提供更易于理解的文本,这就是翻译。它既包括把少数民族与外国的语言文字翻译成汉语,也包括将古汉语翻译成现代汉语。就汉语言文字来说,由于语言本身的变迁,各个时代的语言、词汇都具有各自的特点,给后世的阅读造成了一定的障碍。因此,翻译就变成了阅读、文化传承和交流必不可少的条件。它就像一座桥梁,实现了各种语言的沟通,排除了人们阅读与交流的障碍,为各民族进行跨文化交流与联系铺平了道路。

## 一、古汉语的翻译

先秦的语言文字素称难读,早在汉朝,学者们就已经尝试通过翻译的方式,即以汉朝的语言表达,来移译先秦典籍颇为难懂的文句,实现文意的沟通。司马迁是这个方面的先行者,贡献卓著。《尚书》是《史记》叙述夏、商、周三代历史的基本史料。然而《尚书》文字古奥,佶屈聱牙,如果直接援引,就会给读者造成一定的理解上的困难。于是,司马迁采用翻译的办法,把难懂艰涩的文字转换成汉朝通行的语言文字,使读者阅读起来不再感到难懂了。例如,《尚书·尧典》的"钦若昊天","钦若"二字是恭敬承顺的意思,比较费解,司马迁就在《五帝本纪》中直接翻译成"敬顺昊天"。《尚书·尧典》的"克明俊德","克"的意思是能,"俊"的意思是驯,用法不够通俗,他就翻译成"能明驯德"。《尚书·尧典》的"庶绩咸熙",他就翻译成"众功皆兴"。《尚书·尧典》的"载采采",他就翻译成"始事事"。经过这样一番加工,原来意思深奥、读者不常接触的词汇,都被改换成汉朝较为通俗而流行的表达,无形中就为广大读者的阅读活动提供了便利,自然也有利于进一步扩大图书的流通范围,促进文化的传播。①

---

① 参见张舜徽:《中国文献学》,郑州:中州书画社,1982年,174—175页。

除司马迁外,汉朝的经师如赵岐、郑玄等人在解释经书时,也常运用翻译的方法,以当时较为通俗的语言和词汇对原文文句进行解释。

## 二、少数民族语言文字的翻译

秦汉帝国的周边有各种少数民族,汉人与少数民族的政治交往与文化交流也多得益于翻译。由于记载的缺失,此类翻译的详细情况现在已经难以尽知,一些零星的史籍记载仍然有助于今人了解一些民族语言移译的情况。秦汉两朝与北方的匈奴发生了极为密切的政治、经济与军事交往。匈奴的语言与汉语完全不同,属于阿尔泰语系,双方的交流皆赖翻译。据《史记·匈奴列传》记载,匈奴"毋文书",不过匈奴民族的口头文学尚称发达,并且有一首优美的歌谣还被翻译成汉语,在汉地流传。这首歌谣产生的背景是汉武帝元狩二年(前121)匈奴大军被汉军击溃后,失去了祁连山和焉支山,匈奴人十分痛惜,于是发出痛苦的吟唱。《史记·匈奴列传》载:"其明年春,汉使骠骑将军去病将万骑出陇西,过焉支山千余里。"[1]张守节《史记正义》引唐朝李泰所撰地理总志《括地志》说:

> 焉支山一名删丹山,在甘州删丹县东南五十里。《西河旧事》云:"匈奴失祁连、焉支二山,乃歌曰:'亡我祁连山,使我六畜不蕃息;失我焉支山,使我妇女无颜色。'其慜惜乃如此。"[2]

而司马贞《史记索隐》引《西河旧事》所记此事,其文字略有不同:

> (祁连)山在张掖、酒泉二界上,东西二百余里,南北百里,有

---

[1] 《史记》卷一百十《匈奴列传》,北京:中华书局,1975年,2908页。
[2] 《史记》卷一百十《匈奴列传》,北京:中华书局,1975年,2909页。

松柏五木，美水草，冬温夏凉，宜畜牧。匈奴失二山，乃歌云："亡我祁连山，使我六畜不蕃息；失我燕支山，使我嫁妇无颜色。"①

这首汉译的匈奴诗歌，是匈奴民间文学的遗珍。它以沉郁的情调与贴切而深刻的比喻，抒发了匈奴人因战争失败而失去祁连山与焉支山的痛苦心情。可能是因为它的曲调和歌词同样深深地打动了中原的听众，所以才有人把它翻译成汉语。只是它的译者是谁，历史失载，后人难以知晓了。

东汉时期，少数民族的文学翻译又出现了新的内容，这就是著名的《白狼王歌》的翻译。白狼即白兰，是西南夷的一支，活动于今四川一带。东汉益州刺史朱辅对西南少数民族实行了安抚亲睦的政策，深得当地少数民族的欢迎，史称"自汶山以西，前世所不至，正朔所未加。白狼、槃木、唐菆等百余国，户百三十余万，口六百万以上，举种奉贡，称为臣仆"②。为了充分表达白狼国归附东汉朝廷的忠心，白狼王唐菆创作了《远夷乐德歌诗》《远夷慕德歌诗》《远夷怀德歌诗》三首诗歌，即著名的《白狼歌》，时间为明帝永平年间（58—75 年）。《白狼歌》完成后，献给益州刺史朱辅，朱辅便命通晓白狼语言的犍为郡掾田恭译为汉文，并由州从事史李陵与田恭一道送到朝廷。对此，汉明帝"嘉之，事下史官"③。今据《后汉书·南蛮西南夷列传》所载译诗及《东观汉记》所载汉字译音，写录如下。

《远夷乐德歌诗》：

大汉是治，与天合意。　　堤官隗构。魏冒逾糟。
吏译平端，不从我来。　　闻驿刘脾。旁莫支留。

---

① 《史记》卷一百十《匈奴列传》，北京：中华书局，1975 年，2909 页。
② 《后汉书》卷八十六《南蛮西南夷列传》，北京：中华书局，1965 年，2855 页。
③ 《后汉书》卷八十六《南蛮西南夷列传》，北京：中华书局，1965 年，2855 页。

闻风向化，所见奇异。　　征衣随旅。知唐桑艾。
多赐缯布，甘美酒食。　　邪毗继缏。推潭仆远。
昌乐肉飞，屈申悉备。　　拓拒苏便。局后仍离。
蛮夷贫薄，无所报嗣。　　偻让龙洞。莫支度由。
愿主长寿，子孙昌炽。　　阳雒僧鳞。莫稚角存。

《远夷慕德歌诗》：

蛮夷所处，日入之部。　　偻让皮尼。且交陵悟。
慕义向化，归日出主。　　绳动随旅。路旦拣雒。
圣德深恩，与人富厚。　　圣德渡诺。魏菌度沭。
冬多霜雪，夏多和雨。　　综邪流藩。莋邪寻螺。
寒温时适，部人多有。　　藐浮泸漓。菌补邪推。
涉危历险，不远万里。　　辟危归险。莫受万柳。
去俗归德，心归慈母。　　术叠附德。仍路孳摸。

《远夷怀德歌诗》：

荒服之外，土地墝埆。　　荒服之仪。犁籍怜怜。
食肉衣皮，不见盐谷。　　阻苏邪犁。莫砀粗沐。
吏译传风，大汉安乐。　　罔译传微。是汉夜拒。
携负归仁，触冒险陕。　　踪优路仁。雷折险龙。
高山岐峻，缘崖磻石。　　伦狼藏幢。扶路侧禄。
木薄发家，百宿到洛。　　息落服淫。理历髭雒。
父子同赐，怀抱匹帛。　　捕茞菌毗。怀稿匹漏。
传告种人，长愿臣仆。　　传室呼敕。陵阳臣仆。

据现代学者研究,《白狼歌》原文用白狼文写成,而白狼文即是爨文的前身。① 田恭用汉文将其翻译过来,促进了白狼语言文学在中原地区的传播,为加强西南地区与中原地区的文化交流和政治联系做出了贡献。对这三首诗歌,当时的朝廷与文士都非常重视,官修史书《东观汉记》以汉字记录了它们的字音,为语言学研究工作留下了非常珍贵的资料。

### 三、佛经的翻译

佛教大约是在公元前 6 世纪至公元前 5 世纪,由释迦牟尼创立的。释迦牟尼是古印度迦毗罗卫国(今尼泊尔境内)净饭王的太子,他学问渊博,思想深刻,热爱民众。他幼年接受正统的婆罗门教的教育,但成年以后逐渐表现出非婆罗门教的思想倾向。为了解脱痛苦,他于 29 岁时放弃太子的身份,出家修行。他历经千难万苦,至 35 岁时终于达到大彻大悟的境界,成就了正觉,获得了精神的解脱。此后,人们将他称为"佛陀",或简称"佛"。佛教创立后,释迦牟尼及其弟子著书立说,大力宣传、传播佛教教义和宗教仪轨。到 3 世纪,孔雀王朝阿育王倾心佛教,积极鼓励和派遣佛教徒到各地传播佛教。此后,佛教经过中亚地区传入中国。

佛教传入我国的准确时间现在已难稽考,历史上有两种说法颇有影响。一说汉明帝永平十八年(75),曾派人赴西域访求佛道,在大月氏国遇到沙门迦叶摩腾和竺法兰,邀请他们到洛阳;他们遂接受邀请,用白马驮着佛像、经卷到达洛阳。明帝大喜,在洛阳专建白马寺供其居住。另一说汉哀帝时博士弟子景庐受大月氏王使伊存口授《浮屠经》,则佛教入华在西汉哀帝时期。从这两种说法来看,佛教入

---

① 参见徐嘉瑞:《大理古代文化史稿》,北京:中华书局,1978 年,59—65 页。

华的时间大约在西汉末年与东汉初年。佛教传入中国,同时把佛经带到中国。但是,佛经用印度本土文字写成,在中国传播必须要先翻译成中国信徒能够阅读的汉文才行。所以,佛教的传播与佛典的翻译可以说是同步进行的。

佛典翻译最初是"口授",即由域外高僧口头诵出经本的文字,再据此进行翻译。汉朝的佛经翻译主要采取这种方式。据佛教原本进行翻译,主要是南北朝以后才开始流行的方式。翻成汉语的第一部佛典到底是哪部书,学术界一直存在着争论。《牟子理惑论》提到汉明帝派遣使者"于大月氏写佛经四十二章,藏在兰台石室第十四间"。据此,一些学者认为"汉代传译的《四十二章经》是佛经最早的中译本"①。

东汉来华僧人都比较重视译经工作,为此做出了很大的贡献。其中贡献最为突出的是安世高与支娄迦谶。安世高,名清,安息(今伊朗高原东北部)人,于汉桓帝建和二年(148)来到洛阳。他不仅佛学高深,而且通晓汉语,热心翻译工作,先后译出了佛典 35 部 41 卷,其中《安般守意经》《阴持入经》《大十二门经》《小十二门经》《道地经》《人本欲生经》等多为禅学经典。他不仅介绍了禅学之源,而且开辟了佛典翻译的道路。他的译文较能正确地传达出原本文意,历来受到很高的评价。支娄迦谶,简称支谶,大月氏人,东汉晚期来到中国。他通晓汉语,致力于译经事业。他翻译的佛典,有年代可考的是 3 部 14 卷,即《般若道行经》《般舟三昧经》《首楞严三昧经》;有疑问的计 9 部 12 卷。他精于大乘般若学与禅学,所译佛典对大乘佛教在中国的广泛传播产生了重大的影响。他的译文既力求保持原意,又注意文辞的顺畅,为后世的佛典翻译树立了典范。除安世高与支谶两大译师外,当时从域外来华的竺佛朔、安玄、支曜和康孟详等人,对佛典

---

① 任继愈:《汉唐佛教思想论集》,北京:人民出版社,1973 年,6 页。

翻译也做出了一定的贡献。一旦有了汉文佛典的文本，对佛徒诵习佛经、理解佛理来说，其便利就不言而喻了。所以，佛经翻译对佛教在中国的传播具有不可估量的意义。

# 第五章 教育与阅读

　　人类诞生以后,就出现了教育。等到人类发明了图像与文字,作为教育的必要环节和基本手段的阅读,又被纳入人类的教育过程中。尽管从古到今一直存在不同的教育制度、教育方式与教育理念,但是教育与阅读一直具有密切的关系,教育都会对阅读产生影响。换句话说,人们选择什么样的读物、在怎样的环境中进行阅读、阅读所追求的价值如何等,都会受到教育的一定的影响。

　　中国在先秦时期,官学教育、私学教育等各种形式的教育活动就已经蓬勃地开展起来,涌现出孔子、墨子、孟子、荀子等一大批杰出的教育家,形成了内容丰富、体系完整的教育理论,出现了能够满足各种教育活动需要的教材教本。进入秦汉特别是两汉时期,在先秦教育进步的基础上,在强大的中央集权政治的推动下,教育得到了前所未有的高度发展。在这种条件下,人们的阅读活动进行得有声有色。在教育的引领与带动下,人们的读书范围大大扩展了,《七略》所展现的当时的知识体系,正是这一现象的客观反映。与此相应,丰富多彩的阅读活动也进一步促进了汉朝教育的进步。

## 第一节 官学教育与阅读

官学教育，指官府兴办的学校教育。传说夏商时代，就已经出现了专向贵族子弟提供教育的各种学校。到了周代，这种官学教育进一步发展，并形成专门的官学教育制度。秦始皇统一全国后，大力推行"以吏为师"的教育模式，私学几乎被全面废除，官学可能只保留了一些满足贵族子弟需要的"宦学"机构，远未建立起覆盖全国的地方学校。从中央到地方恢复和建立完整的官学教育体系，是汉武帝着手办理的事情。随着官学教育系统的建立与发展，汉朝的阅读物和阅读场所出现了新的变化。

### 一、官学教育的建立与发展

汉朝的官学教育是在儒家势力抬头的背景下兴起的。汉初70多年，朝廷一直推行黄老政治，提倡无为而治。汉武帝执政后，由于国力大大增强，地主阶级内部的进取力量不再满足于实行保守政策，而希望实行有为措施。为此，他们选取儒家学说中更化改制的内容，并大加推演阐扬。教育关系着人才的培养，儒学能否战胜黄老之道，关键还要看接受儒家学说的人才有多少，以及这些人才在今后的政治生活中能否产生足够的影响力。作为儒家势力的一个重要代表，董仲舒在向汉武帝提出的对策中明确地指出，汉朝建立至今，"天地未

应而美祥莫至"的原因在于"教化不立而万民不正也"①,而加强教化的前提是建立各种学校。他说:

> 夫万民之从利也,如水之走下,不以教化堤防之,不能止也。是故教化立而奸邪皆止者,其堤防完也;教化废而奸邪并出,刑罚不能胜者,其堤防坏也。古之王者明于此,是故南面而治天下,莫不以教化为大务。立大学以教于国,设庠序以化于邑,渐民以仁,摩民以谊,节民以礼,故其刑罚甚轻而禁不犯者,教化行而习俗美也。②

在此,他主张在京城建立太学,在地方建立庠、序,通过以仁义礼为核心内容的儒家学说,去达到"教化行而习俗美"的终极目的。这个对策,深得汉武帝之心。于是,元朔五年(前124)汉武帝发布诏令,要求"详延天下方闻之士,咸荐诸朝",并指示"太常其议予博士弟子,崇乡党之化,以厉贤材焉"③。于是,中央官学——太学正式建立起来,并且成为汉朝官学教育制度确立的开端。

1. 太学

汉武帝建立太学的诏令下达后,倾心于儒家学说的丞相公孙弘、太常孔臧立即向汉武帝提出具体的实施方案,即全国学校的设置分两步走,"建首善自京师始,由内及外"。首先在京师建立中央官学,然后在全国各地建立不同层次的地方官学。就中央官学来讲,"为博士官置弟子五十人",即官府为负责儒学教学的"五经"博士设弟子50名的员额。在当时的条件下,这是一个实用可行的方案,便于在较短

---

① 《汉书》卷五十六《董仲舒传》,北京:中华书局,1962年,2503页。
② 《汉书》卷五十六《董仲舒传》,北京:中华书局,1962年,2503—2504页。
③ 《汉书》卷六《武帝纪》,北京:中华书局,1962年,172页。

的时间内开展教学活动,因此得到了汉武帝的首肯。

　　汉朝的太学由太常的属官博士负责教学。博士原本是从秦朝继承下来的职官,是一种闲职,其职责在于"备顾问"。汉武帝独尊儒术以后,新设"五经"博士,负责太学弟子的教育事务。"五经"博士,即《周易》《尚书》《诗经》《仪礼》《春秋》五部今文经书的博士,皆由官府确定,各有一定的家数。他们是经学的正统,地位最高。他们各以专经教授,即《尚书》博士只传授《尚书》,《诗经》博士只传授《诗经》等。这样做,目的在于保持纯正的家法和师法。汉朝经学的家法与师法,是早期师徒间口耳相传的结果。后来,便照此写定文本。按当时的要求,博士各按师法与家法教授,弟子也必须各按师法与家法学习。到了东汉,这种禁令仍然被严格地执行。例如东汉的张玄本为严氏《春秋》博士,但他兼授颜氏《春秋》,结果诸生上告,光武帝令其停职。[①] 不过,到了东汉中晚期,由于兼经风气的盛行,这种界限就被打破了。当时出现了一些兼通今文各经的人物,他们受到舆论的表彰,如许慎就被称为"'五经'无双许叔重"[②]。不仅如此,当时还出现了一些兼通今古文的人物,最杰出的是马融与郑玄。他们不仅通今文经学和古文经学,而且遍注群经,会通今古。经过他们的这番注经工作,经学家法与师法的藩篱被拆除了,今古文经的界限也逐步地消失了。

　　随博士学习的学生,被称为博士弟子,又被称为诸生或太学生。西汉建立太学时,公孙弘、孔臧等人提出了招收博士弟子的途径与标准:

　　　　太常择民年十八以上仪状端正者,补博士弟子。郡国县官有好文学,敬长上,肃政教,顺乡里,出入不悖,所闻,令相长丞上属所

---

[①] 参见《后汉书》卷七十九下《儒林列传》,北京:中华书局,1965年,2581页。
[②] 《后汉书》卷七十九下《儒林列传》,北京:中华书局,1965年,2588页。

二千石。二千石谨察可者,常与计偕,诣太常,得受业如弟子。①

据此,博士弟子的选拔分太常与郡国两个途径。西汉的太常既是中央负责祭祀事务的机构,又是负责诸陵县行政事务的机构。因此,它可以像其他郡国一样,在所辖陵县选拔年龄在18岁以上、相貌端正的男子为博士弟子。同时,各个郡的县官也要在辖区内选拔符合同样条件的德才兼备的人,上报给本郡太守;经太守考察合格者,可随同上计吏一起到达京城,赴太常报到,随博士受业。

博士弟子皆有一定的名额。汉武帝初立太学时,员额为50名。汉昭帝时,员额扩大为100名。汉宣帝时,员额增为200名。汉元帝时,因汉元帝"好儒",太学规模急剧扩大,博士弟子一度不再有名额限制。但是,数年以后,因用度不足、无力支撑,只好重新确定员额,其规模仍是汉宣帝时的5倍。汉成帝时,博士弟子员额曾达到3000人,后因不堪负担,又恢复到千员。② 王莽时,为收买人心,侈张太学制度,建筑了明堂、辟雍和灵台,为学者构舍万区,形成"制度甚盛"③的校区。同时,"立《乐经》,益博士员,经各五人",并且"增元士之子得受业如弟子,勿以为员,岁课甲科四十人为郎中,乙科二十人为太子舍人,丙科四十人补文学掌故云"④。

东汉建立后,光武帝立即在洛阳重建太学,重新确定了今文十四博士,恢复了博士弟子的招生制度。不过,东汉太学的博士弟子更多地被称为诸生,数量也不再像西汉那样有明确的限定。这表明,东汉时期太学的门槛降低了,进太学学习变得较为容易了,正式生与非正式生的区别也不再像以前那样清楚了。

---

① 《汉书》卷八十八《儒林传》,北京:中华书局,1962年,3594页。
② 参见《汉书》卷八十八《儒林传》,北京:中华书局,1962年,3596页。
③ 《汉书》卷九十九上《王莽传》,北京:中华书局,1962年,4069页。
④ 《汉书》卷八十八《儒林传》,北京:中华书局,1962年,3596页。

法律规定,学子一旦成为博士弟子,就可享受"复其身"①的待遇。"复其身",即免除本人的徭役与兵役负担。汉朝,成年男子必须承担徭役与兵役。对当时的人来说,这是很大的负担。能享受"复其身"的待遇,自然是莫大的荣幸,这成为学子勤奋学习的动力。此外,学子成为博士弟子,并学成毕业,可以获得"官禄"。特别是那些成绩优异者,有机会成为郎官,这就为学子步入仕途开辟了道路。

2. 郡学与县学

地方学校是官学教育的重要组成部分,西周时期即已出现,后来兴废不常,到汉朝开始全面恢复。汉文帝时,蜀郡太守文翁首先在当地创办郡学,开汉朝创办地方学校的先河。② 汉武帝设立太学后,逐渐在全国各地建立地方学校,从而把中国古代的学校教育制度提升到一个新的高度。

大体来说,汉朝的地方学校分为郡学与县学两类。

郡学,类似文翁办学的模式,由各郡主办。由于史料不足,因此关于朝廷发布的建立郡学的命令或制度性规定,以及汉朝郡学的具体设置情况并不是很清楚。不过,从众多的汉朝人物传记中可以得知,从汉武帝以后一直到东汉时期,郡学都是普遍存在的。当时,内郡广设郡学,一些文化比较落后的边郡地区也建立了郡学。例如,汉成帝时,何武任扬州刺史,每到各郡"行部"时,"必先即学官见诸生,试其诵论,问以得失,然后入传舍"③。这里所说的"学官",应指扬州的一处郡学。那时的扬州开发程度还不算很高,属于南方的落后地

---

① 《汉书》卷八十八《儒林传》,北京:中华书局,1962年,3594页。
② 《汉书·循吏传》云:"文翁,庐江舒人也。……景帝末,为蜀郡守,仁爱好教化。见蜀地辟陋有蛮夷风,文翁欲诱进之,乃选郡县小吏开敏有材者张叔等十余人亲自饬厉,遣诣京师,受业博士,或学律令。……又修起学官于成都市中,招下县子弟以为学官弟子,为除更徭,高者以补郡县吏,次为孝弟力田。"见《汉书》卷八十九《循吏传》,北京:中华书局,1962年,3625—3626页。
③ 《汉书》卷八十六《何武王嘉师丹传》,北京:中华书局,1962年,3483页。

区,而扬州辖郡已建立了郡学。东汉时期,边远地方建立郡学的记载更是常见。例如,任延任武威太守,"造立校官,自掾史子孙,皆令诣学受业,复其徭役。章句既通,悉显拔荣进之。郡遂有儒雅之士"①。从文意来看,任延所建立的"校官",应是郡学。又如,卫飒任桂阳太守,"郡与交州接境,颇染其俗,不知礼则。飒下车,修庠序之教,设婚姻之礼。期年间,邦俗从化"②。"修庠序之教",即建立地方学校,首先应该是建立郡学。李忠任丹阳太守,"以丹阳越俗不好学,嫁娶礼仪,衰于中国,乃为起学校,习礼容,春秋乡饮,选用明经,郡中向慕之"③。这里的"学校",也应指郡学。这些情况说明,汉朝各个内郡开设郡学已经成为习以为常的事情,所以从内地到边郡任职的地方官出于移风易俗的需要,自然会想到建立学校。班固在《两都赋》中盛赞汉朝"四海之内,学校如林,庠序盈门"④,这虽然有夸饰的成分,但在一定程度上反映了汉朝学校发达的状况。当然,必须承认两汉郡学的发展是不平衡的。这种不平衡性有文化传统的因素,有地域的因素,也有郡守个人的因素,甚至可以说郡守个人的影响程度更大。如果郡守能像文翁那样,热心办学,那么郡学自然办得兴旺。如果郡守对此冷淡,那么郡学即使能办起来也较为清冷。

郡学的教官为文学掾或文学史,简称为"文学",例由经学之士担任。作为地方的文化精英,他们既充任郡守的学术顾问,又担当教授郡学诸生的任务。他们的编制并不固定,主要视郡学规模而异。据一些碑刻材料,有的郡学诸生多,规模大,学官甚多。如《巴郡太守张纳碑阴》所记有文学主事掾、史各一人,文学掾二人、文学史一人。⑤

---

① 《后汉书》卷七十六《循吏列传》,北京:中华书局,1965年,2463页。
② 《后汉书》卷七十六《循吏列传》,北京:中华书局,1965年,2459页。
③ 《后汉书》卷二十一《任李万邳刘耿列传》,北京:中华书局,1965年,756页。
④ 《后汉书》卷四十下《班彪列传》,北京:中华书局,1965年,1368页。
⑤ 洪适:《隶释》,北京:中华书局,1985年,63页。

《学师宋恩等题名碑》记载,在文学掾之外,还有《易》《书》《诗》《礼》《春秋》各经的专门教师等多人。① 文学掾属于郡守的属官,本与诸曹掾史地位不异。不过,汉元帝时规定"郡国置'五经'百石卒史"②,文学掾秩位顿时提高。另外,政府也通过法令,将其作为察举的对象,以激励其上进。例如汉昭帝始元五年(前82),"令三辅、太常举贤良各二人,郡国文学高第各一人"③。汉宣帝本始元年(前73),"诏内郡国举文学高第各一人"④。由于与郡守、刺史关系较近,他们常能获得察举的机会。汉朝名臣中,有一些人即出身于文学掾。这表明,从文学掾致身于仕进之途是较为便捷的。

郡学的诸生通常来自地主家庭,一般平民或自耕农子弟很难获得进入郡学学习的机会。前引任延办武威郡学,规定"自掾史子孙,皆令诣学受业",这具有一定的代表性。与太学的博士弟子一样,郡学诸生通常也享受"复其身"的优待。显然,在诸生还是一个特权符号的时代,一般家庭的子弟是难以享受这种恩泽的。郡学诸生的出路,自然比不上博士弟子,不过,作为当地的知识分子,他们可以得到更多的荣进机会。任延任武威太守,凡郡学生"章句既通,悉显拔荣进之"⑤,就是显证。

县学,指由县廷主办的学校。汉朝的县学始于何时?据现代一些教育史专家的意见,汉武帝令天下郡国立学,并未及县;直至王莽兴学,县学才开始出现。东汉时期,有关县学的记载渐多。例如,宋均任辰阳县长,"其俗少学者而信巫鬼,均为立学校,禁绝淫祀,人皆

---

① 洪适:《隶释》,北京:中华书局,1985年,156—157页。
② 《汉书》卷八十八《儒林传》,北京:中华书局,1962年,3596页。
③ 《汉书》卷七《昭帝纪》,北京:中华书局,1962年,223页。
④ 《汉书》卷八《宣帝纪》,北京:中华书局,1962年,241页。
⑤ 《后汉书》卷七十六《循吏列传》,北京:中华书局,1965年,2463页。

安之"①。杨仁任什邡令,"宽惠为政,劝课掾史弟子,悉令就学。其有通明经术者,显之右署,或贡之朝,由是义学大兴。垦田千余顷"②。刘宽任南阳太守,"每行县止息亭传,辄引学官祭酒及处士诸生执经对讲"③。刘梁任北新城县长,"乃更大作讲舍,延聚生徒数百人,朝夕自往劝诫,身执经卷,试策殿最。儒化大行。此邑,至后犹称其教焉"④。这些记载说明,东汉县学所在多有,有的已经达到了很大的规模。

县学的学官也叫校官祭酒⑤,他们由县令长辟除,负责县学的管理与教学事务。县学诸生应以地主子弟或殷实家庭子弟为主,普通小农子弟恐怕难以进入县学学习。学成以后,特别是"有通明经术者,显之右署,或贡之朝"⑥,当是最理想的出路。

汉朝的郡学也好,县学也好,其主要功能在于促进教化,培养人才,所以在课程设置、教学安排方面,郡学和县学与后世的学校颇为不同。对此,已故中国教育史专家毛礼锐曾有论述,他说:

> 汉朝地方官学的主要任务在于奖进礼乐,推广教化,不是像我们今天所理解的那种进行经常性教学的学校。它没有正规的课程设置,有的学官只有在一年的某些时节召集一些知识分子讲经,也有些知识青年常常自动地、个别地到学官那里去问业。地方官学对中央官学并没有从属的关系,师资也较差。所以从严格意义上说,汉朝的学校并没有形成一个真正的系统,却为后

---

① 《后汉书》卷四十一《第五钟离宋寒列传》,北京:中华书局,1965年,1411页。
② 《后汉书》卷七十九下《儒林列传》,北京:中华书局,1965年,2574页。
③ 《后汉书》卷二十五《卓鲁魏刘列传》,北京:中华书局,1965年,887页。
④ 《后汉书》卷八十下《文苑列传》,北京:中华书局,1965年,2639页。
⑤ 洪适:《隶释》,北京:中华书局,1985年,171页。
⑥ 《后汉书》卷七十九下《儒林列传》,北京:中华书局,1965年,2574页。

代学校的进一步发展,奠定了基础。①

衡诸汉朝的史实,这个看法是符合实际的。汉朝地方官学的这种状况,是当时客观的社会条件限制的结果。

## 二、官学教育的读物

汉朝的官学是在儒家思想指导下建立起来的,教师所教与学生所学无不主要围绕儒家经典来进行。中央官学的教师——"五经"博士,是清一色的服膺儒学的儒生,课程的设置、教学活动的安排与教材的选用,无不贯穿了儒家的教育理念。地方官学的师资条件虽然无法与太学相比,但学官多是受过儒学熏陶的人物,对诸生的要求也主要是从儒家所讲究的道德与行为规范着眼,诸生所学自然也以儒家的经籍与学说为主。在这样的环境中,阅读儒家经典就成了汉朝官学教育的根本要求。

儒家经典的核心是"六艺",即《易》《书》《诗》《礼》《乐》《春秋》"六经"。汉武帝立"五经"博士时,并没有立《乐》博士,但长期以来《礼》《乐》并称,《乐》实为儒家教育的基本内容,因此,在汉朝人笔下,每见"五经"与"六经"或"六艺"互称。刘歆的《七略》,在总序《辑略》之后,即为《六艺略》,这正反映了汉朝经学与经籍的实际状况。"六经"有经与传注的区别。经,指各经的原文;传注,指后人对各经的解释。就传注而言,有的解释在先秦时期已经形成,有的则是在汉朝才有的。经过经学家的努力,"六经"的经文于汉初写定了文本并在各地流传,而大部分传注是在汉朝才陆续形成的。由于太学博士们必须按照家法与师法向诸生传授各经的内容,出于教学的方便,各家大多

---

① 毛礼锐、瞿菊农、邵鹤亭:《中国古代教育史》,北京:人民教育出版社,1979年,189页。

形成了该经与该师的文本。今从《汉书·艺文志》可以得知,汉朝官学诸生特别是太学诸生,在习经过程中主要的读物是下列几类。

1. 经文

"五经"的经文在汉初都有了今文传本,有几部经还存在古文传本。据《汉书·艺文志》,《易》有经文12篇,分施、孟、梁丘三家解释。《书》有古文经46卷、57篇,有今文《尚书》29卷,分大小夏侯与欧阳三家解释。《诗》有经28卷,分鲁、齐、韩三家解释,为今文经;尚有《毛诗》29卷,为古文经。《礼》有古《礼》56卷,为古文经;尚有《经》70篇,为今文经。①《春秋》有古经文12篇,为古文《春秋》;尚有《经》11卷,并有《公羊》与《穀梁》二家解释,为今文《春秋》。这些经文文本,特别是今文文本,都是诸生阅读与研习的对象。

2. 解释

汉朝经师对经文进行解释,形成了众多范式与类型不同的书籍,这些书籍都是诸生学习的基本读物。

(1) 传

汉朝经学的传分两类,一类是先秦时期形成的,如《易传》《春秋左传》《春秋穀梁传》等,另一类是汉朝才形成的。汉朝所形成的传,有些在书名中含有"传"字,如伏生为《尚书》所作的《传》41篇,即《尚书大传》;佚名之士为《诗》所作的《齐后氏传》39篇;韩婴为《诗》所作的《韩诗内传》4卷、《韩诗外传》6卷;毛亨所作的《毛诗故训传》20卷等。有些在书名中并未出现"传"字,如《易》有《周氏》2篇、《服氏》2篇、《杨氏》2篇、《韩氏》2篇、《王氏》2篇、《丁氏》8篇,它们分别是西

---

① "'七十'……当作'十七'。"见张舜徽:《汉书艺文志通释》,《张舜徽集》,武汉:华中师范大学出版社,2004年,209页。

汉的周王孙、服先、杨何、韩婴、王同、丁宽所撰写的《易》传。① 无论哪一类传,都是诸生阅读的书籍,他们要依据师法与家法认真研习。

(2) 章句

章句,实为传注的异名。汉朝博士教授诸生,首重章句之学,即首先分析经文的章节句读,明乎此,再来标注经文的义旨。所以,"五经"博士,几乎都有章句问世。如《易》之《章句》,施、孟、梁丘三家各有2篇,《书》有《欧阳章句》31卷,《大小夏侯章句》各29卷,《春秋》有《公羊章句》与《穀梁章句》各38篇。阅读章句,属于基础阶段的读经活动,意义在于指导初学,所以初期的章句词义尚较简要。到西汉晚期和东汉时期,一些经师以章句为传注,文字芜杂,愈作愈繁,以致声名败坏,屡遭诟病。当时,"章句多者或乃百余万言,学徒劳而少功,后生疑而莫正"②。陷入章句之学不能自拔者,被讥为"章句小儒,破碎大道"③,与人们推崇的通人之学形成鲜明的对比,以致出现了"通人恶烦,羞学章句"④的现象。烦琐的章句日益惹人厌恶,东汉出现了删除章句的活动。桓荣把《尚书》欧阳氏章句从40万字删为23万字,其后人桓郁又删为12万字。张奂把牟氏《尚书章句》45万字删为9万字。删减章句,是对当时"幼童而守一艺,白首而后能言"⑤的烦琐学风的反对,从一定程度来讲,也是对经学读者的解放。

(3) 解诂

解诂或作"解故",是汉朝经籍常见的体裁。如《书》有《大小夏侯

---

① 张舜徽说:"此句首'易'字为衍文,乃钞写者所误增也。证之《书》《诗》诸类,皆先题书名以冒起下文,然后云经若干篇,传若干篇。行文一致,文意甚明。《易》类既有'易'字居前,故知此处不应复出'易'字也。"见张舜徽:《汉书艺文志通释》,《张舜徽集》,武汉:华中师范大学出版社,2004年,178页。
② 《后汉书》卷三十五《张曹郑列传》,北京:中华书局,1965年,1213页。
③ 《汉书》卷七十五《眭两夏侯京翼李传》,北京:中华书局,1962年,3159页。
④ 刘勰著,周振甫注:《文心雕龙注释》,北京:人民文学出版社,1981年,200页。
⑤ 《汉书》卷三十《艺文志》,北京:中华书局,1962年,1723页。

解故》29篇,《春秋》有贾逵的《春秋左传解诂》、何休的《春秋公羊传解诂》等。张舜徽解释说:"解故与章句异者,解故重在诠释训诂名物,其辞简略;章句主于疏明经旨大义,文较繁滋矣。"①经籍中涉及的名物甚为繁多,不明名物,经书难通,解诂之作,实有必要。所以,汉朝无论今文学家还是古文学家,多有此种撰作。对诸生来说,此类经籍自然是一种非常重要的读物。

(4) 说

说,解说,多为经师抒发所见而作。张舜徽解释说:"说亦汉人注述之一体。《汉书·河间献王传》云:'献王所得,皆《经》《传》《说》《记》七十子之徒所论。'是传、说、记三者,固与经传相辅而行甚早。说之为书,盖以称说大义为归,与夫注家徒循经文立解、专详训诂名物者,固有不同。"②此类书的书名,多数称为"说",如《诗》有《说》18卷、《韩说》41卷,《礼》有《中庸说》2篇、《明堂阴阳说》5篇。个别的称为"说义",如《书》有《欧阳说义》2篇。与章句、解诂相比,"说"之类的书籍,应是诸生学习经学达到了一定阶段的读物,对于开阔眼界,启发思考,甚至培养一定的怀疑精神颇有帮助。

(5) 记

记,解经的一种文体,先秦时期已经出现,侧重于论述经文的总体意思,或者阐发经文的隐微含义,与紧扣字句进行解释的传注不同。如《书》有刘向《五行传记》11卷、许商《五行传记》1篇,《诗》有《齐杂记》18卷,《春秋》有《公羊杂记》83篇、《公羊颜氏记》11篇。不过,"记"还是特别用于解《礼》,所以张舜徽解释说:"古人解礼之文概

---

① 张舜徽:《汉书艺文志通释》,见《张舜徽集》,武汉:华中师范大学出版社,2004年,191页。
② 张舜徽:《汉书艺文志通释》,见《张舜徽集》,武汉:华中师范大学出版社,2004年,199—200页。

称为记。"①汉朝以《仪礼》为经,《记》则有孔子七十子后学者所作的《记》131篇与汉朝戴德《大戴礼记》85篇、戴圣《小戴礼记》49篇。其中《小戴礼记》受到东汉大儒郑玄、卢植等人的推崇,他们为其作注,使其成为显学。至唐初修《五经正义》时,《礼》选中郑玄所注《礼记》,《小戴礼记》遂跻身独尊之境了。汉朝的记,应是传、注、说之外另一类重要的读物。

(6)故、训

故、训二字义近。故通"诂"。《说文解字·言部》云:"诂,训故言也。"段玉裁注:"故言者,旧言也。……训故言者,说释故言以教人,是之谓诂。……训故者,顺释其故言也。"②《说文解字·言部》云:"训,说教也。"段玉裁注:"说教者,说释而教之。必顺其理,引申之凡顺皆曰训。"③可见,故、训之功,在于解释经籍中字词与名物,可以单用,如《诗》有《鲁故》25卷、《齐孙氏故》20卷、《韩故》36卷,《易》有《淮南道训》2篇④,也可以"故训"或"训诂"连言,如《诗》有毛亨《毛诗故训传》30卷,《春秋》有贾谊《左氏传训诂》。

3.《论语》《孝经》与字书

《论语》《孝经》与字书,属于汉朝与经学密切相关而又不限于官学诸生阅读的读物。《论语》主要记录孔子及其弟子的言行,《孝经》是孔门大讲孝道的作品,都甚合汉朝朝廷的宗尚,特别是独尊儒术以后,二者的思想内涵更受到读者的青睐。虽未能专列博士,但二者的地位不同凡响,官学、私学或家学都不能不读。此外,阅读的次第尚

---

① 张舜徽:《汉书艺文志通释》,见《张舜徽集》,武汉:华中师范大学出版社,2004年,211页。
② 许慎撰,段玉裁注:《说文解字注》,上海:上海古籍出版社,1981年,92页。
③ 许慎撰,段玉裁注:《说文解字注》,上海:上海古籍出版社,1981年,91页。
④ 张舜徽说:"传写者误脱'十'字耳。"见张舜徽:《汉书艺文志通释》,《张舜徽集》,武汉:华中师范大学出版社,2004年,182页。

在"五经"之前,实际上二者已成为学童开蒙的读物。字书是汉朝的小学书。读书,首先要识字,而识字就要阅读一些专门的字书。到了读经阶段,了解语词、名物等都需要查阅或阅读专门的字书。可见,不论哪种类型的学校和哪个阶段的教育都离不开字书的学习。

(1)《论语》

《汉书·艺文志》说:"《论语》者,孔子应答弟子时人及弟子相与言而接闻于夫子之语也。当时弟子各有所记。夫子既卒,门人相与辑而论纂,故谓之《论语》。"①据此,《论语》的成书时间当在战国时期。不过,班固并未明言编者具体是哪几位。东汉郑玄说是仲弓、子夏等人撰定,唐人柳宗元认为是曾子之弟子所作,宋代的程颐则提出是曾子及有子的弟子所作,众说纷纭,莫衷一是。自战国以来,《论语》一直在民间广泛流传。汉朝传授《论语》的共有三家。一是《鲁论语》,因鲁人所传,故得名,即后世通行的20篇。西汉时期传授的名家有:常山都尉龚奋、长信少府夏侯胜、丞相韦贤及子玄成、鲁扶卿、太子少傅夏侯建、前将军萧望之等人。二是《齐论语》,因齐人所传,故得名。其篇数比《鲁论语》多《问王》与《知道》两篇,共22篇。西汉知名的传人有:昌邑国中尉王吉、少府宋畸、琅邪王卿、御史大夫贡禹、尚书令五鹿充宗、胶东庸生,其中"唯王阳名家"②。三是《古论语》。汉景帝之子鲁恭王刘余,坏孔子宅,发现了用蝌蚪文写成的著名的"孔壁遗书",其中有《论语》21篇,篇次与《鲁论》《齐论》都不相同。它的传者较少。据王充说,孔安国得《古论语》,传于扶卿,此后《论语》之名始定。③

由于传者日广,汉朝的《论语》之学风行上下。从皇室男女、达官

---

① 《汉书》卷三十《艺文志》,北京:中华书局,1962年,1717页。
② 吴承仕:《经典释文序录疏证》,北京:北京师范大学出版社,1984年,139页。按:王吉字子阳,故称王阳。
③ 王充:《论衡·正说》,见《诸子集成》,上海:上海书店,1986年,272页。

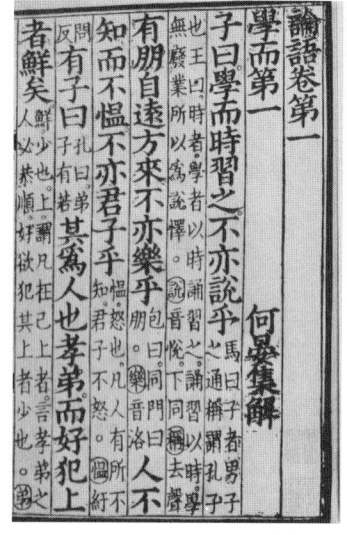

南宋刻本《论语集解》

贵人直到普通人家的子弟,都要阅读、记诵;无论是官学、私学还是家学,都要学习,概莫能外。所以,王国维认为汉时《论语》与《孝经》之传,实广于"五经",确是笃论。①

今从史料来看,汉朝人通常是八九岁进入书馆学习,首先识字习字;到十二三岁,阅读《论语》《孝经》,时间相当于现在的小学与初中阶段。《汉书·雋疏于薛平彭传》说皇太子"年十二,通《论语》《孝经》"②,《后汉书·皇后纪》记述邓皇后"六岁能《史书》,十二通《诗》《论语》"③,《后汉书·荀韩钟陈列传》说荀爽"年十二,能通《春秋》《论语》"④,这些都是明证。当然,也有一些聪慧的儿童不到十岁就通习了《论语》。《后汉书·马援列传》说马续"七岁能通《论语》,十三明《尚书》"⑤。《后汉书·郑范陈贾张列传》说范升"九岁通《论语》《孝经》,及长,习梁丘《易》《老子》"⑥。《后汉书·皇后纪》说梁皇后"少善女工,好《史书》,九岁能诵《论语》,治《韩诗》"⑦。

《论语》文辞古雅,汉朝的青少年阅读起来并不容易,通常都需要老师教授才能通明其义。《汉书·宣帝纪》记载霍光奏议:"孝武皇帝

---

① 王国维:《观堂集林》卷四之《汉魏博士考》,北京:中华书局,1959年,182页。
② 《汉书》卷七十一《雋疏于薛平彭传》,北京:中华书局,1962年,3039页。
③ 《后汉书》卷十上《皇后纪》,北京:中华书局,1965年,418页。
④ 《后汉书》卷六十二《荀韩钟陈列传》,北京:中华书局,1965年,2050页。
⑤ 《后汉书》卷二十四《马援列传》,北京:中华书局,1965年,862页。
⑥ 《后汉书》卷三十六《郑范陈贾张列传》,北京:中华书局,1965年,1226页。
⑦ 《后汉书》卷十下《皇后纪》,北京:中华书局,1965年,438页。

曾孙病已,有诏掖庭养视,至今年十八,师受《诗》《论语》《孝经》。"①《汉书·景十三王传》说广川王"师受《易》《论语》《孝经》皆通"②。皇家子弟如此,普通人也是如此。《三国志·魏书·邴原传》注引《邴原别传》说:"邻有书舍……于是遂就书,一冬之间,诵《孝经》《论语》。"③《论语》的教授,个别的由专授《论语》的老师来教授,多数情况下则由经师兼授。

东汉赵岐《孟子题辞》说:"孝文皇帝欲广游学之路,《论语》《孝经》《孟子》《尔雅》皆置博士。"④如果此说可信,这表明汉武帝以前官府中曾有专门传授《论语》的职官,汉武帝设"五经"博士,始将其废去。不过,据王国维考证,虽然传记博士被废去,但《论语》仍是博士弟子研习的对象。《汉官仪》所载博士举状,在"五经"之外必须兼修《孝经》与《论语》,就说明了这一点。汉朝传授《论语》学的大师,多是他经大师,而较少有专门以《论语》名家者。这也表明通习《论语》是博士必备的修养,也是博士弟子必须研修的内容。

前述汉朝《论语》传授有《鲁论语》《齐论语》与《古论语》之分。当时,这三种《论语》都有文本流传,皆见于《汉书·艺文志》的著录。此外,汉朝著名的《齐论语》专家王阳有《齐说》29篇,《鲁论语》专家夏侯胜、张禹、王骏等,也分别撰有《鲁夏侯说》21篇、《鲁安昌侯说》21篇、《鲁王骏说》20篇。这是当时传习《论语》的主要读物。

(2)《孝经》

《孝经》18章,专门陈说儒家孝道,为先秦重要典籍。《汉书·艺

---

① 《汉书》卷八《宣帝纪》,北京:中华书局,1962年,238页。
② 《汉书》卷五十三《景十三王传》,北京:中华书局,1962年,2428页。
③ 陈寿:《三国志》卷十一《魏书·邴原传》注引《邴原别传》,北京:中华书局,1959年,351页。
④ 焦循:《孟子正义》卷一《孟子题辞》,北京:中华书局,1987年,17页。

文志》说:"《孝经》者,孔子为曾子陈孝道也。"①此说本之司马迁。《史记·仲尼弟子列传》说:"孔子以为能通孝道,故授之业。作《孝经》。"②这代表了汉朝学者对《孝经》作者的基本看法。唐以前,学者对此没有异词。到了宋代,疑古之风大煽,学者也对此说提出怀疑。王应麟认为,"详其文义,当是曾子弟子所为书"③。朱熹也认为,《孝经》"为夫子、曾子问答之言,而曾氏门人之所记"④。关于《孝经》的传

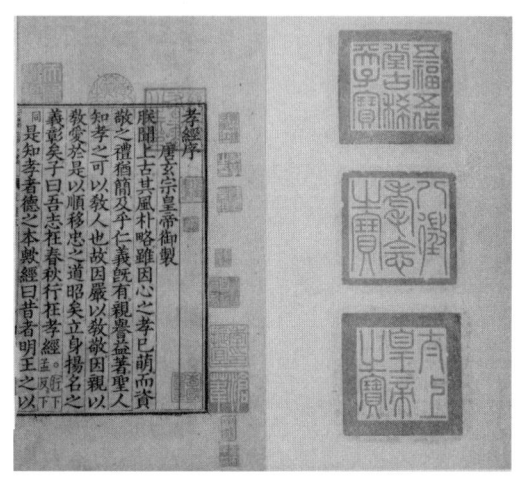

元代相台岳氏荆溪家塾刻本《孝经》

授,陆德明的《经典释文序录》言之颇为详悉,说:"亦遭焚烬,河间人颜芝为秦禁,藏之。汉氏尊学,芝子贞出之,是为今文。长孙氏、博士江翁、少府后苍、谏大夫翼奉、安昌侯张禹传之,各自名家。"⑤《孝经》亦分古文与今文。上述颜芝所传,为今文源流。《古文孝经》也出于孔壁,分为22章,汉昭帝时由鲁国三老献给朝廷。汉成帝时,刘向校

---

① 《汉书》卷三十《艺文志》,北京:中华书局,1962年,1719页。
② 《史记》卷六十七《仲尼弟子列传》,北京:中华书局,1975年,2205页。
③ 见王应麟:《汉制考·汉艺文志考证》卷四,北京:中华书局,2011年,188页。
④ 朱熹:《孝经刊误》,见张舜徽:《汉书艺文志通释》,《张舜徽集》,武汉:华中师范大学出版社,2004年,245页。
⑤ 吴承仕:《经典释文序录疏证》,北京:北京师范大学出版社,1984年,133页。

书,以颜本比勘古文,除其繁惑,最后定为 18 章。东汉郑众、马融等大儒皆据刘校 18 章为之作注。后来又出现了郑玄所作的《郑氏注》,于是 18 章本大行于世,而 22 章本则不再流行了。

与《论语》一样,《孝经》也是学童在识字以后就要阅读、记诵的书籍,所以汉朝文献常常以《论语》《孝经》连言。《汉书·昭帝纪》诏曰:"通《保傅传》《孝经》《论语》《尚书》,未云有明。"①前引《汉书》疏广与《后汉书》范升的例子皆是明证。汉武帝设"五经"博士,废除了汉文帝时所设的传记博士,《孝经》不再有专门的博士。不过,《孝经》与《论语》仍然是博士和博士弟子研习的对象,诚如王国维所说,其传授"实广于五经,不以博士之废置为盛衰也"②。《汉书·艺文志》著录《孝经》11 家,59 篇。《隋书·经籍志》又著录了东汉时期的作品。

(3)字书

汉朝字书,实分为两类:一类为《尔雅》《小尔雅》《古今字》等,在《汉书·艺文志》隶于《六艺略》的《孝经》类之后,属于读经之助,与经学关系最为密切;另一类为《史籀》《仓颉》等书,在《汉书·艺文志》著录于《六艺略》的"小学"类,是学童识字、习字的蒙学读物。

《尔雅》3 卷 20 篇(今实存 19 篇),旧说为周公、孔子的遗书,现在一般认为系汉初经生裒录众家传注而成。它荟萃训诂名物,以类相从,有《释诂》《释言》《释训》《释亲》《释宫》《释器》《释乐》《释天》《释地》《释丘》《释山》《释水》《释草》《释木》《释虫》《释鱼》《释鸟》《释兽》《释畜》等篇。它与"五经"关系密切,所释皆为读经所需,是当时经生读经的重要工具。宋代以后,它也跻身《十三经》之列,更显示出它与经学的密切关系。《小尔雅》一篇,裨补《尔雅》遗漏之书。张舜徽说:"《尔雅》十九篇中训诂名物犹多遗漏,故有人续加纂录以裨益之,其

---

① 《汉书》卷七《昭帝纪》,北京:中华书局,1962 年,223 页。
② 王国维:《观堂集林》卷四之《汉魏博士考》,北京:中华书局,1959 年,182 页。

书甚简,要皆出于汉师之手。而标题视《尔雅》分类,有离合,有新增,不必尽同也。"①其书早佚。

小学类的书籍一般是学童在七八岁初入书馆时学习。王国维说:"汉时教初学之所,名曰书馆,其师名曰书师。其书用《仓颉》《凡将》《急就》《元尚》诸篇。其旨在使学童识字习字。"②

《仓颉》即秦丞相李斯所作《仓颉篇》,以四言一句(如"仓颉作书,以教后嗣。幼子承诏,谨慎敬戒。勉力风诵,昼夜勿置"③)的歌括体写成,极便幼童记诵。后来闾里书师将秦中车府令赵高所作的《爰历篇》与秦太史令胡母敬所作的《博学篇》与《仓颉》合并,仍保留《仓颉》之名。

《凡将》即《凡将篇》,西汉司马相如著。据其遗文,大抵七字为句,物类相近者多连类叙述,与后来的《急就篇》相类。

《急就》即《急就篇》,汉元帝时黄门令史游作。此书以七言韵语写成,罗列诸多名物,分别部居加以叙述,并依文字偏旁连类而下,实开我国后来字书据形系联之先河。许慎《说文解字·叙》言其"分别部居,不相杂厕"④,其实也是受到了《急就篇》开篇所说的"分别部居不杂厕"的启发和影响。比之以前的小学书,《急就篇》编排更为合理,内容更加丰富。学习《急就篇》不仅可以识字,还可以广闻,特别能够丰富汉时所崇尚的"吏学"知识。所以,即使一些成人也还是经常阅读和学习《急就篇》。晚近以来在我国西北地区所发现的汉简中,多有《急就篇》残文,就是一个明证。东汉曹寿首先为之作注,此后,注家作注,书家书写,成为《急就篇》传播史上引人注目的现象。

---

① 张舜徽:《汉书艺文志通释》,见《张舜徽集》,武汉:华中师范大学出版社,2004年,244页。
② 王国维:《观堂集林》卷四之《汉魏博士考》,北京:中华书局,1959年,179页。
③ 甘肃省文物考古研究所等编:《居延新简》,北京:文物出版社,1990年,151页。
④ 许慎撰,段玉裁注:《说文解字注》,上海:上海古籍出版社,1981年,764页。

《急就篇》得以留存,其传播途径的广泛性应是一个重要的原因。

《元尚》即《元尚篇》,《汉书·艺文志》说系汉成帝时将作大匠李长作。然其人始末,史书不详,其书早已亡佚,遗文佚句亦无得而观。

汉朝,除上举各书外,较为重要的小学书尚有扬雄的《训纂篇》和《方言》13篇。扬雄对古文奇字素有兴趣,一直钻研不辍。《训纂篇》欲续《仓颉》,其书早已亡佚。《方言》今存。

### 三、官学教育的阅读场所

学校是官学教育的象征。学校是开展教育活动与阅读活动的最基本的场所。对入学的学生来讲,其他场所固然也可以读书,但正规的主要的阅读场所还应是学校。

汉武帝诏令设立太学,可能因为事发仓促,来不及修建专门的学舍,也可能因为弟子人数有限(仅50名),教育活动简略,暂借某处开展教学即可,无须营建宽敞的太学建筑。总之,当时长安城中并无"太学",而且西汉很长时间也并未营建"太学"。所以,晋灼注解《汉书》有"西京无太学"的说法。马端临在《文献通考·学校考一》中也说:"武帝置博士弟子员,不过令其授学,而择其通艺上第者擢用之,未尝筑宫以居之也。"①不过,到了汉宣帝时就有了专用于太学教学的场所。《汉书》记何武等人与王褒一道从四川到长安向皇帝献诗,即"歌太学下",表明此时已经有了太学,而且太学还能举行"颂诗"的歌舞表演活动,只是当时像辟雍这种重要的配套设施还未营建起来。为了满足儒学理论所要求的举行礼仪活动的需要,汉成帝时,刘向奏请"宜兴辟雍,设庠序,陈礼乐,隆雅颂之声,盛揖攘之容,以风化天

---

① 马端临:《文献通考》,杭州:浙江古籍出版社,2000年,383页。

下"①。这些建议当时未付诸实施,直到王莽执政,才在长安建立了明堂、辟雍,同时兴建了灵台和太学。

王莽执政后,为了粉饰太平,收买人心,他大力发展文教制度,采取空前的措施兴建学校,表彰教师。汉平帝元始三年(3),"立官稷及学官。郡国曰学,县、道、邑、侯国曰校。校、学置经师一人。乡曰庠,聚曰序。序、庠置《孝经》师一人"②。元始四年(4),王莽"奏立明堂、辟雍"③。元始五年(5),"羲和刘歆等四人使治明堂、辟雍。……征天下通知逸经、古记、天文、历算、钟律、小学、《史篇》、方术、《本草》及以'五经'《论语》《孝经》《尔雅》教授者,在所为驾一封轺传,遣诣京师,至者数千人"④。对此,《汉书·王莽传》记载更详,说:

> 是岁,莽奏起明堂、辟雍、灵台,为学者筑舍万区,作市、常满仓,制度甚盛。立《乐经》,益博士员,经各五人。征天下通一艺教授十一人以上,及有逸《礼》、古《书》《毛诗》《周官》《尔雅》、天文、图谶、钟律、月令、兵法、《史篇》文字,通知其意者,皆诣公车。网罗天下异能之士,至者前后千数,皆令记说廷中,将令正乖缪,一异说云。⑤

学官,即学馆、学舍,是指建于长安南郊的太学。它与明堂、辟雍、灵台等礼制建筑建在一起,光为学者建筑的房舍就有"万区",配套的建筑尚有市场与常满仓。这是古代罕见的大规模校区,也许只有现代的大学城才可与它相提并论。只是好景不长,太学宏大、学者

---

① 《汉书》卷二十二《礼乐志》,北京:中华书局,1962年,1033页。
② 《汉书》卷十二《平帝纪》,北京:中华书局,1962年,355页。
③ 《汉书》卷十二《平帝纪》,北京:中华书局,1962年,357页。
④ 《汉书》卷十二《平帝纪》,北京:中华书局,1962年,359页。
⑤ 《汉书》卷九十九上《王莽传》,北京:中华书局,1962年,4069页。

如云的景象很快就随着王莽政权的垮台而烟消云散了。

东汉定都洛阳后,光武帝刘秀迅速做出了恢复"五经"博士的决定,并在建武五年(29),"修起太学,稽式古典,笾豆干戚之容,备之于列,服方领习矩步者,委它乎其中"①。洛阳太学,后来几经扩建,特别是顺帝时为功更巨。《后汉书·儒林列传》说:"顺帝感翟酺之言,乃更修黉宇,凡所造构二百四十房,千八百五十室。"②太学新成,规模扩大,有条件接纳更多的学生,"诏试明经者补弟子,增甲乙之科,员各十人"③。到汉质帝本初元年(146),梁太后下诏,要求"大将军下至六百石,悉遣子就学,每岁辄于乡射月一飨会之,以此为常",于是"游学增盛,至三万余生"④。汉灵帝熹平四年(175),太学门口刊立石经,成为"五经"定本,为全国各地的学者提供了最权威的经书。《后汉书·儒林列传》记其事说:"熹平四年,灵帝乃诏诸儒正定'五经',刊于石碑,为古文、篆、隶三体书法以相参检,树之学门,使天下咸取则焉。"⑤对求书不易的各地学子来说,石经的刊立,为其阅读与钻研"五经"提供了莫大的方便,于是人们纷纷前来观摩抄写。《后汉书·蔡邕列传》记其盛况说:"及碑始立,其观视及摹写者,车乘日千余两,填塞街陌。"⑥熹平石经把长期以来只有少数人有机会阅读的颇具神秘色彩的经籍公之于众,极大地促进了知识和文化的传播。这种传播知识的方式,也开后世不断刊刻儒家经典、制作石经的先河,在中国传播史与阅读史上产生了重大的影响。

东汉初年,在建立太学以后,"复为功臣子孙、四姓末属别立校舍,

---

① 《后汉书》卷七十九上《儒林列传》,北京:中华书局,1965年,2545页。
② 《后汉书》卷七十九上《儒林列传》,北京:中华书局,1965年,2547页。
③ 《后汉书》卷六十一《左周黄列传》,北京:中华书局,1965年,2019—2020页。
④ 《后汉书》卷七十九上《儒林列传》,北京:中华书局,1965年,2547页。
⑤ 《后汉书》卷七十九上《儒林列传》,北京:中华书局,1965年,2547页。
⑥ 《后汉书》卷六十下《蔡邕列传》,北京:中华书局,1965年,1990页。

搜选高能以受其业,自期门羽林之士,悉令通《孝经》章句,匈奴亦遣子入学"①。这是在太学之外,面向贵族官宦子孙开设的一种特殊学校。

汉朝最早的地方学校是在景帝末年,由蜀郡太守文翁兴办起来的。当时,他在成都市中"修起学官","招下县子弟以为学官弟子,为除更徭,高者以补郡县吏,次为孝弟力田。常选学官僮子,使在便坐受事。每出行县,益从学官诸生明经饬行者与俱,使传教令,出入闺阁。县邑吏民见而荣之,数年,争欲为学官弟子,富人至出钱以求之"②。据颜注"学官,学之官舍也"的解释,学官即学馆。文翁从"四郊之县"招来弟子,这些弟子自然吃、住、学都在学馆,学馆应当具备弟子学习与生活所需要的基本条件,如图书、食堂与寝室等。学馆弟子中尚有一些"僮子",他们应是年龄较小的学童,不具备在学馆外生活的能力。依情理,他们也只能以学馆为家,在此生活和读书。文翁所办的郡学,具有很大的示范作用,汉武帝时"乃令天下郡国皆立学校官",可能就是参照了蜀郡的办学模式。不过,由于史料不足,关于汉朝郡学乃至县学较为具体的情况尚难尽知。《汉书·何武王嘉师丹传》提到何武任扬州刺史时,每"行部必先即学官见诸生,试其诵论,问以得失,然后入传舍"③。这是汉成帝时关于扬州郡学的记载,这里诸生学习的情况当与文翁蜀郡的郡学不会有多大的差异。《后汉书·文苑列传》提到了刘梁任北兴城长时,兴办学校的情形:"乃更大作讲舍,延聚生徒数百人,朝夕自往劝诫,身执经卷,试策殿最,儒化大行。"④招收生徒数百人的县学,在东汉大概为数不多,所以史书特别加以表彰。不过揆诸事理,汉朝县学弟子恐怕也有一部分人需要在学舍住宿,否则,每日来回往返或者在县城赁屋居住都不太现

---

① 《后汉书》卷七十九上《儒林列传》,北京:中华书局,1965年,2546页。
② 《汉书》卷八十九《循吏传》,北京:中华书局,1962年,3626页。
③ 《汉书》卷八十六《何武王嘉师丹传》,北京:中华书局,1962年,3483页。
④ 《后汉书》卷八十下《文苑列传》,北京:中华书局,1965年,2639页。

实。总之,郡学也好,县学也罢,都是当时弟子读书、生活最基本的场所,这一点是可以肯定的。

## 第二节 私学教育与阅读

西周时期"学在官府",办学的方式只有官学而无私学。到了春秋时期,世卿世禄制度逐渐动摇,文士阶层崛起,学术下移,于是在官学之外出现了私学。所谓私学,就是由那些从贵族阶级中分化出来的没落士人所创办的学校。在春秋战国急剧变动的社会环境中,贵族家庭出身的没落士人,凭借其所掌握的知识、学术与文化,纷纷招收弟子,传道授业,以此安身立命。邓析、少正卯、孔子、墨子、孟子、荀子等人都是先秦时期为创办私学做出重要贡献的人物,其中尤以孔子的影响最为广大和久远。秦始皇统一全国以后,把法家理论上升为占统治地位的思想,为避免儒家思想学说的传播,废除了私学,通过严刑峻法打击私学活动,致使春秋战国时期曾经十分兴盛的私学活动陷入停滞状态。汉朝建立以后,百废待兴,禁网疏阔,私学很快就在各地恢复,并逐渐趋向兴盛。汉武帝以后,官学全面建立,而私学与之并行不悖,成为汉朝最基本的教育制度。东汉时期,私学进一步发展,出现了前所未有的繁荣局面。汉朝私学教育的持续发展,对当时的阅读活动起到了极大的促进作用。

### 一、私学教育的恢复与发展

秦王朝建立后,"焚书坑儒"的高压政策和严酷的《挟书律》,几乎禁绝了当时的私学活动,致使先秦时期繁荣兴盛的私学立时归于沉寂。秦末农民起义推翻了秦朝的暴政，也使私学摆脱禁锢，得以恢复。楚汉战争结束时，鲁地以儒学为核心的私学教育已经颇为兴旺了。《汉书·儒林传》说："及高皇帝诛项籍，引兵围鲁，鲁中诸儒尚讲诵习礼，弦歌之音不绝。"①恢复私学是得民心的事情。在清理战争废墟尚需时日，官府学校一时难以建立的环境中，允许创办私学，于公于私都是最为可行和有益的选择。在当时黄老政治的推动下，私学教育处于有利的发展环境。其中，汉惠帝时废除《挟书律》所起到的积极作用尤为明显。从此之后，人们可以安心地收藏、传授和阅读儒家经典，而不再担心会受到法律的惩处，这对私学的发展具有至关重要的意义。于是，伏生在齐鲁地区教授《尚书》，杨何在齐地传授《易经》，申公在鲁地传授《鲁诗》，高堂生传授《礼经》，胡母生在齐地教授《公羊春秋》，以儒家经典为内容的私学教育在齐鲁大地得到了全面的恢复。

不仅如此，儒学之外的其他诸子学说，也有专人进行传授。《史记·袁盎晁错列传》记载晁错早年的求学经历说："学申商刑名于轵张恢先所，与洛阳宋孟及刘礼同师。"②轵人张恢是汉初一位法家名士，传授"申（不害）商（鞅）刑名"之学，晁错、宋孟与刘礼等人皆跟随他学习。当时传授法家学说的还有吴廷尉，贾谊曾经跟随他学习法家与法律之学。《史记·屈原贾生列传》说："贾生名谊，洛阳人也。年十八，以能诵诗属书闻于郡中。吴廷尉为河南守，闻其秀才，召置门下，甚幸爱。孝文皇帝初立，闻河南守吴公治平为天下第一，故与李斯同邑而常学事焉，乃征为廷尉。廷尉乃言贾生年少，颇通诸子百家之书。"③吴廷尉，《史记》失其名。他早年追随李斯学习，显然是一位法家名宿，贾谊通过"以吏为师"的方式向他学习法家之学。从传文来

---

① 《汉书》卷八十八《儒林传》，北京：中华书局，1962年，3592页。
② 《史记》卷一百一《袁盎晁错列传》，北京：中华书局，1975年，2745页。
③ 《史记》卷八十四《屈原贾生列传》，北京：中华书局，1975年，2491页。

看,贾谊年纪轻轻,"颇通诸子百家之书",这也说明汉初诸子百家之说的传授是非常活跃的,后来董仲舒建议罢黜百家,实在事出有因。司马迁之父司马谈的求学情况,也表明了这一点。《史记·太史公自序》说:"太史公学天官于唐都,受《易》于杨何,习道论于黄子。"①天官,属于阴阳家学。后来司马谈著《论六家要旨》,首论阴阳,即在于尊崇师说。黄子,姓名与事迹不详。《史记集解》引徐广说,认为是《儒林传》中提到的黄生,不知是否如此,总之是汉初传授道论的名人。可见,私学禁网拆除后,汉初的私学迅速恢复,并在各地蓬勃地发展起来。

此后的私学,历经西汉中晚期,至东汉而达于极盛。《后汉书·儒林列传》中描述东汉儒学之盛,说:

> 自光武中年以后,干戈稍戢,专事经学,自是其风世笃焉。其服儒衣,称先王,游庠序,聚横塾者,盖布之于邦域矣。若乃经生所处,不远万里之路,精庐暂建,赢粮动有千百,其著名高义开门受徒者,编牒不下万人,皆专相传祖,莫或讹杂。②

这里所提到的庠序与横塾应该包括中央太学与地方郡县学,而并非单指私学。但是,私学无疑是其中重要的一类学校,而从《后汉书·儒林列传》的具体记载来看,可能主要还是指私学。东汉举办私学的环境极为宽松,对于办学者,官府未做任何限制。无论是官僚士大夫,还是民间人士,只要愿意就可以开办私学。所以,东汉私学的主办者身份多元化,遍布各地,为广泛开办私学拓宽了渠道。东汉私学继承西汉的传统,保持独自办学的方式,即办学者与讲授者为同一

---

① 《史记》卷一百三十《太史公自序》,北京:中华书局,1975年,3288页。
② 《后汉书》卷七十九下《儒林列传》,北京:中华书局,1965年,2588页。

人,而非两相分离。规模小的私学是这样,规模大的、诸生数百人的私学同样是这样。这种办学形式充分体现了教师的主体地位,可以有效地贯彻教师的教育思想,保证教师的教育风格和教学质量。

通常情况下,私学皆有专门的教学场所,东汉多称为"精舍"。例如,《后汉书·党锢列传》说:"(刘)淑少学明'五经',遂隐居,立精舍讲授,诸生常数百人。"①"(檀敷)举孝廉,连辟公府,皆不就。立精舍教授,远方至者常数百人。"②《后汉书·独行列传》云李充"立精舍讲授"③。有的也称为"精庐"。如《东观汉记》载王阜"少好经学,年十一,辞父母,欲出精庐,以尚少,不见听"④。能设立精舍、精庐,表明办学条件比较优越。当时并不是所有的私学都有这样好的条件。没有专门的教学场所而因地制宜地开展教学活动的私学也并不鲜见。特别是一些名望隆盛的教师,学生只求随其求学,而不讲究教学场所怎样,于是慕名而来的众多游学者,紧紧追随着老师。《后汉书·郑范陈贾张列传》记张霸之子张楷事迹说:"楷字公超,通《严氏春秋》《古文尚书》,门徒常百人。宾客慕之,自父党夙儒,偕造门焉。车马填街,徒从无所止,黄门及贵戚之家,皆起舍巷次,以候过客往来之利。楷疾其如此,辄徙避之。……隐居弘农山中,学者随之,所居成市,后华阴山南遂有公超市。"⑤像张楷这样的踪迹所至,私学随之而兴的现象在东汉时期并不是个例。

东汉私学繁荣兴盛的局面,是汉朝长时期大力表彰经学的结果,是当时的统治政策推动的结果。私学对促进当时文化教育的发展发挥了重大的作用,产生了深远的影响,这一点是必须要看到的。

---

① 《后汉书》卷六十七《党锢列传》,北京:中华书局,1965年,2190页。
② 《后汉书》卷六十七《党锢列传》,北京:中华书局,1965年,2215页。
③ 《后汉书》卷八十一《独行列传》,北京:中华书局,1965年,2684页。
④ 刘珍等撰,吴树平校注:《东观汉记校注》,郑州:中州古籍出版社,1987年,500页。
⑤ 《后汉书》卷三十六《郑范陈贾张列传》,北京:中华书局,1965年,1242—1243页。

## 二、私学教育的读物

汉朝私学分为蒙学教育与专门教育两类。启蒙教育阶段的私学,通常称为"书馆"。学生入学年龄是七八岁,入学后首先学习识字、写字,《仓颉篇》《爰历篇》《博学篇》与《急就篇》等书是基本的教材。学生识字已多,具有了一定的阅读能力,便开始阅读《论语》《孝经》《诗经》等儒家经典;之后开始阅读专经,就逐渐过渡到专门教育了。东汉的王充在《论衡·自纪》中记述了他儿童时期的学习经历:

> 建武三年,充生。为小儿与侪伦遨戏,不好狎侮。侪伦好掩雀捕蝉戏钱林熙,充独不肯。诵奇之,六岁教书。……八岁出于书馆。书馆小僮百人以上,皆以过失袒谪,或以书丑得鞭。充书日进,又无过失。手书既成辞,师受《论语》《尚书》,日讽千字。经明德就,谢师而专门,援笔而众奇,所读文书,亦日博多。①

从这一记载可知,该书馆"小僮百人以上",规模颇大。王充在学会了写字以后,开始学习《论语》《尚书》等经书。当经学通明之后,他就转入专门之学了。

王充的叙述较为详细,而《后汉书》所记周燮的学习经历则是:"十岁就学,能通《诗》《论》;及长,专精《礼》《易》。不读非圣之书,不修贺问之好。"②记载虽然简单,但是接受蒙学教育与专门教育的次第则是一样的。汉朝私人开办的蒙学教育的内容,应与官学没有多大

---

① 刘盼遂:《论衡集解》卷三十《自纪第八十五》,北京:古籍出版社,1957年,580页。按:"诵",指王充的父亲王诵;"专门",指学习专门之学。
② 《后汉书》卷五十三《周黄徐姜申屠列传》,北京:中华书局,1965年,1742页。

的差异。汉朝文献提到的一些人物接受启蒙教育的经历,也未明言是在地方官学完成的,还是在私学完成的。不过,揆诸事理,不少人应是在私学完成启蒙教育的。道理很简单,在当时的交通条件下,私学最符合就近入学的条件。上文已详细地介绍了汉朝蒙学教育的读物,此处不再赘述。

汉朝的专门教育,是汉朝私学的特色和优势所在。无论是传授儒家的经学,还是传授其他的知识,专门教育始终是汉朝私学的主要内容。求学者往往不远千里、不惧劳苦到各地游学,目的就在于追随开办私学的名师宿儒,研习专门的知识与学问,阅读与之相关的专门书籍。

传授儒家经典,这是汉朝私学的主流。其具体的教学内容,因传习的经典及家法与师法的差异而各有不同。有的学者专主一经或一家之学,并以之教授学生。西汉末年桓荣"少学长安,习《欧阳尚书》,事博士九江朱普。……会朱普卒,荣奔丧九江,负土成坟,因留教授,徒众数百人"①。桓荣传《欧阳尚书》,数百徒众自然随其学习《欧阳尚书》。东汉曹充"持《庆氏礼》",是当时著名的《庆氏礼》专家。其学传与其子曹褒。曹褒继承家学,不仅"作《通义》十二篇,演经杂论百二十篇",还"传《礼记》四十九篇,教授诸生千余人,庆氏学遂行于世"②。东汉张霸曾"就长水校尉樊儵受《严氏公羊春秋》"③。这些属于专学一经的例子。有的学者所涉较广,教授二经或数经。如张霸之子张楷通《严氏春秋》《古文尚书》,即以此二经传授学生,"门徒常百人"④。

---

① 《后汉书》卷三十七《桓荣丁鸿列传》,北京:中华书局,1965年,1249页。
② 《后汉书》卷三十五《张曹郑列传》,北京:中华书局,1965年,1205页。
③ 《后汉书》卷三十六《郑范陈贾张列传》,北京:中华书局,1965年,1241页。
④ 《后汉书》卷三十六《郑范陈贾张列传》,北京:中华书局,1965年,1242页。

## 第三节　教育影响阅读的表现

从前面的内容可以看出，秦汉时代的教育对当时的阅读产生了很大的影响。具体而言，其影响主要表现在下列三个方面。

### 一、教育为阅读提供了必要的条件

识文断字，需要有一定的理解和领悟能力，这是一个人开展阅读活动的前提条件。如果不具备这个条件，那么哪怕是低层次的阅读活动也难以进行。识字、明理，可以在学校完成，也可以在家里完成。当然，有了学校以后，主要是在学校完成。无论在哪种场所，受教育者只有接受教育才能实现这个目标。教育的过程，就是促使一个人接触书本，亲近书本，进而阅读书本，去吸收书本内容的过程。可以说，一个人阅读兴趣的养成和阅读能力的提高，都是教育发挥作用的结果。一个社会，其教育的发展与阅读风气的兴盛，总是相辅相成的。

教育活动的开展，能为人们的阅读创造基本的物质条件。教育离不开教学和教材：教学是实现教育目标的基本途径和基本手段，教材是教师传播知识、完成教学任务，学生掌握知识、完成学习任务的重要工具。在课堂上，教材是师生共同需要的教学载体；在课外，教材是学生复习知识和巩固知识的凭借。教材的这种重要作用，将教育与阅读紧紧地联系在一起。历史上教育的每一次大发展，无不带动教材的编撰和阅读活动的蓬勃开展。先秦时期私学兴起，诸子百家激烈争鸣，不仅促进教育的发展，而且推动了教材的编撰和阅读热潮的兴起。到了汉朝，经学博士的确立，太学及各级地方学校的建立，都极大地推动了教育的发展，同时激发了经师著书立说的热情。在这样的客观环境中，经籍的阅读活动便能够在各地开展起来。因此，对阅读而言，教育的这种保障作用是至为关键的。

## 二、教育引导阅读的方向

教育是塑造人的灵魂与精神的事业，是为一定的阶级和社会培养人才的工作，它具有强烈的功利性。教育的这种功利性，主要通过平时的教学活动和教材内容与观念，具体而微地体现出来。无论是教学还是教材，都要凝聚统治阶级占统治地位的思想和意识形态，并最终通过受教育者的学习及阅读过程传授过去。在这种教育导向的影响下，每个人的阅读自然不能不带有一定的功利色彩。一个人读什么书，不读什么书，表面来看好像是个人选择的结果，是一种纯粹的个人行为。实际上，在这种阅读选择的背后存在着引导的力量。这种引导力量最直观的表现就是教育，特别是学校教育。它以有形或无形的方式，左右着人们的阅读选择。在崇尚黄老道家思想的时代，特别是黄老道家思想可以影响国家政策的时代，浸透着黄老思想的作品自然会流行，受到读者的追捧。而在独尊儒术的时代，在国家制定制度、选拔人才都偏向儒学的环境中，"六经"与经师的种种经籍，必然会成为读者最热衷传习的对象。因此，一个政府所确定的教育目标与人才培养的战略，将会通过教育的作用，直接影响到一个时代阅读的好尚与风气。

## 三、教育拓展阅读的范围

当然,教育对阅读方向引导作用的发挥并不是绝对的。当教育在正确的道路上推进时,它确实可以起到积极的作用,引导和推动人们进行积极的阅读活动。反之,当教育走上错误的道路,它非但不能发挥正确的教育功能,并进而对阅读起到积极的作用,反而会产生消极的影响。在这种情况下,读者往往会摆脱这种教育,根据自己的认识与判断去选择阅读的对象。汉朝的经学教育,本有恪守家法与师法的规定。教师完全依照家法与师法教学,学生严格遵循家法与师法学习。但是,随着今文经学日益变得荒诞和虚妄,许多学生开始突破陈规,在本经之外,兼修他经,是为"兼经"。到了东汉,这种"兼经"式的学习与阅读现象就非常普遍了。从兼一经、二经,直至"五经"兼通。不仅如此,不少学者还打破今古文的界限,在修习今文经的同时兼修古文经。最终,马融、郑玄崛起,遍注群经,消除了今古文经的界域,实现了经学的会通。应当说,这并不是官学教育期望的结果,也不是这种教育引导的阅读活动所带来的结果。

# 主要参考书目

阮元校刻. 十三经注疏. 上海：上海古籍出版社, 1997.

许慎撰, 段玉裁注. 说文解字注. 上海：上海古籍出版社, 1981.

陆德明. 经典释文. 北京：中华书局, 1983.

司马迁. 史记. 北京：中华书局, 1975.

泷川资言. 史记会注考证附校补. 上海：上海古籍出版社, 1986.

班固. 汉书. 北京：中华书局, 1962.

王先谦. 汉书补注. 北京：中华书局, 1983.

范晔. 后汉书. 北京：中华书局, 1965.

王先谦. 后汉书集解. 北京：中华书局, 1984.

刘珍等撰, 吴树平校注. 东观汉记校注. 郑州：中州古籍出版社, 1987.

周天游. 八家后汉书辑注. 上海：上海古籍出版社, 1986.

陈寿. 三国志. 北京：中华书局, 1982.

卢弼. 三国志集解. 北京：中华书局, 1982.

房玄龄. 晋书. 北京：中华书局, 1974.

睡虎地秦墓竹简整理小组. 睡虎地秦墓竹简. 北京：文物出版社, 1978.

高亨. 商君书注译. 北京：中华书局，1974.

何宁. 淮南子集释. 北京：中华书局，1998.

刘盼遂. 论衡集解. 北京：古籍出版社，1957.

王先慎. 韩非子集解. 北京：中华书局，1998.

陈奇猷. 吕氏春秋校释. 上海：学林出版社，1984.

王利器. 盐铁论校注. 北京：中华书局，1992.

向宗鲁. 说苑校证. 北京：中华书局，1987.

王利器. 风俗通义校注. 北京：中华书局，1981.

陈直. 三辅黄图校证. 西安：陕西人民出版社，1980.

范文澜. 文心雕龙注. 北京：人民文学出版社，1958.

王利器. 颜氏家训集解. 上海：上海古籍出版社，1980.

张彦远. 法书要录. 沈阳：辽宁教育出版社，1998.

杜佑. 通典. 北京：中华书局，1988.

李昉等. 太平御览. 北京：中华书局，1960.

洪适. 隶释. 北京：中华书局，1985.

赵翼著，王树民校证. 廿二史札记校证. 北京：中华书局，1984.

王鸣盛. 十七史商榷. 上海：上海古籍出版社，2013.

章学诚著，叶瑛校注. 文史通义校注. 北京：中华书局，1985.

段玉裁. 经韵楼集. 南京：凤凰出版社，2010.

皮锡瑞. 经学历史. 北京：中华书局，1959.

叶德辉. 书林清话. 北京：北京燕山出版社，1999.

沈家本. 历代刑法考. 北京：中华书局，1985.

王国维. 观堂集林. 北京：中华书局，1959.

郭沫若. 郭沫若全集：历史编·第二卷. 北京：人民出版社，1982.

范文澜. 中国通史：第二册. 北京：人民出版社，1986.

中国社会科学院近代史研究所. 范文澜历史论文选集. 北京：中国社会科学出版社，1979.

马衡. 凡将斋金石丛稿. 北京：中华书局，1996.

余嘉锡. 目录学发微. 北京：中华书局，1963.

余嘉锡. 古书通例. 上海：上海古籍出版社，1985.

程树德. 九朝律考. 北京：中华书局，1983.

周予同. 周予同经学史论著选集. 上海：上海人民出版社，1983.

齐思和. 中国史探研. 北京：中华书局，1981.

唐兰. 古文字学导论（增订本）. 济南：齐鲁书社，1981.

吴承仕. 经典释文序录疏证. 北京：北京师范大学出版社，1984.

王重民. 中国目录学史论丛. 北京：中华书局，1984.

张舜徽. 张舜徽集. 武汉：华中师范大学出版社，2004.

张舜徽. 中国古代史籍校读法. 北京：中华书局，1962.

张舜徽. 中国文献学. 郑州：中州书画社，1982.

张舜徽. 清人笔记条辨. 北京：中华书局，1986.

张舜徽. 文献学论著辑要. 西安：陕西人民出版社，1985.

周大璞. 训诂学要略. 武汉：湖北人民出版社，1980.

马非百. 秦集史. 北京：中国社会科学出版社，1982.

任继愈. 中国藏书楼. 沈阳：辽宁人民出版社，2000.

李学勤. 古文字学初阶. 北京：中华书局，1985.

李学勤. 东周与秦代文明（增订本）. 北京：人民出版社，1991.

沙孟海. 中国书法史图录. 上海：上海人民美术出版社，1991.

盖山林. 中国岩画. 广州：广东旅游出版社，1996.

薛英群. 居延汉简通论. 兰州：甘肃教育出版社，1991.

倪其心. 校勘学大纲. 北京：北京大学出版社，1987.

徐嘉瑞. 大理古代文化史稿. 北京：中华书局，1978.

# 索　引

## 【人名】

### A

- 阿尔维托·曼古埃尔　6
- 安世高　201，341
- 安玄　341

### B

- 白生　224
- 班固　47，64，79，200，227，235，236，244，246，274，297，298，300，312，317，318，349，357

### C

- 蔡琰　300
- 蔡邕　200，254，258，259，265，312，314，318，319
- 仓颉　3，7，94，132，214，249，304，331，362
- 曹参　227
- 晁错　224，228，295，301，368
- 程邈　197，214，252

### D

- 戴德　59，233，294，356
- 戴圣　59，233，294，356

- 董仲舒　61,87,208,217,221,224—226,228—232,235,236,245,286,287,292,293,295,301,314,344,369
- 窦太后　219,229,230

F

- 伏生　53,54,222,224,225,232,293,313,328,353,368
- 浮丘伯　224,225

G

- 高堂生　225,232,282,293,294,368
- 公孙弘　90,234,287,295,308,345,346
- 管仲　66,67,105,125,186

H

- 汉哀帝　236,274,281,340
- 汉景帝　223,226,229,251,263,307,357
- 汉灵帝　254,258,297,309,318,365
- 汉文帝　219,220,226—229,262,348,361
- 汉武帝　54,150,196,201,217,218,227—233,251,253,279,281,286,289,292,299—301,308,311,337,344—348,350,352,359,361,363,366,367
- 何休　200,243,294,326,328,329,355
- 河上公　228
- 胡母敬　213,299,362
- 胡母生　225,226,232,293,368
- 桓谭　235,245
- 黄生　229,369
- 黄子　226,369

J

- 贾逵　243,294,317,318,326,328,355
- 贾山　224,295,301
- 贾谊　50,66,221,224,228,229,246,295,299—301,314,329,356,368,369
- 焦延寿　284,285

- 京房 236,281,284,285

K

- 康孟详 341
- 孔安国 4,172,221,226,293,314,329,357
- 孔子 4,16,38,39,49—51,53,55,58,60—63,68,69,71,97,99—102,105,109,110,125,128,130,132,134,136,137,139—141,146,148—156,158—160,169,170,182,189,223,224,229,232,236,238,245,263,279,286,302—304,316,327,332,333,343,356,357,360,361,367
- 蒯通 224,228,295

L

- 老子 63,64,70,76,97,100,104,109,132,147,149,181—185,189
- 李斯 74,103,187,197,204,207—209,213,228,250,251,258,286,299,306,362,368
- 李柱国 274,317
- 梁丘贺 233,281,284
- 刘安 220,224,296,299,313,314
- 刘长 220
- 刘德 84,200,220,227,307,313,314
- 刘䜣 9
- 刘濞 219
- 刘驹骄 318
- 刘武 219
- 刘向 16,46,47,59,66,80,81,199,200,236,272—274,285,295,297,301,308,311,314,317—322,324,355,360,363
- 刘歆 47,66,84,199,200,211,236,242,273,274,298,308,317—319,352,364
- 刘秀 196,237—241,317,365
- 刘余 223,263,357
- 刘珍 298,312,318
- 卢植 243,318,356
- 陆贾 224,295,298

- 吕不韦　75,76,122,210,306,313

## M

- 马日䃅　318
- 马融　196,243,278,289,293,294,299,314,318,326,329,346,361,375
- 毛公　35,36,334
- 枚乘　219,221,300
- 蒙恬　206,214
- 孟喜　233,284,293
- 孟子　25,61,68,69,72,90,102,107,109,128,129,134,148—150,160—166,168,170,306,343,367
- 墨翟　103,104,131
- 墨子　11,14,64,65,97,103,104,109,130,146,147,149,175—181,343,367
- 穆生　224

## N

- 倪宽　287

## O

- 欧阳生　233,281,282,293,328

## Q

- 秦穆公　38,122
- 秦始皇　13,16,26,74,195—197,201,204—208,210,214—217,221,224,249—252,256,257,292,306,313,344,367

## R

- 任宏　274,317

## S

- 申公　219,224,225,282,368
- 史游　362
- 叔孙通　219,225
- 司马迁　18,55,61,68,70,76,79—81,181,196,200,

201，211，221，226，244，281，283，297，298，303，304，314，336，337，360，369

- 司马谈　211，221，224，226，227，276，283，295，369
- 司马相如　219，221，246，300，362

## T

- 田何　232，285，293
- 田王孙　284

## W

- 王粲　246
- 王充　16，200，242，245，263，296，304，305，315，357，371
- 王符　245，295
- 王莽　198，237，238，241，256，281，309，347，350，364，365
- 王逸　81，246，300，326
- 王懿荣　9
- 文翁　287，348，349，366

## X

- 夏侯胜　54，233，236，293，357，359
- 夏侯始昌　236
- 萧何　299，307，310
- 许慎　3，15，196，200，213，264，296，326，331，346，362
- 荀悦　244，298
- 荀子　26，72，73，102，107，109，134，149，150，166－170，343，367

## Y

- 严忌　219
- 严彭祖　233，282
- 颜回　63，100
- 颜贞　223
- 扬雄　47，246，295，300，311，314，326，363
- 杨何　226，354，368，369
- 尹敏　242
- 尹咸　274，317
- 袁康　245，297，298
- 辕固生　225，229，230，233

## Z

- 曾参 100,157,158,223
- 曾子 102,156,158,159,357,360
- 张苍 221,295
- 张衡 245—247,300
- 张恢 225,228,368
- 张机 247
- 张良 317
- 赵高 213,299,362
- 赵晔 20,244,297,298
- 赵壹 246,300
- 正考父 45,136,137,316
- 郑兴 243,314,328
- 郑玄 7,23,42,54,59,87,196,200,222,243,244,247,278,289,293,294,299,314,319,322—324,326,329,332,333,335,337,346,356,357,361,375
- 郑众 42,43,326,361
- 支娄迦谶 201,341
- 支曜 341
- 周宣王 34,36,55,136,250
- 竺佛朔 341
- 庄子 26,69—71,104,105,107,109,134,149,181,184—186
- 子贡 63,100—102
- 子路 63
- 子思 101,102,158—160
- 子夏 79,100,101,105,106,109,121,130,137,155,156,316,317,357
- 子游 101
- 邹阳 219,221,296,301
- 左丘明 79,80

## 【文献名】

### B

- 《别录》 16,46,47,59,200,274,308,317,320

### C

- 《春秋繁露》 87,224
- 《春秋公羊传》 233,293,327
- 《春秋穀梁传》 233,311,327,353

- 《春秋左传》 143,353

D

- 《大戴礼记》 47,294,356
- 《东观汉记》 297,298,311,312,338,340,370

E

- 《尔雅》 47,109,139—141,196,267,326,327,330,332,359,361,362,364

G

- 《公羊传》 47,48,231,233,254,259,328
- 《穀梁传》 47,48,328
- 《管子》 47,66,67,105,107,124,140,143,147,321,328
- 《虢季子白盘铭》 33
- 《国语》 25,40,47,51,79—81,90,140,144

H

- 《韩诗外传》 294,328,353
- 《汉纪》 244,298
- 《汉书》 200,223,236,244,267,287,297,298,301,361,363
- 《后汉书》 245,361,371
- 《淮南子》 220,224,276,296,313

J

- 《急就篇》 262,362,363,371

L

- 《老子》 18,22,26,28,47,63,64,71,74,75,147,182,220,224,227—230,240,261,262,308,358
- 《礼记》 47,87,90,92,138,143,158,170,220,223,243,263,308,356,372
- 《吕氏春秋》 20,47,75,76,122,124,125,140,210,276,

306，313

- 《论语》 47，62，63，73，143，150，152，202，223，254，259，279，305，328，356－359，361，364，371

- 《论衡》 200，245，296，304

## M

- 《孟子》 47，68，69，73，102，160，220，308，359

- 《墨子》 17，47，64－66，143，147，176，179，180，328

## Q

- 《七略》 47，66，199，200，211，236，273－277，279，280，294，298，308，317，318，343，352

## S

- 《三辅黄图》 315
- 《散氏盘铭》 32，36
- 《商君书》 47，67，68，187
- 《尚书》 16，23，28，34，36，38，39，45，47，49，53－55，92，144，201，220，222，225，226，232，234，238－240，255，263，281，288，293，307，308，313，336，346，353，354，358，361，368，371

- 《尚书大传》 42，117，224，293，328，353

- 《诗经》 21，23，25，26，45，47，55－58，79，82，88，92，98，109，143－146，232，279，327，346，371

- 《史记》 18，55，66，68，69，75，76，102，137，196，200，201，231，244，297，298，301，303，304，336，368

- 《释名》 326，327，330，331

- 《说文解字》 15，89，90，196，200，264，268，270，326，327，330－332

- 《说苑》 295

## W

- 《吴越春秋》 20，297，298

## X

- 《孝经》 47,202,223,328,356,358—361,364,366,371
- 《新论》 235,304
- 《新语》 224,295
- 《昀鼎铭》 32
- 《荀子》 26,47,72,73,102,166,168

## Y

- 《盐铁论》 295
- 《仪礼》 47,58—60,109,122,143,346,356

## Z

- 《战国策》 18,40,47,80,81,132,297,322
- 《周礼》 47,50,57,84,87,109,113,116,124,126,222,243
- 《周易》 20,21,28,29,31,47,51—53,71,76,95,132,144,224,226,227,261,262,268,302,313,346
- 《庄子》 47,69—71,140,184,186
- 《左传》 24,25,39,40,45,47,50,51,79—81,90,96,138,144,145,148,149,221,242,243

【专有名词】

## B

- 百家争鸣 5,50,100,107,124,127,133
- 碑碣 15,17,198,258,259
- 辟雍 92,98,309,312,315,347,363,364
- 辩难体 68
- 辩证法 67,70,72
- 标点符号 135,136
- 兵书 47,48,63,77,78,199,274,277,279,317
- 帛书 5,15,17,18,63,105,107,182,198,224,228,253,260—262,267,268

## C

- 长沙马王堆西汉墓　17,224
- 谶纬　236,241—247,311
- 成丁礼　60
- 成均之学　87,88
- 楚辞体　45

## D

- 大汶口文化　8
- 单书总论体　141
- 道家　64—66,69,70,74—76,97,104—107,109,147,149,181,184,196,210,211,218,227,228,295,314,374
- 道家私学　104
- 典乐　19,88
- 东观　297,309,312,318
- 读物　4—7,10,46,48,85,86,90,117,165,179,196,202,203,217,223,267,294,305,343,344,352,353,355—357,359,361,371,372
- 读者　6,94,112,114,118,120,124,125,127,131,133,134,136,137,142,143,147,163,185,195—201,203,210,234,244,294,324,327,332—334,336,354,356,374,375
- 断简残篇　16
- 对话体　63

## E

- 二言体　20—23

## F

- 法家　66—68,73,74,103,105—107,109,130,149,186—188,195,196,204,207—211,214,215,218,225,227,228,231,286,295,306,367,368
- 法家私学　105
- 方技　47,48,199,274,277,317
- 焚书坑儒　196,208,367

## G

- 公牍文　45

- 故体 142
- 管仲学派 66,67

H

- 汉字 3,5,7,8,91,214,225,249,331,338,340
- 鸿都 309,312
- 黄老刑名之学 105
- 黄老之学 105,230

J

- 记体 143
- 稷下学宫 5,102,105—107,122
- 甲骨卜辞 3,28,32,33,38,91,126
- 甲骨文 4,5,8—11,16,28,30,31,85,91,94,110,114,115,135,197,212,249,263,270
- 缣书 17
- 简策 15—18,24,265,267,270
- 简牍 15,16,198,214,253,260,262—265,270
- 简铭期 31

- 校勘 46,134—137,199,200,274,275,291,311,316,317,319—322,324
- 教学相长 171,172
- 结绳记事 7
- 解释学 134,144,149
- 解体 143
- 金石学 11,257
- 金文 5,8,10,11,13,31,34,91,135,197,198,255,270
- 经学 50,98,134,196,199—201,217,218,223,232—239,241—247,251,254,259,275—278,281—284,287—289,292—294,299,314,318,325,346,349,352—356,361,369—372,374,375
- 卷轴制度 17
- 郡学 201,348—351,366,367

K

- 孔壁遗书 223,249,251,263,357

## L

- 兰台　297，309，311，317—319，341
- 浪漫主义　82
- 诔体　45
- 俚谚　19，24
- 六经　16，49—51，62，101，110，137，142，199，232，270，275，277，279，302，303，316，352，374
- 六艺　47—50，116，119，121，122，153，220，229，232，277，286，292，352
- 轮扁斫轮　185
- 论辩体　45
- 逻辑学　65，104，178

## M

- 毛公鼎　255
- 盟府　95，96，110，111
- 明堂　89，230，315，347，364
- 铭文　3，10—16，28，31—34，36，38，92，214，249，255
- 命辞　29，30
- 墨辩　103
- 墨家　64，65，97，103，104，109，147，149，175，178
- 墨家私学　103
- 墨侠　103

## Q

- 麒麟阁　310，311
- 青铜鼎　13
- 青铜器　10，11，13—17，31，32，197，198，255，256
- 群书总论体　142

## R

- 仁寿阁　318
- 仁行阁　312
- 仁政学说　69
- 认识论　64，65，104，105
- 儒家　51—53，55，56，58，61，64—66，68，69，72，73，76，95，97，99，101—104，106，107，109，126—130，142，149，150，157，158，160，169，170，189，196，198，199，201，202，206，209—211，

索 引 | 391

217，221－223，225，228，229，232，234，235，251，259，263，275，279，286，292，295，306，319，325，344，345，352，359，365，367，368，371，372
- 儒家私学 100

S

- 骚体 82
- 商鞅变法 67，209，214
- 商鞅学派 68
- 圣书字 7
- 诗赋 47，199，274，276，277，279，317
- 诗歌 5，19－23，26，44，45，50，55－58，81，82，92，98，154，246，276，279，300，338，340
- 石刻文字 14，15，198
- 石渠阁 310，311
- 世卿世禄制 93，205，367
- 释义学 134
- 书籍 6，7，10，14，15，17，18，46－50，67，85，86，93－97，108－111，114，116－118，122，123，125，127，133，135，136，139，185，196－198，200，208，217，253，262，264－266，269－272，276，277，280，286，291，305，306，308，311，312，315，317，319，321，329，353－355，361，362，372
- 书之竹帛 179－181，260
- 数术 47，48，199，261，274，277，317
- 双音节词 21
- 说明体 68
- 说体 143
- 司盟 95
- 四言体 21，23
- 素书 17

T

- 太常 90，222，308，311，345－347，350
- 太学 115，201，233，238，241，243，245，254，258，259，315，319，345－348，350，352，353，363－366，369，374
- 天禄阁 310，311

## W

- 韦编三绝 16,132
- 唯物主义 67,74,245
- 文本 18,24,28,29,44,45,54,85,134,136,137,143,146,200,202,217,251,293,315,336,342,346,352,353,359
- 物勒工名 13,255,256

## X

- 熹平石经 254,258,259,319,365
- 显学 64,100,128,227,356
- 县学 201,348,350,351,366,367
- 现实主义 57,82,102
- 小篆 4,9,197,198,213,214,249—252,258
- 楔形文字 7
- 新石器时代 8
- 刑鼎 14,214
- 刑书 14,105,214,256
- 形训 138,327,331
- 性恶论 72,73,166,168
- 性善论 69,102,160,168
- 序辞 29
- 宣明殿 312
- 训诂 24,134,135,138—140,234,325—327,329,330,355,356,361

## Y

- 言传身教 153,156
- 仰韶文化 8
- 爻辞 21,22,28,29,31,51,52,95,126
- 义训 138,327,332
- 议论体 68
- 因材施教 101,156
- 阴阳家 66,76,107,109,295
- 音训 138,327,330
- 虞庠之学 88
- 语法结构 21
- 豫时孙摩 173
- 寓言 62,68,70,75,81,83,165
- 阅读对象 6,45,85,86,196,198,330
- 阅读工具 135

- 阅读环境　5,86,89,217
- 阅读客体　5—7
- 阅读史　3,5,7,200,246, 254,284,294,365
- 韵文　18—20,22—26,28,41, 44,45,64,276

Z

- 赞文体　41,44
- 藏息相辅　172
- 占辞　29
- 诏令体　45
- 箴铭体　45
- 籀文　14,54,197,212,250, 251
- 诸子　5,26,46,47,50,62, 76,85,102,106,109,110, 127,130,131,134,144,146, 147,189,196,199,200,227— 229,231,274—277,279, 292,294,295,301,308,317, 318,325,326,368,369,373
- 传体　143,148
- 尊王攘夷　38,66

## 说　明

本套书部分照片从有关书籍中选取,特向拍摄者致谢。由于客观条件限制,很难一一寻找书中照片的作者,请有关作者与出版社联系,并提供足够的证明材料,以便及时支付稿酬。